U0106478

粵港澳大灣區法制建設

合作與創新

朱國斌　鄧凱——主編

序言　法治灣區建設是大灣區發展的當務之急

朱國斌　香港城市大學法律學院教授

粵港澳大灣區建設在國家整體發展大局中具有重要戰略地位，建設大灣區具有全域性的戰略意義。2017 年 7 月 1 日，國家發展和改革委員會、廣東省政府、香港特別行政區政府、澳門特別行政區政府四方聚集在香港，共同簽訂了《深化粵港澳合作　推進大灣區建設框架協議》。2019 年 2 月 18 日，中共中央、國務院印發《粵港澳大灣區發展規劃綱要》，這標誌著粵港澳大灣區發展建設翻開新的一頁。作為國家整體發展戰略的一部分，大灣區之於珠三角地區、更具體地講之於"9+2"（廣東九市和香港澳門兩個特區）來說，意義更加直接、顯著和重要。

客觀認識大灣區建設的法制困境

自中央公布"推進大灣區建設"政策導向和"發展規劃"以來，坊間對此項國家級建設發展工程樂觀者居多，幾乎一致認為只要有中央出政策和廣東地方加以政策配合就萬事大吉了。綜觀目前粵港澳大灣區研究現狀，竊認為：目前研究成果仍然過於宏觀抽象，更多地是在解讀和論證中央政策，比較而言缺乏扎實的調查和實證研究以及比較研究；研究成果沒有在地化（即針對性政策與立法方案），鴨背澆水超然滑過，缺少實踐基礎；研究態度過於樂觀，沒有預計到實施中可能和必定出現的具體問題和現實困難；甚至沒有見到政府其他官方機構組織開展系統性的對策性研究，特別是在香港特區。

法律人看問題更加注重實踐理性，更加關注事物發展自身的邏輯性和規律，更加喜歡從規則變革和問題解決（problem-solving）入手。竊以為，大灣區戰略成功與否，不僅取決於中央的政治決斷和地方政府的呼應，更取決於三地之間法律與規則的銜接與實操機制的對接。也正因為大灣區具有"一國、兩制、三法域、三關稅區"的多元特徵，如何進一步完善三地間的法律合作（包括法律服務業合作），完善制度協同並推出制度創新，並使之順利落地實施，始終值得宏觀決策者、政策研究者、學術與實務界予以更系統的理論洞察與更務實的實踐探索。

突破法律壁壘需要高屋建瓴

當下大灣區建設面臨“一個灣區、兩種性質法律制度、三個司法管轄區”帶來的法律壁壘和法律衝突的困境。要順利推進大灣區建設就必須突破大灣區之間的法律障礙和實踐中的法律困境，這就必定需要在“一國兩制”之下尋找創新空間，需要突破因為“兩制”而帶來的長期隔閡與約定俗成，需要打破常規，最終建立適應大灣區發展的新的法律協同合作秩序與爭端解決機制。

打破常規與創新旨在解決統一與多元的問題。2020 年 10 月 14 日，習近平總書記出席深圳經濟特區建立 40 周年慶祝大會發表講話中特別指出：“要抓住粵港澳大灣區建設重大歷史機遇，推動三地經濟運行的規則銜接、機制對接”。把它應用到大灣區建設也是有現實指導意義的。

實際的困難可能是，三地政府可能有心無力，因為舊制度秩序的突破和新制度的建立需要凌駕於三方之上的政治的和法律的領導權威，需要頂層設計和中央駕馭。早在 2019 年，本人曾就這樣建議：“當務之急是設立粵港澳大灣區合作指導委員會（Steering Committee），由中央（全國人大或其常委會）授權，在中央人民政府的主導下，以兩個特區政府及廣東省政府三方作為平等主體出席，珠三角九市共同參與；其主要功能是不斷推動重大決策和法律的制定，協調宏觀行政事務，解決行政與法律衝突。”（《粵港澳大灣區建設的法律困境與應對》，《明報》2019 年 11 月 1 日）

法制建設需要量身定做、制度創新

目前來看，首先有這樣兩方面亟需決策者和立法者予以考慮：一是變“軟法”為“硬法”。“變《深化粵港澳合作　推進大灣區建設框架協議》和《粵港澳大灣區發展規劃綱要》這類指導性文件為全國性法律，確保粵港澳大灣區建設‘有法可依’”。雖然中央主導出台了系列政策，粵港澳各城市亦公布不少呼應性政策舉措，但此類文件仍然屬於“軟法”的範疇；嚴格來講，它們不具備“法律”的地位，不屬於法律淵源。“唯有全國人大及其常委會根據《立法法》，制定《粵港澳大灣區合作建設發展框架法》才能解決正當性、授權及粵港澳三方合作原則和方法問題。”全國人大或其常委會制定“框架法”屬全國性法律，可以根據港澳基本法第 18 條，分別列入港澳基本法附件三，在特區予以直接實施或在地化後實施。（參見 2019 年文）

二是明確授權粵港澳三地制定省區級地方性法律，根據《框架法》直接落實大灣區發展規劃綱要。授權立法是中國改革開放成功的重要有效經驗，能夠充分調動地方積極性和創新性。《框架法》本身可以包含授權條款，完成授權過程；之後，經授權的地方立法可以分兩個層次完成：一是粵港澳三地立法機關（廣東省人大和港澳立法會）通過相關地方性法律，二是珠三角九市立法機關根據實際情況和立法權限制定執行性地方性法規和規章。“如此可解決立法時機和立法內容配套的問題，即確保各合作方同步立法，實現大灣區法律協同。”（參見上述文）

三是，當下需要思考創設新的衝突解決機制。本人一直認為，中央應該研究籌劃設立在組織上獨立於特區法院和廣東法院的大灣區衝突法法院（Conflict of Laws Court）的可能性。當然，此等法院的設立必須有全國人大或其常委會授權。化解大灣區法律衝突問題，主要還得依賴法院制度的建立。深圳前海法院正在積累跨境法律衝突的司法裁判經驗，有待觀察和總結，但從性質上和從層級上看，它還不能夠取代旨在解決程序法問題（區際衝突法律規則的確立、管轄權爭端和準據法選擇適用）的衝突法法院。此外，應該考慮設立大灣區仲裁中心（The Greater Bay Area Arbitration Center）的可能性，該仲裁中心僅受理港澳兩個特區與珠三角九市之間的區際民商事糾紛。與此有關，我們也要考慮到該中心與現有的區域性仲裁中心的競爭與合作問題。

而在法律服務業合作方面，三地合作已經取得了令人欣喜的重大進步。根據 2020 年 8 月 11 日全國人大常委會通過的《關於授權國務院在粵港澳大灣區內地九市開展香港法律執業者和澳門執業律師取得內地執業資質和從事律師執業試點工作的決定》和同年 10 月 5 日國務院辦公廳發布的《香港法律執業者和澳門執業律師在粵港澳大灣區內地九市取得內地執業資質和從事律師執業試點辦法》，已經設立特別考試機制，邀請港澳兩地律師參加考試，成為“大灣區律師”，在粵港澳大灣區內地九市執業。在司法部統籌下，2021 年粵港澳大灣區律師考試業已完成，2022 年執業考試在準備中。其實，在“先行先試”的措施下，廣東省司法廳 2019 年 7 月就公布《廣東省司法廳關於香港特別行政區和澳門特別行政區律師事務所與內地律師事務所在廣東省實行合夥聯營試行辦法（2019 年修訂）》，率先落實在廣東省設立的合夥聯營律師事務所的進一步開放措施，包括取消香港律師事務所與內地律師事務所的合夥聯營律師事務所港方出資比例不得低於 30% 的限制，以及可以用本所名義直接聘用內地及香港律師等。這些措施無疑為三地律師業合作提供了大好的法律環境。我們有理由相信，法律服務業合作前景將會是開闊的。

建設“法治灣區”

“法治灣區”既是大灣區建設成功的管治理念、制度基礎，同時也應該是大灣區建設的目標，故應該明確提出建設“法治灣區”這一指標。徒有政策而無法律，短期而言，或者說對於珠三角九市而言，都不會構成太大的障礙；但是在兩個特別行政區，再好的政策也不易落地，只會停留在字面上和口頭上，因為特區的管治特點和治理方式是法律治理，而非政策治理。前車之鑑，過往中央政府曾就粵港澳三地合作和“泛珠三角”（“大 9+2”）地區合作出台過不少好政策和建議，但是它們在特區執行基本上不了了之，因為這些政策沒能夠完全在地化，沒有轉化成為白紙黑字的法律。

加強大灣區建設法律研究

在“一國、兩制、三法域”大背景之下建設大灣區本身就具有極大的挑戰性。相對而言，內地學者，特別是大灣區的學者比較而言已經走在前面了。就本人受邀參加演講或主持的學術活動而言，遠的有 2018 年 6 月在廣州由廣東財經大學舉辦的大灣區法律論壇，2019 年 9 月廣東法學會港澳基本法學會舉辦的大灣區青年發展法律論壇，近的有 2021 年 12 月由中國人民大學舉辦的大灣區建設中的法治框架與制度創新學術研討會，這些論壇共同為深入研討大灣區建設中的各種法律問題做出了很好的鋪墊和重要貢獻。

在此背景下，今年 1 月 21 日，香港城市大學法律學院在香港組織了第一次較大規模的法律研討會，匯集學者、法律專業人士和政府法律決策部門首長於一堂，暢所欲言。能夠邀請到中聯辦法律部門主管、港澳特區政府法律部門首長出席並發表具有政策導向性的演講，很有意義。研討會主題相對集中，專注於“粵港澳大灣區法律衝突、合作與規則銜接”，其下按照四個

導讀

朱國斌　香港城市大學法律學院教授
馮柏林　香港城市大學法律學院研究助理

引言

2019 年 2 月 18 日，中共中央、國務院印發《粵港澳大灣區發展規劃綱要》，標誌著粵港澳大灣區發展戰略已經成為國家級發展戰略。這是粵港澳三地融合發展的歷史機遇。但粵港澳三地擁有的三種法律制度造成的法律衝突已經成為粵港澳大灣區深度融合的法治壁壘。為推動粵港澳大灣區深度融合發展，中央及廣東省政府和港澳特區政府通過簽署行政協議和其他規範性文件不斷推進三地法律規則銜接。一方面，通過粵港澳聯席會議制度化、常態化就合作事項協商共建，簽署《內地與港澳關於建立更緊密經貿關係的安排》（CEPA）加強內地與港澳的經濟貿易合作；另一方面，粵港澳三地在司法互助上也簽署了一系列互助協議，三地已經在民商事領域通過簽署《婚姻家庭判決互認安排》、《民商事裁判互認安排》等程序性安排逐步建構司法互助制度，在商事糾紛解決中通過簽署《仲裁保全安排》搭建跨境商事爭端解決框架。可以說，這些舉措在一定程度上推動了粵港澳三地的法治合作和規則銜接。

新時代下如何更有效地化解粵港澳三地的區際法律衝突、推進法律規則銜接，仍值得我們深入研究。首先，"一國兩制" 是規則銜接的基本框架，規則銜接不是規則同化，規則銜接亦要客觀尊重港澳與內地的制度差異；其次，規則銜接的深入意味著不斷拓寬合作領域，目前的規則銜接主要集中在民商事領域，未來能否進一步拓寬到刑事領域，需要理性審慎看待；最後，規則銜接也需要不斷探索多種銜接路徑，有些領域內地可以直接借鑑港澳成熟法律制度，有些領域可以充分利用經濟特區立法變通權進行規則變通，有些領域可以適用國際規則轉化為區際規則協調三地法律衝突，最終實現由中央立法出台粵港澳區域示範法，實現粵港澳大灣區法治深度融合創新。

本書圍繞粵港澳大灣區規則銜接與機制對接進行了卓有成效的探索，對粵港澳三地規則銜接提供了多元化的具體路徑和制度模式。

一

本書第一部分主要從政策層面解讀粵港澳大灣區規則銜接和機制對接。

劉春華部長的《推進規則銜接和機制對接，探索粵港澳大灣區法律規則的"軟聯通"》一文闡釋了粵港澳大灣區規則銜接和機制對接的現狀及發展前景。該文指出，出台香港國安法、完善香港特區選舉制度等重大舉措是香港實現由亂到治的重大轉折，應當倍加珍惜當前來之不易的大好局面和有利時機。在粵港澳大灣區深度融合發展中，不僅要促進資金、物流、人才等"硬聯通"，更要注重規則體系的"軟聯通"。粵港澳三地這兩年在律師執業考試、司法調解規則、法律查明協助等方面取得了有效探索，未來，更應該發揮粵港澳三地法律資源的天然互補優勢，在法律專才資源、司法資源和仲裁調解資源等方面深化融合發展，助力國家高水平對外開放。

鄭若驊司長的《加強區域法律合作與規則銜接，推進粵港澳大灣區建設》一文從司法協助、法律規則銜接、法律人才交流、仲裁和跨境調解五方面提出制度性建議。一是建設三地民商事司法協助制度，簽署並出台落實具創新性、涵蓋不同範疇的三方民商事司法協助安排；二是客觀認識三地區際法律衝突，積極協商制定統一適用於大灣區的最佳準則甚至是示範法規；三是做好大灣區的高端涉外法律人才培養，建立強大而全面的涉外法律人才庫；四是允許企業自由選擇任何法域的法律作為適用法律及任何法域的仲裁機構作為仲裁地；五是推動調解準則、標準一體化，促進大灣區調解員專業化，完善大灣區跨境調解機制。

劉德學局長的《以法治化方式推進制度創新》一文探討了法治價值與制度創新的有機貫通。大灣區的深度融合需要制度創新，而制度創新要通過法治化的方式，法治協同與規則銜接需要立法授權，是推動大灣區法治創新的先決條件。大灣區三法域的特殊性，既對規則銜接和機制對接提出了挑戰，同時也提供了得天獨厚的比較法資源優勢，應當發揮不同制度的比較優勢，堅守"一國"原則，發揮"兩制"之利。

黃進教授的《粵港澳大灣區法律衝突、合作與規則銜接的原則》一文從原則性角度分析了粵港澳大灣區規則銜接的現實問題及對策。作者指出，要正確識別國際形勢複雜多變、國內改革開放發展穩定的變局，在粵港澳大灣區法律合作與規則銜接中積極、主動、有效地應變。把堅持一國原則和尊重兩制差異有機地結合起來，在“一國兩制”框架下尋求法治合作與規則銜接，要正確認識理清“一國兩制”下的粵港澳區際法律衝突、區際法律關係，“一國”的法律關係的處理是需要中央考慮的事情，粵港澳大灣區的法律衝突、合作與規則銜接實際上是涉及“兩制”的法律關係。在粵港澳大灣區的法律衝突、合作與規則銜接中，商事領域是重要突破口，要通過示範法、國際條約轉化成區際規則、制定大灣區適用的共同規則、共同的商事法院等方式建立商事爭議解決機構。

二

第二部分從法理角度探討粵港澳大灣區規則銜接的法制應對和具體進路。

董皞教授和張強博士合著的《推進粵港澳大灣區建設的法律制度供給》一文分析了粵港澳大灣區建設的法律制度供給。“一國兩制”是粵港澳大灣區發展的最大實際，這決定了在新時代的背景下，法律制度供給的任務是保持港澳特殊法律制度的情形下，創新機制體制，暢通合作方式。法律的生產成本決定了大灣區法律制度供給需要多元複合型構成。從供給路徑而言，其包括了港澳流向內地、內地流向港澳的單向流動型路徑與經濟行政主體合作、非政府機構示範的雙向合作型路徑。供給的內容在於保障港澳居民的權利與義務、提高內地要素流動的積極性、經濟行政主體的平等協商以及非政府組織示範法的運用。最終透過法律制度的供給形成聯繫緊密的粵港澳大灣區共同體。

鄒平學教授的《粵港澳大灣區法治合作和規則銜接的制約條件、路徑選擇和可能模式》一文分析了粵港澳大灣區規則銜接的現實困境以及可供選擇的具體路徑。粵港澳大灣區法治合作和規則銜接面臨著三地觀念不同、制度差異、法律衝突、頂層設計滯後、銜接成本高、銜接難度大等制約條件。但法律制度的差異從來不是合作和融合的根本性障礙，實現規則銜接也並非只能通過法律融合或法律同化，而是在對制度差異保持足夠尊重的同時，提出符合實際的銜接措施，遵循不同規則在不同領域的互通、貫通、變通、融通、接通的路徑，採取趨同、轉換、嫁接、疊加、再造等多樣化銜接模式，以創新思維打破傳統的規則限制和制度邊界。

邱佛梅研究員的《粵港澳大灣區法治建設的協同困境與路徑》從協同法治理念分析了粵港澳大灣區法治協同建設面臨的現實困境和解決方式。推進粵港澳大灣區法治協同建設是全面推進依法治國的重要組成部分。將協同理論導入複雜多元的粵港澳大灣區法治系統，有助於化解大灣區多樣性和差異性法治問題。目前，大灣區法治建設存在法治實踐衝突、立法權限不一、法治認同差異、法治水平分層、權責劃分不清、行政協調不暢、創新動力不足、公眾參與不足、市場自律不足和糾紛解決不力等十大協同困境。為此，應強化"協同法治"新理念，以文化融合為突破視角，凝聚法治共識，縮小法治認同差異，建法治協同機制，推進粵港澳規則銜接，構建大灣區法治框架並定期評價法治指數，提高公眾法治實踐參與度，打造新時代粵港澳大灣區共建共治共享的法治協同治理格局。

馮澤華研究員的《粵港澳大灣區規則銜接的示範法進路》一文探討了區域示範法在大灣區規則銜接中的重要作用及實施路徑。"差序格局"式法治環境和"貌合神離"式法治互信是粵港澳大灣區法治建設的顯著特徵。而實現規則銜接有助於凝聚法治共識，增強法治互信，進而推動粵港澳大灣區法治協同。基於此，有必要將規則銜接置於粵港澳大灣區法治建設的中心地位。與具有宏觀性的區域行政協議相比，區域示範法充分保障區域合作主體的意思自治和發揮社會參與的治理功能，最大程度強化規則銜接的微觀性指引，並確保規則銜接的可行性和可操作性，是推動粵港澳大灣區從"合作法治"走向"協同法治"的適宜路徑。應通過公眾參與機制、先行先試機制和轉化對接機制等遞進式的立法程序，建立區域示範法，推進粵港澳大灣區規則銜接的常態化機制。

方舟總監的《拓展未來粵港澳法律合作的想象空間》一文探討建立港澳兩地法律制度銜接與規則對接試驗區的構想。粵港澳大灣區具有"兩種制度、三個關稅區、三種貨幣和三套法律體系"的特點，三地在要素跨境流通和規則銜接上仍面臨困難。內地與香港在過去二十年中，採用頂層設計與基層規則相結合的方式，通過 CEPA 等文件在政策制定上推出了一套組合拳，其發展始末大致可以分為三個階段，一是以授予"國民待遇"為核心的傳統 CEPA 模式，二是以"規則銜接"為重點的粵港澳大灣區發展戰略，三是面向未來的"兩制融合"模式。文章在梳理不同階段粵港澳法律合作的特點和不足的基礎上，提出借鑑橫琴新區模式，在深圳"海洋新城"選址，設立兩地法律制度銜接與規則對接的試驗區。

鄧凱研究員的《粵港澳跨境治理中的數據法治與大灣區數字秩序 —— 以健康碼互認作為分析視角》一文以健康碼互認具體分析粵港澳大灣區跨境數字治理的法治模式。疫情之下，透過健康碼互認實現粵港兩地跨境復關備受關切。在政治和政策等因素之外，健康碼自身的法理正當性需置於緊急法治和應急行政的語境下作出嚴謹推導。這不僅包括概括性數據規則應服從於常態數據法治的例外性以及對例外性的限制的動態平衡，也涵蓋健康碼互認所涉及的自願實名、個人數據跨境、個人數據刪除及可攜等關鍵技術場景在現有規範法框架下的演繹適用。健康碼互認預示粵港澳大灣區將以某種一體化的數字形態予以呈現，信息流、數據要素、技術架構等藉由一套可預測的數字規則形塑為新型共識邏輯，文章就此也提出大灣區數字法治秩序的構想與若干主張。

三

第三部分主要聚焦於粵港澳大灣區司法協同和爭端解決機制的建構。

趙亮副教授的《不方便法院（非便利公堂）原則 —— 內地和香港法院的理論與實踐》從比較法視角探討了不方便法院原則在內地和香港法院的理論發展和實踐運作。不方便法院原則，是國際私法中重要的法律規則。根據該原則，當被告主張有其他國家 / 地區的法院更適合審理該案，並要求中止本法院程序時，該法院可以根據“所有當事人的利益”和“公平正義”原則，考慮所有相關的因素，決定是否中止法庭程序。該原則起源於蘇格蘭法律，後被英格蘭法律接受，成為英國法院管轄制度中的重要原則。香港法院接受並適用英國不方便法院原則。中國內地法院早期並無此原則的適用。隨著香港當事人在內地法院提出適用該原則的請求，內地法院開始適用該原則，並且一定程度上駁回當事人在內地法院的起訴，告知當事人到香港法院進行訴訟，從而避免了兩地法院管轄方面潛在的衝突。然而，儘管內地法院也採用了不方便法院原則，但該原則在內容上和香港的原則大相徑庭。文章對中國內地與香港兩地不方便法院原則的理論和實踐予以分析，試圖提出解決機制，減少粵港澳大灣區在法院管轄方面的法律規則衝突。

程葉法官和朱國斌教授合著的《論粵港澳大灣區續造型訴訟程序的規範化與制度化 —— 以前海法院經驗為例》一文以實證研究方法闡釋了續造型訴訟程序在前海法院的實踐應用及制度建議。粵港澳大灣區三法域發展呈進一步融通趨勢，深圳前海作為灣區制度發展的引擎，意在構建適應開放型經濟發展的法律服務體系，其司法機制的運行亦應適應進一步開放的法律服務業，達至建立續造型訴訟機制。“港資港法”的制度安排、“大灣區律師”在灣區內執業的試點均標誌著前海法律服務業的進一步開放和拓展，這將對續造型訴訟程序提出規範化及制度化的長遠要求。針對訴訟程序續造過程中產生的司法法律淵源的邊界問題、續造型訴訟機制的合法性問題以及衝突法查明等規範化問題，該文從法治的角度提出建立具有灣區一體化特徵的訴訟機制、建立規範化的“1+3”庭審模式、訴辯對抗機制和可流通性裁判機制等觀察意見。

郭天武教授和呂嘉淇博士合著的《粵港澳大灣區仲裁制度完善問題研究》一文分析了粵港澳大灣區仲裁制度的發展現狀、存在問題及完善對策。近年來仲裁以其合意性、保密性、便捷性強等顯著優勢，成為粵港澳大灣區民商事糾紛的重要解決機制之一，並隨著大灣區內合作深化，仲裁程序的適用越發廣泛。然而，過度強調仲裁的合意性、保密性、便捷性，可能衍生出仲裁權力濫用、行業保護等仲裁問題，損害公眾利益和仲裁公信力，影響粵港澳大灣區內仲裁的承認與執行。為推動仲裁制度完善，促進粵港澳大灣區多元糾紛解決機制的完善，營造法治化國際化營商環境，可從打破仲裁行業保護、規範仲裁員選任、加強仲裁員監管和完善臨時仲裁四方面完善粵港澳大灣區仲裁規範。

柯靜嘉博士的《論粵港澳大灣區共建“一帶一路”國際商事爭端解決的機制創新》一文聚焦於粵港澳大灣區國際商事爭端多元解決制度創新的具體措施。粵港澳三地聯動共建國際商事爭議解決中心是《粵港澳大灣區發展規劃綱要》對粵港澳全面合作發展平台建設的政策要求，也是三地攜手參與“一帶一路”建設，形成“一帶一路”重要支撐區以及推進具有中國特色和東方智慧的國際商事爭議多元化糾紛解決機制的改革創新。雖然中國已建成“一帶一路”國際商事調解中心（BNRMC）、前海“一帶一路”國際商事訴調對接中心、內地—香港聯合調解中心、香港國際仲裁院（HKIAC）、澳門世界貿易中心仲裁中心等國際商事爭端解決機構，但仍未整合形成創新、開放、包容、多元，集調解前置、仲裁和訴訟有機銜接的“一站式”國際商事爭端解決機制。而新加坡麥克斯韋多元糾紛解決中心以及迪拜國際金融中心糾紛解決機制的設計思路和管理模式為三地共建“一帶一路”國際商事糾紛解決機制的基本內容、適用範圍、機構、程序規則和解紛方式對接協調的最優模式提供了有益的借鑑。同時，《聯合國關於調解所產生的國際和解協議公約》的生效標誌著全球商事糾紛解決方式的新格局，三地應抓住戰略機遇，在大灣區中先行先試建立其配套機制，完善國際商事調解平台和制度建設。創新點需落實在調解協議的執行、與仲裁的結合、訴調對接平台，以及國際商事調解體制機制構建的多元化糾紛解決機制的建設中。

林郁馨副教授和蕭善允博士合著的《粵港澳大灣區的證券跨境監管機制 —— 以"深港通"投資者的維權之路為例》一文分析了兩地證券跨境監管的制度差異、證券跨境糾紛解決路徑的困境以及提出了證券跨境監管建設的政策建議。近年來，粵港澳大灣區的建設進一步促進了三地之間的合作與交流。資本市場也在不斷探索各項互聯互通機制，並於 2016 年 12 月 5 日開通了連接深圳交易所與香港交易所的跨境投資平台 ——"深港通"。但由於法律體系和證券監管制度的差異，三地尚未形成一個成熟的證券跨境監管機制，這給跨境投資者的維權帶來了一定的阻礙。該文首先以內地與香港為視角，從監管法規、區際監管合作與區際司法協作的角度梳理目前兩地證券跨境監管的框架。其次，以"深港通"機制下港股通投資者的維權之路為例，探索當香港上市公司從事市場失當行為損害投資者的利益時，內地投資者如何利用投訴、仲裁或證券訴訟等維權手段維護其合法權益，並分析此三類證券跨境糾紛解決路徑的特點與困境。最後，提出完善粵港澳大灣區證券跨境監管建設的政策建議，以促進粵港澳大灣區的資本市場的發展與繁榮，推動跨境證券市場的多元化糾紛解決機制的構建，並深化對跨境投資者保護的法治建設。

何天翔助理教授的《粵港澳大灣區知識產權合作框架芻議》一文搭建了粵港澳大灣區在知識產權領域進行規則銜接和機制對接的合作框架。《粵港澳大灣區發展規劃綱要》為大灣區的知識產權合作提供了巨大的政策空間，指明了方向。粵港澳三地依托《內地與香港關於建立更緊密經貿關係的安排》在過去的十九年間所進行的相關嘗試，為進一步深化大灣區知識產權合作打下了堅實的基礎。本章從建立知識產權申請協作機制、執法統一機制、糾紛多元化處理、知識產權人才、信息的自由流動機制這四個方面入手進行分析，探討了各個部分所面臨的體系上的挑戰以及破解之道。文章指出，在不破壞"一國兩制"下港澳特區的獨特優勢，不違反《基本法》，又能增進三地自身發展創新能力的前提下，深度融入祖國發展大局，開拓大灣區發展合作新經驗和新模式，是所有大灣區城市的必然選擇。

唐犀副教授與吳藝律師的《粵港澳地區跨境商標權利保護及互認機制研究 —— 以"惡意註冊"為基礎對突破商標權地域性壁壘的評析》一文分

析了粵港澳三地對於商標登記註冊以及商標保護的現狀，並提出對於粵港澳三地知識產權互認機制的構想。粵港澳地區儘管地理位置鄰近，有緊密的政治、經濟、文化合作，但屬不同制度與法域，亦有不同的商標註冊制度，從而導致商標搶註者在三地大量出現。商標搶註者大多將買賣商標作為投資方式，賺取商標轉讓費與註冊費之間的差額利潤。在本文中，筆者將通過闡述惡意註冊商標的現狀，粵港澳三地對於商標登記註冊以及商標保護的現狀，結合現有的粵港澳三地司法互助基本框架，提出對於粵港澳三地知識產權互認機制的構想，以期對於粵港澳之間的法域、地域性知識產權認可和保護機制的眾多壁壘進行突破。尤其是中國商標局在 2019 年修訂並施行新的商標法，增加了對惡意註冊商標行為的打擊力度。鑑於商標權利取得和保護的地域性限制，中國的商標法保護的對象雖然仍是中國的商標，但商標局在適用新商標法對關於惡意註冊商標案件進行審查和審理時，已逐步傾向於在一定程度上考量與中國有密切往來關係區域的在先商標的知名度。這種新的傾向值得在粵港澳大灣區的區域跨境商標權的保護機制中進行深入探討。

四

第四部分則聚焦於法律服務業與人才流動在粵港澳大灣區的合作與制度對接。

鄧世豹教授等合著的《深化“大灣區律師”制度改革，打造大灣區涉外法律人才高地》一文分析了“大灣區律師”制度的實施現狀和優化路徑。習近平總書記指出：“要堅持統籌推進國內法治和涉外法治”，推進涉外法治急需一大批高端涉外法律人才，當前乃至相當一段時期內，內地高端涉外法律人才的數量和質量遠遠不能滿足國家建設發展的需要。香港作為亞洲法律服務中心，打造全球法律服務中心，集聚一大批涉外法律人才。推進粵港澳大灣區建設，國家允許符合條件的香港法律執業者和澳門執業律師通過粵港澳大灣區律師執業考試，取得內地執業資質，從而可以在大灣區內地九市從事一定範圍內的內地法律事務，試點“大灣區律師”制度。建議爭取中央進一步授權廣東深化改革，依托“大灣區律師”制度，拓展“大灣區律師”的功能，逐步放寬報名資格條件，完善考試科目和內容，吸納國內外法律專業留學人員以律師身份在內地執業，開展涉外法律服務，建設大灣區涉外法律人才高地，形成可複製、可推廣的“雙教育 + 雙牌照”的高端涉外法律人才建設培養模式，推進涉外法治建設。

李銘銳研究員的《從中國委托公証人制度的實踐看粵港澳大灣區法律服務合作的未來》一文，從比較法視角探討粵港澳大灣區公証制度法律服務合作的問題和前景。作者指出，公証制度是中國的預防性司法制度，也是社會糾紛多元化解決的基礎性司法資源。香港作為國際貿易和金融中心，香港的公証人是連接香港與內地以及世界其他國家和地區的重要紐帶。在“一國兩制”的框架下，為靈活處理不同法域之間法律事務，中國委托公証人制度應運而生並有效銜接了內地與港澳法律制度，對內地與港澳民商事交往起到了重要的橋樑紐帶作用。隨著兩地社會的融合發展，國家接連出台多項對港法律服務業的利好政策，香港法律服務得以孕育更大的市場機遇。本文從世界各地幾個主要公証制度切入，著重介紹中國委托公証人制度並以此為視角，思考粵港澳大灣區在後疫情時代中積極開展法律服務合作的問題和前景，以期為推進大灣區法治建設作出探索和貢獻。

馮柏林的《粵澳橫琴深度合作區人才要素流動中“立法變通權”的運用》一文分析了珠海市運用立法變通權促進粵澳橫琴深度合作區人才要素跨境流動的必要性、合理性與合法性，認為充分利用立法變通權有利於粵港澳大灣區規則銜接，進而促進粵港澳大灣區深度融合和協調發展。文章指出，人才要素跨境自由流動是粵澳橫琴深度合作區成為粵港澳大灣區深度融合和協同發展“試驗田”的必然要求。珠海市運用經濟特區立法變通權為粵澳橫琴深度合作區進行建築和旅遊專業領域執業資格認可的專門性立法。粵港澳三地在執業資格上獨立的登記制度、缺乏規則銜接等制度壁壘必然要求運用立法變通權，中央立法的不適格和地方立法的權限障礙使得運用立法變通權成為最優路徑；兩部法規遵循《授權決定》和《立法法》中對實際需求、法律限制、程序規定和效力範圍的具體規定，具備合法性基礎。未來經濟特區應當運用立法變通權擴大執業資格認可範圍，但要注意規範行使權力。

五

本書最後收錄胡泰閣、鄧凱與朱國斌合作整理的文獻綜述《粵港澳大灣區融合發展的法治之維》，是對本書研究的有益補充。文章對粵港澳大灣區法律衝突現狀、法律協調空間和法律服務業發展等方面進行了綜述。作者指出，法治意義上的粵港澳大灣區以法律衝突作為最顯著外觀，亦可謂之阻礙大灣區融合發展的最主要法律困境。解決法律衝突目前有四種具體路徑：衝突法模式、區域示範法模式、內地方面直接適用港澳法律和爭議解決的組織機構模式，而無論是憲法還是港澳基本法都面臨著法律銜接的現實困境，解決的辦法是全國人大或其常委會訂立大灣區綱領法。

邦律師事務所兼職律師。同時兼任廣州市法學會三農法治研究會秘書長、澳門大數據法律研究協會副理事長、濠江學社理事、廣東省涉外律師領軍人才、廣東省地理標誌專家庫成員等職務。

吳　藝　廣東法制盛邦律師事務所執業律師。韓國高麗大學國際法學碩士。三級律師、廣東省涉外律師領軍人才、廣東知識產權保護協會專家庫成員、廣東省地理標誌專家庫成員、廣州市律師協會涉外法律專業委員會委員。曾任聯合國前南斯拉夫刑事法庭辯護律師團實習證據分析員。

鄧世豹　廣東財經大學法學院教授、法學博士、科研處處長。美國富布萊特基金訪問學者、廣東省教學名師、廣東省“千百十工程”省級培養對象，獲第二屆廣東省十大中青年法學家稱號。兼任廣東省人大常委會立法諮詢專家、廣東省人民政府法律顧問、廣州市人大常委會立法顧問、廣州市人民政府決策諮詢專家、廣州市人民政府兼職法律顧問、中國憲法學研究會理事、中國立法學研究會理事、廣東省法學會常務理事、廣東省法學會憲法學研究會副會長。主要從事憲法學研究和立法研究。出版專著《授權立法的法理思考》、《當代中國公民憲政意識及其發展實證分析》等。獲得省部級科研成果獎 5 項。牽頭起草《廣東省食品安全條例》、《廣東省社會科學普及條例》、《廣東省市場監管條例》等 10 餘項。

姚小林　廣東財經大學法學院副教授，法學博士。

李　丹　廣東財經大學法學院副教授，法學博士。

戴激濤　廣東財經大學法學院教授，法學博士。

李銘銳　中國法律服務（香港）有限公司研究部主任、研究員，《中國法律》雜誌資深編輯。中國人民大學法學碩士（民訴方向）。2006 年入職中國法律服務（香港）有限公司，先後在中國法律律師事務所、公司經理部、綜合研究部任職。兼任香港中國企業協會法律專業委員會、商事調解委員會副秘書長、廣東省法學會“粵港澳大灣區建設港澳法治人才庫”專家、香港政策研究所名譽研究員、深圳市藍海大灣區法律服務研究院研究員、珠海國際仲裁院仲裁員、粵港澳仲裁調解聯盟調解員、香港高校聯法律專業協會副主席。

任，Society of International Economic Law 會員。香港大學國際經濟法哲學博士、英國曼徹斯特大學國際商法法學碩士、英國英博律師專業培訓學校倫敦校區普通法資格證書、西南政法大學法學學士。主持省部級橫向和縱向課題共 4 項、市廳級課題 1 項，參與教育部重大課題 1 項。發表中英文學術論文 7 篇，其中《中國—東盟投資法律體系下投資者與東道國權益的平衡》被國務院發展研究中心"中國智庫網"全文轉載。出版專著 2 部。

林郁馨 香港城市大學法學院副教授、香港城市大學中國法與比較法研究中心副主任。美國斯坦福大學法學博士（J.S.D.）及碩士、台灣大學商學碩士及法學士。曾任以色列赫茲利亞跨學科研究中心（IDC Herzliya）客座教授。美國哈佛大學法學院、台灣"中央研究院"訪問學者。主要研究領域為公司法、公司治理以及資本市場規範。研究方法以法實證研究及經濟分析為主，輔以比較法的視野。經常與管理及金融領域的學者跨域合作，並曾任國際法學及金融頂尖期刊的論文審查人。

藷善允 香港都會大學李兆基商業管理學院高級講師，香港城市大學法學博士兼研究助理。2016 年於華南師範大學取得金融學與法學雙學士學位。2017 年於香港中文大學獲得法學碩士學位，主修中國商業法。2022 年於香港城市大學獲得法學博士學位。

何天翔 荷蘭馬斯特里赫特大學知識產權法學博士、中國人民大學法學院刑法學博士。現任香港城市大學法律學院助理教授、荷蘭馬斯特里赫特大學法學院全球化和國際規制研究所客座研究員。*Copyright and Fan Productivity in China: A Cross-jurisdictional Perspective*（斯普林格出版社 2017 年版）一書的作者。作品見於 *American Journal of Comparative Law*、*Queen Mary Journal of Intellectual Property*、*Journal of the Copyright Society of the U.S.A.*、*Computer Law & Security Review*、*Asia Pacific Law Review* 以及 *Hong Kong Law Journal* 等 SSCI 收錄雜誌。於牛津出版社出版的 *The Chinese Journal of Comparative Law* 擔任編委會成員。

唐　犀 廣州商學院法學院副院長、副教授。西南政法大學學士及碩士、澳門科技大學法學博士、中國政法大學法學博士後。廣東法制盛

作者簡介

（按文章先後排序）

劉春華 中央人民政府駐香港特別行政區聯絡辦公室法律部部長。

鄭若驊 時任香港特別行政區政府律政司司長。

劉德學 澳門特別行政區政府法務局局長。

黃　進 中國國際法學會會長、中國國際私法研究會會長、中國政法大學教授。武漢大學法學博士、加拿大蒙特利爾大學名譽博士。現任中國政法大學全面依法治國研究院教授，兼任中國國際法學會會長、中國國際私法研究會會長、中國人權發展基金會副理事長、最高人民法院國際商事專家委員會專家委員、常設仲裁法院（PCA）仲裁員。曾任武漢大學副校長、中國政法大學校長。係中國自己培養的第一位國際私法專業博士學位獲得者。曾獲中國法學會首屆十大"傑出青年法學家"稱號。主要研究領域為國際法與國際私法。

董　皞 法學博士，北京師範大學特聘教授、博士生導師。兼任中國行政法學研究會副會長、廣東省法學會副會長、廣東省法官檢察官遴選委員會主任、廣東省政府法律顧問組組長、《法治社會》雜誌總編、中國社科院法學所橫琴法治創新研究中心學術委員會主任等職。代表著作：《司法解釋論》、《論法律衝突》、《判例解釋之變遷與重構》。

張　強 清華大學法學學士、澳門大學哲學博士（法學）。現為廣州大學法學院講師，兼任中國法學會比較法學研究會理事、全國港澳研究會會員、廣東省法學會港澳基本法研究會理事。曾出版專著《"一國兩制"下的中央管治權研究》（合著），在《港澳研究》、《澳門理工學報》等期刊發表多篇港澳基本法文章，其中被人大複印報刊資料全文轉載 2 篇。現主持國家社科基金課題 1 項，主持教育部課題 1 項，主持廣東省哲學社會科學規劃課題 1 項。

鄒平學 深圳大學法學院教授、深圳大學港澳基本法研究中心主任、深圳大學港澳及國際問題研究中心主任、武漢大學及中國社會科學院博士生導師。出版《憲政的經濟分析》、《中國代表制度改革的實證研究》、《香港基本法實踐問題研究》等專著。主編《憲法》、《港澳基本法實施評論系列》、《港澳制度研究叢書》、《香濠觀濤時評叢書》、《兩岸與港澳法制研究論叢》、《香港基本法面面觀》等，發表論文 170 多篇。兼任全國人大常委會港澳基本法委員會基本法理論研究領導小組成員、國務院發展研究中心港澳研究所學術委員會委員兼高級研究員、中國憲法學研究會常務理事兼兩岸及港澳法制研究專業委員會主任、中國統一戰綫理論研究會理事兼港澳台與海外統戰理論研究小組副組長、全國港澳研究會理事、香港基本法澳門基本法研究會理事、廣東省香港基本法澳門基本法研究會會長等。

邱佛梅 法學博士、理論經濟學博士後。深圳改革開放幹部學院副教授、深圳市高層次人才。兼任深圳大學特聘副研究員、中國法學會研究會青年人才、廣東省法學會理事、廣東省政府績效管理研究會常務理事、深圳市法學會港澳法律研究會理事。在《政治學研究》、《中國行政管理》等刊物共發表論文 23 篇，多篇被《中國社會科學文摘》或人大複印報刊資料轉載。參編出版《廣東法治發展年度報告》、《中國政府績效評價報告》等 7 部著作。

馮澤華 廣東財經大學法學院與武漢大學法學院聯合培養博士後、中國社會科學院研究生院法學博士、暨南大學法學碩士、廣州醫科大學法學學士。全國港澳研究會會員、深圳大學港澳基本法研究中心兼職研究員、廣東工業大學廣州數據法治研究中心特約研究員、廣東省法學會港澳基本法研究會理事、廣東省法學會憲法學研究會理事、廣東省法學會地方立法學研究會理事、廣東省法學會應急管理法治研究會理事。在《人權》、《法治論壇》、《文化遺產》、《中國評論》（香港）、《紫荊論壇》（香港）、《"一國兩制"研究》（澳門）、《海峽評論》（台灣）等海內外刊物上發表論文 100 餘篇。

方　舟 一國兩制研究中心研究總監。方博士是香港和內地的經濟發展和產業規劃專家，並與北京、上海、深圳、珠海、東莞等地政府長律研究中心聯席副主任。國際比較法學院院士，中國憲法學會理事，中華司法研究會理事，香港基本法澳門基本法研究會常務理事，珠海、青島、武漢仲裁委員會仲裁員。團結香港基金顧問、廣東省本科法學教育指導委員會副主任、香港法律教育基金董事。近期主要著作包括：《中國憲法與政治制度》、《當代中國政治與政府》（合著，第三版）、《香港司法制度》（合著，第二版）、*Personal Data (Privacy) Law in Hong Kong*（主編，第二版）、《香港特區政治體制研究》（主編）、《第五次人大釋法：憲法與學理論爭》（主編）、《中央與特別行政區關係專論》（主編）、《行政長官制度、權力與特區管治》（主編）、《建構"一國兩制"憲制——在動態中達至平衡》和《香港國家安全法：法理與實踐》（合編）。近期論文發表在 *International Journal of Constitutional Law*、*Human Rights Quarterly*、*Columbia Journal of Asian Law*、*Suffolk University Law Review*、*China: An International Journal*、*Hong Kong Law Journal* 等期刊。

郭天武 中山大學法學院教授、博士生導師，國家高端智庫中山大學粵港澳發展研究院副院長，教育部人文社科研究基地中山大學港澳珠江三角洲研究中心副主任、首席專家。兼任中華司法研究會特約研究員、廣東省法官檢察官遴選委員會委員、廣東省粵澳合作法律諮詢委員會粵方專家、廣州市人民政府法律顧問、廣州市人民政府決策諮詢專家、廣東省法學會訴訟法學研究會副會長、廣東省法學會港澳基本法研究會副會長。主要研究方向為訴訟法、證據法、粵港澳大灣區法治建設。在國家重要刊物上發表論文 60 多篇，出版《保釋制度》等專著 7 部，主持國家級重大項目 10 多項。

呂嘉淇 中山大學法學院博士研究生，研究領域為訴訟法、港澳基本法和粵港澳大灣區法治建設。在《地方立法研究》、《上海政法學院學報（法治論叢）》等期刊上發表論文多篇。先後參與多項國家社科基金重大項目以及多項省級課題。曾獲得國家獎學金及廣東省法學會訴訟法學研究會年會優秀論文二等獎等。

柯靜嘉 廣東財經大學法學院副教授、碩士生導師，廣東財經大學法律與社會治理研究院執行主任，粵港澳大灣區法治研究中心執行主期合作。方博士曾任香港內地經貿合作諮詢委員會貿易配套小組召集人、香港大嶼山發展委員會委員。目前擔任中華海外聯誼會理事、香港友好協進會提案委員會副主任、深圳城市國際化顧問委員會委員、深圳市決策諮詢委員會委員、珠海市決策諮詢委員會委員、深圳市政協委員，以及深圳前海、珠海橫琴、廣州南沙、東莞濱海灣新區等地的顧問。

霍英達 一國兩制研究中心副研究主任，香港中文大學碩士，北京科技大學管理學、法學學士。加入研究中心以來，負責編訂了“粵港澳大灣區各領域發展情況”項目，作為主要成員開展了“提升北京服務業競爭力策略研究”、“推動深港市場一體化水平提升研究”、“香港新界北港深國際創新科技走廊發展研究”，以及歷年深圳市委市政府重大調研課題等。

鄧　凱 法學博士、政治學博士後。中國律師、深交所上市公司獨立董事資格在冊。深圳市“孔雀計劃”海外高層次專業人士、深圳市南山區“領航人才”專業計劃人士。現任騰訊研究院高級研究員，客座擔任廣東省法學會港澳基本法研究會理事、深圳市港澳經濟研究會第二屆監事、第七屆深圳市人大常委會法律助理、深圳大學港澳基本法研究中心研究員、香港城市大學法律學院公法與人權論壇高級研究員等學術職務。現主要從事行政法、立法法以及港澳治理相關研究，各類海內外學術出版、發表 40 餘篇（本）。

趙　亮 英國南安普敦大學法學院副教授、博士生導師。大連海事大學法學學士、英國南安普敦大學碩士、香港大學博士。中國海事仲裁委員會仲裁員、上海國際經濟貿易仲裁委員會仲裁員、倫敦海事仲裁員協會支持會員、中國海商法協會會員、廣州國際航運司法研究會會員。廣東財經大學法學院粵港澳大灣區法律研究中心特聘專家、華南師範大學國際航運法律與政策研究中心兼職研究員。

程　葉 法學碩士。深圳前海合作區人民法院一級法官，主要從事涉外商事審判工作。

朱國斌 法學博士。香港城市大學法律學院教授、博士生導師，香港城市大學法律學院公法與人權論壇主任，香港城市大學公共事務與法

馮柏林　武漢大學法學院碩士研究生，香港城市大學法律學院研究助理。

胡泰閣　香港城市大學法學學士，英國劍橋大學法學碩士。

第一部分

大灣區法制建設：政策導向、規劃與推進

1. 推進規則銜接和機制對接，探索粵港澳大灣區法律規則的“軟聯通”

劉春華　中央人民政府駐香港特別行政區聯絡辦公室法律部部長

習近平總書記指出，粵港澳大灣區建設“重在規則相互銜接”。《粵港澳大灣區發展規劃綱要》頒布近三年來，大灣區基礎設施互聯互通加快推進，規劃體系政策體系日趨完善，規則銜接機制對接取得新的突破，充分彰顯了“一國兩制”的制度優勢和勃勃生機。香港城市大學舉辦本次論壇，聚焦“粵港澳大灣區法律衝突、合作與規則銜接”展開研討交流，可以說恰逢其時，具有突出的現實意義。藉此機會，我與大家分享三點體會。

第一，倍加珍惜當前來之不易的大好局面和有利時機，為推進“一國兩制”事業行穩致遠作出新貢獻

習近平總書記指出：“法治興則國家興，法治亂則國家亂”。2019 年“修例風波”期間，香港社會一度陷於社會動亂，反中亂港勢力肆意衝擊法治基石、重創經濟民生、危及國家安全，“一國兩制”事業面臨前所未有的嚴峻挑戰。中央審時度勢，堅持運用法治思維和法治方式，嚴格遵循憲法和基本法，果斷採取制定出台香港國安法、完善香港特區選舉制度等一系列重大舉措，實現了香港由亂到治的重大轉折，為“一國兩制”事業行穩致遠提供了堅實的法治保障。回顧 2021 年，東方之珠重現光彩。香港再次獲評“全球最自由的經濟體”，經濟顯著復甦，本地生產總值增長達 6.4%，銀行體系結餘升至近四年高位，在倫敦大學瑪麗皇后學院“全球首選仲裁地”評選中超越巴黎，名列第三；第七屆立法會選舉圓滿結束，153 名候選人充分競爭，比理念、比貢獻、比擔當，廣大選民積極行使選舉權利，選出了多元、均衡、高素質的新一屆議員團隊。1 月 12 日，本屆立法會召開首次大會，會議廳內高懸國徽區徽，議員理性問政，議會高效運作，展現了良政善治的新氣象，為香港發展按下了“快進鍵”。我們相信，作為來自內地、香港、澳門三地法治工作者，大家一定會倍加珍惜來之不易的大好局面和有利時機，

目錄

繼續秉持“法律人”的專業理性，尊崇憲法和基本法，守護法治核心價值，為推動“一國兩制”事業行穩致遠發揮新作用、貢獻新力量。

第二，聚焦“十四五”規劃關於推進規則銜接和機制對接的要求，積極探索粵港澳大灣區法律規則的“軟聯通”

國家“十四五”規劃“港澳專章”明確提出，要“深入推進重點領域規則銜接、機制對接”，從國家戰略的高度深刻揭示了粵港澳大灣區的融合發展，不僅是資金、產業、物流、資訊、人才等的“硬聯通”，更是規則體制的“軟聯通”。《全面深化前海深港現代服務業合作區改革開放方案》（即“前海方案”）明確，要“探索不同法系、跨境法律規則銜接”，《橫琴粵澳深度合作區建設總體方案》（即“橫琴方案”）也明確“逐步構建民商事規則銜接澳門、接軌國際的制度體系”。“兩方案”聚焦粵港澳大灣區“一國兩制三法域”的獨特優勢，指明了區內法律規則、制度、體系的協調銜接、融合融通的努力方向。我們注意到，為加速大灣區法律規則銜接，過去一段時間內地、香港、澳門三地均進行了不少有益的嘗試。包括：粵港澳大灣區律師執業考試政策於去年 7 月 31 日正式落地實施，開啟了港澳律師內地執業通道，為深化三地法律服務的“軟聯通”提供了良好契機；香港律政司、澳門行政法務局和廣東省司法廳連續舉辦三屆粵港澳大灣區法律部門聯席會議，通過大灣區調解員《資格評審標準》和《專業操守最佳準則》，為啟動三地調解規則的“軟聯通”搭建了溝通協調平台；前海合作區人民法院去年 11 月在審理一宗涉港合同糾紛案時，首次邀請香港法律專家通過視頻在線方式提供法律查明協助，為探索大灣區司法協助機制“軟聯通”作出了最新嘗試；此外，三地法學院校、科研機構等也都圍繞大灣區法律規則銜接主題，進行了深入研究，取得了豐碩的學術成果。這些舉措在充分利用和尊重規則差異的基礎上，在循序漸進、協同發展中尋求規則銜接，具有鮮明的引領性和開創性，為下一步工作奠定了良好的基礎、提供了有力的示範。

第三，發揮粵港澳大灣區內法律資源的天然互補優勢，助力國家高水平對外開放

眾所周知，粵港澳大灣區涵蓋世界三大主要法系，法律資源豐富多元、

優勢互補、相得益彰，有條件助力國家在更大範圍、更寬領域、更深層次實施對外開放，與來自不同法域的市場主體實施“無縫對接”。**一是在法律專才資源方面**，大灣區匯集了大量大陸法系和普通法系的專業人才，能夠提供“一站式”的多元法律服務。香港律師國際化程度較高，截至目前擁有律師事務所和大律師辦事處 1083 家，來自 34 個司法管轄區的海外註冊律師 1465 人，“全球百大律所”半數以上在港設有辦事處；廣東律師人數突破 6 萬，居全國首位，且年均增長率一直保持在 10% 以上，不僅在大灣區律師數量中佔有絕對優勢，更極大拓寬了大灣區法律服務市場的廣度和厚度；澳門律師熟悉葡語，在“一帶一路”沿線及葡語國家的法律服務市場中具有獨特優勢。**二是在司法資源方面**，大灣區有條件進行互通有無、協同發展的有益探索。香港是中國唯一適用普通法的城市，近年來越來越多的判例在現代國際商事活動中被引用，香港終審法院依據《基本法》邀請來自其他普通法適用地區的 12 位資深法官擔任非常任法官，有效豐富了香港的普通法訴訟資源；最高人民法院在廣東設立國際“一帶一路”商事法庭，為完善“一帶一路”及大灣區爭議解決機制提供了開放性、多元化的全新平台；澳門擁有許多精通中葡雙語的優秀法官和律師，有解決涉葡經貿爭端方面的豐富判例。**三是在仲裁調解資源方面**，大灣區擁有整合規則、錯位發展的有利條件。香港作為全球第三大國際仲裁中心，仲裁調解規則與國際慣例高度接軌；廣東省仲裁調解服務市場近年來蓬勃發展、需求龐大，受案量及標的總金額年均增長率均超過 15%；澳門探索跨境仲裁、調解機制建設，為大灣區與葡語系國家進行有效聯通積累了大量跨境商事爭端解決經驗。

我們由衷希望，在“一國兩制”框架下，不斷凝聚共識，增強互信，大膽創新，取得更大成就。香港中聯辦法律部作為香港與內地法律交流合作的橋樑紐帶，也期待未來能與大家一道，繼續為內地與香港的法律交流、合作與發展添磚加瓦，不斷作出新的貢獻。

2. 加強區域法律合作與規則銜接，推進粵港澳大灣區建設

鄭若驊　時任香港特別行政區政府律政司司長

一、導言

今天的論壇雲集粵港澳三地的法律專家學者及政府代表，提供了一個很好的平台，藉此大家共同探討三地應如何做好規則銜接機制對接，突破區際法律衝突的局面。粵港澳大灣區擁有著"一國、兩制、三法域"的獨特法律環境，為世界獨有，沒有先例可依。三地法律體系和司法制度不盡相同，在各區域適用自身法律解決涉及其他法域的實際問題時，難免會產生不同類型的法律衝突問題，消除區際法律衝突成為了三地的必要課題。

深度融合的法治建設是大灣區高質量發展的基石。國家主席習近平在深圳經濟特區建立 40 周年慶祝大會上發表的重要講話中提到，深圳等經濟特區 40 年改革開放實踐，積累了寶貴經驗，深化了我們對中國特色社會主義經濟特區建設規律的認識，其一是使法治成為經濟特區發展的重要保障。要實現區內法制互通，做好法律規則銜接，消除三個法律體系之間差異，關鍵在於要以"一國"為本，解放思想，實事求是，以創新思維做到保持三地法域的獨特性之餘，又要融和協調，並需要政府之間在司法協作的實踐當中不斷探索。

二、五個方面建議

作為中國唯一的普通法司法管轄區，香港自然是實現三地法律體系規則銜接、機制對接的最佳試驗場地。藉今天論壇的機會，我希望能以內地與香港特區解決法律衝突的經驗為依據，就進一步加強區域法律合作與規則銜接，提出以下五個方面的建議，分別是：（1）建設三地民商事司法協助制度、（2）制定三地規則銜接、（3）人才及交流機制對接、（4）法律和仲裁

地選用，和（5）跨境調解。

（一）建設三地民商事司法協助制度

粵港澳大灣區是我國開放程度最高、經濟活力最強的區域之一，三地經濟的飛躍發展為做好區內規則銜接機制對接提出了現實要求，而三地之間的司法協助變得不可或缺。回歸祖國二十五周年，香港與內地在"一國兩制"下建立了行之有效的區際民商事司法協助制度。兩地一共簽訂了九份民商事司法協作安排，其中七項已經生效。這些安排的內容覆蓋了程序性的協助和實體法規的融合，解決了現存以及可能發生的各種法律衝突問題，其中幾項更是為司法協助制度的建設帶來重大發展和意義。

1.《送達安排》[1]

《送達安排》是內地與香港就司法協助簽署的首份重要文件。《送達安排》於 1999 年實施，使得兩地之間的司法文書送達制度順利地進入了規範化的運作，為雙方在"一國兩制"框架下開展民商事司法協助的模式開創先河，打通跨境民商事案件的相互委托送達。簽訂《送達安排》的意義不只在於為兩地當事人提供送達司法文書的渠道，更是確立了區際司法協助進行的基本方式，兩地在解決區際法律衝突方面邁入有法可依、有章可循的時代。此後，內地最高人民法院與香港律政司直接商討並簽訂司法協助安排，這一做法既遵循"一國兩制"及各法域間平等互利的原則，又使到合作機制簡單靈活、有效務實，開啟了具有中國特色區際司法協助的實踐。

至 1999 年以來，兩地法院相互委托送達司法文書案件的數量不斷上升，在 20 年間的增幅超過 5 倍。在《送達安排》的成功基礎上，香港與內地維持緊密合作，不斷完善相關機制。律政司正與最高人民法院就完善《送達安排》進行磋商，以過往 20 年實踐跨境送達的經驗為依據，研究並探討增加送達方式的可行性，以提高雙方的送達效率。

2.《婚姻家庭判決互認安排》[2]

《婚姻家庭判決互認安排》的簽訂反映兩地司法協助以民為本，務求結合實際，便民利民。近年來，跨境婚姻家庭糾紛增多，而家庭在兩地均有資產的情況變得普遍。但是，兩地法院的婚姻案件判決和涉及財產和子女撫養

---

1 《關於內地與香港特別行政區法院相互委托送達民商事司法文書的安排》，1999 年 3 月 30 日生效。

2 《關於內地與香港特別行政區法院相互認可和執行婚姻家庭民事案件判決的安排》，2017 年 6 月 20 日簽訂，2022 年 2 月 15 日生效。

的判令缺少互通，婚姻家庭的法律和程序都存在著差異。為避免因婚姻家庭法律、法制差異而影響跨境婚姻各方的權利，內地與香港簽訂了《婚姻家庭判決互認安排》，免除當事人在兩地重新提出訴訟之累。兩地主要婚姻家庭糾紛的案件被納入該安排的執行範圍，包括子女管養令及未成年子女返還等案件，把未成年人利益放在首位，最大化地謀求人民利益。

為落實安排，香港特區政府已進行本地立法，立法會於去年 5 月通過相關條例。[3] 該條例與相關規定已定於今年 2 月 15 日在香港正式生效，最高人民法院亦會發布司法解釋。隨著安排的實施，跨境婚姻各方將獲得更適時的司法濟助，更為大灣區社會穩定貢獻了積極的力量。

3.《民商事判決互認安排》[4]

相互認可與執行判決一直在解決區際法律衝突上發揮著重要作用。2019 年 1 月簽訂的《民商事判決互認安排》在綜合兩地立法、司法實踐基礎上，就兩地互認和執行民商事判決的各個環節都作出了細緻的規定，建立了更全面、明確而又具有中國特色的相互認可和執行民商事判決機制。《民商事判決互認安排》覆蓋甚廣，除了兩地同屬民商事糾紛的各類案件判決基本全部獲納入互認範圍內，更明確包括了有關知識產權糾紛的判決，涵蓋範圍比其後通過的《海牙判決公約》更全面，印證了“一國兩制”下司法協助的優越性。

與《民商事判決互認安排》相關的條例草案和規則已於去年 12 月 17 日開始諮詢公眾，公眾可於今個月內提交意見。我們預期會在今年內將條例草案和規則提交立法會審議，爭取盡快透過本地立法在港實施。《民商事判決互認安排》生效後，配合《婚姻家庭判決安排》，將基本實現了兩地民商事領域司法協助的基本全覆蓋，為兩地的經濟社會發展和人民提供更好的司法保障，助力國家法治建設。

4.《仲裁保全安排》[5]

在仲裁方面，2019 年簽署並在同年生效的《仲裁保全安排》開闢了香港仲裁當事人向內地法院申請保全措施的新途徑。此前，雖然香港法院可根據《仲裁條例》（第 609 章）的規定對包括內地在內的域外仲裁提供保全協助，

3　參見《內地婚姻家庭案件判決（相互承認及強制執行）條例》。

4　《關於內地與香港特別行政區法院相互認可和執行民商事案件判決的安排》，2019 年 1 月 18 日簽署，尚未生效。

5　《關於內地與香港特別行政區法院就仲裁程序相互協助保全的安排》，2019 年 10 月 1 日生效。

但內地法院卻不能就海事案件以外對其他域外仲裁提供保全協助，兩地在提供仲裁保全方面存在差異。

《仲裁保全安排》使香港成為第一個內地以外的司法管轄區，在作為仲裁地時，當事人可以在仲裁裁決作出前向內地法院申請保全，確保仲裁程序能有效進行。《仲裁保全安排》發揮了調和作用，與內地相關法律有效銜接，為大灣區的企業及投資者提供了具有實際操作意義的仲裁保全制度規範。自《仲裁保全安排》生效以來，獲得了仲裁業界及各地的仲裁服務使用者廣泛應用和高度支持。[6]

5.《仲裁裁決補充安排》[7]

香港特區政府亦於 2020 年 11 月與最高人民法院簽署《仲裁裁決補充安排》，完善了兩地之間已運行了超過二十年的相互執行仲裁裁決安排，顯示兩地司法協作進入完善優化的新階段。

雙方檢視已生效運行的原有安排，在保留原有安排的大原則下，採用補充安排這個革新的形式對《仲裁裁決補充安排》內的條文作出 4 方面的修訂：一、允許當事人同時向兩地的法院申請執行仲裁裁決，與國際仲裁現行慣例接軌；二、明確說明以香港作為仲裁地的當事人可以在內地法院受理執行仲裁裁決的申請之前申請保全措施；三、取消了內地仲裁機構的名單要求，使仲裁裁決範圍的定義與《紐約公約》[8] 的“仲裁地”概念保持一致；四、明確訂明在原有安排有關執行仲裁裁決方面涵蓋“認可”一詞。

《仲裁保全安排》與完善後的相互執行仲裁裁決安排相輔相成，充分保障仲裁當事人的權益，助力兩地法律及爭議解決服務的發展，更是堅守“一國”之本，善用“兩制”之利的最佳體現。

6.《破產程序會談紀要》[9]

在去年 5 月生效的《破產程序會談紀要》，就內地與香港跨境清盤和債務重組事宜訂立新的合作機制。上海、廈門及深圳獲指定為試點地區，先行

6 截至 2021 年 9 月，香港的仲裁機構已協助處理 50 宗在該安排下向內地法院提出的保全措施申請，內地法院作出了 30 項准許申請人在提供擔保的前提下進行財產保全的裁定，所保全的資產總值達 109 億元人民幣。

7 《關於內地與香港特別行政區相互執行仲裁裁決的補充安排》，部分條文已於 2020 年 11 月 27 日生效。

8 參見《承認及執行外國仲裁裁決公約》。

9 《最高人民法院與香港特別行政區政府關於內地與香港特別行政區法院相互認可和協助破產程序的會談紀要》，2021 年 5 月 14 日生效。

在“一國”之內探索跨境破產協作規則，助力全面建立與國際接軌的跨境破產協助機制，推進國家涉外法治建設。

考慮到跨境破產協作涉及的法律問題較為複雜，此次合作兩地沒有沿用過往“先簽署安排，後轉化為司法解釋和本地立法”模式開展協商，而是採用了新模式：由兩地簽署《會談紀要》，先就相互協助達成原則上的共識；再由最高人民法院和香港特區政府分別發布指導意見和實用指南，細化具體規定。新模式容許兩地根據各自的需求，針對兩地破產制度上的差異，逐步完善合作機制，為日後的跨境司法協作的模式奠定新基礎。本著先易後難、循序漸進的方式，《會談紀要》選擇了從兩地之間具有相似性、交集的部分開始著手，例如是集體債務清理程序部分等，讓香港成為唯一與內地建立相互認可和協助清盤程序合作機制的司法管轄區，再一次彰顯“一國兩制”的獨特優勢，突顯國家信任香港的司法制度及對香港作為國際法律樞紐的堅定支持。

新的合作機制容許兩地的清盤人和管理人向對方法院申請認可在當地的清盤和破產程序，平衡及保障債權人和債務人利益，更鼓勵透過重組程序挽救企業，減低企業債務人清盤的風險。長遠而言，這有助加強投資者的信心，締造兩地，特別是大灣區，國際化、法治化、市場化的營商環境。

7. 推進粵港澳三地民商事司法協助

目前粵港澳三地各自已達成了不少雙邊民商事司法協助安排，但三邊的同類型安排發展尚未成熟。展望將來，粵港澳三地相關部門應該對已簽訂的雙邊司法協助安排作系統梳理整合，對內容上差異不大的，應該努力推進三地共同協商，以過往經驗為基礎，作相應完善及微調工作，延伸到第三方，從而達成粵港澳三方能夠簽署並出台的三方民商事司法協助安排。

長遠來說，三地相關部門應該積極研究探索可以實施三方民商事司法協助的方方面面，簽署並出台落實具創新性、涵蓋不同範疇的三方民商事司法協助安排，使這些安排涵蓋範圍更深更廣，更好服務大灣區的法治建設。

（二）聚焦三地規則銜接

現時，三地民商事交往中主要通過跨境司法協作去解決區際法律衝突問題。隨著“一國兩制”實踐進入新階段，粵港澳三地將加快走向融合，預期這個單一的解決方式將無法長遠滿足區內發展需求。而在“一國、兩制、三法域”大框架下，當涉及三地法律糾紛時，在確定管轄權、適用法律等方面均會出現法律衝突。以適用法律為例，在內地涉外民事關係的法律適用主要由《中華人民共和國涉外民事關係法律適用法》進行規範，當遇到涉港糾紛時，按照該適用法可能會指向某一地的法律，但按照香港普通法相關規定可能並不一致，因私法衝突規範不同而產生了適用法律問題。

在相互瞭解，互相尊重的基礎下，三地可參照相關國際法律衝突規則，預視未來因社會、經濟變化等因素所出現的新的法律衝突，未雨綢繆，積極協商在常見的法律範疇制定統一適用於大灣區的最佳準則甚至是更進一步的示範法規，有利協調三地法律法規衝突的問題。舉例來說，近年大灣區跨境電子商貿發展迅速，為加快融合和提升行業的協同效應，三地可著力研究為大灣區電子商貿量身訂做一套具有大灣區特色，而三地均接受的最佳準則。在相關最佳準則出台及運作順暢以後，未來更可升格為一個特別的示範法規以供其他地方參考。同理，三地亦可在家事法律方面探索定立出台相關解決法律衝突的最佳準則以至是示範法規，從而更好地服務三地有相關需要的企業及市民大眾。

在大灣區就不同領域制定統一法律規範無疑是解決區內法律衝突的最終目標，期望粵港澳三地能因地制宜，在保留各自制度獨特性和優勢的基礎上，以創新思維，繼續探索一套大灣區解決法律衝突的法規，供國內外其他地區處理跨境法律問題參考借鏡，助力建構一個公平、和諧並以規則為本的國際法治社會。

（三）法律人才及交流機制對接

香港與內地透過達成多項司法協助安排，構建了全面的民商事司法協助制度，確立了大灣區內規則銜接和機制對接最直接、便捷的路徑，為清除區際法律衝突打造了積極的開端。下一步，除了著重做好完善三地民商事司法協助體系的工作外，更重要的是以內地法律服務開放平台為依托，培養精通灣區法律的高質量涉外法律服務人才，積極回應國家在發展涉外法律服務方面的需求。在大灣區建立全面的法律人才交流機制，既是解決法律衝突、造就粵港澳大灣區融合高質量發展的關鍵一步，也是服務國家推進涉外法治建設必要的一步。

隨著首次粵港澳大灣區律師執業考試在去年 7 月順利舉行，相關執業管理試行辦法亦在剛過去的 12 月公布，粵港澳三地在法律服務互通、建立恆常的法治文化及人才交流機制方面取得開創性突破。

1. 粵港澳大灣區律師執業考試（“大灣區考試”）

《粵港澳大灣區發展規劃綱要》明確提出建設粵港澳大灣區的其中一個目標是加快構建適應開放型經濟發展的法律體系，全面改革開放法律服務。“研究港澳律師在珠三角九個城市的執業資質和業務範圍”便是其中一個加強法律服務合作的方向。

首次大灣區考試的成績已在去年 9 月底公布，通過考試的港澳法律專業人員也正在參與由廣東省律師協會舉辦的集中培訓課程。他們在取得相關律師執業證書後，可在大灣區內地九市辦理適用內地法律的部分民商事法律事務。屆時將會有更多熟悉兩地法律的香港法律執業者為整個大灣區的發展提供專業服務。通過實務上的交流，港澳法律專業人員能夠跟內地律師互惠互補，共同處理涉外訴訟案件或促成跨境交易。這樣一方面加快大灣區內的內地律師對處理跨法域交易及爭議的認識和經驗，也有助加快涉外法治人才培養，另一方面亦讓港澳律師深度參與大灣區的法治建設，共同解決大灣區建設發展進程中的法律實踐難題，達到雙贏。

接下來，律政司將積極配合司法部和廣東省司法廳做好大灣區律師的執業管理工作以及第二屆大灣區考試的落實工作，促進香港法律專業團體與內地相關律師協會有效對接，協助通過考試的人員與內地律師事務所進行配對。

2. 法學教育

強化大灣區內的法學教育及能力建設也是培養熟悉三地法域的相關法律專才的其中一個關鍵。大灣區這種三個法域在一國之下並存的情況十分獨特，而三個法域越來越融合更是大灣區一個重要的發展趨勢，可想而知，在大灣區提供法律服務的人員必須要對三個法域的制度都有足夠的認識。針對這一點，我建議研究設立專門培養熟悉三地法域法律專才的法律本科雙學位，有系統地培養對各法域都有深入瞭解的全面法律人才。

長遠而言，三地相關法律及教育部門應著力推動相關學位的認受性及促進相關畢業生參加相關法律執業考試及 / 或培訓，做好大灣區的高端涉外法律人才培養，建立強大而全面的涉外法律人才庫，應對大灣區發展的需求。

3. 充分利用三地法律部門聯席會議制度

跨境法律規則銜接工作是否成功，三地政府之間有效的高層次交流和合作機制至關重要。粵港澳三地法律部門於 2019 年設立了聯席會議制度，自首次舉行會議之後，三地積極探討了多項有關法律交流和協作的重要議題。

在去年 12 月舉行的第三次聯席會議上，三地就推進大灣區律師執業和開展粵港澳三地法律人員法律培訓課程等議題進行討論，並一致認為制定粵港澳三地仲裁員推薦名冊是聯席會議下一階段的工作重點。

我期待三地能善用聯席會議制度，配合在國家層面的相關措施，成立工作組就上述工作重點深入調研，不斷開創三地法律服務行業攜手合作、互利共贏的新局面，助力推動大灣區高品質發展。

（四）法律和仲裁地選用

大灣區具備高度開放性及國際化的重要特質，是探索不同法系、跨境法律規則銜接的試驗地。現時，在法律選用方面，《深圳經濟特區前海深港現代服務業合作區條例》開放在前海設立的港資和外資企業以"先行先試"的形式，在沒有"涉外因素"情況下可以自由協議選用香港法律作為民商事合同的適用法。在仲裁地選用方面，《最高人民法院關於為自由貿易試驗區建設提供司法保障的意見》容許在中國（廣東）自由貿易試驗區[10]的港資企業在作為民商事合同一方時，合同各方可自由約定香港為仲裁地，展示實施"港資港法港仲裁"的可行性。

我認為，在整個大灣區以先行先試的方式進一步擴展以上措施，讓企業在沒有涉外因素下自由選擇大灣區內的任何一個法域的法律作為合同的適用法律及區內任何一個仲裁機構或任何一個法域為仲裁地，將有利大灣區在國際招商引資，做好全方位高水準對外開放，充分體現國際社會通行的意思自治原則。長遠而言，大灣區內的合同及民商事關係的主體各方可享有更多法律適用及爭議解決上的選擇，助力在區內建設共商、共建、共享的多元化糾紛解決機制，對推動大灣區法治建設有莫大貢獻。另一方面，大灣區內的三個法域涵蓋世界主要法系，以上措施將容許與外資企業合作的內地企業可以在風險較低的情況下接觸國際的域外法律，不會因為域外法律使用開放過快而感到吃不消，循序漸進地助力我國企業"走出去"時更加適應域外法律，有助國內企業的長遠可持續發展。

（五）跨境調解

作為訴訟以外的替代爭議解決方式，調解在各種商事爭議中有著獨特的

---

10 包括廣州南沙新區片區、深圳前海蛇口片區、珠海橫琴新區。

優勢，包括省時、高度靈活性、保密性、與商業夥伴保持良好合作關係、能達成各方滿意的和解協議等。因此，調解在大灣區市場化、國際化、法治化營商環境的建設上扮演著不可或缺的角色。

大灣區企業在處理跨境爭議時，必然會面對不熟悉的法律制度、複雜的多方法律關係、各種不同性質的交易、以及言語上的差異等問題。若能善用調解來處理跨境爭議，便可更便捷、便宜及有效地解決爭議，確保雙贏局面。香港作為亞太區國際法律及爭議解決服務中心，具備穩健的法律基建，擁有為國際商貿社會熟悉的英漢雙語普通法體系和熟知不同法域的法律及爭議解決專才。在配合大灣區發展的前提下，如何運用香港的獨特優勢和發展調解服務的經驗，形成可複製、可推廣的做法，在大灣區建設跨境調解機制，一直都是我們關注的課題。

作為良好的開端，香港特區政府率先於 2017 年在《內地與香港關於建立更緊密經貿關係的安排》的框架下與國家商務部簽署《投資協定》，訂立促進和保護兩地投資者的措施，而當中設立了“投資爭端調解機制”，鼓勵投資者以調解解決因《投資協定》所產生的跨境投資爭端。內地和香港投資者可委托指定調解機構及調解員，協助調解解決爭端。粵港澳三地可以借鏡，讓調解在大灣區內得到更廣泛的應用。為此，律政司亦恆常舉辦投資法暨國際投資爭端調解技巧培訓課程，為培訓處理國際投資爭端的專業調解員打好基礎。

此外，透過聯席會議制度，三地在推動調解準則、標準一體化方面已取得了階段性成果。聯席會議先後通過了“粵港澳大灣區調解平台建設工作方案”、《粵港澳大灣區調解員資格資歷評審標準》及《專業操守最佳準則》，並設立粵港澳大灣區調解工作委員會，促進大灣區調解員專業化發展，為跨境調解機制的建設提供了更佳更好的條件和配套。

在新冠疫情的影響下，網上調解將成為解決商事爭議一種高效便捷的新模式。香港的一邦國際網上仲調中心 eBRAM 開發了國際級線上協商、調解及仲裁的平台，讓大灣區企業可在遇上跨境糾紛時可以免受資源、地域所限，為解決大灣區及其他國際跨境商事爭議提供安全、便捷及具成本效益的方案。在深港兩地政府的支持下，eBRAM 更與華南（香港）國際仲裁院、德輔大律師事務所成為首批香港機構進駐去年在深圳設立的粵港澳大灣區國際仲裁中心交流合作平台，體現了兩地爭議解決業界的協作，以及推動大灣區探索實行與香港、甚至是國際爭議解決制度相銜接的民商事爭議解決機制的決心。

三、結語

粵港澳大灣區建設在國家發展大局中具有重要戰略地位，建設大灣區具有全域性的戰略意義。要達到融合發展，必須實現體制機制的聯通和對接。透過積極推進跨境府際協作，三地抓緊機遇，在解決區際法律衝突上已取得初步成果。相信三地政府日後會繼續在法律與法制對接上不斷嘗試和改進，探索在法律適用、仲裁地選擇等領域實現突破，推動大灣區法治化進程走深走實。最後，再次感謝香港城市大學舉辦今天的論壇，同時感謝各位講者作出寶貴的分享。我在此祝願論壇圓滿成功。謝謝各位。

3. 以法治化方式推進制度創新

劉德學　澳門特別行政區政府法務局局長

粵港澳大灣區是國家深化內地與港澳合作、推動形成全面開放新格局的重大戰略部署；橫琴粵澳深度合作區更是豐富"一國兩制"實踐內涵、打造大灣區建設新高地的重要舉措。大灣區"一國兩制三法域"的特徵下，法律衝突不可避免，三地協同立法、制度創新、規則銜接以及機制對接，是大灣區法治融合與法治建設的基礎與保障。然而，制度創新和法治框架之間存在張力，如何在大灣區和深合區建設中富有智慧地將法治價值與制度創新有機貫通，探尋規則銜接和機制對接的最優路徑，需要我們深入思考與研究。

本次論壇所選擇的論題，涉及大灣區法律衝突困境與應對、法治融合與規則銜接、多元化爭端解決機制，以及法律服務業合作等多個面向，既重視理論探討與重建，又關注具體領域的實踐操作，更加務實有效。我相信，通過與會嘉賓和專家學者的深入交流，一定會對一系列複雜問題的解決，有所啟發，有所裨益。

藉此機會，我亦想提出幾點思考：

一、大灣區的深度融合需要制度創新，而制度創新要通過法治化的方式

大灣區通過中央政策性文件和人大常委會的立法授權進行制度創新，有必要對一些法律作出靈活的解釋或變通處理，從而為大灣區法治融合提供規範依據。橫琴粵澳深度合作區創新體制機制，由粵澳雙方共商共建共管共享，構建民商事規則銜接澳門、接軌國際的法律體系，在制度創新的法治化方式和規則銜接的具體路徑上，提出了全新課題和更高挑戰，需要突破固有思維，通過立法進行系統建構。

二、法治協同與規則銜接需要立法授權，探尋最優的立法路徑

大灣區深度融合能否成功，關鍵在於創新觀念和創新思維，而創新中法

律問題的解決關鍵在於授權。對立法主體、立法權限以及授權方式的明確，是推動大灣區法治創新的先決條件。深度合作區更是涉及粵澳及中央和地方多重關係，亟待明確立法權限與界限標準，區分不同法律領域和規則性質，探尋最優的立法路徑，為進一步改革創新提供制度依據。

三、規則銜接和機制對接應堅守"一國"原則，發揮"兩制"之利

規則銜接的邊界首先是遵循憲法和基本法所確立的基本原則。在此前提下，大灣區法治融合與法治建設應發揮兩制之利。大灣區三法域的特殊性，既對規則銜接和機制對接提出了挑戰，同時也提供了得天獨厚的比較法資源優勢。因此，應當發揮不同制度的比較優勢，包容互鑑、優勢互補，實現大灣區制度和機制的軟聯通。

大灣區的建設強調法治融合，融合的關鍵是規則的銜接及其實現過程。改革必須依法進行，創新還需睿智之策。讓我們攜手並進，共同書寫大灣區創新發展的壯麗篇章！

4. 粵港澳大灣區法律衝突、合作與規則銜接的原則

黃進　中國政法大學教授

粵港澳大灣區法律衝突、合作與規則銜接是真問題，極具現實性和針對性，值得我們深入研討。我將就這個話題談四個問題、四個想法與大家分享。

大家知道粵港澳區際法律衝突及其解決緣起於中國用"一國兩制"方針解決港澳問題，中國恢復對香港、澳門行使主權。港澳回歸中國以後，"一國兩制三法域"成為中國法治的獨特圖景長期存在。關於粵港澳區際法律衝突及其解決，現在又提出來法治合作，規則銜接。這些問題成為三地直面的現實問題，二十多年來對這個問題的探討一直沒有終止。可謂篳路藍縷，風雨兼程，走得坎坎坷坷，並非一帆風順。而國家出台的粵港澳大灣區建設大戰略，特別是出台《粵港澳大灣區發展規化綱要》，為三地之間的法律衝突及其解決，法治合作與規則銜接繪制了藍圖，進行了頂層設計和謀劃。這是一個難得的發展契機，的確需要三地的學術界、實務界，特別是決策者予以更系統的理論洞察和更務實的實踐探索，大家一起來協同創新，貫徹落實。

第一個問題是粵港澳大灣區法律衝突、合作與規則銜接的探討需要識別和應變

我們要深刻認識到我們所處的世界，我們所在的中國正在發生巨大的變化。從國際上看，世界正經歷百年未有之大變局。有三大變化值得我們高度關注：一是新冠疫情全球肆虐，二是中美兩大國激烈戰略博弈，三是全球經濟化遭遇逆流，世界經濟增長動能不足，地區熱點此起彼伏，傳統安全和非傳統安全四處蔓延。從國內來看，也有三大變化值得我們高度關注：一是中國進入中國特色社會主義建設的新時代，正在全面建設社會主義現代化國家，奮力實現中華民族偉大復興；二是"一國兩制"方針得到更加全面準確、科學有效的實施；三是粵港澳大灣區建設上升為國家重大發展戰略，正

在強力推進。特別是粵港澳大灣區建設旨在通過共商、共建、共享、共贏的機制，打造充滿活力的國際一流灣區，世界級城市群，具有全球影響力的科創中心，一帶一路建設的重要支撐點，內地與港澳深度合作區，宜居、宜業、宜遊的優質生活圈等等。這樣的建設目標大家可以看到應該說是高端大氣上檔次。上面我講的是變化，所以我們要認識這些變化，正確識別這些變化，而識別最終要落腳在應變，即，面對我們所處的世界的巨變，對粵港澳大灣區法律衝突、合作與規則銜接的探討，需要我們積極、主動、有效地應變。我們一定要把我們研討的問題放在當前或今後一個時期，國際形勢異常複雜多變，國內改革開放發展穩定，涉險過灘，"一國兩制"方針更加行穩致遠，粵港澳大灣區建設正在如火如荼地開展，新冠疫情還沒有完全控制這樣一個大背景下來探討，來論證。我們只有對國內外形勢有清晰的認識、準確的判斷、有效的應對，才能夠高瞻遠矚，深謀遠慮，審時度勢，實事求是，盡力而為，穩步前行。

第二個問題是對粵港澳大灣區法律衝突、合作、規則銜接問題的處理、研討，要珍惜、善用"一國兩制"框架

我們一定要全面、準確、科學地堅持"一國兩制"方針。過去，我們在認識貫徹"一國兩制"方面可能還是有一些偏差的，也可以說教訓是深刻的。我自己認為"一國兩制"方針是我們中國人對國際法上和平解決國際爭端和國內治理體系和治理能力現代化建設上的一個深刻認識和偉大創造。所以我們在討論了粵港澳大灣區的法律衝突、合作、規則銜接的時候，一定要珍惜已經建立起來的"一國兩制"模式，要把堅持"一國"原則和尊重"兩制"差異有機地結合起來，堅守"一國"之本，善用"兩制"之利，來很好地解決粵港澳大灣區的法律衝突、法治合作與規則銜接問題。

第三個問題是處理粵港澳大灣區法律衝突、合作和規則銜接問題，要正確認識理清"一國兩制"下的粵港澳區際法律衝突、區際法律關係

因為"一國兩制"是"一國"與"兩制"的有機統一。所以我認為在"一國兩制"下，粵港澳法律關係，或者說內地與港澳法律關係可以分為涉

及“一國”的法律關係和涉及“兩制”的法律關係。涉及“一國”的法律關係就是中央和特別行政區的法律關係，這個法律關係也不能叫做區際法律關係。這類法律關係是在憲法或基本法中加以規定了的，其核心是，港澳特別行政區是中國不可分割的組成部分，是高度自治的特別地方行政區。所以它這個關係裏面就是 —— 比如說哪些規則跟全國性的法律可以適用，哪些規則可以做一些變通，那麼都需要給中央來處理。而我們今天討論的粵港澳大灣區的法律衝突、合作與規則銜接實際上是涉及“兩制”的法律關係。涉及“兩制”的法律關係也就是粵港澳區際法律關係，可以分為公法關係和私法關係。所以，我們討論粵港澳大灣區的法律衝突、合作與規則銜其實就是涉及“兩制”法律關係的處理，就是粵港澳區際法律關係的處理。它不涉及到“一國”的法律關係的處理，這個問題是需要中央來考慮的事情。那麼，對於涉及“兩制”的這種粵港澳區際法律關係的處理，我覺得粵港澳三地要彼此尊重、包容互鑑、協商協調、合作互助、銜接融合。除了採取傳統的區際衝突法的方法來研究探討這些問題以外，我認為還要探索新的路徑，有所創造，有所創新。這是我講的第三個問題。

第四個問題是粵港澳大灣區這個法治合作、規則銜接的突破口在於商事領域

我認為在商事領域，在粵港澳大灣區建設的大背景下，涉及“兩制”的粵港澳區域法律關係，所有的區際法律關係都是可以推進，都是可以做的。但是我認為最容易取得成效的突破口在商事領域。為什麼這樣說呢？一是在市場經濟條件下，市場主體是通過生產創造和產品交換來實現價值的。在這個過程中，市場遊戲規則自然而然地形成，因此商事領域的規則最容易達成共識，取得一致。二是無論從國際上的實踐還是從法制不同的國家，比如說美國、加拿大這些國家的實踐來看，從商事領域起步著手容易取得成功。港澳回歸以來，內地與港澳特別行政區在司法合作、規則對接方面取得的進展，也主要是在民商事領域。比如我們在民商事司法協助、訴訟文書的送達、調查取證、相互承認和執行法律判決和仲裁裁決等合作都是在民商事領域的安排。即使將商事領域作為突破口，我們也不能夠原地踏步，墨守成規。我們可能要考慮從程序法領域拓展到實體法領域，要從局限於貿易領域拓展到投資、金融、服務領域，要探索建立新的粵港澳大灣區法律衝突解

決、法治合作與規則銜接的新的機制。比如能否建立粵港澳大灣區法治工作委員會，通過這麼一個機制來協商協調，推動法律衝突的解決、規則的銜接和法治的合作。此外，在方式方法上也要解放思想，除了採取我們過去做的協商一致、分別立法的方法以外，能否借鑑示範法的方式，能否採取將共同適用的國際條約規定轉化成區際規則的方式，能否制定僅在大灣區適用的共同規則的方式，能否建立共同的民商事爭議解決機構的方式，比如說共同建立共同的一些爭議解決機構，比如說共同的法院、共同的商事法院、共同的商事仲裁機構、共同的商事調解院等等，都是值得我們思考和嘗試的途徑。

第二部分

大灣區建設的法制應對：邁向法治灣區

1. 推進粵港澳大灣區建設的法律制度供給[1]

董皞　北京師範大學（珠海校區）特聘教授

張強　廣州大學法學院講師

一、引言

隨著《粵港澳大灣區發展規劃綱要》（以下簡稱《綱要》）的出台，粵港澳三地的合作邁向了新的歷史高度。兩年來，為落實《綱要》確立的發展目標，中央和地方都進行了大量的有益實踐，如在組織機構上，中央設立了粵港澳大灣區建設領導小組，廣東、香港、澳門也都設立了推進粵港澳大灣區建設的有關機構；在規劃設計中，珠江水利委員會組織編制完成了《粵港澳大灣區水安全保障規劃》，澳門亦為配合《綱要》調整了《澳門特別行政區五年發展規劃（2016-2020 年）》等。但另一方面，作為重大改革創新的粵港澳大灣區建設仍然存在諸多挑戰，特別是在"一國兩制"的背景下，粵港澳社會制度不同，法律制度不同，甚至存在法律衝突，這些都可能阻礙生產要素的高效便捷流動。[2] 為此，《法治中國建設規劃（2020-2025）》也特別提出要加強粵港澳大灣區建設的法治保障。

學界對此頗為重視，既有的研究至少從以下三點回應了如何保障的問題：第一是建議通過中央立法與地方立法相結合的方式解決存在的法律衝突問題，包括中央制定全國統一適用的《區域合作法》或者《粵港澳大灣區合作發展綱要法》，並將其列入兩部基本法附件三，從而在港澳實施，同時授權並允許地方發揮自主作用；[3] 第二是建議創新治理進路，通過軟法與硬法相銜接的方法，重視示範法的作用，謀求政府—市場—社會治理結構的法

1　本文係 2020 年度國家社科基金青年項目"健全特別行政區行政長官對中央政府負責制度研究"（20CFX013）的階段性成果。

2　參見張淑鈿：《粵港澳大灣區城市群建設中的法律衝突與法律合作》，《港澳研究》2017 年第 3 期。

3　如王萬里：《從域外經驗看粵港澳大灣區的法治統合問題》，《港澳研究》2018 年第 3 期；張亮、黎東銘：《粵港澳大灣區的立法保障問題》，《地方立法研究》2018 年第 4 期；王春業：《粵港澳大灣區法治建設論綱》，《法治現代化研究》2020 年第 4 期。

定化；[4] 第三是強調粵港澳大灣區建設的制度差異需要一方（如中央、深圳）的引領或牽引，以形成中國創新的引擎。[5]

上述研究主要從法治保障的依據、原則、方式等方面進行展開，對粵港澳大灣區建設具有重要的積極意義，但也仍有須進一步探討的問題。其中，必須要面對的前提要件就是需要關注粵港澳大灣區建設的法律需求。因為"一切法律活動都要以資源的有效配置和利用 —— 即以社會財富的最大化為目的，一切法律制度和原則最好被理解和解釋為促進資源有效配置的努力"[6]，所以推進粵港澳大灣區建設的法治保障需要從法律需求的角度分類考量法律制度的供給。這不僅包括了法律制度供給的內容，也包括了法律制度供給的方式。有鑑於此，本文希冀從粵港澳大灣區建設的法律需求出發，從而揭櫫法律制度的供給側改革路徑，明確不同模式的運作機制。

二、粵港澳大灣區建設的法律需求

作為國家戰略的粵港澳大灣區建設，是我國改革開放新征程的重要步伐。而推動更高水平的開放和更大力度的改革就需要法治積極發揮引領、推動和保障的作用。這不僅意味著立法對現實實踐的回應，也意味著立法主動謀劃改革進程，以法治來確認、鞏固和擴大改革成果，規範改革行為。與京津冀和長三角區域法治合作相比，粵港澳大灣區在立法權限、利益協調機制上具有明顯不同，特別是香港、澳門缺少人大、黨委等組織和機構以及民主集中制原則的約束，粵港澳大灣區難以完全複製京津冀和長三角地區立法工作聯席會議通過、各自批准的經驗。[7] 因此，加強粵港澳大灣區建設的法治保障必須建基於粵港澳大灣區自身的社會經濟特徵，明確粵港澳大灣區自身的法律需求。誠如馬克思所言，"社會不是以法律為基礎的，那是法學家們的

4 如朱最新：《粵港澳大灣區區域立法的理論建構》，《地方立法研究》2018 年第 4 期；石佑啟、陳可翔：《粵港澳大灣區治理創新的法治進路》，《中國社會科學》2019 年第 11 期。

5 如李芝蘭、羅曼、楊燊：《制度差異與制度創新：多元制度互動下的大灣區改革》，《公共行政評論》2020 年第 2 期；葉海波：《"天使投資"、示範立法與風險管控 ——"雙區"語境下深圳特區立法的邏輯與使命》，《地方立法研究》2020 年第 3 期；謝宇：《中央推進粵港澳大灣區建設的法治路徑 ——"中央權力行使指南"的提出》，《法學雜誌》2020 年第 4 期。

6 馮玉軍：《法律供給及其影響因素分析》，《山東大學學報（哲學社會科學版）》2001 年第 6 期。

7 參見郭麗莎：《粵港澳大灣區立法協同機制探討 —— 基於京津冀和長三角的立法協同經驗》，《廣東行政學院學報》2020 年第 4 期。

幻想。相反的，法律應該以社會為基礎。”[8]

（一）粵港澳大灣區建設法律需求的影響因素

1.“一國兩制”的政治經濟秩序

粵港澳大灣區建設的最大實際與最突出特徵莫過於“一國兩制”的基本方針。故探究“一國兩制”的構想與發展是了解粵港澳大灣區建設法律需求的邏輯起點。中共十一屆三中全會開啟了改革開放、實現祖國統一和維護世界和平發展的三大潮流，香港、澳門問題的解決也成為中國實現中華民族偉大復興的標誌性事件。[9]“一國兩制”也歷經了從理論創立、豐富實踐到創新發展的不同歷史時期。

在理論創立階段，“一國兩制”的關鍵是運用法治方式解決港澳回歸、平穩過渡與保持繁榮穩定問題。1982 年 1 月 11 日，鄧小平第一次明確地提出“一個國家，兩種制度”，並將其明確為解決國家統一問題的方針。隨後在 1982 年 9 月 24 日會見英國首相撒切爾夫人時，鄧小平指出，香港問題主要有三個，一個是主權問題，再一個是採取什麼方式管理香港，繼續保持香港繁榮，第三個是中英兩國如何妥善商談，使香港不出現大的波動。[10] 同時，鄧小平也在會見香港工商界訪京團時提及實行“一國兩制”的另一重要作用，即“大陸開放一些城市，允許一些外資進入，這是作為社會主義經濟的補充，有利於社會主義社會生產力的發展。”[11] 換言之，主權行使、繁榮穩定和經濟發展成為“一國兩制”創立的三大命題，也是我國 1982 年憲法修改與基本法制定的指導思想。[12] 故兩部基本法序言第二自然段對此進行了規範化的表述，強調了在港澳不實行社會主義制度和政策的目的，並在正文中對港澳特別行政區進行了明顯不同於內地其他省、自治區、直轄市的高度授權。因此，該階段粵港澳合作的內容聚焦於港澳資本大量轉移廣東，形成了以港澳為購銷、管理、指揮中心，廣東為加工基地的分工格局，其合作載體

---

8 《馬克思恩格斯全集》（第六卷），人民出版社 1961 年版，第 291-292 頁。

9 參見鄒平學：《改革開放以來中國共產黨治港治澳理論的法治化方向與體系化建構》，《深圳大學學報（人文社會科學版）》2019 年第 1 期。

10 參見《鄧小平文選》（第三卷），人民出版社 1993 年版，第 12 頁。

11 同上，第 59 頁。

12 參見強世功：《中央治港方針的歷史原意與規範意涵 —— 重溫鄧小平關於“一國兩制”方針的重要論述》，《港澳研究》2020 年第 2 期。

主要是廣東的先行對外開放與對外資進入的優惠政策。[13]

在豐富實踐階段，"一國兩制"強調嚴格按照基本法辦事，明確"一國"與"兩制"不能割裂的關係。港澳回歸後，中央領導人多次就"一國兩制"的重大議題進行發言，指出"嚴格按照香港特別行政區基本法辦事，是香港長期繁榮穩定的根本保障"[14]，"中央政府各部門、各地方以及全國各族人民都要維護基本法，遵守基本法"[15]，"中央政府對香港、澳門採取的任何方針政策措施，都會始終堅持有利於保持香港、澳門長期繁榮穩定，有利於增進香港、澳門全體市民福祉，有利於推動香港、澳門和國家共同發展的原則"[16]。隨著經濟需求的增長、人文交流的提升，粵港澳合作也呈現出協議化的新面貌，包括 CEPA、《粵港合作框架協議》、《粵澳合作框架協議》等在內的行政協議為三地合作奠定了成功的基石。該階段則主要聚焦於減少貿易壁壘、打造互利共贏的區域合作模式。

在創新發展階段，"一國兩制"強調憲法和基本法共同構成特別行政區憲制基礎，維護中央對港澳全面管治權與保障港澳高度自治權有機結合，突出創新機制體制的作用，實現香港、澳門更好發展。中共十八大以來，"一國兩制"的理論與實踐愈趨成熟。面對國內國際的新局勢，特別是香港出現的一系列社會問題，習近平指出，"'一國'是根，根深才能葉茂；'一國'是本，本固才能枝榮"[17]，"發展是永恆的主題，是香港的立身之本，也是解決香港各種問題的金鑰匙"[18]，"香港、澳門融入國家發展大局，是'一國兩制'的應有之義……實施粵港澳大灣區建設，是我們立足全局和長遠作出的重大謀劃，也是保持香港、澳門長期繁榮穩定的重大決策。建設好大灣區，關鍵在創新。"[19] 因此，在"一國兩制"新時代的背景下，粵港澳合作以全新的大灣區形式予以呈現，其聚焦點是發揮港澳不可替代的作用，助力國家的全面開放，培育港澳的經濟新動力，解決其深層次矛盾。故粵港澳大灣區建設的法治保障既不是取消港澳的高度自治權，也不是內地與港澳法律完全對等

---

13 參見封小雲：《九七後粵港澳區域經濟一體化前景展望》，《廣東經濟》1997 年第 3 期。

14 江澤民：《在香港回歸祖國一周年慶祝大會上的講話》，《人民日報》1998 年 7 月 2 日，第 1 版。

15 《江澤民文選》（第三卷），人民出版社 2006 年版，第 171 頁。

16 《胡錦濤在慶祝澳門回歸祖國 10 周年大會暨澳門特別行政區第三屆政府就職典禮上的講話（2009 年 12 月 20 日）》，《人民日報》2009 年 12 月 21 日，第 2 版。

17 《習近平談治國理政》（第二卷），外文出版社 2017 年版，第 435 頁。

18 同上，第 436 頁。

19 《習近平談治國理政》（第三卷），外文出版社 2020 年版，第 400 頁。

無差別，而是保持港澳特殊法律制度的情形下，創新機制體制，暢通合作方式，最終形成助推國家整體發展、實現民族復興的奮鬥目標。

2. 法律生產成本與供給方式的關係

理性是人類的基本特徵，因此通常情況下人們在熟悉相應的權利義務時，總是會做出更有利於實現自己利益的行為。而人們彼此交易或發生關係總是會產生各種成本，如談判的成本、保護的成本、執行的成本等。為了獲得更多的利益，人們的做法是通過法律制度降低這些成本。當然，法律制度本身也會產生成本，根據科斯定理，當定價制度的運行毫無成本，那麼最終的結果不受法律狀況的影響，一旦考慮到進行市場交易的成本，那麼顯然重新安排後的產值增長多於它帶來的成本時，權利的重新安排才能進行。[20] 所以立法者需要考量的是不同界權方案可能帶來的預期最大收益，並選擇成本最小的一個，甚至在比較收益後，可以通過立法否定部分權利。[21] 由於這種利益衡量在於最大程度地保護權利，也因此具有合法性的特徵。

在推進粵港澳大灣區建設的法治保障中，需要就大灣區中內地城市與港澳間的法律制度進行創新，目的也在於降低市場交易的成本，加速各類生產要素的流動，確保灣區居民以財產權、勞動權等為代表的各類基本權利更充分地實現。降低制度成本的方法可能包含統一全局立法、地方協同立法與示範效應立法三種模式。

對於統一全局立法模式而言，其需要區域內統一立法權，優點在於自上而下地確立法律制度具有更強的權威性與執行力。在粵港澳大灣區內，則需要中央予以立法，或列入基本法附件三予以生效。然而，《香港特別行政區基本法》與《澳門特別行政區基本法》第 18 條第 3 款所規定的全國人大常委會通過列入基本法附件三而實施的全國性法律限於國防、外交和其他依照基本法規定不屬於特別行政區自治範圍的法律。換言之，全國性法律在特別行政區適用的前提條件是中央的權力與中央管理的事務。[22] 港澳兩部基本法都授權特別行政區自行制定經濟政策，這也意味著以推動經濟繁榮為主要目標的粵港澳大灣區建設內容應該更多地歸屬於特別行政區高度自治權。且推進

20 參見〔美〕羅納德·哈里·科斯：《企業、市場與法律》，盛洪、陳郁譯，格致出版社、上海三聯書店、上海人民出版社 2009 年版，第 104-113 頁。

21 參見艾佳慧：《回到"定分"經濟學：法律經濟學對科斯定理的誤讀與澄清》，《交大法學》2019 年第 4 期。

22 參見駱偉建等：《澳門特別行政區基本法解析 —— 立法背景和立法原意的探究》，社會科學文獻出版社 2020 年版，第 80 頁。

粵港澳大灣區建設可能涉及的法律制度眾多，中央統一立法的難度較大，時間較長，可行性較低。

對於地方協同立法模式而言，其既有利於解決雙方在合作過程中存在的問題，也符合特別行政區高度自治的基本法規範內涵，具有制度上的優越性。但是仍然存在不少問題，例如立法權限不同，粵港澳大灣區中內地城市具有不同法律地位，在立法合作方面難以一視同仁，特別是經濟特區所具有的變通立法權限，多數城市望塵莫及；又如立法動力與效率方面，香港、澳門的立法規範與立法實踐同內地有較大差別，特別是立法會拉布現象等情況的出現可能造成協商後的立法進程曠日持久，甚至引發新的社會爭議問題，難以滿足粵港澳大灣區的建設目標。

對於示範效應立法模式而言，其由官方或非官方機構制定示範性法律供各主體參考，目的在於走向法制統一。這種方法能夠充分調動市場多方主體的參與積極性，有利於提升內地城市與港澳間的接受程度，對於粵港澳大灣區建設頗具有積極的指導意義。但同時，示範效應立法模式也存在穩定性與強制力不足的缺點，對於一些較為緊急的問題難以及時地回應。

因此，任何一種立法模式的選擇可能都難以完全承擔起推進粵港澳大灣區建設法律制度供給的大任。申言之，粵港澳大灣區建設的法律制度供給是一個複合型命題，需要多層次、多角度進行利益的衡量。而衡量的標準則是能夠實現"一國兩制"對於維護國家主權、安全與發展利益，以及保持港澳長期繁榮穩定的根本宗旨。[23]

（二）粵港澳大灣區建設法律需求的主體二分法：單向流動型與雙向合作型

自中共十八屆三中全會首次提出"全面深化改革的總目標是完善和發展中國特色社會主義制度，推進國家治理體系和治理能力現代化"，中國加快了制度建設和治理能力建設的進度，並在十九屆四中全會的決定中就國家治理體系和治理能力現代化問題作出重要論述。與傳統的管理不同，國家治理的突出特徵是強調主體的多元性，這不僅包括了國家權力內部的分工，也包括了經濟主體、社會組織等在內的非國家權力主體，形成公眾參與、多方合作的秩序結構。[24] 正如哈貝馬斯所言，"合法律性的合法性之所以可能，是

23 參見張強：《論"一國兩制"的根本宗旨與澳門融入式發展的關係》，《港澳研究》2018 年第 2 期。

24 參見陳金釗、俞海濤：《國家治理體系現代化的主體之維》，《法學論壇》2020 年第 3 期。

因為法律程序與服從其自身程序合理性的道德論辯之間的一種相互交叉"[25]。主體間的理性商談、交往互動化解了合法性的危機，調和了事實性和有效性的張力。粵港澳大灣區建設亦需要多主體共擔治理責任，深化利益共生關係。[26]只有明確粵港澳大灣區各參與主體的利益訴求，並透過法律制度予以保障，才能夠符合"一國兩制"與基本法的要求。

根據《綱要》的發展目標及其布局，粵港澳大灣區所包括內地九個城市與港澳兩個特別行政區，按照主體要素的需求可以劃分為單向流動型與雙向合作型兩大類。所謂單向流動型需求是指香港、澳門特別行政區的生產要素向大灣區內地城市流動的需求，或大灣區內地城市的生產要素向香港、澳門特別行政區流動的需求，即以一方為主體的需求。在《綱要》中，這種單向流動型需求旺盛。例如，"為港澳青年創新創業提供更多機遇和更好條件"，"向港澳有序開放國家在廣東建設布局的重大科研基地設施和大型科研儀器"，"支持粵港澳高校合作辦學"等就屬於典型的港澳生產要素向大灣區內地城市流動的類型；而"支持香港成為國際城市旅遊樞紐及'一程多站'示範核心區，建設多元旅遊平台"，"支持澳門建設世界旅遊休閒中心"，"支持香港成為解決'一帶一路'建設項目投資和商業爭議的服務中心"等就屬於典型的大灣區內地城市生產要素向港澳流動的類型。單向流動型的目的是最大程度地發揮兩地各自的區位優勢，創造新的經濟增長點，這也成為該類型下的動力機制。

雙向合作型需求是指在香港、澳門特別行政區的生產要素與大灣區內地城市的生產要素相對位置不變的情況下，完成相互聯繫、相互行動等結果的需求。《綱要》亦提及了諸多這類雙向合作型需求的具體內容。例如，"有序發展飛地經濟"，"與內地科研機構共同建立國際認可的中醫藥產品質量標準"，"完善港澳與內地間的食品原產地可追溯制度"，"建立粵港澳大灣區應急協調平台"，"加強粵港澳司法交流與協作"等等都是典型代表。雙向合作型的要旨是共建共享粵港澳大灣區，明確共同體意識是發展的重要內容。

因此，在改革開放的新征程中，香港、澳門之於粵港澳大灣區和中國如

---

25 〔德〕尤爾根·哈貝馬斯：《在事實與規範之間：關於法律和民主法治國的商談理論》，童世駿譯，生活·讀書·新知三聯書店 2003 年版，第 569 頁。

26 參見張穎：《粵港澳大灣區城市群區域治理機制的架構思考：從政府治理權出發》，《上海對外經貿大學學報》2020 年第 2 期。

此重要的原因，一方面在於香港、澳門的國際重要性和先進經驗，這些多來源於歷史所造就的“現代化”，是粵港澳大灣區乃至我國改革開放的標兵；另一方面則在於香港、澳門是我國領土不可分割的部分，這決定了粵港澳大灣區作為自然地理和國家認同的形成產物必然需要解決共同生活中所面臨的具體問題。[27] 根據主體的差異確立需求的二分，實質上是表明在“一國兩制”之下，港澳與大灣區內地城市既有密切的聯繫，又不能完全一致化，而是各取所需，共同發展。

三、單向流動型法律制度供給的路徑

（一）單向流動型法律制度供給的特徵

法律需求決定了法律制度供給的方式，而法律制度供給的方式則體現在不同的路徑安排上。推進粵港澳大灣區建設的法治保障就是在明確了粵港澳大灣區不同主體需求的情形下，根據面臨的法律障礙進行分類處理，平衡利益需要。單向流動型法律制度供給具有以下特徵：

其一，法律制度供給的主體以單方為主。粵港澳大灣區建設雖然涉及粵港澳三地，存在不同的社會制度與法律制度，為生產要素流動以及合作治理帶來了較大障礙，但是在推進大灣區治理的過程中，以粵為主的內地仍然可以發揮巨大的統合作用。這主要體現在兩個方面，一是保障港澳居民等主體在向大灣區內地城市流動的過程中的權利與義務，透過立法實現基本權利與義務的全面性；二是減少內地居民等主體在大灣區向港澳流動的過程中所形成的體制障礙，增加跨境交流與合作的動力。

其二，法律制度供給的方式以具有較強約束力的規範為主。由於供給的主體可以內地為主，因此在實施的過程中需要以“硬法”為機制，形成更加具有公信力的法律規範。中央在《憲法》所明確的統一領導的前提下，發揮著授權者的重要功能，而大灣區內地城市則需要扮演機制實踐的實施主體角色。

其三，法律制度供給的目的是在更為宏觀的時間與空間範圍下的互惠。如若對某一時刻的某個法律制度進行分析，或可產生粵港澳大灣區內並非互

27 參見王振民：《“一國兩制”與基本法：二十年回顧與展望》，江蘇人民出版社 2017 年版，第 343-346 頁。

惠的價值判斷。但憲制是有關國家構成的基本制度，是大國發生、持續和長成的重要條件，[28] 所以單向流動型的法律制度供給需要在過去的、現在的以及未來的國家共同體中進行評價。換言之，要看到港澳在歷史上之於內地發展的重要作用，也要看到如今港澳融入國家發展的歷史意義。這種互惠體現在國家發展的背景中。如同美國憲法的穩定也是在穿越世代、彌合歷史斷裂的認識論中形成的永恆屬性。[29]

（二）港澳流向內地：權利義務保障型法律供給

港澳流向內地的單向流動型需求來源於粵港澳大灣區廣闊的腹地。港澳兩地的生產要素，特別是港澳青年對於美好生活的嚮往常常成為單向流動的重要動力。2018 年 8 月，國務院辦公廳印發了《港澳台居民居住證申領發放辦法》，明確規定港澳台居民也可以在內地申領居住證，享有內地居民的若干權利。但是在目前的法律制度之下，港澳居民、港澳企業前往粵港澳大灣區內地城市就學、就業、創業等仍存在需完善之處。

例如，大灣區內地城市的多個人民法院為適應粵港澳合作的需求，設置了港澳籍陪審員和港澳籍調解員，他們對涉港澳法律糾紛的解決發揮了重要作用。在調研橫琴新區人民法院的過程中了解到，港澳籍律師參與調解的成功率明顯高於內地調解員處理的案件。但不同的人民法院之間就港澳籍陪審員和港澳籍調解員的任命標準、任命方式、經費來源存在不同之處，這意味著粵港澳大灣區的內地城市人民法院缺乏相應的規範依據。甚至也有人民法院指出因為缺乏相應經費和統一標準，相應法律服務的提供也存在難以維持的困境。

又如，2020 年 11 月，深圳市委組織部和深圳市人力資源保障局發布了《深圳市服務“雙區”建設專項招錄公務員公告》，指出為貫徹落實《綱要》“研究推進港澳居民中的中國公民依法報考內地公務員工作”要求，首次面向具有中華人民共和國國籍的港澳居民中的優秀全日制大學本科以上學歷畢業生招錄。此次定向港澳招錄的 5 個工作崗位分別涉及醫療監管、城市規劃、行政綜合、涉外管理、金融發展與監督。最終有 446 名港澳人士報名，

---

28 參見蘇力：《大國憲制——歷史中國的制度構成》，北京大學出版社 2018 年版，第 529 頁。

29 參見劉晗：《合眾為一：美國憲法的深層結構》，中國政法大學出版社 2018 年版，第 116-117 頁。

實際繳費人數為 367 名。[30] 但港澳居民參加競爭激烈的公務員考試在制度規範上仍然缺乏明確依據，除深圳外的其他大灣區內地城市如何推進也缺乏詳細規劃。

再如，《憲法》就中國公民的基本權利與義務進行了明確規範，其中包含了兵役義務。但作為多數國家均明確規定的兵役義務，目前港澳居民中的中國公民卻未能履行。而《憲法》中並未對港澳居民的兵役義務明確豁免，基本法也未對此進行變通。通說則認為是《兵役法》未被列入兩部基本法的附件三，同時根據當年多位基本法起草委員會委員與官員的講話形成了這種情形。[31] 這意味著法律規範的缺失使得港澳居民難以參與國防事務。

因此上述事例表明內地對於港澳居民權利義務保障的法律制度缺乏或不完善導致港澳流向內地的單向型需求難以滿足。這一方面不符合平等權的基本要求，是由港澳居民自身控制之外的原因造成，排斥了他們融入的機會和可能；另一方面這種權利與義務保障的缺乏，或可導致港澳居民對國家認同的缺失，形成相對剝奪感，反而上升為複雜的憲法問題。[32]

由於這類權利與義務的事項多屬於中央事權，並不涉及特別行政區高度自治範圍內的事務，所以此類問題主要應當由中央進行立法，明確規範權利與義務的實現機制，給予粵港澳大灣區內地城市相關部門執行的依據。以法律職業資格為例。《國家統一法律職業資格考試實施辦法》第 23 條規定了可以在一定時間內，對艱苦邊遠和少數民族地區應試人員在學歷條件、考試合格標準等方面放寬，實行分別管理；第 24 條規定了港澳台居民參加國家統一法律職業資格考試適用本辦法。但對港澳居民如何在粵港澳大灣區發揮法律服務的作用卻缺少特殊的標準，不利於滿足港澳向內地的流動需求。《綱要》也特別強調把發展法律服務作為構建現代型服務產業體系的重點，加快法律服務業發展。因此 2020 年 8 月 11 日，第十三屆全國人民代表大會常務委員會第二十一次會議通過了《全國人民代表大會常務委員會關於授權國務院在粵港澳大灣區內地九市開展香港法律執業者和澳門執業律師取得內地執業資質和從事律師職業試點工作的決定》，對粵港澳大灣區的法律職業資格

---

30 《深圳首次招錄港澳籍公務員，446 名港澳籍人士爭報 5 職位》，觀察者網，https://www.guancha.cn/politics/2020_12_14_574445_s.shtml，2021 年 1 月 26 日訪問。

31 參見駱偉建等：《"一國兩制" 下的中央管治權研究》，社會科學文獻出版社 2019 年版，第 144-145 頁。

32 參見黎沛文、莊鴻山：《粵港澳大灣區建設背景下香港青年的公民身份建構與國家認同問題研究》，《青年發展論壇》2019 年第 1 期。

進行了明確的授權。隨後國務院辦公廳也印發了《香港法律執業者和澳門執業律師在粵港澳大灣區內地九市取得內地執業資質和從事律師職業試點辦法》，這對推進粵港澳大灣區法律服務業的發展提供了規範基礎，有序保障了港澳律師在大灣區內地城市的職業流動。作為推進粵港澳大灣區建設的中央，理應在消除壁壘並確保那些需要更多資源的人能夠獲得所需資源上承擔更積極主動的角色，這種制度分配的價值在於對所有人的關切。[33]

（三）內地流向港澳：利益誘致型法律供給

內地流向港澳的單向流動型需求來源於港澳獨特的歷史、法律制度形成的較為國際化的市場環境與運作機制，內地居民和企業可透過港澳的平台作用與世界進行更好的貿易交流。《綱要》對香港、澳門進行了明確的定位，並多處規範表達支持香港與澳門，如允許相關創新專項資金在大灣區跨境使用，支持香港成為區域知識產權貿易中心等。但由於內地流向港澳的單向流動型需求特別要考慮到香港、澳門的高度自治權，包括自行制定相應的經濟政策、稅務制度等，這意味著在流動的過程中可能涉及港澳本地的制度邊界與承載能力。故若由中央制定統一的法律制度，要求港澳接納大灣區內地的生產要素至少具有現實中的不科學性，也可能造成"一國兩制"運作的困難。

環視粵港澳大灣區建設中可能出現的由內地向港澳單向流動出現的問題，更佳的選擇在於中央就相關領域事務進行授權，或由粵港澳大灣區內地城市進行"制度補貼"，提供良好的商業環境，支持港澳中心任務的構建。例如，《綱要》特別強調了深化粵港澳合夥聯營律師事務所試點，構建多元化爭議解決機制，聯動香港打造國際法律服務中心和國際商事爭議解決中心。廣東省司法廳出台了《廣東省司法廳關於香港特別行政區和澳門特別行政區律師事務所與內地律師事務所在廣東省實行合夥聯營試行辦法（2019 年修訂）》，其進一步擴大聯營律所中港澳律師的業務範圍，並在現有基礎上適當降低合夥聯營律師事務所內地方的門檻。但聯營律所還存在無法參加諸如政府、國有企業等機構的法律服務競標的"潛規則"，聯營律所往來資金在內地與港澳會雙重徵稅等等這些問題。這些都極大削弱了聯營律所內地方想要藉助港澳發揮更大作用的動力。

又如，澳門近些年來一直在強調經濟適度多元發展，從而緩解旅遊娛樂

33 參見〔英〕鮑勃·赫普爾：《平等法》（第二版），李滿奎譯，法律出版社 2020 年版，第 49-50 頁。

業“一業獨大”可能形成的危機。在對第一份規劃——《澳門特別行政區五年發展規劃（2016-2020 年）》評估後，澳門特別行政區行政長官又提出要謀劃新一輪發展，主動對接國家“十四五”規劃。[34] 但多元發展仍然存在諸多障礙，其中不得不面對的即是人才問題。澳門特區立法會前主席曹其真表示，“專才輸入問題”進展得很慢，中央政府需要增加相關名額，[35] 否則澳門經濟適度多元發展難以從規劃變為現實。

上述問題的解決固然存在內生性改革與外生性改革兩種方式。前者是港澳透過運用高度自治權，提升港澳核心競爭力；後者則是內地從外部予以激勵，透過制度進行鞏固。由於內部方式的不確定性，那麼表明內地向港澳流動的單向性法律制度供給可以透過中央或大灣區內地方給予內地生產要素更多便利的方式提升流動的動力，同時為港澳自身的發展奠定堅實的基礎。因為從外部予以利益誘致，不涉及透過列入兩部基本法附件三的方式進行推進，亦避免出現特別行政區高度自治權界限的紛爭。

四、雙向合作型法律制度供給的路徑

（一）雙向合作型法律制度供給的特徵

粵港澳由於地理位置臨近、生活習慣類似、居民聯繫較強，三地具有長期合作的歷史淵源。隨著粵港澳大灣區國家戰略的推進與居民對美好生活嚮往的與日俱增，灣區內部也呈現出雙向合作需求增加的可能。這也意味著粵港澳大灣區雙向合作法律制度供給的不同層次。具體而言，雙向合作型法律制度供給具有以下特徵：

其一，法律制度供給的主體以雙方乃至多方的複雜形式為體現。粵港澳大灣區內的 11 個城市進行任意兩個及以上的排列組合，理論上產生 2036 種合作可能，如若至少包含香港、澳門一方參與，那麼理論上也存在 1203 種合作可能。其中，《綱要》又確定了香港、澳門、廣州、深圳四大中心城市作為區域發展的核心引擎，這也為法律制度供給帶來了角色難題。因為粵港澳大灣區內不同城市所具有的立法權限不等，不同城市的利益訴求亦不相同，所以協調與認可的必要性極高。

---

34 《澳門特區行政長官賀一誠發表施政報告　努力開創特區發展新局面》，新華網，http://www.xinhuanet.com/2020-11/16/c_1126747592.htm，2021 年 1 月 26 日訪問。

35 參見駱偉建等：《澳門特別行政區基本法解析——立法背景和立法原意的探究》，第 397 頁。

其二，法律制度供給的內容決定了供給的方式多樣化。經濟發展合作與公共服務合作是區域合作的主要內容，前者包括了產業園區共建，促進資本、技術及人才流動等，後者則包括了共同保護資源與環境，共同維護市場秩序打擊違法犯罪等。[36] 對於經濟發展合作，資本、技術、人才等優質要素可以自由進入或退出被視為公共物品和服務的供應商，如果一個供應商提供的產品相較於其他供應商產品更差，優質要素就會退出，形成"用腳投票"[37]的模式。所以法律制度供給的方式更傾向的是單方的構建或者多方的溝通與協調。對於公共服務合作，涉及雙方乃至多方共同體利益，單獨一方難以完成，如粵港澳大灣區環境保護的規制，[38] 所以這一類法律制度供給的方式更傾向以更具有約束力的規範相互配合。

其三，法律制度供給的目的不是趨同或取代，而是配合與服務。自古以來，中央政府治理邊疆就並不刻意追求法制的統一性，不強調族類的區別，而是講究"和為貴"[39]。不同的法律制度實際上亦為粵港澳過往的發展提供了極佳的機遇。因此，推進粵港澳大灣區建設需要的是法治為其提供正當性依據與保障性規範，滿足不同主體間的合作需求，並不是模糊香港、澳門的制度特色與高度自治權。

（二）經濟行政主體間：協商與認可型法律制度供給

與其他灣區經濟明顯不同的是，粵港澳大灣區建基於國家整體發展的視角，並由中央政府推動而形成。面對不同的法律制度，政府間的合作成為法律制度供給的重要途徑。換言之，作為粵港澳大灣區成員的 11 個城市需要在合作中秉持相對平等的主體地位，具有獨立表達自由意志的擬人屬性。[40] 為此可稱之為由 11 個經濟行政主體組成了粵港澳大灣區。經濟行政主體在解決公共利益問題時，往往需要平等協商以完成。具體而言，經濟行政主體間的協商與認可型法律制度供給可以分為兩種情形。

---

36 參見陳碩：《中國央地關係：歷史、演進及未來》，復旦大學出版社 2020 年版，第 265-266 頁。

37 駱天緯：《區域法治發展的理論邏輯 —— 以地方政府競爭為中心的分析》，法律出版社 2017 年版，第 75-77 頁。

38 參見談蕭、黃夢慧：《論粵港澳大灣區環境立法的協同》，《廣東行政學院學報》2020 年第 4 期。

39 杜文忠：《王者無外：中國王朝治邊法律史》，上海古籍出版社 2017 年版，第 58-61 頁。

40 參見賀海仁：《我國區域協同立法的實踐樣態及其法理思考》，《法律適用》2020 年第 21 期。

1. 經濟行政主體間以協議的方式明確共同的目標與方向，以協同作為主要方式

如 2020 年 8 月交通運輸部海事局、香港海事處、澳門海事及水務局共同簽署了《粵港澳大灣區海事合作協議》，就創新監管服務模式、加強能力建設、開展文化交流、共同維護粵港澳大灣區水上交通安全等事項達成一致。協議方式能夠反映經濟行政主體的基本訴求，維護多方共同利益，同時亦具有高效的優勢。但目前的協議化存在一些爭議的地方。

其一，不同經濟行政主體的立法權限不同，協商內容空間較小。行政協議的執行離不開本地法律規範的保障，而粵港澳大灣區雙向合作型需求必然涉及機制體制的創新難題，但諸如海關、稅務、金融等此類領域並非普通的設區的市可以突破的內容。《憲法》、《立法法》、《地方各級人民代表大會和地方各級人民政府組織法》等作為全國性法律，並沒有就此問題進行特殊規範。這就可能減少了 11 個經濟行政主體合作多樣化的可能。故"建設好大灣區，關鍵在創新"，那麼就需要給予各經濟行政主體創新的可能，中央需要對粵港澳大灣區進行新一輪全面授權，確保經濟行政主體的平等性，並具有協商的基本職權。

其二，行政協議的約束力可能不強。由於區域合作的行政協議在中國缺乏強制力，並難以得到司法機關的認可，尚未出現不履行行政協議而被提起訴訟的情形，所以自願成為履行的主要依靠。[41] 實際上，協議內容本身相對抽象，具體的違約責任更是較少涉及，履約的方式也多是在各經濟行政主體立法、修法或解釋的基礎上執行。如果說約束力，那麼重點除了部分由於自身立法體制原因難以通過外，更重要的因素則在於善治的引導與公共利益的實現。[42] 換言之，行政協議的效力來自公共利益的需求，並非來源於司法強制力的懲戒。粵港澳大灣區 11 個經濟行政主體臨近、文化相似，尤其是面對公共服務合作時更為明顯。創造更有利的協商平台與機制，給予更多公眾參與的方式與機會，能夠更好地為協議提供約束性的依據。

其三，區域協同的動力可能不足。粵港澳大灣區涉及不同法域，如何在確保特別行政區高度自治的同時增強特別行政區協同發展的動力是當下需要

---

41 參見陳建平：《國家治理現代化視域下的區域協同立法：問題、成因及路徑選擇》，《重慶社會科學》2020 年第 12 期。

42 參見黃茂欽：《論區域經濟發展中的軟法之治 —— 以包容性發展為視角》，《法律科學》2014 年第 4 期。

思考的問題。從"一國兩制"澳門的成功實踐經驗而言，互信機制的構建是區域合作的要旨。[43] 只有粵港澳大灣區形成共同體意識，才能確保各方動力的持續性。因此，協同的展開需要從大灣區最為緊迫的議題入手，尤其是特別行政區關注的內容，循序漸進地構建互信的基礎。例如有學者指出，警務合作是當下珠澳合作的重要內容，因為安全的治安環境是兩地共享發展成果的基石。[44] 搭建 11 個經濟行政主體共商的平台，特別是發揮特別行政區行政長官的承上啟下作用，溝通聯繫好特別行政區同其他經濟行政主體、中央政府的意見成為循序漸進的關鍵。[45]

2. 經濟行政主體間以體制機制的深度合作為主要方式，並需要尋求中央的授權與肯定

與普通經濟合作或公共服務合作不同的是，體制機制的深度合作需要將某一經濟行政主體的法律制度、生活方式等進行複製，在此基礎上完成合作的形式。《綱要》中特別提及了"飛地經濟"，即為粵港澳大灣區雙向合作型法律制度供給提供了概念基礎。過往的實踐中，這類體制機制的深度合作主要體現為特別行政區與臨近的內地某一城市間的合作，並以特別行政區制度作為該合作區域內的管理方式，可以稱之為"特區租管地"[46]。如澳門特別行政區與珠海市進行深度合作，澳門特別行政區政府以租賃的方式取得橫琴島澳門大學新校區的土地使用權，並於 2009 年 6 月 27 日被全國人大常委會授權在 2049 年 12 月 19 日前對該區域依照澳門特別行政區法律實施管轄。2017 年 11 月 18 日，廣東省省長代表內地與香港特別行政區簽訂關於廣深港高鐵西九龍設立口岸實施"一地兩檢"的合作安排，隨後於 12 月 27 日獲得全國人大常委會的批准。西九龍車站再次更新了深度合作的模式，其將內地的法律制度延伸至特別行政區適用，加強了粵港澳大灣區的緊密合作。深度合作式的法律制度供給也存在若干爭議。

其一，深度合作的合憲性與合法性難題。是否具有明確的憲制依據是深度合作的關鍵問題。在澳門大學新校區個案中，全國人大常委會對澳門特別

43 參見張強、駱偉建：《互信機制的構建："一國兩制"澳門實踐的要旨》，《澳門理工學報》2019 年第 4 期。

44 參見王軒：《區域合作模式創新的地方經驗 —— 以粵澳區域警務合作模式為對象的研究》，《行政法學研究》2017 年第 1 期。

45 參見張強：《特別行政區行政長官雙重負責關係的功能結構與實踐圖景》，《統一戰線學研究》2020 年第 5 期。

46 董皞：《"特區租管地"：一種區域合作法律制度創新模式》，《中國法學》2015 年第 1 期。

行政區進行授權的其中一個重要依據是《澳門特別行政區基本法》第 20 條中有關再授權的規定。但在西九龍車站個案中，由於《香港特別行政區基本法》中未有明確規定此種情形下全國性法律如何適用香港特別行政區的內容，特區租管地的新樣態就引發了香港社會的一些質疑。實際上根據中國憲法，我國屬於單一制的國家結構形式，各地方權力都源於中央的授予，特別行政區亦不例外，因此它們都需要對中央負責，受中央監督，即使是不同法律制度的地區也都是在中央具有全面管治權的法理基礎上進行治理的，所以中央對跨區域、跨制度的區域合作具有最終的權威性權力。[47] 換言之，不能脫離憲法談粵港澳大灣區，當基本法本身難以找到合憲性與合法性依據時，需要從規定根本制度的憲法中尋求正當性。中央管治權的全面性與權威性都建基於憲法所確立的主權行使制度中。

其二，深度合作的比例性難題。是否能夠在粵港澳大灣區內推行特區租管地，抑或在特別行政區再次進行深度合作成為由個案向共性生成的實踐問題。在澳門大學新校區個案中，全國人大常委會授權在該區域內依照澳門特別行政區法律實施管轄，並同橫琴島其他區域隔開管理，其目的是“為了使澳門大學遷址到橫琴島後辦學宗旨、理念、特色和管理模式等保持不變”[48]。因此當目的與訴求得以轉變，那麼法律制度供給的內容和程度也應當發生改變。如橫琴“澳門新街坊”是以解決澳門居民住屋問題為核心的民生項目，其需要完善與之相關的教育、醫療、電子信息等法律制度。所以在授權中並不需要澳門特別行政區在新街坊全面實施澳門特別行政區的法律制度，而是可以由珠海只對其中部分澳門法律進行適用，給予以在此居住為主要需求的澳門居民以保障的規範。當僅在必要時，特區租管地的傳統模式才將實施。同理，在香港西九龍車站個案中，全國人大常委會批准在西九龍站內地口岸區由內地依照內地法律和《合作安排》實施管轄，並不意味著全國人大常委會將無限制地在香港劃定區域並由內地實施內地法律，而是應當考慮設立的目的是否能夠得到滿足，在經過比例原則的檢驗後才對相關區域適用內地法律進行批准。如 2019 年 10 月 26 日全國人大常委會授權澳門管轄橫琴澳方口岸及延伸區，其中對於通關模式進行了重大創新，從“兩地兩檢”改變為“合作查驗、一次放行”，這涉及到澳門放棄出境檢查權。但從目的與手段的

---

47 參見王禹：《全面管治權理論：粵港澳大灣區法治基石》，《人民論壇 · 學術前沿》2018 年第 21 期。

48 《關於〈國務院關於提請審議授權澳門特別行政區對橫琴島澳門大學新校區實施管轄的議案〉的說明》。

關係而言，“合作查驗、一次放行”其目的在於促進兩地生產要素更便捷、高效的流動，並且是在澳門與珠海協商的基礎上進行的，除此之外難以有更佳方式能夠滿足該目的，所以該方式本身並未減損特別行政區的高度自治權，而是行使高度自治權的體現，符合比例原則。

其三，深度合作的程序性難題。確保深度合作符合既有法律框架的關鍵因素在於程序的完善。目前就深度合作尚未有明確的規範指引。但從多次實踐而言，應當包括合作的協商、議案的提出、中央的授權或批准三個步驟，分別由經濟行政主體、國務院以及全國人大常委會完成。其中，經濟行政主體就此問題進行協商應當符合“一國兩制”的根本宗旨，確保特別行政區高度自治權的有效實現，並透過行政長官向國務院提出正式申請。國務院在審查後向全國人大常委會提案。在經過憲法和法律委員會和基本法委員會就此問題進行比例性測試後，全國人大常委會作出最終的授權或批准決定，從而確保深度合作在程序上的正當性。因此經濟行政主體間的協商與認可為粵港澳大灣區提供了良好的合作基礎。而法律制度的供給則需要與之相對應，一方面包括行政協議的協商與各自落實，另一方面則是在深度合作中獲得中央的授權與批准，擴大法律制度的行政區外適用範圍。當然，深度合作也存在大灣區內地城市間的可能，類似深汕特別合作區的形式亦可實踐，但其同樣需要在協商的基礎上向中央提出申請，在經過比例原則的審查後，由全國人大常委會進行授權。

（三）非政府組織間：示範法型法律制度供給

粵港澳大灣區建設的核心是經濟社會發展，需要市場主體的廣泛參與，因此除了經濟行政主體為雙向合作提供規範依據與制度環境外，也需要非政府機構和專業組織的民間法或習慣法的再創造，以形成高度的契合，為大灣區要素流動、糾紛解決發揮作用。[49] 粵港澳文化相似，居民往來頻繁，特別是香港、澳門素有社團社會的傳統，社團具有較高的組織能力與公信力，因此粵港澳大灣區具有非政府組織示範合作的組織基礎，大灣區內專業社團能夠取得更為精準的對接，在不改變國家法律與公權力機關職權的情況下提供更好的服務。如澳門工會聯合總會在澳門具有較強的基層服務能力，其在廣州

---

49 參見荊洪文：《區域示範法：作為灣區民商事法律衝突解決路徑的追問》，《暨南學報（哲學社會科學版）》2019 年第 12 期。

分主題展開，即：(i) 粵港澳大灣區建設的法律應對：現狀、問題與理論重建；(ii) 粵港澳大灣區府際合作之規則銜接與創新；(iii) 粵港澳大灣區司法與其他爭端解決機制及其創新；(iv) 粵港澳大灣區法律服務業合作與對接及其他法律協作場景。從整體上看，既把握宏觀視野，突出制度與理論重點，又特別關注實踐中提出的實際問題。

竊以為，就大灣區建設法律合作而言，民間研究和官方政策研究相輔相成，使之相得益彰。大灣區建設需要更多學者和政策研究機構與民間智庫集思廣益，共同為粵港澳大灣區建設獻計獻策，造福大灣區。

致謝

本書就是基於上述研討會發表的部分報告而來。受邀請的作者在會後對各自報告進行了全面修正和改編改寫，使其品質更加具有科學性、學術性，使其內容更加具有針對性和關聯性，使其形式上更加符合學術和出版規範。在此，本人首先要特別感謝文章作者們體現的專業精神，和他們的傾心合作和貢獻。同時，本人要藉此機會感謝全體與會者，包括致辭嘉賓、政府官員、立法會議員、主持人、報告人、出席者，對會議的熱情和大力支持，他們的出席就是會議成功的保障。與此同時，本人也要在此記錄對城大法律學院及辦公室行政人員的衷心感謝，他們提供的行政與設備支持使得會議得以有效率、無障礙進行。此外，本人感謝鄧凱博士慷慨應邀參加本書編輯工作，感謝研究助理胡洛菩小姐、馮柏林先生、何舒敏小姐提供的編輯支持服務。最後，本人衷心感謝粵港澳高校聯盟對會議和出版的全力支持。

這應該是本人第四次和三聯書店（香港）有限公司合作。本人很敬佩出版社負責人的出版視野和專業眼光。責任編輯蘇健偉先生瞭解市場需要，具有很強的組稿能力，工作中認真負責，既具專業精神，又有編輯能力，而且效率高，與作者溝通順暢。與他和他所代表的三聯書店合作是一個令人愉快的過程。當然，本人希望日後能與三聯書店多多合作，為了學術，為了知識，為了實踐。

是為序。

二〇二二年四月初

香港城市大學法律學院，獅子山下

設立了廣東辦事處，成為廣東第一家澳門的境外非政府組織代表機構。這為粵澳間的諮詢、援助等提供了組織可能，也意味著具有一定權威性的社團組織間可以就粵港澳大灣區的要素流動與糾紛解決建立示範法。具體而言，示範法型法律制度供給可以從以下兩個方面展開：

其一，行業標準的建立。粵港澳大灣區涉及 11 個經濟行政主體，如若透過統一立法的方式構建民商事領域的規則較難短期內實現。實際上，民商事領域的發展離不開標準的確立。在此情形下，粵港澳大灣區的不同行業可以透過專業協會的設立，逐步實現標準的統一，完善行業自律制度規範，有助於行業整體能力的提升。如粵港澳大灣區的公証、司法鑑定等行業，缺少行業交流的平台與組織，特別是缺少行業內的示範規則，包括公証的轉遞程序仍然存在成本高、效率低的缺點，有必要透過建立統一行業標準提升服務水平。

其二，非訴訟糾紛解決機制的推廣。由於傳統的訴訟糾紛解決機制存在法律適用、司法體制等多方面的差異難以有所創新，所以在粵港澳大灣區有必要推廣以仲裁、調解為代表的非訴訟糾紛解決機制。雖然大灣區目前設有多個仲裁與調解機構，但是各機構的發展水平有很大不同。而目前已成立的粵港澳大灣區仲裁聯盟在 2019 年 10 月至 2020 年 10 月共受理涉港澳台與涉外案件共 295 起，同比增長 46.2%，[50] 但澳門等地的非訴訟糾紛解決意識較弱，有待進一步發展。

故以仲裁與調解為代表的非訴訟糾紛解決機制能夠為粵港澳大灣區建設提供規則積澱。

五、結語

推進粵港澳大灣區建設，是以習近平為核心的中共中央作出的重大決策，是習近平總書記親自謀劃、親自部署、親自推動的國家戰略，是新時代推動形成全面開放新格局的新舉措，也是推動"一國兩制"事業發展的新實踐。而推進粵港澳大灣區建設離不開法治保障。從法律需求的角度出發，探求法律制度的供給是實事求是落實國家戰略的立法方法論。面對粵港澳大灣

50 《大灣區仲裁聯盟受理涉港澳台和涉外案數同比增長近五成》，中新網，2020 年 11 月 9 日，https://www.chinanews.com/ga/2020/11-09/9334348.shtml。

區不同主體的不同需求，法律制度的供給也需要分類而立。單向流動型與雙向合作型的法律制度供給路徑建基於港澳融入國家發展大局的新時代要求，經濟行政主體與非政府組織的合作等多元主體也是國家治理能力與治理體系現代化的應有之義。未來，需求亦會隨著時代的變化而變化，所以制度供給也非一成不變，而是與時俱進，謀求創新，但歸根結底其關鍵核心更在於提升粵港澳大灣區的經濟社會與民生服務水平，促進國家整體發展。

2. 粵港澳大灣區法治合作和規則銜接的制約條件、路徑選擇和可能模式

鄒平學　深圳大學法學院教授

一、問題的提出

粵港澳大灣區建設作為國家戰略，就是要發揮"一國兩制"的制度優勢，將中國特色社會主義的制度優勢與港澳市場經濟高度發達、深度對接國際經濟貿易規則、關稅低、稅率低、法治完備等優勢結合起來，珠三角與港澳優勢互補，深化改革開放，推進體制機制創新，把大灣區建設成為全球一流灣區，為國家"走出去"戰略、"一帶一路"倡議特別是"海上絲綢之路"謀劃發揮戰略支點、重要樞紐和核心節點的作用。但是，粵港澳大灣區是在一個國家、兩種制度、三個關稅區、三種貨幣、三個法域以及區內立法主體多且行政級別不一的條件下建設，國際上沒有先例可循，大灣區三地法律差異大、制度藩籬多、規則各行其事、要素流動成本高，已經成為大灣區建設的最大堵點，嚴重阻礙大灣區獨特優勢的發揮。因此，研究解決粵港澳大灣區的法治合作與規則銜接的理論意義和實踐價值十分重大。

習總書記在深圳經濟特區建立 40 周年慶祝大會上的講話中指出，"必須全面準確貫徹'一國兩制'基本方針，促進內地與香港、澳門融合發展、相互促進。""要抓住粵港澳大灣區建設重大歷史機遇，推動三地經濟運行的規則銜接、機制對接，加快粵港澳大灣區城際鐵路建設，促進人員、貨物等各類要素高效便捷流動，提升市場一體化水平。"[1] 習總書記還曾作出指示，建設好大灣區，關鍵在創新。[2] 今天，粵港澳大灣區建設的法治合作和規則

1 《習近平在深圳經濟特區建立 40 周年慶祝大會上的講話》，新華網，2020 年 10 月 14 日，http://www.xinhuanet.com/politics/leaders/2020-10/14/c_1126611290.htm。

2 《著眼發展大局，共享時代榮光——以習近平同志為核心的黨中央關心粵港澳大灣區建設紀實》，新華網，2020 年 10 月 14 日，http://www.xinhuanet.com/politics/leaders/2019-02/21/c_1124146648.htm。

對接已經進入議事日程，灣區的法制合作與協調機制日益受到重視。[3] 但是，大灣區的法治如何合作、規則怎樣銜接、制度機制如何創新、改革探索如何試驗，只是破題而未解題，更沒有結題。本文擬探討這一問題，首先分析大灣區法治合作與規則銜接面臨的制約條件，然後再對路徑選擇和可能模式提出個人見解，以求教於方家。

二、粵港澳大灣區法治合作與規則銜接面臨的制約條件

客觀來看，粵港澳大灣區建設面臨著觀念不同、制度差異、法律衝突與體制疊加的制約條件。這實際上構成了法治合作和規則銜接的制約條件。擇其要者，表現在：

（一）三地觀念不同給法治合作與規則銜接造成困擾

香港、澳門孤懸海外超過百年，長期實行不同於內地的社會管理制度，觀念和內地存在較大差異，尤其香港更為明顯。在內地，改革開放以來，從中央到地方，各級政府在規劃和統籌社會經濟發展中發揮著重要作用，且一直保持了強烈的發展意識，而香港完全不同。香港長期以來一直奉行"小政府、大社會"觀念，認為發展經濟是企業的事，政府最好是不介入、不干預。香港長期奉行"積極不干預"政策，迄今沒有戰略性發展規劃，經濟政策缺乏長期性和連貫性，經濟政策的執行力較差。[4] 香港社會有人擔憂"被國家規劃"[5]，更有人擔心被內地同化，[6] 致使兩制模糊、香港獨特優勢和競爭力被弱化。這些擔憂顧慮勢必影響香港民眾參與大灣區建設發展的熱情和力度。此外，大灣區發展願景如何展現足以支撐全體港人特別是香港年輕人的發展需求，還是一個正在路上的課題，從政治上來看相當部分香港青年人認為在發展中難以獲得實惠，對"融合發展"採取漠視、敵對的態度，動輒可能出現逆反情緒。上述問題給法治合作和規則銜接帶來的困擾不可輕視。

---

3 參見鄒平學、馮澤華：《粵港澳大灣區立法協調的變遷、障礙與路徑完善》，《政法學刊》2019 年第 5 期。

4 參見鄒平學等：《香港基本法實踐問題研究》，社科文獻出版社 2014 年版，第 724-728 頁。

5 《特區官員回答質疑：香港在大灣區是否"被規劃"？》，搜狐網，2019 年 3 月 21 日，https://www.sohu.com/a/302765024_276597。

6 《林鄭月娥：香港不會因為大灣區建設被內地"同化"》，網易新聞，2022 年 2 月 11 日，http://sz.house.163.com/19/0221/11/E8HM289T000788D9.html。

（二）大灣區法律制度環境獨一無二，導致三地法治合作和規則銜接的成本很高

粵港澳大灣區建設對標世界三大灣區：日本東京灣區、美國紐約灣區與舊金山灣區。但與三大灣區不同的是，粵港澳大灣區制度法律環境最大特點是一個國家、兩種制度、三個法域、三個關稅區。

一個國家意味著粵港澳大灣區是在一個主權國家之內的灣區城市圈。根據基本法，港澳特區實行資本主義制度和生活方式，珠三角九個城市實行社會主義制度。一個國家，意味著粵港澳三地具有共同的國家利益和統一的憲法制度，相互之間不存在根本性的利益衝突。兩種制度意味著港澳實行資本主義制度，廣東省珠三角九個城市實行社會主義制度。三個法域表現為香港為英美法系，實行普通法傳統。澳門秉承葡萄牙法律傳統，實行大陸法系。珠三角九個城市實行的是大陸法系特徵的中華法系，三地的法律均自成體系。與此同時，粵港澳三地屬於不同關稅區域，實行兩制的港澳特別行政區是自由港，珠三角九個城市包括有深圳、珠海兩個經濟特區，南沙、前海蛇口和橫琴三個自由貿易試驗區。可見，粵港澳大灣區建設是在一國、兩制、三法域、三關稅區的制度法律環境下的區域合作，既有特別行政區和自由港、經濟特區、自由貿易試驗區等體制疊加優勢，也面臨如何推進體制機制改革、突破制度藩籬和法律障礙，最大限度推進人流、物流、資金流、信息流暢通的問題。

需要指出的是，不僅三法域的法律體系不同，即使內地珠三角九個城市的立法權也存在明顯分割，各城市法規規章存在差異甚至較大衝突。深圳、珠海有特區立法權和較大市立法權，廣州有省會城市地方立法權和較大市立法權，東莞、佛山、江門、肇慶、惠州和中山根據新修改的立法法，享有有限度的地方立法權，可以在城鄉建設與管理、環境保護、歷史文化保護等方面制定地方性法規。上述各市政府都有相應的地方政府規章的權力，深圳、珠海還有制定經濟特區規章的權力。

在管理體制上，香港、澳門屬於省級行政單位，享有基本法規定的高度自治權。深圳是副省級城市、計劃單列市、經濟特區。廣州市是省會城市、副省級市；珠海、東莞、佛山、江門、肇慶、惠州、中山都是地級市、廳局級。需要指出的是，港澳與珠三角 9 個城市雖然行政級別有異，但均互不隸屬，各城市之間既有共同利益，也有不同訴求，在跨界污染防治、鄰避設施選址（如垃圾填埋場、焚燒廠、污水處理廠、發電廠、天然氣設施、傳染病

防治中心等)、大型基建項目(如高速公路、機場、橋樑等帶有負外部效應的政府公共設施)、水資源利用等不可避免存在府際衝突。

世界三大灣區均是一國一制下的統一法治體系中具備高度法治水平的城市政府間的合作治理下的灣區,粵港澳大灣區建設則是一國兩制以及內地特有的城市等級制治下的府際合作,內地各城市法治化程度、管理水平不一。這使得粵港澳大灣區法治合作與規則銜接的成本很高,面臨重大挑戰和獨特的問題,具體而言,有三個方面的挑戰和問題:

1. 法律衝突多。除了國家的憲法制度保持統一外,粵港澳三地法系、法律不同,三地在立法、司法、行政與市場經濟、政府管治、營商環境、社會治理等法律制度方面存在諸多衝突。例如粵港澳金融業合作中,香港實行混業經營、銀行資金進出證券市場不受限制,但內地實行分業經營、銀行、證券、保險分開,銀行資金不允許進行證券交易,也不能涉及保險;外匯管制方面,香港幾乎沒有任何限制,大陸卻實行結售回執;匯率方面,香港實行聯繫匯率制,中國實行有管理的浮動匯率制,兩地金融法律制度存在全面衝突。又如金融業監管中,兩地證券部門對金融監管的合作僅僅只能解決公司上市行為、融資活動等程序問題,但擁有法定執行權的香港證券及期貨事務監察委員會如果要調查內地企業,必須得到內地證監會配合,這就涉及兩地司法管轄權衝突問題。

2. 規則銜接難度大。例如粵港服務業整合的制度約束,最突出的問題是與 CEPA 開放相配套的政策措施仍不夠完善。一方面,CEPA 及其補充協議開放了 120 個細分服務行業,但對部分服務業的開放缺乏相關實施細則;另一方面,CEPA 框架下各服務業涉及的眾多行業法律、規章沒有及時調整,CEPA 部分條款與已有行業法規存在抵觸,導致 CEPA 及其補充協議難以落到實處。還有《內港投資協議》採用負面清單模式,涉及到內地有關外商投資以及監管的法律法規協調問題;香港和內地稅率不一致,個人所得稅香港最高 15%,而內地最高 45%,如果香港居民在大陸長期工作或者香港企業在大陸開辦常設機構,都會遇到稅率適用和銜接問題;跨境大型基建項目如港珠澳大橋的建設和管理、廣深港高鐵香港西九龍車站一地兩檢都存在需要解決複雜的法律制度整合、管理權執法權衝突與協調等問題。

3. 缺乏解決衝突和整合銜接的更高層的協調機制。儘管三地雖直轄於中央政府,但根據基本法的規定,中央政府負責管理與特區的外交和防務,特區政府享有行政管理權,自行處理特區的行政事務;從立法層面,特區享有立法權，特區立法需報全國人大常委會備案，但備案不影響法律生效，全國人大常委會僅可將不符合基本法關於中央管理的事務以及中央與特區關係條款的法律發回；從司法層面看，兩個特區享有獨立的司法權和終審權，內地有自己的終審法院，三地是三個不同的司法管轄區，三地缺乏共同的上級司法機構；從法律實施的層面，除了列入附件三的全國性法律之外，其他全國性法律不能在特區實施；從大灣區本身的協調溝通機制來看，一些高層會議機制的執行落實機制、糾紛解決機制都闕如，且僅限於行政系統，立法和司法方面的合作互助或空白、或程度很低。這意味著，粵港澳大灣區建設雖納入中央頂層設計，但如何跨越法律和制度衝突進行跨區域規劃的協調和對接，仍然需要付出巨大努力。港珠澳大橋項目就鮮明體現了粵港澳大灣區城市群協同發展中法治合作和規則銜接的困難。[7]

（三）"多核心"帶來的合作和銜接的困難

世界著名大灣區的發展特點在於，有一個核心城市，形成金融、科技、人才等聚集優勢，而後周邊城市接受核心城市的輻射和擴散，根據各自比較優勢形成分工和互補格局。世界三大著名灣區都是"單核心"、"單中心"，如東京灣區以東京作為核心，紐約灣區以紐約為核心，而且它們是通過自然發展逐漸形成的，市場在其中發揮了主導作用。我國的粵港澳大灣區城市群卻有香港、廣州、深圳三個世界級的核心城市，它們經濟體量相當、產業各有特色，難以劃定其中任何一個作為核心，也就難以圍繞其中任何一個形成優勢互補關係，而且這三個核心發展過程中，市場作用的程度很不一樣，

7　港珠澳大橋是連接香港、珠海和澳門的超大型跨海通道，全部投資超過 1100 億元人民幣，是世界建設史上里程最長、投資最多、施工難度最大的跨海大橋，在建設中創下了多項"中國之最"甚至"世界之最"。由於涉及"一國兩制"，建造和管理、使用過程中面臨最大難度的是各方協調共用問題，涉及的法治合作和規則對接非常多。以海關邊檢、交通規則為例，一是邊檢如何設置？如果在道路之間邊檢，需要填海做人工島作為海關聯合檢查場，由於造價過高，後改為在各自大橋入口處建設邊檢，但這樣在三地都要建設龐大的停車場，不僅佔用大量土地，而且增加工程造價。二是車道如何設置？港澳汽車均為右舵，靠左側行駛，而內地汽車均為左舵，靠右側行駛，港珠澳大橋應設計左側行駛還是右側行駛？以及從何處切換？三是發生道路交通問題如何處理？港珠澳大橋如果出現交通事故，責任如何認定，哪方有執法權？按照哪一方的法律執法？四是三地車輛的牌照問題。由於香港本地道路飽和，如果降低內地車輛進入門檻，很可能激發香港和內地的矛盾，基本不可行。同理，也不能降低香港車輛進入澳門的門檻。唯一有可能的是降低香港車輛進入內地的門檻，但這面臨配額和分配公平的問題，協調程序複雜冗長。如此等等，法治合作和規則對接的難度相當大。可以說，粵港澳之間地理空間上的割裂相對容易通過交通物理的構造連接，而制度割裂和規則差異的合作連接難度很大，需要各方建立有效的機制和付出艱苦的努力。

香港最高，深圳次之，廣州再次之，而且大灣區建設總體上還是體現行政主導，市場在資源配置中的作用無法與世界三大灣區相比。這就可能導致三個核心城市出現爭當核心、互不買賬的情況。這個“核心之爭”已有苗頭顯現：廣州作為省會，是全省經濟社會發展中心，廣東省內的交通基礎設施網絡皆以廣州為中心向外輻射，乃至形成路徑依賴。香港是粵港澳大灣區綜合實力最強、也是最具特色和優勢的核心城市，且長期以來發展水平一直遠高於內地，自然不甘心作為陪襯，同時較長時期內擔心深圳發展奪去自己的優勢，對一些領域的合作採取排斥態度，如港珠澳大橋設計從“雙 Y”改成“單 Y”即是明證。總之，“多核心”顯著增加了法治合作和規則銜接的難度。

（四）頂層設計滯後給大灣區法治合作和規則銜接構成剛性約束

大灣區建設的事權很多涉及中央權力的行使，並非僅限於區域內地方事權。大灣區法治合作和規則對接也並非僅僅限於區內不同地方的法律和規則的對接問題，還存在共同的上位法及其規則的剛性約束問題。由於列入基本法附件三的全國性法律很少，兩部基本法都只涉及十幾部全國性法律，性質上屬於國防、外交和其他不屬於特別行政區自治範圍內的法律，它們是需要在特別行政區實施的，但內地各地方需要遵循和實施的全國性法律近 1 千部（包括近 300 部基本法律和法律、近 700 部國務院制定的行政法規），這樣一來，大灣區法治合作和規則銜接的共同上位法律存在極不匹配的問題，很多領域缺乏共同的上位法。還有一點值得注意，中國的改革和發展在經濟社會各個領域進度不一，有些領域存在滯後的情況，特別是在社會領域，這給粵港澳大灣區城市群協同發展乃至融合發展帶來困難。比如，香港期待將大灣區建成港人的“優質生活圈”[8]，提出香港居民在大灣區就學、購房資格、參加社會保險等公共服務要求，然而粵港澳大灣區內地城市的自身公共服務體系和能力均嚴重不足，比如深圳雖然經濟科技高度發達，但其教育、醫療存在嚴重短板，每年兩會人大代表對此頗有意見。深圳常住人口近 2000 萬，其中享受充分公共服務的戶籍人口不到 400 萬，常住流動人口憑居住證、臨時居住證享受部分公共服務，甚至相當部分人連臨時居住證都沒有。那麼，我們談港澳融入國家發展大局，希望更多的港澳居民來大灣區內地就業、創

8 2017 年 10 月 11 日，香港特首林鄭月娥在上任後首份施政報告中強調：“我們會爭取為港人在大灣區學習、就業、創業、營商、生活以及養老提供更多便利，促進兩地人流、物流、資金流和訊息流，使大灣區能夠成為港人的優質生活圈。”參見《香港特別行政區行政長官 2017 年施政報告》。

業、求學、定居、養老，但港澳居民在深圳等內地城市享受公共服務比照哪個群體，門檻條件如何設置、是否符合公平原則、深圳等內地的公共服務能力不足是否更為加劇？這些都是難題，要想解決必須深化社會政策領域改革。但不少政策取決於中央政府相關部門的改革進度，在全國一盤棋的安排下，有關領域改革的滯後勢必影響融合發展的進度和程度。鑑於相對於粵港澳大灣區國家戰略和港澳特別行政區的法律地位，規則銜接的許多問題都不在地方立法權範圍之內。因此，在大灣區建設中，尤其需要中央加大授權改革的力度，賦予大灣區內廣東省先行先試的權力。先行先試是一種權力，是一個包含法律授權、政策支持、先行規定、容許試錯等內容的綜合體系，主要包含先行立法權、變通規定權、試錯免責權等。[9] 未來，全國人大、國務院就國家立法權限事項制定具體方案，開展有針對性立法或授權廣東省在深化粵港澳合作、對接具體合作事務、推進粵港澳大灣區建設方面開展試點，並決定試點期間在廣東省及珠三角九市暫停部分法律法規的實施很有必要。

三、粵港澳大灣區法治合作和規則銜接的路徑選擇和可能模式

客觀地說，大灣區法治合作和規則銜接問題是近幾年學術界和實務界高度關注的話題，不少論著在探索合作和銜接的痛點，梳理具體的障礙，解析背後的癥結，探索可行的路徑。不少研究成果提出了有益的觀點。很多人認同這樣的結論：大灣區建設要強化“一國”，善用“兩制”，處理好“一國”與“兩制”的關係，法治合作和規則銜接也要遵循這個原則。這當然是正確的，但停留在這個原則上還不能解決問題，還不夠“接地氣”。一些更為切合實際的研究成果在這方面奉獻了智慧。石佑啟等認為回應大灣區治理創新的法治需求，應立足於從時間與空間兩個維度推動法治建設的同步展開；拓展法律規範體系並實現軟法與硬法的銜接適用；構建多元共治的法律治理模式，包含治理結構法定化、治理方式規範化、程序制度塑造、治理機制構建；以及完善公私銜接的多元法律救濟制度等方面。[10] 張亮認為，塑造回應大灣區合作的法治理念，要在立法、執法與司法活動中形成“面對面”式的對

9 參見倪斐、奚慶：《國家級新區先行先試權及其法治化改進》，《哈爾濱工業大學學報》2018 年第 6 期；轉引自石佑啟、陳可翔：《粵港澳大灣區治理創新的法治進路》，《中國社會科學》2019 年第 11 期。

10 參見石佑啟、陳可翔：《粵港澳大灣區治理創新的法治進路》，《中國社會科學》2019 年第 11 期。

區域合作需要的體察，由“形式法治”邁向“實質法治”，並最終實現“形式法治”與“實質法治”的統一；重視法治與區域合作價值取向的協調，強調法治對區域合作目標追求的包容，注重法治對區域合作內容的主動引導；在內容上，著眼於憲法—中央立法—地方立法三個層次來完善大灣區法律規範體系，發揮社會規範等“軟法”的功能等。[11] 鄒平學等認為，大灣區應由全國人大夯實機制的法律基礎，設立合作協調機構，多維度創新合作協調形式，形成合作協調機制。[12] 文雅靖、王萬里研究認為，粵港澳大灣區規則銜接的“可選模式”和思路有三個：一是填補規則空白，建設有利於實踐的趨同體系；二是三地規則標準應就高不就低；三是在保持原有規則差異的前提下，內地小切口放寬重點領域的政策。從頂層設計、體制機制創新、互轉互認、單向認可、暢通“法律要素”流動、聯營合作、探索區域協同立法等方面進行評估分析，探索優化路徑。[13] 上述研究對於進一步的探索提供了有價值的思路和借鑑，本文在此基礎上，願意提出和論證幾個可以視為補充和強化的初淺觀點和建議。

（一）法治制度的差異不是合作和融合的根本性障礙

在研究大灣區法治合作和規則銜接的論著中，大家普遍認為法域不同、制度差異是大灣區客觀存在而且將長期存在的現象，不少人也普遍認為大灣區制度差異太大，法治合作和規則銜接難度太大，如何破解？有人研究認為，當區域一體化發展到法治一體化時，要素流動將不存在任何壁壘。世界三大灣區的發展都離不開區域規則的統一與銜接，唯有進行規則銜接並形成統一的規則體系，才能真正發揮灣區的協調發展作用，呈現“1+1>2”的效果。[14] 有人提出只有法治融合才能解決問題，有人指出只有制定大灣區統一實體法才能實現合作與銜接，有人認為大灣區推動內部規則統一比任何時候都

---

11 參見張亮、黎東銘：《粵港澳大灣區法治與區域法治轉型》，《法治論壇》2021 年第 1 期。

12 參見鄒平學、馮澤華：《粵港澳大灣區立法協調的變遷、障礙與路徑完善》，《政法學刊》2019 年第 5 期。

13 參見文雅靖、王萬里：《論粵港澳大灣區的規則銜接》，《開放導報》2021 年第 2 期。

14 參見何棟民、修揚：《前海探索跨區域跨法域規則銜接的實踐》，載田禾、呂艷濱主編：《前海法治發展報告（2021）》，社科文獻出版社 2021 年版。

要迫切。[15] 還有人甚至認為只有粵港澳大灣區法治一體化才能解決問題。[16] 這些觀點如果真能實現，肯定可以為大灣區的融合發展提供法治基礎。問題是，這些設想過於理想化，其認知邏輯在於只有法律和規則統一、一體、融合才能達到目的。其實，這是一種脫離真實和復雜世界的理想化模式。中央之所以提出，粵港澳大灣區建設的法治保障要重視規則銜接、機制對接，就是從實際出發，看到了在長期堅持和貫徹"一國兩制"制度體系下，大灣區法治建設切實可行的路徑在於規則銜接、機制對接，探索區域合作制度創新。那種認為只有消除三地制度差異、法律差異才能實現大灣區的融合發展的思維是不切實際和十分狹隘的。正是因為這一點，很多學者研究大灣區法治建設問題時，還是著眼於區域法治的合作協調、立法協同、規則銜接、機制對接的探討。必須明確的是，規則銜接並非追求法律融合或法律同化，相反，規則銜接是承認接受而不是否定法律制度的差異。換言之，規則銜接對法律和制度的差異保持足夠的尊重，但同時又對不同法律制度之間的協同和對接提出符合實際的銜接措施。

我們看到，全世界各國各地區的法律都不一樣，有不同的法律體系。即使是屬於同一個法系，不同國家的具體法律制度規則也有差異。我們在尊重各國制度差異、共同遵守國際法體系的同時，大家可以進行經貿往來、人文交流。豐富多彩的世界不妨礙我們開展合作、交流，不妨礙我們建立人類命運共同體。在一國兩制環境下，實行特別行政區制度的港澳走上了與祖國內地同呼吸共命運的發展道路，走上了互利合作、融合發展的道路，認真對待兩種制度的差異，發揮兩制優勢，打造機制對接，實現規則銜接，也完全可以促進融合發展。

當今世界的全球化發展、經濟一體化的發展，表明我們可以在差異化的制度下實現規則銜接。舉一個簡單的例子，內地人去港澳，手機、電腦的充電插頭在當地是不能用的，解決這個問題並不需要各地對插座插頭採取一模一樣的工業製造標準，我們找一個轉換插頭就可以解決。所以，規則銜接實際上就是要設計出怎麼容納、怎麼疊加、怎麼嫁接這種不同規則的通道。"銜接"一詞很形象地表達了通過一個接通、貫通甚至融通的裝置，把不同的規則有機銜接起來，這比統一不同的規則成本要小很多、也更容易解決實

15 如鄭永年：《大灣區推動內部規則統一比任何時候都要迫切》，南方網，2019 年 2 月 19 日，https://economy.southcn.com/node_37cc8d2742/aeb7ba3a61.shtml。

16 參見邢洪文：《粵港澳大灣區法治一體化路徑研究》，吉林大學 2019 年博士學位論文。

際問題。

（二）是否具有合作的意願和融合的驅動力，是決定法治合作和規則銜接的關鍵

規則銜接本質是提供一個整合、聯通、接納、轉換，或者說趨同的裝置。在制度沒有差異的地方，如果不願意合作，也會以鄰為壑，也會製造很多互相挖坑的事。我們國家在計劃經濟向市場經濟轉化的過程中，很多地方搞地方保護，那個時代各地的制度不一樣嗎？都是搞社會主義制度，都接受共產黨的領導，但是地方保護、畫地為牢的做法對經濟要素的阻礙更嚴重。因此培養一種合作的意願、動力，強化一種合作的責任感，形成合作的發展共識，尋求共同的利益點，建立合作協調的機制非常重要。這是法治合作的規則銜接的源動力所在。

（三）大灣區的法治合作和規則銜接的路徑選擇和模式有很多種

迪拜在立法和司法上是採取拿來主義，完全採用、複製海洋法系的做法，這種實現整體性的民商事法律轉化的做法已經不是一般意義上的解決規則銜接的做法，而是實現了規則的移植和同化。這種做法很罕見。常態化、常見的規則銜接並不會採取完全移植別人的規則、實現規則的趨同，常態化的規則銜接目的在於實現不同規則的互通，方式則是多樣化的，它可以採取在不同領域的貫通、變通、融通、接通路徑。實現規則銜接的多樣化可以有不同的模式，這裏列舉數例：

1. 趨同的模式，比如探索設立大灣區調解中心，統一三地的調解規則、調解員資格認定標準等為抓手推進三地規則銜接；有互相接納、認同的模式，比如 2017 年、2019 年，內地與香港又分別簽署了《關於內地與香港特別行政區法院相互認可和執行婚姻家庭民事案件判決的安排》和《關於內地與香港特別行政區法院相互認可和執行民商事判決的安排》。這兩個安排生效後，“兩地法院 90% 左右的民商事判決有望得到相互認可和執行”。

2. 轉換、嫁接的模式，如在珠澳跨境工業區開發建設中，國家發布了《國務院關於設立珠澳跨境工業區的批覆》（國函〔2003〕123 號）、《珠澳跨境工業區珠海園區管理辦法》等決定，明確規定“珠海園區作為珠海保稅區的延伸區，由海關監管，實行保稅區政策。珠海園區生產的最終產品如在國內銷售，按照保稅區貨物內銷相關規定辦理；澳門園區生產的最終產品輸往

內地，按照《內地與澳門關於建立更緊密經貿關係的安排》框架項下相關原產地規則確定其原產地；兩個園區生產的產品出口到國外的，按進口國（地）的原產地規則確定原產地”，從而實現規則銜接。

3. 有疊加、再造的方式，比如探索允許大灣區內案件當事人選擇香港法律作為解決糾紛的依據，允許香港律師作為代理人在珠三角九市法院及廣東省高級人民法院出庭，允許香港法官在珠三角九市法院及廣東省高級人民法院審理涉及香港法律適用的案件時作為合議庭成員直接參與審判活動。

即使是趨同的方式，也可能有三種：你向別人靠攏；別人向你靠攏；或者雙方都改造自己的規則，向第三方規則靠攏。比如以香港先進行業標準、職業資格和認證體系為基礎，兼顧其他兩地的規則，建立大灣區內現代服務業如建築設計、財務管理、會計審計、交通運輸等執業資格、經營牌照互認和轉化機制等。

需要指出的是，“一國兩制”是中央政府一直說要長期堅持的制度體系，大灣區“一國兩制”的格局會長期存在，也就是說粵港澳三地制度的差異這個大格局會長期存在。港澳有它自己獨立的法律體系及規則，它還以高度自治的方式運作，但是在維護國安方面，港澳就要和內地趨同，要遵守中央政府對於維護國家安全的統一標準和原則要求。但在涉及營商環境、城市管理、金融監管、經貿規則，港澳做得比較好，比內地先進的，與國際接軌的，內地應盡量採取拿來主義，或者說複製、借鑑港澳的做法。還有一些比較難以直接拿來的，比如說港澳的自由貿易港、獨立關稅區等，內地可以學習借鑑它的先進的理念，加大改革力度，改革內地的規則，想辦法採取降低交易成本的變通方法 —— 在跨境通關的模式、資金跨境流動、關稅稅制方面都可以嘗試變通的做法。

在接通方面，難以複製的規則可以建立一種接軌的體系。其實在大灣區的合作發展中三地已經創造了一些規則銜接的接通方式，比如深圳河的治理就是深圳和香港兩地的政府成立了一個共同的機構，針對兩地規則污染檢測的標準、污染治理的標準、以及河道疏浚治理的工程建設、監理要求都不一樣等情況，通過共同的機構來解決規則對接。比如河水的污染治理，深圳這邊就按深圳的做法，香港那邊按香港的模式，共同聘請的工程建設公司，都同意免除它的稅務。現在看來，這種共同治理的效果也不錯。

港珠澳大橋工程的建設、營運和管理，面臨太多的規則銜接的問題，涉及到三地。比如汽車超重標準，香港、澳門和內地的規定都不一樣，還有左舵車、右舵車的問題。這些最後都解決了。

（四）實現法治合作和規則銜接需要創新思維

粵港澳三地法治合作怎麼發揮各自優勢，其實就是要打破傳統的規則限制、制度邊界，特別是要突破屬地管理的思維。屬地管理是一種非常傳統、由來已久的一種觀點。但是今天隨著互聯網技術的發展，包括區塊鏈技術的引進、元宇宙的開發，傳統思維是完全可以突破的。筆者在二十多年前曾到新加坡考察，它的最高法院的高科技法庭，證人出庭作證可以不到新加坡出庭，在英國、美國或允許的任何其他地方都可以，它通過遠程視頻，由當地的律師見證，這樣大幅降低了司法成本，其實這就突破了一個狹隘的屬地管理的概念。為什麼新加坡的司法服務在亞太地區口碑很好，恐怕與它創新司法服務的方式有關。自從新冠疫情爆發以後，很多的學術研討會採取雲上會議的行使，來自不同地方的人不再聚集於某個空間上的特定地點，而是在統一的時間通過視頻會議系統參加會議。雲上會議和傳統上與會者要從不同地方趕到同一個地方實地集中開會是不一樣的。雲上會議的發言的人算在哪裏開會？他人在香港、澳門、深圳甚至北京、上海，但是他參加在全球任何一個機構所主辦的會議，遵守了主辦方的會議規則，與會者分享發言人的高見，大家無障礙進行了溝通交流。可以說，在各種先進技術條件下，在一個特定的空間疊加另一個空間的體制機制也是完全可以做得到的，過往的實踐中，比如深圳灣口岸的"一地兩檢"、廣深港高鐵西九龍車站的"一地兩檢"就是一種體制機制疊加的方式。未來在大灣區的內地，包括引進港人學校、港人醫院、港人銀行，完全可以嘗試實現合作與監管完美結合的模式。例如港人學校，完全可以用香港的老師、教材和課程體系，唯獨可以疊加的就是國情教育、通識課教育要經過內地審定，不能允許宣揚"港獨"和抹黑國家，內地管控其中一部分就可以了，其他的可以照搬香港的做法。總之，無論什麼方面，只要想合作互利，做到具體問題具體分析，完全可以解決好規則的衝突，實現規則的銜接。

3. 粵港澳大灣區法治建設的協同困境與路徑[1]

邱佛梅　深圳改革開放幹部學院副教授

區域協同發展是近十年世界發展的主流趨勢。2019 年發布的《粵港澳大灣區發展規劃綱要》確立了"協同發展"、"協同創新"作為大灣區建設基本理念。市場一體化呼喚法治一體化。如何發揮法治在粵港澳大灣區"內部協同、全國領先、世界突破"的創新優勢並有效保障大灣區建設，成為前瞻性議題。自 2017 年官方提出粵港澳大灣區概念以來，相關研究數量才出現飛躍式增長，之前該領域研究甚少。總體分為兩個階段：第一階段，港澳回歸後十餘年，學界主要以內地法域為整體研究視角，探討內地與港澳之間的司法協助、法律制度差異比較、法律體系衝突與協調、經貿關係的法律調整、粵港澳緊密合作中的法律問題等研究主題。第二階段，2017 年官方提出粵港澳大灣區概念以來，學界主要以大灣區"9+2"為整體研究視角，歸納分析粵港澳大灣區法治建設與合作中存在的相關法律問題，並從不同部門法學理論出發對法治建設提出完善建議。法理學界高度關注大灣區區域法治建設的法理基礎、現實矛盾和實踐路徑；立法學界圍繞區際法律衝突與區域協同立法展開研究；憲法學界則立足於"一國兩制"內涵，探討在憲法和基本法框架下思考灣區建設法律問題，研究大灣區法治建設與"一國兩制"和基本法的關係；行政法學界重點關注區際執法合作與協調、廉政協同合作機制等；訴訟法學界主要研究粵港澳司法協助與合作，為大灣區訴訟管轄權、執行權協調與法律選擇適用等提供理論依據。目前，學界有關粵港澳大灣區法治建設的全局性、綜合性、對策性研究還比較薄弱，尚未解決的問題包括：觀念上，未將"一國兩制"制度優勢融合到大灣區法治建設中，有些研究錯誤地認為"制度差異是阻礙大灣區法治建設的核心因素"，缺乏大灣區建設憲制基礎考察視角；內容上，現有研究較為零散、局限，使用單一的規範分析研究方法，對法治建設基本問題挖掘不到位、不全面，解決方案亦難以對當前顯著問題給出全面回應，亦缺乏協同理論視角探討。

1　本文係廣東省法學會法治研究基地項目"法治評價體系研究"（201502）、廣東省哲學社會科學規劃 2021 年度項目（GD21CFX07）的階段性成果。

因此，在堅持“一國兩制”前提下，全面推進依法治國的挑戰在於“一國”如何整合“兩制”背景下“三法系”之間法治張力，以推動粵港澳大灣區發展。以法治協同建設推進粵港澳大灣區發展，有利於逐步打破制度壁壘，減少區域法治衝突，形成民主政治與法治文化的“重疊共識”和“府際信任”。為此，本文基於協同理論視角全面深入挖掘大灣區法治建設協同困境，探討提升法治建設協同性的策略路徑。

一、區域法治協同建設的理論邏輯

區域法治協同建設的目的在於突破行政區劃或制度文化的疆界，探尋如何建立契合區域建設和發展實際特點的法治保障體系，形成有序的協同治理模式，以實現不同行政區域之間的有序合作、共同發展。理論上，區域法治是在一國主權管轄範圍內，通過具有區域特徵的法律治理而形成的具有良法秩序的治理模式。[2] 區域法治建設有助於突破各地無序、同質的惡性競爭，克服產業結構同質化與重複建設，打破行政壁壘和地方保護主義而實現市場自由與統一，有效解決跨區域性公共事務。而協同理論致力於探究複雜系統的有序生成。協同學創始人赫爾曼·哈肯將協同（Synergy）定義為系統各部分之間互相協作而產生的整體效應或集體效應。[3] 羅伯特·阿格拉諾夫等指出，協同是指共同協力合作達成共同目標，跨越組織與部門邊界，在多重部門關係中工作。[4] 因此，在區域法治建設基礎上強化“協同”理念，不僅要求法治協調合作的集體性行動（如共建規則、共擔責任等），更強調使法治系統從無序變為有序的協同效應，即法治協調合作的結果。區域法治建設主體為了實現共同目標，在遵守具有法律約束力的正式制度的前提下，共同建立規則規範各行為者的互動關係，從而構建一種有序的區域法治發展模式，並共擔責任的持續的過程，便是區域法治協同建設。

大灣區法治建設是一個兼具多元性、差異性與衝突性的複雜法治系統工程。將協同理論導入複雜多元的大灣區法治系統，有助於化解大灣區多樣性

---

2 參見夏錦文：《區域法治發展的法理學思考——一個初步的研究構架》，《南京師大學報（社會科學版）》2014 年第 1 期。

3 參見〔德〕赫爾曼·哈肯：《協同學：大自然成功的奧秘》，凌復華譯，上海譯文出版社 2005 年版，第 12 頁。

4 See O'Leary R, Gerard C, Bingham L B, "Introduction to the Symposium on Collaborative Public Management", (2006) *Public Administration Review* 66(s1), pp 6-9.

和差異性法治問題。事實上，粵港澳大灣區的戰略性、系統性、自組織性、開放性、複雜性、不平衡性等特徵，與協同理論的子系統協同性、系統演化動態性、系統元素非線性、秩序形成自組織性等規律一脈相承，具有強烈的理論契合性。[5] 透視制度面向，港澳優勢及發展動力源自成熟的法治體系，珠三角優勢在於強大的資源整合和政策推動機制體制。但內地慣用的項目合作、行政協議等區域合作方式缺乏法律效力和剛性約束，執行過程中易“流產走樣”，不利於建立三地融通與合作信任。目前大灣區跨區域法律制度衝突，行政執法、司法活動協調難度大，亦存在行政分割、規則銜接障礙、信任缺乏、地方博弈等問題。為此需強化大灣區法治協同建設，堅持以共建共治共享為理念，以追求共同利益和更優整體效應為動機，以多元主體間融合協作為機制，將法治實踐轉向開放性、包容性、協同性、共享性、創新性拓展，構建相互依存、利益共享、責任共擔的大灣區法治建構模式和法治秩序。

二、粵港澳大灣區法治建設的協同困境

多樣性和差異性是粵港澳大灣區法治現狀的真實寫照。法治模式、法治發展水平、法治認同、法治實踐、價值文化、法律制度等存在差異，將帶來協同建設困難。儘管目前粵港澳三地在司法協助合作、邊境檢驗檢疫、跨境商事仲裁、律師多地執業、建立最高巡迴法庭、設立粵港澳版權登記大廳、粵港澳法律人才交流、粵港澳警務跨法域合作等方面的合作已初見成效，但存在的協同問題亦顯而易見。具體而言：

（一）法治實踐衝突

在法系傳統上，香港法制屬於英美法系，澳門法制體現了葡萄牙式大陸法系傳統，珠三角九市（內地）法制則是中國特色社會主義法系，不同法系在法律結構、法律淵源、法律分類、法律術語、執法體制、司法體制、訴訟程序等方面都存在著較大差異，必然導致法律制度與實踐衝突。實際上，在大灣區合作中，“一國兩制三法系”背景下的法治衝突問題是不可避免且一

5　參見張立榮、冷向明：《協同治理與我國公共危機管理模式創新——基於協同理論的視角》，《華中師範大學學報（人文社會科學版）》2008 年第 2 期。

直存續的。正如《粵港澳大灣區發展規劃綱要》所言，在“一國兩制”背景下，粵港澳社會制度不同，法律制度不同，分屬於不同的關稅區域，市場互聯互通水平有待進一步提升，生產要素高效便捷流動的良好局面尚未形成。大灣區合作中的法治實踐衝突問題表現為：一是自下而上、市場自發型的港澳法治模式與自上而下、政府推進型的內地法治模式之間的衝突；二是府際合作和經貿合作過程中面臨的三地民商事與經濟管理等法律制度規範衝突，及在關稅政策、貿易管制、外匯管制、旅客監管等法律實施衝突；三是各城市立法權、執法權、司法權、管轄權、監督權等公權行使範圍、權限和程序上的衝突；四是經濟發展與法治秩序的衝突，即粵港澳大灣區經濟發展要不要放鬆規制的矛盾。多層法治衝突，顯然已成為大灣區建設建設及其規劃實施的桎梏。而步入新時代的“一國兩制”法治實踐必然邁向開放型和包容型法治發展模式，因此，如何看待和解決粵港澳大灣區持續存在的法治衝突更需要政治智慧。

（二）立法權限不一

立法主體多元且權限級別不一是大灣區立法工作的主要難點。一是特別行政區立法權。粵港澳大灣區十一個城市中，特別行政區立法權的立法權限最大，香港和澳門享受“一國兩制”背景下基本法授予的獨立立法權，即除了少數立法權必須由中央行使外，香港和澳門可制定不與憲法、基本法相違背的法律制度，程序上需報全國人大常委會備案即可。二是經濟特區立法權，由深圳、珠海市人大及其常委會行使。經濟特區一般享受經濟特區立法權與地方立法權“雙重立法權”，前者可突破原有的上位法和前法對現行法律法規做出變通規定。三是省、設區的市立法的權限和省、設區的市制定規章的權限，由廣東省和大灣區九市的人大及其常委會及政府行使，省級地方性立法權限行使範圍較大，在不違反上位法原則下，根據本省具體情況和需求制定地方性法規，而設區的市立法權限行使範圍主要關於城鄉規劃、基礎設施建設、市政管理等城鄉建設與管理方面、環境保護方面、歷史文化保護方面等事項，而且其制定的地方性法規不能與原有法律法規相衝突。顯然，廣東省及珠三角九市立法創新空間非常狹小。基於特別行政區立法權、經濟特區立法權和普通設區的市立法權間的巨大差異，粵港澳立法協同的範圍、程度有限，立法協同的法律程序不明確等問題，使其難以通過立法推動大灣區法治協同建設。因此，粵港澳大灣區發展面臨的最大挑戰是加強規則銜接、促進深度融合。灣區內部各城市之間的發展差異、制度衝突、法治失衡、行政分割等痛點使得法治難以形成外溢效應。

（三）法治認同差異

法治認同是新時代"一國兩制"解決同一性和差異性必須面對的問題。近些年香港暴亂事件引發不同陣營間的法治爭鳴，反映出部分香港民眾認同嚴重錯位，對法治有著諸多割裂性認識，衝擊"一國兩制"法治發展。一方面，三地的社會公眾對法律制度、法治價值與法治實踐的"相互承認"與"重疊共識"存在較大差距。基於不同的憲政制度，港澳受西方"自由"、"正義"等法律思想的影響而內地受傳統的"禮"和"無訴"思想的影響，其法律制度、價值理念、法治實踐、法治文化、法治意識等方面都會出現認同差異。而粵港澳三地區際立法互認、司法與執法協助、判決認可與執行等方面的認可與合作共識基礎相對薄弱，使得粵港澳三地經貿合作中的法治矛盾與衝突更加複雜多樣，從而增加了粵港澳大灣區凝聚法治共識、縮小法治觀念差異的難度。此外，港澳與內地對法治的"自我承認與認同"基礎亦存在較大差異。粵港澳三地對法治的認同差異較大，某種程度上不利於區域協同發展，更不利於"一國兩制"下大灣區法治體系建設。

（四）法治水平分層

法治發展水平存在"梯度差異"和層次分層是粵港澳大灣區各城市協同發展的一大難點。

實踐中，大灣區的 11 個城市實際上是分體建設、分層發展的。橫向維度上，大灣區 11 個城市法治水平高低不齊，香港、澳門、廣州、深圳、珠海相對而言是大灣區的法治先導城市；縱向維度上，各個城市內部法治發展在立法、執法、司法以及法治文化等方面存在結構差異。有學者提出，粵港澳大灣區最大的特點是存在梯度差異的競爭優勢。[6] 但這種"梯度差異"或區域法治發展水平的"分層"狀態，在一定程度上將阻礙灣區城市群協同建設，不利於增進大灣區城市融合，梯度差異也會增加法律法規、政策協調、區域規劃等方面的實施成本。在粵港澳大灣區法治建設中，可發揮香港、澳門、廣州、深圳、珠海的法治優勢，形成法治擴散效應。並以廣州南沙、深

6 參見綜合開發研究院課題組：《以"雙轉型"引領粵港澳大灣區發展》，《開放導報》2017 年第 4 期。

圳前海、珠海橫琴三個自貿區為法治試驗田，開發創新制度，促進粵港澳全方位深度融合。

（五）權責劃分不清

有合作必有分工，有合作必有權力分享，但分享權力的同時也必定帶來責任的模糊化。目前粵港澳大灣區建設多採用聯席會議、合作協議等方式進行，合作主體主要是廣東省級政府和港澳特別行政區。但合作協議基本不會明確規定合作各方的權利、義務、責任，也未建立保障合作的權力劃分和責任追究制度。這種分散化合作模式在實踐中易於造成粵港澳相應部門的職能衝突。當一方不履行合作協議以配合另一方的法治建設活動時，另一方也無法強制對方執行合作協議，合作主體間互相推諉責任、責任不明或責任轉嫁的潛在風險較大，由此導致"破窗現象"甚至合作失敗情況發生。大灣區法治協同建設面臨著權力歸屬和責任歸屬兩大困境，必須優化大灣區法治建設中政府權力橫向配置，加強政府間、部門間的權力分工與協調，同時優化大灣區協同建設的權力讓渡模式和建立以維護合作為目的的權責體系和責任追究制度。

（六）行政協調不暢

行政協調不暢已成為大灣區區域融合發展的瓶頸，表現為缺乏統籌有力、有權威性、有約束力的行政協調機制。大灣區現有三類行政協調機制：一是組織法機制，如現行的粵港、粵澳合作工作聯席會議制度以及十個專項合作小組等，存在多重管理、合作鬆散、合作範圍局限、調度不暢、職能交叉重合等現象。二是行為法機制，如《粵港澳大灣區發展規劃綱要》等以中央或上級區域規劃、指導、決定為主的層級機制，但上級規劃如何落地仍是一個實踐難題，亦涉及理順中央事權和地方事權以及授權內容具體化執行問題。三是合作法機制，如《粵港澳大灣區框架協議》等行政協議、行政合同，但停留在主權者自我約束範疇，存在法律地位不明、框架性和試探性特徵明顯、缺乏剛性約束力等問題，不具有可訴性和強制執行性。四是行政執法機制。粵港澳分屬於控制式、控權式、執行式行政模式，三地執法機構呈現非對稱性特徵，部分合作領域存在無對應機構銜接的情況。

（七）創新動力不足

一直以來，粵港澳大灣區各地方政府協同建設的態度積極，但具體實踐中卻創新動力非常薄弱，各方合作不夠深入、穩定，合作效力亦是取決於港澳兩地的配合度，法治協同建設呈現"碎片化"、"間斷性"和"突擊性"的特徵。主要原因有：一是粵港澳三地的法治協同建設的環境、體制機制和發展水平不一致。三地制度上的較大差異容易產生協同合作分歧衝突，導致協同行動的執行力差。二是目前所採取的分散型協作模式缺乏強有力的利益協調機構，協調力不足以至動力不足。基於粵港澳三地不同利益主體之間的利益博弈，在沒有一個權威強勢的利益協調機構介入的情況下，不可能自發建立起法治建設長效協同機制。三是不同行政體制導致三地政府難以通過集體行動實現共同利益。四是缺乏一種協同建設的互惠制度和激勵制度。政府間的協調主要靠更高級別的行政命令來實現，而非基於互惠原則和動力形成一種自動協同的機制。是否建立一種互惠制度對區域內各利益相關者提供有效激勵，決定了能否有效調動各主體的積極性。

（八）公眾參與不足

公眾參與法治實踐主動性不足、法治主體維度的缺失構成當前社會轉型時期法治建設遭遇的普遍困境。粵港澳大灣區法治建設，亦忽視了公眾參與法治實踐，社會公眾缺乏"參與感"和"獲得感"，由此也進一步影響公眾法治滿意度和法治認同感，嚴重制約大灣區法治建設績效的提升。談及香港、澳門，雖然香港正處於公民參與的高速增長期，公眾參與非常普遍，澳門也十分重視聽取民意，總體上港澳法治建設與規劃均設置公共諮詢期，但依然存在公眾諮詢期較短、諮詢內容籠統含糊、以社會機構和專業人士參與為主、缺乏穩定持續的公眾參與制度機制、參與廣度和深度有限、公眾積極性和自主性不強等等問題。而整體來看，廣東省重大民生決策諮詢聽證率和重大民生決策民調率仍然較低，政府重大行政決策存在民主化、公開化、科學化、法制化不足的問題。粵港澳大灣區應推動公眾在法治建設進程中的"觀察者角色"向"參與者角色"轉變，"諮詢者角色"向"合作者角色"轉變，培育公民參與法治和民主建設的意識和能力，並形成公眾法治信仰和社會法治認同；頂層制度設計方面，應加強公眾參與、民間溝通和決策共商，重視市場參與者的地位，加大總體規劃的協調力度。

（九）市場自律不足

粵港澳三地對市場自律和市場調節的觀念存在一定差異。香港、澳門較為注重市場的自主調節，政府干預市場的力度相對較小。而廣東亦注重市場調節的重要性，但偏向行政主導的能動性。相對於港澳而言，廣東對行業社會組織管制程度較高，行政審批事項較多，在一定程度上抑制了市場自律。可見，三地對待市場自律立場的差異，將制約大灣區通過企業、行業協會和社會組織這些市場力量推進法治協同建設。事實上，粵港澳三地的民間互動較為頻繁，市場的融合程度亦隨著相關行業社會組織的推動而逐步提升。不同於立法協同需要在"硬法"的憲制框架下運作，行業規則屬於民間自治規範的重要形式，無須嚴格受限於嚴苛的法律框架，因此完善軟法之治也是加強大灣區法治建設的重要內容。

（十）糾紛解決不力

長三角、京津冀、東三省的區域規則銜接均在同一內地法域，共同適用內地法律制度，不存在跨境的糾紛解決方式問題。而在大灣區建設背景下，粵港澳三地處於不同的法域，適用不同的法律制度，規則銜接需要科學的糾紛解決方式。粵港澳三地的司法制度各不相通，且香港、澳門分別具有獨立的司法權和終審權。在此情況下，司法協助尤為重要，然而，被詬病多年的內地判決缺乏終審性，一直困擾三地的相互認可和執行。因此，大灣區法治協同建設除了積極完善司法協助工作外，還應建構三地共同認可的替代性糾紛解決機制，包括調解、仲裁等。

三、推進粵港澳大灣區法治協同建設的思路建議

粵港澳大灣區法治協同建設旨在探索法治創新模式。就現實困境與未來需求而言，應當強化"協同法治"的新理念，以多元主義為視角、以市場需求為導向、以營商秩序為基礎價值、遵循公私合作的法治協同治理模式。協同治理在實踐層面上主要表現為合作主義對規範體系、制度設計、文化系統的引導與形塑。申言之，體系性的法律規範、區域性的制度設計以及多樣性的文化結構的構建之間是相互建構、相伴而生的。因此，推進粵港澳大灣區法治協同建設涉及制度機制建構和文化融合兩個層面。

（一）凝聚法治共識，縮小法治認同差異

縮小法治認同差異，首先應消除社會公眾對法治的認識誤區，增加公眾的法治認同，從而實現法律效果和社會效果的統一。其次，價值衝突與價值多元並不能否認法治價值共識的存在。大灣區協同發展突破口在於凝聚法治共識，以法治為核心價值觀尋求統一法治標準，在承認多元性基礎上逐漸形成求同的灣區法治文化，在最低限度的價值目標中實現法治觀念的最大公約數。再次，利益的相互承認和共識是法治認同的基礎和前提。縮小法治認同差異必然要在建構問題、共識問題、標準問題和制度問題上達成共識、消除利益矛盾和意見分歧。最後，法治認同是多因素互動的結果，包括政治民主、利益平衡、經濟塑造、理性商談、理性倡導、增進交往、文化融合等影響因素。路徑選擇上，可沿著“情感認同→價值認同→行為認同”的路徑而遞進式展開。[7]

（二）構建法治協同機制，推進粵港澳規則銜接

阻礙粵港澳大灣區要素自由流動的體制機制堵點的最大問題是粵港澳三地的規則差異，這是制約了大灣區深度建設和市場一體化的最關鍵因素。因此，“推進深港澳市場一體化是目標，法治協同和規則銜接是手段，機制建設和制度創新是關鍵”是粵港澳大灣區協同建設的基本邏輯機理。在中央和地方的權力行使框架下，應分別建立授權立法、權力讓渡、制度互認、行政協調、多元糾紛解決、市場自律等規則銜接機制，實現制度性開放新格局。第一，編制層次分明、體系完整的深港澳規則銜接清單。深港澳三地的相關規則體量龐大、體系複雜，彼此之間的構造要素亦差別甚大且錯綜複雜，哪些區域規則可以銜接、應當銜接以及以何種方式和進度推進銜接是法治協同建設的關鍵性問題。第二，理順中央和地方在推動深港澳規則銜接過程中的權力邊界。大灣區規則銜接既有跨境性事務，亦有地方自主性事務，在不同類型的區域公共事務中，中央和地方權力往往交錯行使。而基於各種因素的考量，權力行使既可能越位、亦可能缺位，故而有必要釐清中央和地方在深港澳規則銜接中的具體權力邊界，為協同機制的建構起到事半功倍的作用。第三，從聯通、貫通、融通三個維度層次設計不同的規則銜接方式和機制。對於“聯通性規則”，關鍵路徑在於趨同，即將粵港澳三地差異性較小的規

7　參見龔延泰：《法治文化的認同：概念、意義、機理與路徑》，《法制與社會發展》2014 年第 4 期。

則通過趨同方式實現銜接。對於“貫通性規則”，關鍵路徑在於創新，即在粵港澳各自規則的基礎上制定可適用於大灣區的創新性規則。對於“融通性規則”，關鍵路徑在於互認，即粵港澳三地無法在短期內趨同的規則可通過互認的方式實現銜接。第四，爭取中央在深港澳規則銜接方面更多批量授權。清單式批量立法授權是新形勢下的一種授權改革的新形式，在深圳綜合改革試點中積累了豐富的可資借鑑的經驗。在遵守“一國兩制”前提下，爭取中央對粵港澳大灣區法治協同建設的“清單式”授權，給予“先行先試”的特殊靈活的積極支持政策。

（三）提高法治建設公眾參與度與法治獲得感

法治主體維度缺失將嚴重削弱全面依法治國的合法性基礎，直接影響法治績效。《深化粵港澳合作　推進大灣區建設框架協議》著重強調了“擴大公眾參與”。當前正處於粵港澳三地公民權利意識高速增長的時期，提高法治建設的公眾參與度與法治獲得感具有重要意義，正如哈貝馬斯所言，“法並不是一個自我陶醉的封閉系統；它要受到公民的‘民主的倫理生活’的滋養和一種自由的政治文化的呼應。”[8] 粵港澳大灣區法治建設的“協同”理念體現於法治實踐貫徹“民主協商”理念。加強區域法治系統與社會公眾的良性互動，提高法治建設公眾主體性地位，增強公眾法治獲得感，才能促使公眾對法治認同、對法治滿意，形成法治秩序，有效解決超速的法治建設與較低的法治認同之間的矛盾。粵港澳大灣區法治協同建設，從主體維度行動，可著手提高粵港澳三地社會公眾的立法參與度、法律實施參與度、司法參與度和社會治理參與度，充分發揮社會公眾在“立法協同”、“執法協同”、“司法協同”、“多元糾紛解決機制協同”等方面的主體性作用。建設規劃、政策制定、立法活動等均應當設置“民主懇談”制度、民主聽證機制等平台，明確規定公眾參與權、公眾諮詢期、公眾參與程序等內容，這是協同法治建設的必要條件，否則粵港澳大灣區建設規劃難以推行。例如 2011 年粵港澳三地政府制定的《灣區計劃》實施效果不佳的重要原因，是香港認為該區域規劃公開諮詢不足，剝奪了香港人法定的公眾參與權。

---

8 〔德〕尤爾根·哈貝馬斯：《在事實與規範之間：關於法律和民主法治國的商談理論》，童世駿譯，生活·讀書·新知三聯書店 2003 年版，第 698 頁。

（四）以文化融合推動粵港澳法治協同建設

文化融合視角是實現三地法治融合的突破口，應打造異而趨同、同而存異的法治文明新格局，以文化融合推動粵港澳法治協同建設。習近平總書記指出，歷史文化是城市的靈魂。港澳三地均地處嶺南地域，具有相似的自然條件、語言、風俗習慣、人口特徵等。三地文化根植於嶺南文化，既有同質性又有異質性，但是“基於深厚地緣、親緣和史緣等關係，粵港澳文化的共同性遠遠大於它們的差異性，並藉助於歷史文化交流和轉化，最終了形成粵港澳區域文化綜合體”[9]。這個區域文化綜合體為法治協同建設提供了黏合劑並凝聚力量，使得三地具備了協同可能性。一是要增進三地文化溝通，並通過法治生活中主體的理性交往行動來實現法治文化認同；二是在文化衝突與對抗中相互吸收、相互融合，進而組建趨於一體、自由、開放、創新的法治文化。橫琴粵澳深度合作區是多元文化整合與交融的成功嘗試與探索，值得借鑑推廣，目前已形成了多元法域嵌入式結構交融的格局，也成為了獨具一格比較法區域研究樣本。

（五）構建粵港澳大灣區法治指數評價體系

法治指數已成為世界各國法治水平和營商環境的風向標和溫度計。基於“以評促建”理念，定期發布法治指數，是粵港澳大灣區法協同建設的“檢測儀”和“助推器”。指標體系為粵港澳大灣區法治建設提供參照標準與實踐指南，能診斷和衡量灣區法治建設問題，有助於法治協同建設“優化”，真正發揮“協同效應”，有助於促進粵港澳三地法治價值共識的生成，傳播、倡導法治精神，形成法治認同。構建和開發粵港澳大灣區法治指數評價體系，內置法治建設績效評價、法治環境整體評價、法治認同感評價等子系統，具體指標應包括：完善優良的法規體系、廉潔透明的法治政府、公正公開的司法系統、有效的市場監管機制、自由公平的市場競爭環境、健全的商事糾紛解決渠道等。從評價維度出發，粵港澳大灣區法治建設的“協同”理念體現在區域法治系統與互聯網系統、科技系統的協同。中共十九大高度重視互聯網大數據，粵港澳大灣區法治建設應致力於推動大數據與法治的融合。一方面，以“互聯網 + 法治建設”為核心，開發“粵港澳法律信息平台”和“粵港澳法律制度信息庫”，以實現數據共享和信息溝通對稱性。另一方

9　許桂靈、司徒尚紀：《粵港澳區域文化綜合體形成芻議》，《地理研究》2006 年第 3 期。

面，新時代法治評價不應局限於傳統田野調查方法，應充分利用互聯網創新，構建多源異質的數據模型，利用 Mapping 關係映射原理，在有限時空、有限理性的條件下，"自動"呈現在傳統條件下無法發現的法治運行規律。

（六）打造共建共治共享的法治協同治理格局

城市空間是法治發展的重要影響因子，粵港澳雖毗鄰相依，然其社會治理、法治發展卻各具特色。"法治協同治理"可成為大灣區發展的重要保障。新時代打造粵港澳大灣區共建共治共享的法治協同治理格局，一是要積極探索三地法治協同發展模式，從立法上確定大灣區的法律地位、組織結構、權力配置和建設內容等，建議制定《粵港澳大灣區協同法治建設規劃綱要》，以打破法治差異與衝突衍生的隔離和停滯固化的現狀；二是要突破傳統"行政主導主義"，探尋法治主導型大灣區經濟發展合作模式，建議三地政府共同制定《粵港澳大灣區經貿合作條例》，並借鑑其他世界灣區的發展經驗[10]，建構粵港澳大灣區法律保障體系，以實現粵港澳大灣區城市群規劃與實施的法治化；三是要構建粵港澳大灣區法治框架和法治指數作為法治建設指南書和監測系統，可借鑑歐盟的"新的法治框架"（A new EU Framework to strengthen the Rule of Law）和"正義記分牌"（Justice Scoreboard）模式[11]。歐盟法治不同領域的不均衡性、多樣性、衝突性、差異性及多元法律秩序等，與大灣區多元法律文化與制度有著較多相似性。四是應當遵循"共建共治共享"理念，在大灣區內調動和發揮社會、市場及個人等多元主體的力量，協調共治以促進法治發展，並積極探索府際合作、公私合作及私人合作的法律治理模式。

---

10 其中，最具代表性的是東京灣區，該大灣區的統一規劃最早可以追溯至 1956 年日本國會所制定的《首都圈整備法》，該法案的出台在法律層面為東京灣區的開發建設提供了保障。類似的專門性、補充性法律還包括有 1958 年的《首都圈市街地開發區域整備法》、1959 年的《首都圈建成區限制工業等的相關法律》、1966 年的《首都圈近郊綠地保護法》以及 1986 年的《多極分散型國土形成促進法》等。

11 歐盟"正義記分牌"（Justice Scoreboard），由歐盟委員會制定，通過提供有關各成員國法治系統的質量、獨立性與效率的客觀、可靠與可比較的數據，協助歐盟及其成員國實現更有效率的正義。歐盟委員會於 2014 年發布了《關於加強歐盟法治的新框架》（2014）158 號決議，提出在歐盟層面加強監督制度建設的新框架，以有效地、一致地保障所有成員國實施法治。See Baratta, "Rule of Law 'Dialogues' within the EU: A Legal Assessment", (2006) *Hague J Rule Law* 8, p 357; Elaine Mak, Sanne Taekema, "The European Union's Rule of Law Agenda: Identifying Its Core and Contextualizing Its Application", (2016) *Hague J Rule Law* 8, pp 25-50.

四、結語

新時代"一國兩制"法治實踐必然邁向開放型和包容型發展模式，因此，如何看待和解決粵港澳大灣區持續存在的法治衝突和協同困境更需要政治智慧。粵港澳三地的共同性和兼容性決定了異質法律文化在某些領域能夠消除對立，達致多元共存，並由交往到衝突、再到消解、最終走向融合，這是一個必然客觀規律。提升大灣區法治建設創新性根本路徑在於如何將"一國兩制"制度優勢（包括法律制度差異）融合到大灣區法治建設中來，創設具有可操作性、協同性的創新制度和實踐，即要重點分析"一國"之本與"兩制"之異、中央全面管制權與港澳高度自治權的辯證關係、理清中央事權與地方事權劃分，以制度創新推動解決一國內不同法域的法律規則衝突；以授權模式統籌大灣區建設的中央與地方立法權劃分；以法治協同建設理念方法強化大灣區各地方協作自治。而推進粵港澳深度融合，一方面，要考慮到各城市資源稟賦、歷史文化、制度體系等條件，允許區域之間存在法治結構差異和發展水平差距。在正視粵港澳法治差距的基礎上聚焦各自所長，構建良性競爭機制，以競爭促發展。另一方面，也要通過法治與文化融合推動區域協同發展，探索運用法治手段將區域差距納入可控範圍，並將港澳廣深等法治先導城市的法治成果普及共享。未來應以打造粵港澳經濟共同體與法治共同體為目標，逐步將粵港澳大灣區建設成法治水平相當、法治能力一流、法治創新卓越的中國灣區代表。

4. 粵港澳大灣區規則銜接的示範法進路

馮澤華　深圳大學港澳基本法研究中心兼職研究員

粵港澳三地的各項規則差異大，執法標準和程序不一，彼此間的行政壁壘阻礙生產要素高效流動，實現三地規則銜接是破解這一難題的關鍵所在，也是大灣區營造具有全球競爭力營商環境的制度性保障。2021 年 9 月初，中共中央、國務院相繼印發的《橫琴粵澳深度合作區建設總體方案》、《全面深化前海深港現代服務業合作區改革開放方案》亦明確將“推進規則銜接”作為推動港澳融入國家發展大局的重要方向。在“一國兩制”框架下，由示範法推演而生的區域示範法是一種能夠充分彰顯大灣區共同意志的規則銜接新進路，是推動大灣區“合作法治”走向“協同法治”的重要利器。然而，囿於示範法模式在中國跨境區域面臨著諸多複雜的法治問題，尤其是民商事法律衝突掩蓋區域行政法治不協調的內生性問題，區域示範法作為一種新型的規則銜接方式尚未得到應有的重視。為此，本文擬從大灣區規則銜接的發生語境出發，闡述區域示範法的構造原理，進而建構區域示範法適用於大灣區規則銜接的法治進路。

一、大灣區規則銜接的發生語境及其實踐進路

（一）大灣區法治建設的基本特徵

1.“差序格局”式法治環境

大灣區“一國兩制三法系三法域”格局決定了粵港澳的法治環境極為複雜。廣東與港澳分屬不同的三個法域，廣東為具有濃厚大陸法色彩的社會主義法系，香港為普通法系，澳門為大陸法系。內地與澳門在法律體系上相似，屬於成文法系，訴訟以法官為中心，主要強調成文法的作用；香港則沿用英國的普通法系，以適用判例法為主、制定法為輔，訴訟以當事人為中心，側重判例在司法中的作用。

在上述大背景的驅動下，大灣區正日益呈現“差序格局”式法治環境，主要表現為兩個方面：第一，立法主體間的平等。大灣區擁有多元化的立法主體和法律形態，尤其是 2015 年《立法法》修改後，大灣區瞬增至十二個

立法主體，有廣東一個省級地方立法權，有廣州、佛山、惠州等設區的市的地方立法權，還有基本法規定授權香港和澳門分別享有高度自治的立法權，以及全國人大及其常委會表決授予的深圳、珠海經濟特區立法權。不同城市間的立法權限明顯不一致，彼此之間能夠協同的空間相對較窄。第二，不存在共同的最高司法機構負責協調。與美國、澳大利亞等國家區際行政法治協調具有司法機關或者仲裁機構負責協調不同，珠三角九市的各級司法機關與港澳的各級司法機關互不隸屬，相互間不能干預司法審判。

2.“貌合神離”式法治互信

除了複雜的法治環境，法治互信問題一直困擾著大灣區法治的協同建設。在港澳回歸多年來，終局裁判一直困擾內地與港澳的區際司法協助。直至大灣區建設啟動後，這一棘手問題才逐步得到緩解。然而，這一司法協助僅局限於民商事領域，而在刑事司法協助領域，至今仍因各種複雜的原因而難以推進。此外，法治互信在行政法治協調上的問題更加明顯和突出。例如，在公共衛生法治領域，法治互信往往滲入較為明顯的政治化色彩。在新冠疫情防控期間，內地派遣醫護人員援助香港即遭遇許多難題，而一些人通過政治目的掩蓋醫療規則與標準互認則是根本性的障礙。

過去，粵港澳三地通過區域行政協議等方式推進大灣區法治建設，除了少數獲得中央強力支持的跨境基礎設施項目外，[1] 其他領域的法治建設顯然處於收效甚微的階段。誠然，複雜的法治環境作為一種客觀原因確實會阻礙大灣區法治資源的流動，而法治不互信則會在此被動局面的基礎上“火上加油”，甚至在某種程度上正日益演變為阻礙大灣區法治建設的內因。

（二）大灣區規則銜接對大灣區法治建設的促進作用

根據現代漢語詞典的解釋，“規則”一詞，具有兩個名詞性的含義，一是指規定出來供大家共同遵守的制度或章程；二是規律、法則。[2] 由此可知，所謂的“規則銜接”是指制度、章程、法則之間相互銜接，實質上是規則的相互認可、共同適用。在區域協同發展的實踐中，法律規則是規則銜接中頻率最高的規則銜接，大灣區規則銜接亦然。正如上文所言，複雜的法治環境，客觀上阻礙了粵港澳三地法治資源的科學配置，而各領域、各行業的規

1　例如，依托廣深港高鐵“一地兩檢”以及港珠澳大橋而形成的跨境基礎設施項目，事實上也在推動著大灣區的法治協同建設。

2　中國社會科學院語言研究所詞典編輯室編：《現代漢語詞典》，商務印書館 2016 年版，第 491 頁。

則銜接將從逐步破解法治資源配置中出現的瓶頸性問題，創設粵港澳三地均能接受的共識性方案。基於此，以法律規則為媒介而進行的大灣區規則銜接工作，必然對大灣區法治建設產生積極作用。

從主觀促進作用來看，推進大灣區規則銜接有助於凝聚法治共識，增強法治互信，進而推動粵港澳大灣區法治協同建設。作為大灣區的中心城市之一的香港以法治作為核心價值；廣東和澳門也將法治納入社會建設的重點任務。在此過程中，大灣區規則銜接必然離不開法治的價值指引，各領域、各行業的規則銜接受到一定法治價值的引導，最終反哺於大灣區的法治建設。基於此，有必要將規則銜接置於粵港澳大灣區法治建設的中心地位。

（三）大灣區規則銜接的實踐模式

1. 法律模式

目前，中國並無一部專門的法律明確區域法治建設問題，也沒有一部專門用於規制大灣區建設的國家法律。與大灣區建設相對緊密的一部法律規範是全國人大常委會批准的《內地與香港特別行政區關於在廣深港高鐵西九龍站設立口岸實施"一地兩檢"的合作安排》。從法律屬性來看，該合作安排更接近於一種合憲性審查的決定。當然，從廣義的法律來看，亦可視作大灣區跨境規則銜接的一種法律形式。然而，這種法律安排遠不能滿足大灣區規則銜接的現實需求。全國人大有必要專門出台區域法治建設的全國性法律，以築牢大灣區建設的憲制基礎。

2. 區域規劃模式

區域規劃模式是促進大灣區規則銜接的常規性方式，是中央和地方對特定區域公共事務預先部署的一種區域發展方案。在大灣區建設背景下，《粵港澳大灣區發展規劃綱要》、《廣東省推進粵港澳大灣區建設三年行動計劃（2018-2020年）》、《粵港澳大灣區文化和旅遊發展規劃》、《橫琴粵澳深度合作區建設總體方案》、《全面深化前海深港現代服務業合作區改革開放方案》、《粵港澳大灣區文化和旅遊發展規劃》、《廣東省推進粵港澳大灣區建設三年行動計劃（2018-2020年）》等區域規劃文件相繼發布。按照發布部門的不同，可將大灣區的區域規劃分為三個：一是中共中央、國務院；二是中央各部門；三是地方政府。儘管區域規劃並非直接的行為規範，或不會直接實現規則銜接，但區域規劃以一定的價值指引和路線指引設立區域發展目標，在一定程度上促進了規則銜接工作的進行。

3. 區際司法協助模式

在大灣區規則銜接中，還涉及到跨境糾紛的規則銜接問題。長三角、京津冀、東三省的區域規則銜接均在同一內地法域，共同適用內地法律制度，不存在跨境糾紛解決方式的問題。但在大灣區建設背景下，粵港澳三地處於不同的法域，適用不同的法律制度，規則銜接需要科學的糾紛解決方式。粵港澳三地的司法制度各不相通，且香港、澳門分別具有獨立的司法權和終審權。在此情況下，司法協助尤為重要，然而，被詬病多年的內地判決缺乏終審性，一直困擾三地的相互認可和執行。因此，大灣區規則銜接除了積極完善司法協助工作外，還應建構三地共同認可的替代性糾紛解決機制，包括調解、仲裁等。

4. 區域行政協議模式

"行政協議"是區域法治研究中的特定概念，是指不同行政區域的行政機關就區域公共事務而簽署的協議，與行政法學的行政合同（或曰行政契約）所指的行政機關以實施行政管理為目的，與行政相對人就有關事項經協商一致的一種雙方行為[3]存在根本差異。法學學者萊翁·狄驥也認為，一切的合同都是一種協議，但是很多的協議並不就是合同。[4]據此，區域間政府簽署的行政協議可統稱為"區域行政協議"。從法律實踐來看，粵港澳簽署的區域行政協議是實現區域合作的一種依托形式，亦是能夠充分發揮地方積極性且維護港澳高度自治權的法治精品。但學界普遍觀點認為，區域行政協議的簽署缺乏法律依據，不具有法律效力，只具有事實上的約束力。[5]這是因為區域行政協議尚未按照憲法、立法法規定的立法程序轉化為通行於全國（含港澳）的法律，是否履行協議完全依賴於締約主體的自覺性，故學界將區域行政協議視作"軟法"具有一定的合理性，這也是大灣區建設的法治基礎被質疑不牢固之近因。[6]按照《立法法》的規定，中國現有的規範體系劃分為：憲法、法律、行政法規、地方性法規、規章和規範性文件等形式，顯然不包括區域行政協議。為增強區域行政協議的權威性，提高合作各方履約的自覺

3　姜明安主編：《行政法與行政訴訟法》，北京大學出版社、高等教育出版社 2015 年版，第 310 頁。

4　〔法〕萊翁·狄驥：《憲法論 —— 法律規則和國家問題》（第一卷），錢無新譯，商務印書館 1959 年版，第 293 頁。

5　參見崔卓蘭、黃嘉偉：《區際行政協議試論》，《當代法學》2011 年第 6 期；慕亞平主編：《區域經濟一體化中的法律問題研究 —— 以粵港澳大灣區為例》，社會科學文獻出版社 2017 年版，第 32-33 頁。

6　參見朱孔武：《粵港澳大灣區跨域治理的法治實踐》，《地方立法研究》2018 年第 4 期。

性，全國人大常委會應積極調配立法資源，借鑑域外有益經驗，根據國情，確立區域行政協議為中國法的淵源，從而明確締約方的合作方式與權限、權利義務關係、糾紛解決機制等事項內容，為大灣區深度建設保駕護航。[7]

5. 社會組織推動模式

社會組織推動是大灣區規則銜接的一種常規性進路，但在實踐中，往往因為話語權不足、社會影響力低，此種推動模式往往處於"無感"狀態。事實上，大量的灣區規則一般是法律認可的行業規則，這些規則往往不會上升為法律條文，但在粵港澳三地的行業交往中卻起著重要的推動作用。從目前的規則銜接實踐來看，因為粵港澳三地對市場自律的觀念和立場存在一定的差異，社會組織推動模式也面臨著一定的困境。香港、澳門較為注重市場的自主調節，政府干預市場的力度相對較小。而廣東亦注重市場調節的重要性，但偏向行政主導的能動性。相對於港澳而言，廣東對行業社會組織管制程度較高，行政審批事項較多，在一定程度上抑制了市場自律。可見，三地對待市場自律立場的差異，將制約大灣區通過社會組織這些市場力量推進規則銜接。

6. 示範法模式

示範法，又稱為"模範法"、"標準法"，它是由學者、專家或由其組成的職業團體、學術團體草擬的用以推薦給各國或者各法域在立法時予以借鑑或採納的不具有拘束力的法律文本。《布萊克法律詞典》對示範法的作用是這樣表述的：美國統一州法全國委員會、美國法學會等機構制定不具有法律效力的示範法供各州立法機關適用，通過在實踐中不斷調適相同或類似的實體法，逐步推動美國法律的一體化建設。[8] 可見，示範法最大的特點是不具有法律效力。目前，學界對大灣區適用示範法的可行性進行了一定的研究，尚未出現明顯的觀點分歧，更沒有學說之爭，但對如何促進粵港澳三地積極起草和實施示範法並未展開系統闡述，需要學界進一步深化。而在實踐中，中國鮮有示範法的制定經驗，目前，可供參考的是由珠海經濟特區法治協調創新中心起草並對外發布的《粵港澳大灣區調解示範法》，邁出了示範法嘗試的第一步。

---

7 葉必豐教授也明確指出區域政府間的行政協議需要立法保障，參見葉必豐：《我國區域經濟一體化背景下的行政協議》，《法學研究》2006 年第 2 期。

8 Bryan A Garner, *Black's Law Dictionary* (8th ed), St. Paul: West Publishing Co., 2004, p 3179.

二、區域示範法的構造原理

（一）示範法的類型

按照部門法的角度，示範法可分為民商事示範法、行政示範法以及刑事示範法；按照規定內容和價值取向的角度，示範法可分為實體性示範法、程序性示範法和衝突性示範法。而按照適用地域範圍的角度，示範法可分為國際示範法、國家示範法和區域示範法。這裏重點對此類劃分進行探討。國際示範法是指國際組織為促進成員國規則對接而制定的供成員國作為立法指南的法律文本，具有跨國適用性的特點，如《國際商事仲裁示範法》、《國際商事合同通則》等。國家示範法是指多法域國家為促進國內不同法域規則對接而制定的供不同法域作為立法指南的法律文本，具有全國適用性的特點，如《大陸地區與台灣、香港、澳門地區民事法律適用示範條例》、《美國示範州行政程序法》等。而區域示範法是指多法域國家的部分區域為促進不同法域規則對接而制定的供該區域內不同法域作為立法指南的法律文本，[9] 具有區際適用性的特點，如《粵港澳大灣區調解示範法》《粵港澳大灣區仲裁示範法》等。多法域國家是指含有多個實行不同法律制度的區域的國家。回歸後的港澳實行不同的法律制度，中國隨之進入多法域國家的行列。粵港澳大灣區是由香港、澳門和珠三角九市組成的區域，三地實行的法律制度相對獨立。當制定專門的示範法在粵港澳大灣區適用時，該示範法即為區域示範法。

法學界長期以來著重於國際示範法和國家示範法的理論研究，忽視了一國內不同法域亦具有法治協調需求的現實。而在大灣區規則銜接的法律實踐中，亟待各領域、各行業推出旨在促進大灣區法治協同建設的具體方案，區域示範法便有了理論探索的空間。申言之，粵港澳大灣區由三個規則體系差異較大的區域組成，顯然，區域示範法在推動三地規則銜接方面具有廣闊的適用空間。從大灣區具有適用區域示範法的社會基礎來看，具有三個維度的動力需求。首先，法治共識生成。廣東省依法治省成效顯著，香港和澳門的法治觀念較強。其次，文化觀念相近。粵港澳三地人文相親、文化相融、同聲同氣。最後，經濟互動頻繁。粵港澳區域經濟一體化逐步形成，對區域法

9　參見荊洪文：《區域示範法：作為灣區民商事法律衝突解決路徑的追問》，《暨南學報（哲學社會科學版）》2019 年第 12 期。

治協調需求大。

（二）區域示範法的基本特徵

區域示範法的主要作用是促進同一主權國家內不同法域之間的法律協調或統一化，可從不同維度的基本特徵管窺其蘊涵的規則銜接功能。以規則銜接的功能為價值導向，區域示範法的適用具有這幾個特點：

第一，適用領域的全面性。從法治邏輯而言，區域示範法的適用領域不應受到部門法或者法律規定內容的限制，可隨著法律實踐以及理論深化而走向全面。一方面，區域示範法既可適用於民商事法領域，也可適用於行政法領域，更可適用於刑事法領域，甚至可適用於其他法律領域。另一方面，區域示範法既可適用於實體法，又可適用於程序法，更可適用於衝突法。

第二，制定主體的廣泛性。傳統理論認為，示範法主要是學者、專家或由其組成的職業團體、學術團體草擬的法律文本。由此可見，示範法傾向於制定主體的非官方性。誠然，由非官方性主體制定示範法可以最大程度保障區域主體的意思自治，確保示範法的客觀性、中立性。然而，非官方性主體往往缺乏區域協同發展的第一手資料，與官方機構面臨的區域發展問題存在信息不對稱的鴻溝，進而導致理論性強的示範法文本或脫離於區域發展現實而遭到冷落處境。這也是示範法難以引起立法部門重視的重要原因。為避免示範法文本與法律現實需求產生脫離現象，區域示範法的制定主體理應包括不同專業背景，如法律領域的、經濟領域的、政治領域、文化領域、生態領域等等，亦應包括不同部門背景的人，如官方性或者半官方性的機構、民間機構或者法律專家。

第三，適用地域的區際性、可擴展性。區域示範法的區際性是指區域示範法適用於具有多法域的同一區域，區域之外無法直接適用。這也是區域示範法與其他示範法相區分的獨特特徵。但以原適用區域為中心向外拓展，適用區域示範法的地域愈來愈接近甚至覆蓋整個國家時，區域示範法即演變為國家示範法，此即區域示範法的可擴展性所在。當前，學界討論較多的主要是國家示範法。

第四，制定權限的無上限性。有學者認為，示範法只能置於區域規則銜接之中，不能涉及中央立法權限。[10] 筆者不以為然。為增強法律文本的前瞻

10　參見荊洪文：《區域示範法：作為灣區民商事法律衝突解決路徑的追問》。

性，區域示範法既可根據區域內不同法域的立法權限而對接相關規則，亦可制定觸及中央立法事權的事項。之所以如此，是為了方便同一區域內的各法域能爭取中央授權以獲得更充分的立法權限。若將區域示範法的立法權限局限於各法域原有的立法權限，則不利於擴大區域示範法對區域公共事務規則進行對接的示範空間。事實上，區域示範法的制定初衷在於學者們吸收國內外立法經驗而制定較為理想化的“立法”草案，不能僅滿足於近期區域法治建設實踐的需要，而應著眼長遠，以遵循區域法治建設規律為導向，不斷更新“立法”內容，以期為今後的區域規則銜接源源不斷地提供可資借鑑的條文。當前，區域示範法可觸及中央立法事權的事項並非無邊無際，事實上，中央立法事權可分為政治性事權與非政治性事權，諸如政治制度、國防、外交等具有根本性的事權即屬於政治性事權，是區域主體不可觸及的，而諸如稅率、民商事制度乃至刑事制度等非政治性事權則可觸及。

三、區域示範法與大灣區規則銜接的法治理性

（一）區域示範法為大灣區規則銜接提供價值指引

在大灣區規則銜接的實踐中，無論立法權力，抑或行政權力，在權力行使的過程中往往面臨著複雜的情況。更進一步而言，隨著時間的推移，一些新興領域涉及的權利如數據權利問題，既有的憲制框架並未對此作出因應。儘管憲法和立法法已對中央和地方的立法權力進行大致上的劃分，但這些法律規範並未完全理順中央和地方的具體權力，難以為大灣區規則銜接提供必要的價值指引。可見，在中央和地方的具體權力尚未完全理順的情況下，通過何種法治價值推進大灣區規則銜接成為無法迴避的現實問題。

在區域法治協同建設的頂層設計體系尚未健全以及地方區域主體能動性不足的情況下，大灣區規則銜接的價值指引尚處於模糊狀態，既不利於區域法治資源的科學配置，亦不利於釐清區域主體行為的權責邊界。區域示範法相對於區域發展規劃綱要、區域行政協議而言，價值定位清晰，目標明確，既可由官方背景的專業人士起草，亦可由非官方背景的專業人士起草，兼顧不同維度、不同層面的現實需求，蘊涵著不同領域的法治價值。對官方而言，或許區域示範法應偏向放權以及行為的輕責性甚至無責性；而對非官方而言，或許區域示範法應偏向控權以及行為的重責性。站在不同的立場，區域示範法所表現的價值指引顯然是具有差異的，應最大程度尊重不同領域、

不同行業的現實需求。

（二）區域示範法為大灣區規則銜接提供法治動力

大灣區規則銜接往往會觸及中央事權而面臨進退兩難的困境。而通過層層遞進的方式請求中央授權則是以往的常規性進路。然而，在新時代的背景下，中央授權地方進行規則銜接是一種稀缺的行為資源。事實上，在當前國家重大戰略遍滿神州的大環境下，並非僅有大灣區建設這一國家戰略需要中央授權，雄安新區、海南自由貿易港等區域發展均需要中央的授權，而由於人力物力乃至對改革試驗評估的局限性因素，中央對這些作為國家戰略的區域尚未建立健全的授權機制。在僧多粥少情況下，過度依賴中央授權以推進大灣區規則銜接難以為繼。

在"一國兩制"框架下，除了過去常規性運用區域行政協議推動粵港澳三地分別立法以達至大灣區規則銜接外，區域示範法亦是一種能夠體現大灣區發展利益的規則銜接新進路。與具有宏觀性的區域行政協議相比，區域示範法強化了規則銜接的微觀性指引，是在粵港澳三地不同領域、不同行業規則的基礎上凝聚而成的準法律文本。在具體的實施效果上，區域示範法既不直接觸及中央事權，又不會侵蝕地方區域主體的意思自治，能最大程度上增強粵港澳積極推動規則銜接的內生動力，是推動大灣區"合作法治"走向"協同法治"的重要環節。粵港澳三地有必要充分發揮地方的主動性和積極性，在憲法和基本法的框架下，充分行使地方權力，積極適用和推廣區域示範法，為大灣區規則銜接輸送源源不斷的法治資源。

（三）區域示範法有助於增強大灣區規則銜接的可行性和實操性

無論是國家法律，抑或區域發展規劃綱要，以及區域行政協議，都存在著宏觀性強、規範過粗的問題，進而難以適應大灣區建設中各領域、各行業的規則銜接需求。事實上，從大灣區規則銜接的法治進路來看，主要存在中央頂層設計式和地方區域主體自主推動式。而大灣區當前的規則銜接往往是中央頂層設計式，主要採取區域發展規劃綱要的方式進行推動。這種方式對解決大灣區法治建設的合法性基礎問題具有根本性作用，然而，難以適應各領域、各行業較為細緻的規則銜接需求。因此，地方區域主體自主推動式成為直接貼近法律實踐的規則銜接模式。但囿於高度依賴於宏觀性的市場調節方式，區域主體往往通過區域行政協議的方式推動大灣區規則銜接工作。此種方式在規範依據、審批程序、法律位階等方面遭到責難，在推進大灣區規則銜接逐漸面臨一些困境。

基於上述面臨的困境，示範法可最大程度地尊重大灣區複雜的法秩序現實，又能激發各領域、各行業致力於探索粵港澳三地微觀性的規則銜接事項，是平衡立法權力與法律實踐的絕佳調節閥。一方面，區域示範法並無侵蝕立法權，僅為一部尚無法律效力的法律文本，但其高度模擬法律規範，是對立法權難以實施事項的一次實驗，能有力地推動立法者反思，並檢視立法是否存在不作為行為，進而推動大灣區規則銜接的立法工作。另一方面，區域示範法更加強調各領域、各行業立法文件的示範性，是直接面對法律現實的"立法活動"，有助於調動各方面人士積極參與立法工作，充分體現公眾參與的能動性，最大程度凝聚粵港澳三地專業人士的智慧力量。當前，粵港澳三地的相關規則體量龐大、體系複雜，彼此之間的構造要素亦差別甚大且錯綜複雜，哪些區域規則可以銜接、應當銜接以及以何種方式和進度推進銜接是大灣區法治建設的關鍵性問題。據此，通過區域示範法的方式，從不同領域、不同行業，逐步編制層次分明、體系完整的大灣區規則銜接清單，具有可行性和可操作性。

四、區域示範法在大灣區規則銜接中的常態化機制

（一）建構區域示範法的公眾參與機制

立法需要特別強調公開和公眾參與，以確保運作過程的透明和科學性。據此，建立區域示範法的公眾參與機制，有助於凝聚社會共識，增強公眾對區域示範法的認可，推動區域示範法的推廣適用。

第一，增強公眾參與的廣泛性。為契合三地的各種規則銜接，充分保障三地的發展利益，在粵港澳三地政府部門的引導下或者相關專業團體自發下，由內地與港澳的法學院系、法學研究團體、律師協會的法律專家學者以及其他行業協會的相關人員聯合組成區域示範法起草小組。起草經費由粵港澳大灣區建設的基金會、澳門基金會、政府課題等渠道籌集。

第二，建立行政激勵機制。激勵社會各界積極參與區域示範法研究與起草，為區域示範法在三地立法適用營造良好的社會環境，增強社會公眾的法治共識。在中央有關部門的推動下，國家哲學社會科學規劃項目、教育部人文社會科學研究項目以及廣東省哲學社會科學規劃項目等國家級、省部級項

目將定期確定區域示範法起草與研究招標課題，粵港澳三地的高校、科研機構和社會組織均可申報。同時，為提高區域示範法起草的質量，起草小組的成果被粵港澳三地的立法機關、政府部門採納並轉化為立法成果的，小組成員不僅得到榮譽獎勵，還可在職稱評比、經費支持等方面優先考慮。

（二）創設區域示範法的先行先試機制

儘管大灣區業已在局限領域開始對區域示範法進行探索和實踐，但區域示範法尚未引起廣泛重視。若要推動區域示範法的應用，創設區域示範法的先行先試機制成為一種可行進路。

第一，推動先行示範區建設與大灣區建設相輔相成。在中國特色社會主義先行示範區建設的背景下，深圳特區將其參與大灣區建設所獲經驗，轉化應用到示範區的建設中去，而在先行示範區積累經驗後，再用於建設粵港澳大灣區。中央以發布《關於支持深圳建設中國特色社會主義先行示範區的意見》的形式推動對深圳特區的再授權，開啟了區域示範法的新嘗試。雖然此種"示範法"直接賦有法律效力，有別於一般意義上的區域示範法，但是其具有極高的實踐價值：深圳經濟特區通過先行示範立法能夠為粵港澳大灣區的區域示範法提供基準和指引，說明中國目前存在可供區域示範法生長的法治土壤，有極大的借鑑意義。

第二，以各領域、各行業的需求為導向推廣適用區域示範法。從適用領域來看，區域示範法的內容應著眼於大灣區規則銜接中的微觀行業標準問題，再逐步推動中觀和宏觀層面的內容。由於整合目前大灣區立法資源的區域示範法過於複雜且不易操作，對此，區域示範法可遵循"先行先試"的立法進路，即先就已經取得共識的互涉領域率先通過區域示範法的方式呈現，粵港澳三地根據區域示範法分別立法實施。以公共衛生法治建設為例，大灣區已經建立起較為完備的、原則性的合作基礎，但是仍缺乏在具體領域聯防聯控的運作規範，例如三地藥品使用範圍、突發公共衛生事件的應急等級、緊急醫療聯合救援和病人轉送、衛生醫療服務規範和標準、短期醫師資格資質互認等方面依然不一致。因此，區域示範法可以成為跨區域公共衛生協同的突破口之一。通過起草大灣區公共衛生示範法，一方面，給予公共衛生在立法上更大的探討空間，用以推薦給三地在立法時予以借鑑或採納，可以推動三地在一些未具體實踐的項目上深入合作，促進世界一流健康大灣區加快建設。另一方面，粵港澳三地在公共衛生領域建設法治協同時可從區域示範法中求取“最大公約數”，提升防範重大公共衛生事件聯防聯控協同效應，進而夯實大灣區世界一流健康灣區的基礎。

（三）構築區域示範法的監督評估機制

為更好地實現區域示範法的推廣適用目標，積極推進大灣區規則銜接工作，形成區域示範法與大灣區地方立法的良性互動，建構區域示範法的轉化對接機制尤為必要。

第一，建立區域示範法的評估程序。粵港澳三地若想採取區域示範法的文本進行立法，應預先對區域示範法進行評估。評估人員應涵蓋立法機關、執法機關、立法諮詢專家、公共衛生專家學者以及社會公眾在內，共同探討區域示範法的可行性，審查是否符合憲法、基本法以及立法法的相關規定。對需要獲得中央授權的條文，如若大灣區規則銜接確有必要的，應及時爭取中央授權，確保區域示範法得到推廣適用。

第二，建立區域示範法的修改程序。粵港澳三地積極借鑑和採納區域示範法後，將逐步推動三地各項規則銜接，執法標準與程序走向互認化、趨同化，為區域經濟一體化奠定扎實的法律基礎。但考慮到社會日新月異，區域示範法與時俱進尤為必要。在歐盟，為了促進成員國經濟社會發展政策的順利施行，一般會制定共同的指導方針。成員國根據指導方針制定各自的年度行動計劃。爾後，歐盟會定期評出行動計劃的最佳實踐，並倡導其他成員國共同學習。以歐盟為鏡鑑，結合粵港澳大灣區實際，為避免區域示範法與灣區建設現實脫節，社會大眾可對滯後的區域示範法提出修改意見，原區域示範法制定主體可根據後續工作需要，組成區域示範法修改小組，實現區域示範法的廢、立、改、釋並舉。

五、結語

從近年來大灣區建設的初步探索經驗來看，規則銜接是目標，法治協同是手段，機制建設是關鍵。這意味著規則銜接是大灣區建設無法迴避的法治願景。事實上，從法治運行的基本規律來看，只要粵港澳三地的法律制度相異，大灣區的規則銜接即有法治存在的空間和時間。而在眾多銜接方式中，區域示範法充分彰顯大灣區合作各方的共同意志，將法治共識推動為法治實踐，更將法治思維演變為法治動力，是大灣區規則銜接的可行進路。誠然，區域示範法作為一種正在探索中的規則銜接方式，除了需要通過增強粵港澳三地法治互信而獲得推廣適用區域示範法的法治共識外，更需要通過推廣適用區域示範法反哺於粵港澳三地的協同性法治秩序，由內而生，相得益彰。假以時日，隨著大灣區推廣適用區域示範法，並形成一套可推廣、可複製的灣區法治模式時，大灣區的協同性法治即已生成。

5. 拓展未來粵港澳法律合作的想象空間

方舟　香港一國兩制研究中心研究總監
霍英達　香港一國兩制研究中心副研究主任

一、粵港法律制度情況綜述

粵港澳大灣區建設是國家深化對外開發、支持港澳融入國家發展大局的重要戰略，不同於任何國際上知名灣區，粵港澳大灣區“9+2”城市雖然是在同一個城市群內，但有兩種制度、三個關稅區、三種貨幣和三套法律體系。現實使得大灣區在制度創新中既充滿挑戰，又蘊含無限的創新潛能。

香港長期有著國際自由港的角色定位，作為中國的特別行政區，又有以 CEPA 為主的多個國家政策支持，使香港擁有“背靠國家、面向世界”的優勢。與此同時，在香港經濟發展的過程中，香港的服務業已建立了與國際接軌的制度、享譽國際的口碑和連結國際的網路。在內地城市服務業與國際接軌的領域，香港一直發揮著重要的作用。

然而，三地在要素跨境流通中面臨的各種困境客觀存在，其中又以法律制度的相異為最甚，極大地限制大灣區進一步深化法律服務合作。首先，在“一國兩制”框架下，香港在普通法系的環境中，而大灣區內地城市在社會主義法治體系環境下。其次，從業資格和行業標準銜接不暢等“大門開了，小門未開”的問題層出不窮，例如不少專業服務業在深港兩地執業門檻不同、從業標準相異，港籍律師等在內地執業過程中受到諸多條條框框限制，導致香港的部分專業人才無法在大灣區內地城市開展實質性工作。再次，不同制度的行政體制邊界增加了行政成本，對很多合作領域三地政府有些“心有餘而力不足”。過去，香港政府過去一貫秉持著“積極不干預”的經濟理論，現在，即便逐漸轉變成“適度有為”，在與大灣區其他城市的行政對接和執行操作方面還是存在諸多問題。

二、粵港法律規則銜接與制度對接始末

第一，中國內地已經是全球對外投資規模最大的經濟體之一，“一帶一路”倡議也為內地企業“走出去”提供機遇，然而內地法律服務業尚未能緊跟步伐，開拓國際法律市場。除了涉外經驗不足等因素外，還源於缺乏政府的鼓勵與支持。第二，大灣區內地城市的法律行業距離當前粵港澳大灣區經濟融合的需求尚面臨較大的差距。第三，大灣區內地城市尚沒有專門的商事調解立法，調解種類繁多且互有交叉，調解組織的設立缺乏條件規定，對調解員沒有資格准入或認證體系。在商事法律國際化的趨勢下，在中國內地日趨完善，不斷嘗試改革、吸納先進法律的進程中，香港商事法律實務中的實務經驗對於大灣區內地城市法律服務體系的完善，具有極其重要的現實意義。

針對上述問題，內地與香港在過去二十年中，採用頂層設計與基層規則相結合的方式，通過《內地與香港關於建立更緊密經貿關係的安排》（CEPA）、《粵港澳大灣區發展規劃綱要》和《粵港合作框架協議》等文件，在政策制定上推出了一套組合拳，其發展始末大致可以分 以下兩個 段：

（一）第一階段：以授予“國民待遇”為核心的傳統 CEPA 模式

中央政府與特區政府於 2003 年簽訂《內地與香港關於建立更緊密經貿關係的安排》（CEPA），是內地與香港全面打通兩地自由貿易關係的里程碑。多年來兩地就 CEPA 的內容和範疇，採取循序漸進的方式持續推出開放措施。2014 年簽署的《關於內地在廣東與香港基本實現服務貿易自由化的協議》是內地首次以“准入前國民待遇加負面清單”的方式制定的自由貿易協議。2015 年簽署的《服務貿易協議》又按照世貿規則和國際上的通行作法，引入了有關“國民待遇”、“最惠待遇”及限制性措施等條款，作為採取負面清單開放模式的重要組成部分。

根據 CEPA 相關文件，香港與內地律師事務所可以合夥聯營的形式成立；內地律師事務所可聘請香港法律執業人員從事某些法律工作；香港法律執業人員如符合若干規定，可申請成為內地執業律師。 然為香港律師事務所進入內地市場提供了機遇，但還是存在著香港法律服務進入內地後負面清單過多，“國民待遇”在執行層面難以真正落實和實現惠及香港商界等問題。

比較有代表性的是，CEPA 限定了香港律師事務所在內地開展業務，需

在內地設置代表機構，並與 1 至 3 家內地律師事務所聯營，聯營組織不得以合夥形式運作，香港律師不得辦理內地法律事務，以及香港服務提供者投資法律諮詢業必須與內地合資、合作。[1] 以及，CEPA 模式下， 然允許港人參加內地司法考試，但由於內地與香港在法律學習和實踐過程中使用的語言和訓練模式差異較大，港人普遍反映考試的通過率太低。

（二）第二階段：以"規則銜接"為重點的粵港澳大灣區發展戰略

規則銜接是內地與港澳推進兩地法律制度對接的主要抓手。作為大灣區的重要一分子，香港未來的發展與整個大灣區息息相關。《粵港澳大灣區發展規劃綱要》頒布以來，在原有措施以及以前海為代表的自貿區探索經驗之上， 港澳三地進一步突破港澳專業服務於內地城市開展業務的門檻，更加側重"規則銜接"，這是對傳統 CEPA 模式的重要突破。根據《粵港澳大灣區發展規劃綱要》和粵港澳大灣區建設領導小組會議公佈的"推進大灣區建設八項新措施"和"十六項普惠政策措施"，以及歷年粵港合作聯席會議簽署的《粵港合作框架協議》年度重點工作的政策要求，香港與內地在法律服務領域的合作進入了一個新的階段。

梳理近些年的政策文件，內地與香港正在基於過往的 CEPA 及其系列協議的框架，謀求深入實施服務貿易自由化，深化落實在業務範圍、股比限制、經營地域、資質條件等方面放寬對香港服務業的准入限制。粵港澳三地政府依照《粵港澳大灣區發展規劃綱要》要求，不斷鼓勵共建專業服務機構，促進會計審計、法律及爭議解決服務、管理諮詢、檢驗檢測認證、知識產權、建築及相關工程等專業服務發展。

《〈內地與香港關於建立更緊密經貿關係的安排〉服務貿易協議》的修訂協議於 2019 年 11 月 21 日簽署，進一步開放服務業市場和更新關於便利服務貿易的承諾，並降低香港企業和專業人士進入內地市場的門檻。其中規定在法律服務業領域，三地正研究探討 CEPA 框架下法律服務業對港澳開放在廣東先行先試的政策措施。主要有以下幾個方面：

第一，推動落實符合資格的港澳法律執業者通過特定考試取得珠三角九市的執業資質，從事一定範圍內地法律事務的開放措施。符合相關條件的香

---

1 《香港特別行政區和澳門特別行政區律師事務所與內地律師事務所聯營管理辦法》，司法部令〔2007〕126 號，2012 年 11 月 21 日發布。

港永久性居民可報考國家統一法律職業資格考試（前稱國家司法考試），考試合格者可獲授予法律職業資格證書。允許取得內地法律職業資格後，按照《中華人民共和國律師法》，在內地律師事務所從事非訴訟法律事務。允許取得內地律師資格或法律職業資格並獲得內地律師執業證書的香港居民，以內地律師身份從事涉港民事訴訟代理業務，具體可從事業務按司法行政主管部門有關規定執行[2]。

《全國人民代表大會常務委員會關於授權國務院在粵港澳大灣區內地九市開展香港法律執業者和澳門執業律師取得內地執業資質和從事律師職業試點工作的決定》（2020 年 08 月 11 日）容許符合條件的香港法律執業者和澳門執業律師通過特設考試取得粵港澳大灣區內地九市執業資質後，可從事一定範圍內的內地法律事務。試驗期三年。

國務院辦公廳於 2020 年 10 月 22 日印發《香港法律執業者和澳門執業律師在粵港澳大灣區內地九市取得內地執業資質和從事律師職業試點辦法》，《辦法》提供了大灣區執業考試及業務範圍等規定，讓香港的執業律師和大律師取得內地執業資質後，可在大灣區內拓展專業法律服務。《辦法》對試點工作涉及的報名、考試、申請執業、業務範圍、執業管理和組織實施等作出規定。試點期限為三年，自《辦法》印發之日起算。

《深圳經濟特區前海深港現代服務業合作區條例》於 2020 年 8 月獲修訂通過，允許在深圳前海合作區註冊的港資企業選擇香港法律作為民商事合同適用的法律。

第二，完善粵港澳律師事務所合夥聯營實施辦法，深化合夥聯營律師事務所試點工作。2019 年 1 月司法部與香港律政司簽署《會談紀要》，原則上同意進一步開放合夥聯營律師事務所及法律顧問的有關措施。其中《廣東省司法廳關於香港特別行政區和澳門特別行政區律師事務所與內地律師事務所在廣東省實行合夥聯營試行辦法（2019 年修訂）》於 2019 年 8 月 1 日施行，有效期三年，措施包括取消在廣東省設立的合夥聯營律師事務所港方出資比例不得低於 30% 的限制，允許聯營律師事務所以本所名義聘請港澳及內地律師，以及放寬合夥聯營律師事務所可以受理行政訴訟法律事務等。

自 2019 年 3 月起，合夥聯營律師事務所的設立範圍已由廣州、深圳和

---

2 《國家統一法律職業資格考試實施辦法》司法部令〔2018〕140 号，2018 年 4 月 25 日發布。

珠海擴展至內地全境[3]。截至 2020 年，兩地律師事務所共成立了 11 家合夥聯營律師事務所，其中深圳七家、珠海兩家、廣州兩家，有 39 名香港律師派駐其中，亦有香港大律師及事務律師獲廣東律師事務所聘用為法律顧問。

廣東省司法廳 2019 年 07 月印發《廣東省司法廳關於香港特別行政區和澳門特別行政區律師事務所與內地律師事務所在廣東省實行合夥聯營試行辦法（2019 年修訂）》的通知。

第三，進一步優化允許內地律師事務所聘用香港律師或大律師作為法律顧問的開放措施。中央政府於 2019 年 11 月公布允許香港法律執業者同時受聘於一至三個律師事務所擔任法律顧問，而法律顧問的聘用亦會由核准改為備案管理，並無須年度註冊。律師因個案接受內地律師事務所請求提供業務協助，可不必申請香港法律顧問證[4]。

第四，進一步鼓勵香港律師和大律師參與法律查明的相關工作，為內地的商事活動提供香港或國際法律查明服務。現時允許香港大律師以公民身份擔任內地民事訴訟的代理人。對香港律師事務所駐內地代表機構的代表在內地的居留時間不作要求。同時，香港律師與大律師也可應內地法律查明機構之申請，從事域外法查找、釋明活動，為內地客戶了解香港法律規定提供通道。

第五，搭建合作交流平台，推動粵港律師共同為“一帶一路”建設提供法律和爭議解決服務。鼓勵廣東企業利用香港作為亞太區主要國際法律和爭議解決服務中心的優勢，發揮香港的中立性特點，選擇香港作為“一帶一路”項目投資和商業爭議解決的第三地，促進更多國際商事爭端在香港得以定紛止爭。

第六，開展粵港貿易仲裁、海事仲裁、商事調解、經貿摩擦應對等方面的合作，搭建跨法域糾紛解決平台。建設亞太區國際法律及解決爭議服務中心。現時香港與內地設有“投資爭端調解機制”，鼓勵內地投資者以香港調解服務解決因《投資協議》所產生的跨境投資爭端。香港投資者亦可委任內地指定調解機構及調解員，協助解決同類爭端。此調解機制有利推動更廣泛使用調解解決跨境爭議。

第七，仍然保留的限制性措施。香港獨資設立的代表機構不得辦理涉及

---

3 《內地與香港的商貿關係》，立法會 CB(1)329/19-20(05) 號文件，2020 年 1 月 21 日發布。

4 《粵港澳大灣區建設領導小組會議公布十六項普惠政策措施》，中華人民共和國商務部，2019 年 11 月 7 日發布。

內地法律適用的法律事務，或聘用內地執業律師。香港方與內地方以合作形式提供法律服務限於：

一是可由內地律師事務所向香港律師事務所駐內地代表機構派駐內地執業律師擔任內地法律顧問，或由香港律師事務所向內地律師事務所派駐香港律師擔任涉港或跨境法律顧問。

二是內地律師事務所和已在內地設立代表機構的香港律師事務所按照協議約定進行聯合經營的，在各自執業範圍、權限內以分工協作方式開展業務合作。

三是與內地方以合夥方式聯營，聯營方式按照司法行政主管部門批准的具體規定執行。香港一方的律師事務所單獨或合計出資的最低比例不做限制。

基於前述安排，在大灣區內地城市招募香港青年法律人才的力度需要加大，限制性措施仍待鬆綁。現時大灣區律師考試制度從制度設立上是妥當的，只是五年經驗的門檻對於港籍的青年律師或是法學院畢業生而言吸引力不大，即使擁有內地執業資格證，在內地同類型案件的競爭中，港籍律師亦較難跟龐大的內地律師團隊競爭。要增強內地城市對他們的號召力，可著力開發香港律師更有優勢的普通法相關業務，例如航空及海事業務，從案源發掘上解決問題。同時輔以內地所提供的配套培訓課程，使其更熟悉不同於普通法的環境，便可讓港籍律師在有穩定收入之餘，增強他們對國家的歸屬感。

（三）第三階段設想：借鑑橫琴“兩制融合”模式

在過去兩個階段，在 CEPA 的政策框架之內，粵港進一步深化在業務範圍、股比限制、經營地域、資質條件等方面放寬對香港服務業的准入內地限制。針對過去“大門已開、小門未開”的情況，集中突破法律、會計、建築、測量等專業服務領域的進一步開放。大膽提出先行先試措施，如在法律執業資格考試方面，容許香港法律從業者通過特定考試取得珠三角九市的執業資質，從事一定範圍內地法律事務。

近期，隨著《橫琴方案》的出台，粵澳雙方被賦予了極大的政策自主權和共同決策權，呈現出合作區“共商共建共管共享”的新發展模式，這是“一國兩制”方針的實踐性突破。也給予香港未來發展模式以寶貴啟發。

基於前述兩個階段的發展，結合當下時代需求與兩地法律行業從業者的切實體會，我們提出對第三發展階段的如下建議：即借鑑橫琴新區“兩制融合”模式，在深圳“海洋新城”選址，打造專業服務試驗田，設立兩地法律制度銜接與規則對接試驗區。

1. 橫琴新區規則銜接經驗

而如今的橫琴新區，粵澳合作再不是物理意義上的兩地或跨境合作，而是疊加粵、澳兩邊的優勢，產生化學反應的一種深度合作模式。根據《橫琴方案》，一是將內地原有關稅管理區“後撤”，並對貨物採取“一線放開、二線管住”的措施。這意味著橫琴與澳門基本上融入到同一個關稅區以內，絕大部分的貨物可以在澳門本地與橫琴之間自由來往。合作區與澳門之間非但沒有關稅，區內更將免收增值稅和消費稅，是真正意義上的“境外模式”，相關政策甚至比海南自貿港模式更為優惠。

二是合作區採用“共商共建共管共享”的新體制，讓“兩制”能夠在特定區域裏融合發展。《總體方案》指出，合作區管理委員會將實行“雙主任制”，分別由廣東省省長和澳門特首共同擔任。管委會常務副主任由澳門特別行政區委派、管委會下設的執委會主要負責人亦將由澳門政府委派，廣東省和珠海市派人參加。合作區的稅收亦由雙方分享。這代表合作區的經濟發展將由澳門政府主要負責，廣東省的派出機構則負責合作區的政治和安全事項，整體的開發和管理工作亦將由澳方主導、粵方配合。

《橫琴方案》還提出將充分發揮“一國兩制”制度優勢，在遵循憲法和澳門特別行政區基本法的前提下，逐步構建民商事規則銜接澳門、接軌國際的制度體系。[5] 用足用好珠海經濟特區立法權，允許珠海立足合作區改革創新實踐需要，根據授權對法律、行政法規、地方性法規作變通規定。[6] 加強粵澳司法交流協作，建立完善的國際商事審判、仲裁、調解等多元化商事糾紛解決機制。研究強化拓展橫琴新區法院職能和作用，為合作區建設提供高效便捷的司法服務和保障。

2. 對粵港法律制度銜接的啟發

從上述層面看，粵澳合作的發展速度已經明顯領先於粵港合作。基於此，面向未來，粵港兩地要積極深化法律服務領域合作，以《橫琴方案》的

---

5 中共中央、國務院印發：《橫琴粵澳深度合作區建設總體方案》，中國政府網，2021 年 9 月 5 日，http://www.gov.cn/zhengce/2021-09/05/content_5635547.htm。

6 方俊明：《橫琴推進粵澳司法規則銜接，一宗案適用兩部民法典》，《文匯報》2021 年 9 月 13 日，https://www.wenweipo.com/s/202109/13/AP613f38ebe4b08d3407da0f67.html。

出台為契機，以深圳為重要戰略平台，進一步突破香港法律服務業進入內地"大門已開、小門未開"的困境，促進深港之間服務貿易實現真正的自由化和便利化，進而帶動國家整體專業服務業市場的發展，提升專業服務業的國際水準及核心競爭力。

建議香港可以與深圳合作，率先探索突破 CEPA 下給予港澳居民"國民待遇"的制度思路，對香港專業人士直接認可其專業資格。考慮實行備案管理，備案後無須通過內地資格考試，可以直接提供專業服務。在項目招標時的資質要求方面，亦可特別開放予香港的專業人士。香港方面的資質可以得到內地方面的認可，讓雙方在項目、業務層面展開合作，以創造平台吸引專業人士進入。

基於這樣的制度思路，建議率先在屬於"大前海"範圍的深圳"海洋新城"打造"共商共建共管共享"的粵港合作試驗區。2021 年，與《橫琴方案》同步公布的還有深圳的《前海方案》，當中的亮點自然是前海深港合作區由原來的 15 平方公里擴展至 120 平方公里[7]。在新擴大的前海合作區內，大部分面積為深圳市已發展的市區地帶，唯一特殊之處是在深圳寶安國際機場以北有一塊佔地 7.5 平方公里、尚未開發的填海區（以及已經在規劃填海的 5 平方公里離島區），深圳將其命名為"海洋新城"，打造海洋經濟城市。可考慮以"海洋新城"為試點，實施"專業無縫"試點，讓香港與深圳之間形成一個專業服務無縫對接的區域。在該區域內，打通專業資格互認，取消額外的執業限制，將該區域打造成香港法律專業服務的"飛地"。如果深圳"海洋新城"的粵港合作試驗區能夠成功落實，未來還可以考慮複製推廣到其他粵港合作的重點片區，將大大提升粵港澳法律合作的深度和空間。

---

7 中共中央、國務院印發：《全面深化前海深港現代服務業合作區改革開放方案》，中國政府網，2021 年 9 月 5 日，http://www.gov.cn/zhengce/2021-09/06/content_5635728.htm。

圖 1　深圳海洋新城位置圖

資料來源：香港一國兩制研究中心

6. 粵港澳跨境治理中的數據法治與大灣區數字秩序——以健康碼互認作為分析視角

鄧凱　騰訊研究院高級研究員

一、導論

進入 2022 年，本港遭遇第五波疫情，與內地恢復正常通關再度擱置、延期。然而就在此前，時值香港第四波疫情平穩，粵港兩地最接近復關通勤的 2021 年底，關於健康碼互認以支持跨境流通議題的熱度持續高企，本文也正是於彼時謀篇著筆。2021 年 11 月 28 日，時任行政長官林鄭月娥宣布港方將配合內地防疫政策，推出"港版健康碼"（簡稱"港康碼"）與廣東省"粵康碼"對接互認，為記錄活動軌跡並判斷風險做出安排。同年 12 月 10 日，"港康碼"系統正式向香港市民開放。半日內，就有超過 13 萬香港市民申請註冊，香港社會對與內地通關的期盼與剛性需求可見一斑。但相比之下，澳門早於 2020 年 5 月末就已接入內地健康碼體系，藉此恢復了粵澳兩地間的跨境通勤。實際上，筆者在更早前就曾撰文主張，港澳亟需在出入境通勤的數字管理方式上加速技術溝通，借鑑內地經驗，尤其應當以三地健康碼互通互認推動港澳嵌入國家疫情防控網絡，為恢復人員、商貿跨境往來創造便利條件。[1]

就健康碼本身而言，其在疫情防控常態化背景下已然溢出了技術開發或產品應用的工具理性範疇，演化為集數字技術媒介、社會身份標識以及認證基礎設施一體的大型公共衛生政策體系，進而取決於、服從於特定的權責體制甚至整體防疫政策背後的意識形態。在該意義上，很難說"港康碼"是姍姍來遲的，轉碼接入"粵康碼"系統的制度實質在於國家"數字戰疫"矩陣對香港做出開放並主動予以接納，故而受客觀情勢、權力意志以及政治議程

1　鄧凱：《粵港澳協同"戰疫"：路徑及其數字化構想》，《大公報》2020 年 5 月 7 日。

所驅動。這也可從媒體多次披露粵澳雙方洽談、北京首肯以及技術應用需參照內地模式等內容上得到佐證。姑且不論政治決斷、政策能力與權力因素，港康碼與內地互認也涉及諸多法律問題亟待釐清。一方面，健康碼自身的法理正當性需置於緊急法治和應急行政的語境下作出嚴謹推導；另一方面，也是倍受關注的，健康碼賦能跨境通勤是否意味著某種屬於粵港澳大灣區的全新數字法治或法制的形塑開端？本文旨在基於公開資料對上述拷問進行法律分析與釐清。

二、再論緊急法治下的健康碼法理

（一）個體權利讓渡的正當性

健康碼的準確技術名稱應為“防疫通行碼”，產品設計初衷是為了解決疫情爆發時的無接觸身份認證這一現實痛點，用於實現類似無紙化的電子通行證功能，即以顏色顯著標識便於“隔空”出示健康狀況，這也有賴於用戶個體主動上載登記個人信息，並誠信地申報特定時間內的行動軌跡與健康狀況數據。當恢復民生、有序流動等成為優先級考量，健康碼的技術框架則進一步吸納大數據邏輯，例如國家級的一體化政務服務平台開啟利用匯聚衛生健康、地理位置、交通出行等官方共享數據以提升其應用範圍和精準度，由此更多地支持人群識別、行蹤追溯、態勢研判等防控部署。輔之於算法分析，完整的健康碼技術架構應該是一個集線下場景、前端交互界面、雲計算、算法決策後台為一體的平台系統，不僅有效集成風險識別、風險判斷、風險處置等信息機制，更代表了公共衛生應急決策領域內的中國經驗。

行為組織面向上的健康碼可以被定性為一場由內地政府主導動員、科技企業迅速回應、公眾用戶全力配合所聯合完成的群體性社會實驗。之所以稱之為“實驗”，是因為其規範機制並無明確的路徑依賴可言，具有極強的突發危機屬性與超常規、新常態特質，從規則角度看應歸入“緊急法治”的範疇，並以維護公共健康及安全利益作為基本原則和最大公約數。換言之，藉由健康碼的產品及技術範式——如個人信息申報，不同場合下不斷地“亮碼”、“掃碼”及其背後的位置信息歸集與流調情勢下行程數據的強制披露、風險分析等——皆可證成為緊急法授權下的個人信息自決權讓渡，社會主體就此獲得了或稱“置換”取得了重新流動的自由權利。

（二）行政應急性命題

誠如上述，健康碼產品技術邏輯所折射出的緊急法治原理首先建基於為促進應急之目的且以維護緊迫公共利益作為必要條件。緊急法治無疑是常態法治對風險現實的無奈妥協，具有顯著的例外屬性。落實到數據法層面上，以嚴格保護個人數據而著稱的歐盟數據保護委員會在《新冠病毒爆發期間處理個人數據的正式聲明》中也釋明了該種例外法治的應急取態："個人數據保護規則並不妨礙針對病毒大流行採取的措施。與傳染病作鬥爭是所有國家共同的寶貴目標，因此，應當以最佳方式做出支持。"[2] 此處的"最佳方式"除應然地呼喚對不同社會價值及多元法益進行均衡且精巧的考量之外，還包括事前在法律框架內設定"有法可依"的例外規定，或稱"法律本身規定的例外"[3]，通常以成文法法律文本中的"兜底"及概括性條款做出呈現。尤為典型地，內地健康碼運作的數據機制及其合法性基礎就得益於系列實定法通過"例外性規定"的明文確認。

例常狀況下，透過新型信息技術架構達至公共安全和個體自由雙重價值的動態平衡，首先依托於國家行政對個人數據信息的採集與合理使用，這在實定法層面雖仍應以常態信息法治的"知情—同意"框架作為基本規範，但亦不排除突發緊急狀態下的"知情—非同意"例外數據規則。為保證應急權力能突破日常法律要求實現有效應急這一根本出發點，《傳染病防治法》、《突發事件應對法》、《突發公共衛生事件應急條例》等均授權政府可基於疫情防控之目的，收集、分析（使用）、加工健康碼數據，而僅以民眾"知情"作為唯一、必要的法律要件；與此同時，概括性地被《民法典》第1035 條第一項中的"但書"——"處理個人信息的，應當遵循合法、正當、必要原則，不得過度處理，並符合下列條件：（一）徵得該自然人或者其監護人同意，但是法律、行政法規另有規定的除外……"——所確認。[4]

（三）透明度原則與比例原則

相對於例外性，緊急法治和應急行政更應服從於"限制性"原則，或稱"例外性的例外"。例外性需要加以"例外"作出限制的政治哲學實質，是控權價值與授權價值二者間的"對沖"設計，這有助於防止例外性無限突破

2　許可：《健康碼的法律之維》，《探索與爭鳴》2020 年第 9 期。

3　彭錞：《中國行政法學罕見的一個原則性概念：行政應急原則》，《中國法學》2021 年第 6 期。

4　參見許可：《健康碼的法律之維》，第 134 頁。

底線的濫用，以及約束應急權力演變為逾越日常法律秩序的專斷。在健康碼數據規範中，就以“透明度原則”和“比例原則”完成對應急法治限制性的整體吸納。

“同意”要件缺位下的“知情”在很大程度上化約為個人數據的採集、使用需要嚴格遵照透明度原則，個體有權知悉數據收集的目的、方式和使用範圍。與之對應的健康碼產品規程則是，政府應在用戶協議中以最簡潔、易於理解的語言履行其告知義務。在內地的實踐中，以廣東省“粵省事”、上海“隨申碼”等為代表的健康碼產品多以肯定性授權的方式指引用戶閱讀並點擊同意隱私政策；深圳則專門編制《操作指引》，公開向用戶告知“健康碼”分析處理的數據類型、申訴渠道等內容。[5] 這亦可視為行政法正當程序原則中“說明理由”法定要求的延伸與類推。

比例原則是常態信息法治中不可或缺的構成部分，其同時也築守著緊急法治下健康碼數據規則的底線要求。對於行政機關而言，“無須經同意”的信息處理行為則更有必要遵循衡平，防止恣意，避免專斷，並課予數據控制者以更多的法定義務，其中就包括必要、合理實施以及不過度處理等一系列相稱性原則。健康碼所涉及的比例原則可完整地推演如下：首先，對健康碼數據的收集、分析與加工必須基於疫情防控的正當目的；其次，特定信息行為的實施亦須限制在疫情相關的必要範圍，並且與防疫目的之達成具有正相關的邏輯聯繫；第三，堅持“不得過度處理”、“最小夠用”、“最小損害”是評估數據手段是否合乎比例的最後一環。例如在亮碼場景中通常採用“去標識化”、“匿名化”等技術措施對個人敏感信息做脫敏處理，從而保證信息手段與防疫目的之間適度、相稱。

（四）無法迴避的身份認證

毋庸置疑，健康碼的社會功能和有效性來自於實名認證，“實名”的本質是對個體身份信息和健康（風險）信息的雙重識別。前者解決的是靜態意義上“我是誰”的問題，由國家通過登記信息比對核驗，對個人包括姓名、肖像、證件號、住址等一系列基礎身份標識做出數字化認證，以確保主體身份真實、可信以及具有生物唯一性；後者則納入了諸多防疫所需的動態身份權益，例如位置、行蹤、接觸、體溫、核酸檢測、疫苗接種等情況，這些

5　王融：《健康碼折射政務服務數據規則》，微信公眾號“騰訊研究院”，2020 年 3 月 25 日。

“社會鏡像信息”[6] 在疫情語境中經由國家信用認證後更顯彌足珍貴，畢竟權威性且中心化地而非自行地判定風險與否，對於擺脫全民歇業、重啟人際交往、恢復社會秩序等至關重要。前者是後者得以必要開展的先決條件，即社會主體健康安全狀態的判明只有建立在該主體本身能被準確識別以及快速可追溯方才發揮其基本的決策價值；後者構成對前者內涵的合理延展，從緊急法治及公共安全利益角度出發，健康及風險認證信息能極大地補強個人可信身份之於現實公共秩序的責任程度。

較之於內地健康碼方案，部分歐美國家所採取的藍牙硬件接觸追蹤技術（contact tracing）極為苛刻地採納自願性與匿名性原則，其機制高度依賴用戶自主選擇上傳包括用戶身份、位置及確切接觸情況在內的個人信息，有關信息以匿名脫敏的數據形態傳輸至疾控部門後台用於風險研判。這種模式的底層邏輯雖奉行原旨主義的最小化隱私與絕對的數據安全，但教條式地理解數字法治則直接導致流調價值落空，包括身份主體性、染病風險性在內的疫情元命題 —— 這些本該是最基本的風險信息 —— 均無法為上述接觸追蹤技術所回應。此外，“自願但未必自覺” 更使得這項技術產品的公眾參與使用程度並不高，防疫效果未能如願，在結果論意義上進一步反襯了內地健康碼身份認證功能的合理性和識變從宜的必要性。

（五）“助推”的美德

從表面上看，健康碼技術機制代表了某種較歐美硬件追蹤產品而言更為積極能動的規則設計思路，其在相當程度上也反映為“助推”這一政策工具的法哲學美德。“助推”的核心思路在於非強制地設定選擇架構，旨在幫助非全然理性的個體做出風險規避與決策優化，畢竟在更多的時候，當民眾的取態立場原本就處在兩可之間，來自於中心化外力的“助推”有利於在不減損自決權的前提下將個體行為選擇終局性地導向既契合民眾自身利益也滿足大眾公共福祉的方向。[7]

健康碼及其初衷即為典型“助推”案例。質言之，健康碼的產品定位首先是一款用於重新流動、便利出行的數字化工具，誠如前述的信息自決權“讓渡”公共安全的法理，社會主體被引導透過由數據技術支撐的形式法治

6　陸青：《數字時代的身份構建及其法律保障：以個人信息保護為中心的思考》，《法學研究》2021 年第 5 期。

7　參見鄧凱、吳灝文：《數字化助推：一種智慧城市的公共政策視角》，《決策探索》2020 年第 8 期。

和新型規範獲得了恢復人際交往的自由，[8]“憑碼出行”範式的形成則更接近於日常慣習養成的自發延伸而非源自全然的行政強制。[9] 易言之，內地移動互聯網的龐大用戶基數與產品使用慣性才是健康碼得以大範圍推廣的正外部性因素。其次，健康碼背後的數據比對、分析和自動化決策系統及其所呈現出的顏色標識已被證明能較好地輔助政府與社會個體的流通決策，也由此尋求保障個體決策自由和完善應急行政管理兩全的最優解，這也是“助推”智慧的應有之義。第三，健康碼的“助推”絕不偏廢對責任和安全保護的審慎考慮，鑑於健康碼在個人隱私和數據安全上面臨的更高挑戰，其技術規範也相應提級。據悉，內地健康碼應用多採取“信息安全等級保護 3 級”以上的安保措施，引入包括加密存儲、加密傳輸、控制訪問等技術責任手段。[10]

三、健康碼跨境互認的法律問題推演及有關釐清

為服務於香港恢復與內地的免檢通關，港版健康碼快速研發推出並獲准與廣東“粵康碼”系統進行跨境對接。根據現有已披露的公開資料，港康碼的申辦使用符合以下要求與特徵：一是具有自願性質，即港康碼僅適用於有需要以免檢、免隔離方式進入內地的香港市民，若相關人士並無計劃出入內地或接受以現時附隔離檢疫條件的入境政策安排，港康碼則並非強制。二是實名認證，申請人需填寫個人資料如姓名、身份文件號碼和簽發日期、電話號碼、居住地址等，並上載在港住址證明供核實之用，與此同時主動配合健康信息申報，通過上傳本港“安心出行”程序中的 31 日出行記錄、有效醫療檢測結果（如核酸檢測和疫苗接種情況）等信息用於系統比對生成“紅、黃、綠”三色標識，以對齊內地健康碼的顏色標準完成轉介。三是設置了風險觸發機制，參照此前澳門版健康碼（“澳康碼”）與內地互認對接的模式，一旦本港出現的確診個案或烈度較高的風險情勢對入境內地人士及內地防控管理整體秩序造成影響，相關風險信息將透過跨境轉碼系統觸發風險提示，進而輔助用戶的自我健康管理和內地疾控部門的流調部署。四是或具備記錄

8　參見胡凌：《健康碼、數字身份與認證基礎設施的興起》，《中國法律評論》2021 年第 2 期。

9　不可否認，健康碼的順利推行得益於內地龐大的智能手機用戶數量，以及諸如掃碼添加好友與二維碼支付這樣的日常慣習。健康碼的確也是最早孵化於騰訊、阿里等互聯網企業政務服務基礎架構，並通過微信、支付寶等國民級手機應用實現用戶觸達。參見胡凌：《健康碼、數字身份與認證基礎設施的興起》；王融：《健康碼折射政務服務數據規則》。

10　參見王融：《健康碼折射政務服務數據規則》。

的自動刪除功能，同樣是比照“澳康碼”技術機制，港康碼的掃描記錄在超過特定期限後將有機會獲系統後台自動刪除。

基於港康碼的上述產品原則及技術特質，如下問題尤為值得在法律層面予以規範論證與推演釐清：

（一）自願賦碼作為通關的契約要件

防控疫情與恢復常態化的社會經濟活動之間始終存有張力。誠如前述，健康碼的技術正當性淵源正是出自緊急法治內複雜且動態的法益平衡關係：公共安全利益的絕對維護，個人數據權益的應急利用，個體流動自由的讓渡取得等多重法治價值，均可在健康碼技術及產品形態中覓得具象功能與痕跡。“港康碼”的跨境互認也可演繹於此，即從嚴防疫情輸入內地這一公共安全利益出發，有需要進入內地的香港市民需要遵循、接受健康碼的技術架構與數據規則，從而獲得免隔離的通關流動自由。

較之於內地健康碼更近似於行政機關依職權而為的行政行為，一定程度上，內地當局允許香港居民透過“港康碼”與“粵康碼”對接機制復關入境是典型的依申請做出的行政給付行為，具有被動、謙抑的性質。當且僅當作為行政相對人的境外人士自願申辦港康碼，方可觸發內地允許其免隔離准入的行政給付事由，如若無需進入內地或選擇以常規附隔離條件的跨境，“港康碼”的申領就非必須而為。進入健康碼系統內，自願接受產品規則的意思自治和契約邏輯就為“知情—同意”及“透明度”原則所吸納。按照數據正義法理關於事先約定原則的定義展開，數據控制者與相關用戶群體需要就技術使用情況以自願為據做出事先約定，以保障產品用戶的知情、參與與監督。[11] 進一步延展，“港康碼”必須以實名認證完善用戶的風險評估，也著實是極為樸素的社會常識，畢竟在確保用戶主體身份真實、可信以及具備生物唯一性之後才能實現與健康信息的一一對應，方才有機會證明“我是誰”、“我沒病”以及“我可信”的疫情防控元命題。至於香港居民在通關完畢進入內地管轄區後是否應以“粵康碼”數據規則配合履行防疫義務，毋庸置疑受屬地管轄的基本法治原則支配。

11　單勇：《健康碼應用的正當性思考》，《中國行政管理》2021 年第 5 期。

（二）個人數據的跨境轉移

關於健康碼對接互認是否涉及數據跨境，現有公開資料不足以得出相關結論，僅有的確切表述來自多位港府官員的媒體聲明：用戶自行於“港康碼”中上載的個人信息、出行記錄等數據將存儲至政府資料庫，待正式通關時，須與內地資料庫進行比對以識別風險；以及強調健康碼系統不設在本港境內的行程追蹤功能，以充分保障用戶隱私。[12]

姑且不論前述資料庫比對會否如同有專家所推測的，“港康碼”與“粵康碼”對接互認的技術行為將發生在境內雲端系統，但至少當出現特定的風險情勢並觸發需要向內地提示風險時，必要的疫情數據跨境同步就不可避免，畢竟依托於數據機制創新與技術協同之上的精確風險決策是屬於中國健康碼模式的最大正義。

僅就數據跨境流通而言，各方反復論及並重點關切的“港康碼”個人隱私保障和數據安全議題首先建基於香港對跨境數據流通採取嚴格監管的立法模式。香港的數據跨境規則框架以《個人資料（私隱）條例》和《跨境資料轉移指引》為基礎規範，從維護香港作為國際金融和貿易中心地位的角度出發，強調對個人隱私加重保護。《個人資料（私隱）條例》第 33 條以除外規定的表述方式明確了個人數據跨境轉移的實務性指引，即當且僅當符合第 2 款列舉的以下六類例外情形中的一項，否則數據跨境不被允許：（2）（a）跨境目的地為白名單所載明的司法管轄區；（2）（b）數據目的地已頒布實施類似的數據保護法律；（2）（c）數據權利人的書面同意；（2）（d）數據跨境是出於保障權利人利益（包括為避免損失或消除負面影響所必須）；（2）（e）《私隱條例》其他特定的豁免事由（如健康、危急處境等）；（2）（f）數據安全保障已充分勤勉盡責。由此可見，香港的數據跨境制度性框架遵循嚴格監管的單邊保護立場，該種合理的教條化預期包括對常態信息秩序的慣性恪守，在法治規範意義上無疑能很好地解釋部分民眾在面對新型公共信息體制時為

12 參見《“港康碼”來了，聖誕節前能通關嗎？》，微信公眾號“獅子山下”，2021 年 12 月 3 日。此外，關於在港數字防疫產品設置追蹤功能是否合法這一焦點問題，香港私隱專員鍾麗玲女士日前在立法會政制事務委員會上表示，香港《個人資料（私隱）條例》並沒有明確條款禁止有關做法。具言之，《私隱條例》本身原則性較強，並沒有具體列明收集資料的方式、內容等，當收集資料行為適度，且告知使用者收集資料的目的以及可能轉交資料的對象，就可視為准許，另外，《私隱條例》設有豁免條款，如涉及公眾或社會利益有關的健康事宜，可免受限制使用資料的規管。私隱專員的上述表態，可視作有權機關解釋，具備相當的參考意義。參見《私隱專員鍾麗玲：若“安心出行”設追蹤功能不違私隱條例》，《大公報》2021 年 2 月 11 日。

何保守審慎、患得患失，以及“港康碼”模式因關乎與內地的風險數據跨境協作而遭遇“進退失據”的重要原因所在。

然而必須承認，脫離急迫的風險事實而僵化地解構數字法治並不足夠務實理性。在摒棄個人數據保護的狹義理解後，《個人資料（私隱）條例》第33條及《跨境資料轉移指引》的相關教義規範依然可推演得出適用於“港康碼”技術架構的規則空間：

第一，內地作為風險數據出境的目的地，依照第33（2）（b）條，應當被視作具備保護力相當的數據法制。自2016年起，內地的《網絡安全法》、《數據安全法》、《個人信息保護法》相繼頒布實施，並輔以多部法規、規章等配套立法密集出台，數據安全制度的體系完備，頂層設計趨於成熟，也引入了國際通行的個人數據保護規則，其中就囊括了對個人信息跨境施以嚴格合規要求的專章規定，例如履行告知義務並以取得數據主體或稱信息當事人的單獨同意作為合法性基礎。從整體上看，內地的個人信息保護與數據治理法律架構可被較為充分地認定為與《個人資料（私隱）條例》強度相似（至少不低於）或立法目的相同，從而滿足第33（2）（b）條的數據可獲准出境之情形。[13]

第二，根據第33（2）（c）及（d）條，個人數據跨境轉移的獲准一方面有賴於用戶書面同意，另一方面也不排斥在書面同意切實取得未果的情形下，從保障數據當事人利益（或避免損失）所必須、亟需的良善角度出發，不得已而允許數據出境。如此維度上的數據跨境事實行為不但呈現為某種“弱父愛”的善意面目，更應示明其目的及信念合理。誠如前述，當本港出現的確診個案或烈度較高的風險情勢觸發健康碼的風險提示機制時，包含個人數據在內的風險信息跨境向內地實時轉移即可界定為符合當事人利益保障的良善初衷，內地疾控部門通過數據系統及時協助其就醫檢疫與自我健康管理正是出於對當事人生命權和健康利益免遭損失的最大尊重。

第三，第33（2）（e）條所給定的關乎“健康”和“危急處境”的豁免事由也可印證上述關乎數據跨境轉移應當有助於數據當事人“緊急避險”的思路，從而阻卻對數據跨境的限制。第33（2）（e）條指明的“可援引”豁免條文有：第59條（健康）——“轉移關乎某資料當事人的身份、所在地及健康（身體及／或精神）的個人資料，否則便相當於可能會對該資料當

13 參見單勇：《健康碼應用的正當性思考》。

事人或任何其他人的身體或精神健康造成嚴重損害”；第 63C 條（危機處境）——“轉移的個人資料用作（i）識辨某名個人的身份，而該人合理地被懷疑處於或該人正處於一個危及生命的處境之中；或（ii）進行緊急拯救行動或提供緊急救助服務”。

（三）個人數據刪除與救濟措施

按照媒體披露，“港康碼”或參照“澳康碼”設置有掃描記錄在規定天數後的自動刪除功能。這一功能設計既是產品應用合規的基本要求，也表徵為信息自主範式下個人數據處理規則的當然延伸。換言之，健康碼個人數據的歸集與使用必須與疫情防控的公共利益目的嚴格關聯，並且個人權利部分讓渡絕非無期限、無節制的，這其中就包含對時限維度上數據最小夠用原則的恪守，因而也解釋了超時效且無益於緊急法治技術治理所必需的個人數據應當被及時刪除的原因所在。即便數據自動刪除的功能設置不以嘗試證立個人信息刪除權的絕對權屬性為規範基礎，但也的確表達出個人數據權利在遭遇讓渡於公共利益的例外時不但呼喚公權力機關在數據控制和數據處理上保持自我克制，也需要“再平衡”制度設計的樸素法理。時間期限的設定，某種程度上也是對緊急法治所需的“日落規範”的合理引入，即主動設置失效日期，以避免例外數據規則以及應急數據處理權的常態化甚至永久化的擴張衝動。

同樣的數據“再平衡”機制保障也體現在應當在健康碼數據規則中完善救濟措施，尤其當個體的數據權益及其衍生出的一系列物理世界關係如通行自由、社交便利等由自動化決策所深度支配時，確保救濟渠道順暢（例如在應用程序的界面中搭載便捷的諮詢、投訴通道）就變得尤為必要。雖然現有公開資料並不足以判明“港康碼”是如何提供申訴渠道的，以及用戶可針對哪些數據權益事由發起申訴、覆核等等，但參照內地健康碼的技術路徑，人工覆核和糾錯程序已然明確獲得引入，各地的 12345 政務服務專線與各地健康碼產品應用界面中的申訴功能按鍵均支持投訴接受和技術後台的人工核驗。

對健康碼數據行為的覆核、申訴乃至更進一步的法律救濟，亦在行政組織法層面上指向由誰來適格地擔任數據保護權責機構的關鍵拷問。絕大多數省份的實踐都是由省級市場監管部門行使針對健康碼的規則制定權，例如通過發布《健康碼管理規範》以明確健康碼使用個人數據的範圍；與此同時將健康碼數據庫共享架構交由省級大數據管理局（或稱政務數據管理局）統一歸口集成，代為履行數據管理的職能。[14] 除此之外，網信、工信、公安、交管、衛健等部門也多頭地承擔了相應的個人數據職權，故而"共治"地承擔起維護重大公共安全利益與健康碼法律制度塑造等多重任務。相比較而言，儘管"港康碼"的數據保護專責機構尚不得知，但有理由相信，香港個人資料私隱專員公署將在本司法管轄域內就數字防疫所牽涉的個人數據規則指引、行政監督、申訴追責、調查處理等執行事務進取努力，以及在健康碼跨境對接互認上推動更多的數據機制探索與創新。

（四）個人數據可攜帶權的數字技術映射

在物理世界的跨境場景中，健康碼的對接互認內在地與個人數據的可攜帶密切相關。數據可攜一方面是出於強調數據主體對個人數據信息的掌控與管理從而體現信息自主、自決的基本倫理；另一方面，明確認可數據主體可從數據控制者處獲取個人信息副本，以及可以請求控制者直接將其個人信息傳輸給另一實體的合法主張則為更多前沿技術應用提供了充足想象。關於後者，隨著新型數字技術的發展，特別是基於區塊鏈技術的"分布式數據傳輸協議"（DDTP）模式在解決個人信息驗真、個人隱私數據加密保護，以及跨機構、跨場景的數據協作系列問題上的成熟應用，健康碼跨境互認所面臨的現實考驗與法律難點得以"技術性地"被紓解。換言之，健康碼跨境互認無疑是當下最理想的實驗場域之一。

誠然在健康碼跨境互認實踐中，分布式協同的技術邏輯優勢已嶄露頭角，以"澳康碼"與"粵康碼"的互認互轉為例：一個基本前提首先是，依據澳門《個人資料保護法》的規定，存於澳門境內的居民個人隱私數據不得通過數據服務器發送出境，這其中也包括行程信息與健康信息；其次，在既無需直接傳輸和交換兩地用戶數據又能核驗認證用戶信息真實有效性的前提下保障通關順暢就成為跨境疫情防控的關鍵；作為技術選項，區塊鏈治下的分布式數字身份和可驗證數字憑證技術可實現粵澳兩地機構在後台不互聯的情況下依然完成個人數據的跨境認證。簡而言之，健康碼互認的"澳門版本"採納了由用戶自行驅動的數據提交和核驗機制，推動數據要素在用戶個人知情同意、自主授權下進行跨境攜帶流通。這一過程中，區塊鏈技術充分

14 參見單勇：《健康碼應用的正當性思考》。

融合零知識證明、同態算法、安全多方計算、選擇性披露等數據隱私保護最新成果，尤其在技術規範上通過排除對與實現疫情防控目的無關的敏感信息歸集，固守數據法治的"最小夠用"準則。上述"技術集成"兼顧隱私保護的有益嘗試與個人信息可攜帶的有效破題，可視為新型數字技術與制度規範的雙向映射，數據人本主義和信息家長主義就此達至精巧平衡。據統計，截止去年 6 月，澳門健康碼跨境互認項目已支持超 9500 萬人次順利通關。[15]

四、跨境數字治理的大灣區構想

健康碼互認議題實際所投射出的是對粵港合作以及整個粵港澳大灣區將以某種共同的、一體化的數字形態予以呈現的期許。信息流、數據要素、技術架構等藉由一套可預測的銜接規則和治理機制，可形塑為屬於大灣區的新型共識邏輯。打造基於一致性原理的數字單一市場與數據法律制度，其重要性不容諱言，包括國際數字競爭力、數據規則話語權、區域融合升維、基層民生發展、科技創新走廊建設、跨境產業數字化應用等都是其中不可或缺的價值基準。[16] 對於如此宏大的建構性主題，下文謹從前述已論及的部分觀點出發，擬提出若干主張與大灣區數字法治的構想。

第一，構建更加明確的數據分類分級管理體系。建立數據分類分級縱然是內地數字安全監管法律框架的規範要求，即《數據安全法》提出"國家建立數據分類分級保護制度"，將數據明確劃分為一般數據、重要數據、核心數據，同時要求各地區、各部門制定重要數據目錄。然而，其之於粵港澳大灣區數據秩序的實證意義更在於，數據分級分類首先有助於三地數字科技企業有效地管理、保護、儲存和使用數據資產，這也是實現數據跨境傳輸、提升數字競爭力的一項基礎性制度。較為可行的實務方案是，編制具有"示範法"[17]

15　參見微眾銀行馬智濤：《助力個人信息可攜帶權落地，以區塊鏈探索中國模式》，《經濟觀察報》2021 年 10 月 27 日。

16　《粵港澳大灣區規範發展綱要》作為指導粵港澳大灣區合作發展的綱領性文件，在不同章節中均對這些價值考量點作出戰略性要求和規範性確認，是相當的國家意志體現，具有正當性。

17　示範法的規範性優勢無疑是，其首先建基於對既有法律秩序充分保持接納、恪守與謙抑，相較於由上位且權威立法主體採取國家立法的"硬法"模式 —— 制定全國性法律列入基本法附件三並透過特區本地立法予以實施 —— 靈活度和性價比明顯為甚。參見鄧凱、朱國斌：《深港融合應重視構建跨境糾紛解決機制》，《大公報》2021 年 11 月 13 日。

功能的"數據分類分級指引"[18] 作為規則藍本或"軟法"公約，該通用規範將更明確地釐定分級標準、類別標識和詳細特徵，並通過粵港澳三地平行但趨同地遵守、借鑑這一通約，實現數據分級分類法制協同，從而更實操地指導灣區企業在數據跨境傳輸的場景中做好合規工作，兼顧數據安全梯度保障與產業發展促進的雙重政策旨趣。

第二，引入白名單制度，加速形成粵港澳大灣區數據流通自由港（圈）。[19]"白名單制度"是跨境、跨法域數據合作的慣常政策議程。近幾年，歐盟、美國等大型數字經濟體都選擇在其數據保護立法中設立"白名單制度"，旨在簡化傳輸數據程序，促進開放自由環境中的數字經濟合作和數字貿易。例如，歐盟 GDPR 就依據"充分性保護"原則，綜合評估數據出境目標國家或地區的數據保護立法強度、執法及實施水平、救濟措施的體系性設計、國際合作參與等情況，符合歐盟理念並認定為具備同等數據保護標準的法域可獲准納入白名單，據此享有無需特別授權即可自由接收來自歐盟的個人數據。[20] 再如，日本則已加入了由美國主導的 APEC 跨境隱私規則體系，並與歐盟也達成了充分性認定協議，倡導"可信數據自由流動"理念，與主流西方國家一道積極踐行促進數據跨境流動。[21] 在大灣區內，港澳地區的數據跨境體系架構中已不乏關於"白名單"機制與目的地數據保護充分（恰當）評估的法律淵源。如前述，香港《個人資料（私隱）條例》第 33 條除外規定中的前兩項恰好對應"白名單"與保護強度評估準則——（2）（a）跨境目的地為白名單所載明的司法管轄區；（2）（b）數據目的地已頒布實施類似的數據保護法律。澳門的個人數據跨境規範在遵循"嚴格限制"立場的基礎上，也把"數據信息接收方當地的法律體系能確保適當的保護程度"作為限制出境之例外的首要評估條件。[22] 誠然，除白名單制之外，歐盟、相關國際組織與雙邊多邊合作框架的其他實踐經驗也值得借鑑，包括較為流行的數據跨

18 近期，內地的《信息安全重要數據識別指南》（徵求意見稿）和《工業和信息化領域數據安全管理辦法（試行）》（徵求意見稿）等下位配套立法、標準以公布，採取了"概括 + 列舉"的形式對重要數據的定義進行了細化。參見曹芳、趙子飛：《中國數據跨境治理方案的有益構建》，騰訊研究院內部稿。

19 對此，也有學者主張"數字特區"或"數字自貿區"等相關概念，參見王靖雯、孔建忠、應能：《粵港澳大灣區探索建設數字特區的對策研究》，《紫荊論壇》2021 年 7-8 月號。

20 參見曹芳、趙子飛：《中國數據跨境治理方案的有益構建》。

21 同上。

22 參見澳門《個人資料保護法》第五章之有關規定。

境流動協議範本模式，以及由行業協會和其他自律組織自行組織數據出境安全評估等法律政策工具等，均可探索適用。

第三，在上述行為法規範之外，粵港澳大灣區數據法制韌性的提升也有賴於組織法的有效、專業保障。誠如前文論及的歐盟“充分性認定”就將“是否配備有效的專業規制機構”作為評估指標。一個理想的數據保護機構應滿足“統一、獨立、專業”這三重標準[23]：“統一性”指代的是權責統一與問責制度清晰的組織法基本原則；“獨立性”則要求數據保護機構能夠防止並排除其他行政機關的介入干擾，中立、不偏倚地履行數據監管職能；“專業性”衍生自數據保護場景日益複雜這一客觀事實，當專責機構需要在“技術、法律和政策的交叉領域中多面作戰”[24]，機構專業度就尤為關鍵，只有“專業機構”才能體系性地履行好包括規則制定、行政監督、接受投訴、調查處理等在內的為數據保護所必須的行政權能。對於粵港澳大灣區基於數據合作與安全保障的專責機構設置，於 2021 年 7 月頒布、今年 1 月生效實施的《深圳經濟特區數據條例》曾在起草過程中擬定了名為“深港澳數據融通委員會”方案。該委員會由三地數據安全監管機構負責人和國家數據安全監管機構負責人或代表人組成，負責制定《深港澳數據融通規則》及委員會議事規則，並據此落實標的區域內的數據合作方案與規制改革。[25] 然而這一組織法方案並未獲得最終採納，原因或在於這類跨域共設機關的組織建制歸屬於中央立法權範疇，嚴格受制於典型的法律保留原則，根據《立法法》第 8 條規定，各級政府的產生、組織和職權只能由全國人大立法規定。

第四，關於大灣區數字基礎設施延展的場景因應。如果說新冠疫情加速了各式場景的數字化轉型進程，那麼健康碼就是這一語境下社會主體認證的新型數字基礎設施，以顏色表徵個人身體狀況、反映風險情勢，從而充實了數字身份的緊急法治內涵。可以預見，當疫情風險解除後，基於用戶掃碼慣性、政府“碼上治理”的承襲，二維碼的數字認證作為一套技術行為制度，將溢出公共衛生治理的範疇，不僅成為常態化公共服務的入口，且顯著地加權智慧城市、數字政府等日常電子政務實踐。[26] 這一預設對於服務粵港澳大灣區基層社會民生的作用更不容小覷，其中以持續探索灣區資源加快流動、

23 參見許可：《健康碼的法律之維》。

24 同上。

25 參見鄧凱：《新基建戰略中的港澳機遇：一個法律的框架秩序》，《紫荊論壇》2020 年 11-12 月號。

26 參見胡凌：《健康碼、數字身份與認證基礎設施的興起》。

促進出入境便利化為典型場景。例如依托二維碼及更多的數據功能延展著力打造大灣區智慧生活圈與"E證通"網絡電子身份標識的規範成型，進而支持港澳用戶、商戶在內地享受便捷、無差別的社交體驗。健康碼的跨境互認對接或許正是大灣區數字治理的奇點時刻，粵港澳三地升格數字手段破除"割據"，講述的是在非常時期以數字化技術推動大灣區人流、物流等要素貫通提質增效的中國故事。更進一步，因行政區隔、體制不一所招致的大灣區統一市場生成受阻有機會通過分享內地數字技術發展紅利，形成路徑依賴。這一路徑下的深層次政策考慮更包括：通過互聯網數據產品意義上的"用戶教育"、"行為助推"等技術理性來引導大灣區民眾的數字觀念和生活方式趨同，原有的粵港澳制度性差異有機會在"數字技術＋跨境公共服務"的工具場景下得以消解。[27]

第五，應鼓勵數字技術企業合作參與大灣區數字治理。科技企業參與技術治理具有天然優勢，健康碼的發展即源自於互聯網公司在疫情初期敏銳發掘用戶需求痛點，并快速響應政府訴求，在政務服務平台入口開闢疫情相關功能服務，從而逐步以接受政府委托的數據處理者的角色參與風險數據治理。也由此，應充分認肯科技企業在數字治理秩序中的良好司職價值。繼續引申，在提升大灣區數據要素制度韌性的過程中，除個人信息、隱私保護及公共數據安全保障的法益外，平衡商業數據流動的產業發展要求也是培育大灣區數據生態的應有之義，政企合作治理模式始終不應忽視。應允許、鼓勵並引導數據科技企業有序地參與數據跨境流動的標準制定、技術解決方案產品設計、產業生態共建等環節，以及在實施細則中對灣區企業經營發展訴求、業務能力優勢、行業產業定位予以充分考慮，例如吸納跨境數據分級分類的商業慣例與公司實務規則、企業自評與認證機制等市場規範。[28] 於此同時，給予灣區數字技術企業數據治理創新行為以堅實的制度保障，應遵循"容錯（試錯）糾錯"、"盡職免責"等創新激勵普適原理，尤其要摒棄連帶責任和客觀歸責（當數字治理創新遭遇風險時），從而最大限度地推動政企、公私的跨界合作。

---

27 參見鄧凱：《粵港澳協同"戰疫"：路徑及其數字化構想》。

28 參見鄧凱：《新基建戰略中的港澳機遇：一個法律的框架秩序》。

五、結語：更多的大灣區數字法治想象

粵港澳大灣區融合既是空間戰略，又關乎制度共建與規則銜接，這實際上把跨境交互的各類場景、各項命題置於法律地理學範疇下全面審視，同時更應謀求某種法律性與空間性兼備並相互交錯的“疊接”（Splice）關係作為可預測的穩定秩序。竊以為，在“一國兩制”長期主義發展觀的視域中，數字治理構型以及數字化交互規則的想象力拓展始終是重要選項，至少健康碼跨境互認及其背後的數字技術範式已然開始承擔解決跨境流動不足、升維協同治理質效、重塑灣區法治形態的賦能角色。

囿於篇幅所限與筆者的研究未盡，本文在結尾處僅做設問如下：首先，由數字技術加持的線上糾紛解決系統（ODR）平台會否成為未來大灣區跨境糾紛解決的主流形式？需要定爭止紛的內容除普通民、商事案件外，理應包括因數據跨境糾紛。其次，區塊鏈技術所具備的信任穿透、鑑證確權、分布共享等技術特徵能否有效補強多元法域之間的法律協同？如何更精準地應用於跨境司法訴訟中的採信、證據固定、文書交換等程序環節？以及，更前沿的數據匿名化、差分隱私、聯邦學習等技術方法如何更好地賦權跨境數據治理？再次，前述大灣區數據保護專責機構在履行其監督救濟權能時，可否衍生出某種智慧裁判者樣態，以及在人工智能、人工智能法的撮合下，普通法系和成文法系會否實現趨同？最後，當下火出天際的“元宇宙”概念能否再造有關場景並為大灣區融合的時空邏輯提供最終極的法律想象？在擺脫教條、解放思想後，想象與創造的空間是存在的。[29]

29　參見鄧凱、朱國斌：《深港融合應重視構建跨境糾紛解決機制》。

第三部分

大灣區司法與其他衝突解決機制及其創新

1. 不方便法院（非便利公堂）原則
——內地和香港法院的理論與實踐

趙亮　英國南安普敦大學法學院副教授

一、導言

不方便法院原則起源於英國的蘇格蘭法律，後融入英國法律體系中。英國法院在受理民事案件後，可以根據不方便法院原則，中止法庭程序，以便讓當事人可以到更合適的他國或地區法院進行訴訟。不方便法院原則本不是中國內地涉外民事訴訟法律制度中的內容，隨著內地涉外法律制度的發展和涉外案件的增加，尤其是廣東地區的涉港澳案件增加，中國內地法院開始考慮並適用不方便法院原則。內地法院的司法實踐，最終於 2015 年形成成文的法律制度，並作為法律依據在內地法院的司法實踐中開始得到正式的應用。根據內地的不方便管轄原則，內地法院在一定的條件下可以駁回原告的起訴，告知其向更方便的境外法院，包括香港地區的法院，提起訴訟。

表面上看，內地和香港地區的法院，都有不方便法院原則的法律制度，並且在司法實踐中使用該原則。但從具體內容來看，二者無論從形式上還是本質上存在著顯著的差異，從而導致在適用該原則時有不同的法律效果。本文將從不方便法院的英國法起源和香港的法律實踐，到中國內地不方便法院原則的內容和司法實踐，研究該原則的內容和適用，發現內地和香港地區不同的不方便法院原則和實踐，提出發展內地不方便法院原則的建議，增強內地和香港地區法院管轄制度的協調發展，為減少粵港澳地區的民事管轄衝突和提升大灣區內司法的協同發展提供參考。

二、香港的不方便法院原則

不方便法院的英文是 forum non conveniens。其中的“ conveniens”是拉丁語，常被理解為英語中的“convenient”，即中文的“方便”，因此內地將其翻譯為“不方便法院”。香港法律中將 forum non conveniens 翻譯為“非便利公堂”。該翻譯與內地翻譯略有區別，但“方便”和“便利”二者沒有本質區別。然而上述理解和翻譯是不恰當的，沒有準確地反映出不方便法院原則的本質。在 *Société du Gaz de Paris v. Société Anonyme de Navigation (Les Armateurs Français,)* 案中，[1] Lord Dunedin 指出，“convenient”是個不好的翻譯，恰當翻譯應當是“appropriate”。[2] 在 *Spiliada Maritime Corporation v Cansulex Ltd (The Spiliada)* 一案中，[3] Lord Goff of Chieveley 同意 Lord Dunedin 的觀點，認為要避免使用“convenience”一詞，他國法院要理解為“the *appropriate* forum”，即“適當的法院”，而非方便的法院。[4] 因此，doctrine of forum non conveniens 的確切翻譯，應當是“不適當法院原則”。但鑑於中文中已經將 forum non conveniens 翻譯為“不方便法院”或“非便利公堂”，且本文的目的不是討論“不方便法院”原則的中文翻譯問題，因此使用約定俗成的翻譯，即“不方便法院原則”。

在 *The Spiliada* 案中，Lord Goff of Chieveley 將不方便法院原則的適用總結如下：[5]

> (1) The basic principle is that a stay will only be granted on the ground of forum non conveniens where the court is satisfied that there is some other available forum, having competent jurisdiction, in which the case may be tried more suitably for the interests of all the parties and the ends of justice.
>
> （1）基本原則是，只有當法院認可有其他的法院擁有管轄權，且為所有當事人的利益和公平正義，更適合審理該案件，法院才根據不方便法院原則，中止法庭程序。
>
> (2) In general, the burden of proof rests on the defendant to persuade the court to exercise its discretion to grant a stay. If the court is satisfied that there is another available forum which is prima facie the appropriate forum for the trial of the action, the burden will then shift to the plaintiff to show that there are special circumstances by reason of which justice requires that the trial

1 1926 SC(HL) 13.

2 1926 SC(HL) 13, 18.

3 [1987] AC 460.

4 [1987] AC 460, 475.

5 [1987] AC 460, 476.

should nevertheless take place in this country.

（2）一般來說，舉證責任在被告，其要說服法院行使裁量權，批准中止程序。如果法院認為有他國的法院被初步地認定為適合審理該案的法院，舉證責任將轉移到原告，其要證明有特殊的情況，由於公平的原因，該案仍然應當在本國審理。

(3) The burden resting on the defendant is not just to show that England is not the natural or appropriate forum for the trial, but to establish that there is another available forum which is clearly or distinctly more appropriate than the English forum.

（3）被告不僅要舉證證明英國不是一個當然的或者適合的審判管轄地，還要證明他國的管轄比英國的管轄更清楚和明顯的適合。

(4) For the question whether there exists some other forum which is clearly more appropriate for the trial of the action, the court will look first to see what factors there are which point in the direction of another forum. Such factors may include the availability of witnesses, the law governing the relevant transaction, and the places where the parties respectively reside or carry on business.

（4）對於是否存在他國法院更清楚和明顯地適合審理該案，本法院首先要看有哪些因素指向他國法院。這些因素包括證人能否出席，有關交易的適用法，以及當事人居住地或營業地。

(5) If the court concludes at that stage that there is no other available forum which is clearly more appropriate for the trial of the action, it will ordinarily refuse a stay.

（5）如果認為在該階段沒有更清楚和明顯地適合審理該案的他國法院，法院通常會拒絕中止程序。

(6) If however the court concludes at that stage that there is some other available forum which prima facie is clearly more appropriate for the trial of the action, it will ordinarily grant a stay unless there are circumstances by reason of which justice requires that a stay should nevertheless not be granted.

（6）然而，如果認為在該階段有更清楚和明顯地適合審理該案的他國法院，法院通常會批准中止程序，除非有些情況下，由於公平的原因，中止程序仍然不能被批准。

上述不方便法院原則的適用規則中，除了舉證責任的規則以外，最為重要的原則是"所有當事人的利益"和"公平正義"。所有考慮的因素都要圍繞這兩個原則做出分析和判斷。香港法院在回歸中國前適用普通法的過程中，接受並適用了不方便法院原則。[6] 在香港回歸後，香港法院繼續適用英國普通法中不方便法院原則，例如 *The Spiliada* 案例的適用。[7]

三、內地的不方便法院原則

在中國內地法院的司法實踐中，對法院本享有管轄權，但審理案件十分困難，又與中國內地和中國公民、法人或其他組織的利益無關的情形，曾適用不方便法院原則，放棄行使管轄權。中國內地公認的第一個適用不方便法院原則的案件是"東鵬貿易公司訴東亞銀行信用證糾紛案"。[8] 該案中，東鵬貿易公司向深圳市中級人民法院提起了對東亞銀行的訴訟，但是東亞銀行向法院提出了管轄權異議。東亞銀行認為，該案應該適用不方便法院原則，由香港的法院管轄。東亞銀行的請求被深圳市中級人民法院駁回，東亞銀行向廣東省高級人民法院提起了上訴。廣東省高級人民法院二審駁回了東亞銀行的上訴，維持一審裁定。廣東省高級人民法院依據審判監督程序對管轄權異議進行再審。在再審過程中，廣東省高級人民法院向最高人民法院諮詢意見，最高人民法院作出批覆："本案雙方當事人已經明確約定服從香港法院的非專屬性管轄，且本案雙方當事人均為香港法人，其糾紛的產生也與內地無關，從方便訴訟的原則出發，該案應按當事人的約定，由香港法院管轄。"據此，廣東省高級人民法院裁定駁回了原告的起訴。這是最高人民法院以批覆的形式參考適用了不方便法院原則。

最高人民法院在"佳華國際有限公司與銳享有限公司訴永僑企業有限公司與中僑國貨投資有限公司股東權益糾紛案"中，[9] 以裁定的形式再次適用了不方便法院原則。最高人民法院認為，該案中兩個原告和被告都是香港公司，這三個公司投資的中僑也是在香港註冊。對於這個以香港為據點的公司

---

6 *The Pioneer Container* [1994] 2 AC 324, Privy Council (Hong Kong); *Mercedes-Benz AG v Leiduck* [1996] AC 284, Privy Council (Hong Kong).

7 *The Peng Yan* [2009] 1 HKLRD 144.

8 （1995）粵法經二監字第 3 號。

9 （1995）經終字第 138 號。

和不同股東的糾紛，註冊地法院應該享有專屬管轄權，原審法院不在該公司的註冊登記所在地，僅以上訴人在法院地有代表機構、有可供扣押的財產為由受理該案件是不適當的。因此，最高人民法院撤銷了廣東省高級人民法院的裁定，駁回了兩原告對兩被告在內地法院的起訴。最高人民法院在隨後的司法實踐中，繼續適用不方便法院原則。[10]

2004 年，為了加強對全國涉外商事海事審判工作的指導，統一執法標準，最高人民法院民事審判第四庭根據法律規定，結合審判工作實際，在廣泛徵求意見的基礎上，編寫了《涉外商事海事審判實務問題解答（一）》。該問題解答第 7 條規定：

> 我國民事訴訟法沒有規定"不方便法院原則"。在審判實踐中，一方當事人就其爭議向人民法院提起訴訟時，另一方當事人往往以我國法院為不方便法院為由要求我國法院不行使管轄權。如果人民法院依據我國法律規定對某涉外商事案件具有管轄權，但由於雙方當事人均為外國當事人，主要案件事實與我國沒有任何聯繫，人民法院在認定案件事實和適用法律方面存在重大困難且需要到外國執行的，人民法院不必一定行使管轄權，可適用"不方便法院原則"放棄行使司法管轄權。

雖然該規定僅以問答的形式出現，但體現了中國內地法院關於適用不方便法院原則的做法，並對做出進一步的法律規範提供了依據。

2005 年，最高人民法院召開第二次全國涉外商事海事審判工作會議，總結 2001 年來涉外商事海事審判工作的經驗，研究審判實踐中亟待解決的問題，討論進一步規範涉外商事海事審判工作，為改革開放和經貿、航運事業提供司法保障的措施。會議達成以下共識，並形成紀要，即《第二次全國涉外商事海事審判工作會議紀要》。該紀要第 11 條就適用不方便法院原則的條件提出如下指導意見：

> 我國法院在審理涉外商事糾紛案件過程中，如發現案件存在不方便管轄的因素，可以根據不方便法院原則裁定駁回原告的起訴。"不方便法院原則"的適用應符合下列條件：（1）被告提出適用"不方便法院原

10 "住友銀行公司訴新華房地產有限公司貸款合同糾紛"（1999）經終字第 194 號民事裁定書；"國際油污賠償基金訴三星重工業株式會社和三星物產株式會社案"（2011）民申字第 400 號。其他適用案件，參見涂廣建：《再論我國的"不方便法院"原則》，《武大國際法評論》2013 年第 1 期，第 105 頁。

則”的請求，或者提出管轄異議而受訴法院認為可以考慮適用“不方便法院原則”；（2）受理案件的我國法院對案件享有管轄權；（3）當事人之間不存在選擇我國法院管轄的協議；（4）案件不屬於我國法院專屬管轄；（5）案件不涉及我國公民、法人或者其他組織的利益；（6）案件爭議發生的主要事實不在我國境內且不適用我國法律，我國法院若受理案件在認定事實和適用法律方面存在重大困難；（7）外國法院對案件享有管轄權且審理該案件更加方便。

儘管該紀要不是以法律的形式出現，但在中國內地法院的司法實踐中，仍然起到重要的法律參考作用。

2015 年，最高人民法院發布《最高人民法院關於適用〈中華人民共和國民事訴訟法〉的解釋》（簡稱《民訴法司法解釋》），[11] 自 2015 年 2 月 4 日起施行。該解釋第 532 條規定，涉外民事案件同時符合下列情形的，人民法院可以裁定駁回原告的起訴，告知其向更方便的外國法院提起訴訟：

（一）被告提出案件應由更方便外國法院管轄的請求，或者提出管轄異議；

（二）當事人之間不存在選擇中華人民共和國法院管轄的協議；

（三）案件不屬於中華人民共和國法院專屬管轄；[12]

（四）案件不涉及中華人民共和國國家、公民、法人或者其他組織的利益；

（五）案件爭議的主要事實不是發生在中華人民共和國境內，且案件不適用中華人民共和國法律，人民法院審理案件在認定事實和適用法律方面存在重大困難；

（六）外國法院對案件享有管轄權，且審理該案件更加方便。

最高人民法院的司法解釋，雖然不是正式意義上的法律，但根據《最高

11 法釋〔2015〕5 號。

12 中國《民事訴訟法》第 34 條規定：“下列案件，由本條規定的人民法院專屬管轄：（一）因不動產糾紛提起的訴訟，由不動產所在地人民法院管轄；（二）因港口作業中發生糾紛提起的訴訟，由港口所在地人民法院管轄；（三）因繼承遺產糾紛提起的訴訟，由被繼承人死亡時住所地或者主要遺產所在地人民法院管轄。”該法第 273 條規定，因在中華人民共和國履行中外合資經營企業合同、中外合作經營企業合同、中外合作勘探開發自然資源合同發生糾紛提起的訴訟，由中華人民共和國人民法院管轄。

人民法院關於司法解釋工作的規定》第 5 條規定，最高人民法院發布的司法解釋，具有法律效力。因此，《民訴法司法解釋》第 532 條成為中國內地的不方便法院原則的具體法律規定，內地法院可以據此適用不方便法院原則。

四、不方便法院原則的異同

儘管中國內地在司法實踐的基礎上，以司法解釋的形式確立了不方便法院原則的規則，但該規則在內容上和香港法院所適用的非便利公堂原則還是有非常顯著的差別。這種差別包括實質性的不同和形式上的不同。

在實質上，中國內地的不方便法院原則中，最為重要的原則是“中國法院的方便”和“中國利益”。而香港的非便利公堂原則中，最為重要的原則是“所有當事人的利益”和“公平正義”，二者存在顯著的不同。前者突出的是中國內地法院在審理上的不方便和外國法院審理上的方便。對於方便和不方便，判斷的標準是事實的查明和外國法的適用，而非當事人的利益。有觀點認為，不方便法院原則的行使結果，使得不方便法院主動放棄了管轄權，避免了由於案件與該國缺乏必要的聯繫而在調查取證、當事人及證人出庭、判決執行方面的困難。相反，由其他適當法院管轄該案件，這些困難將不復存在，無疑對於當事人和法院來說，都是極為便利的，也必將大大提高效率。[13] 這種觀點，似乎為考慮中國內地法院的方便提供了理由，因為同時對當事人也是方便的。然而，這裏對當事人的方便，只是附帶的，而非考慮的前提因素。從調查取證、當事人及證人出庭、判決執行等方面來看，這些都是方便法院的主要因素，而非從當事人的利益角度出發。筆者認為，法院的困難和方便不應成為不方便法院原則的重要因素。

即使考慮法院的困難和方便，在中國內地法院的司法實踐中，對困難和方便的理解也有不同。由於實行“一國兩制”，香港無論在地域行政管理上還是法律制度上，都與內地存在巨大差異。關於內地法院在查明發生在香港的事實和適用香港的法律，內地法院有不同的認識。在“威爾士公司訴英國東化有限公司等公司債券交易糾紛案”中，[14] 合同的簽訂和履行等案件爭議的主要事實均發生在中華人民共和國境外。同時，雙方約定由香港特別行

---

13 參見奚曉明：《不方便法院制度的幾點思考》，《法學研究》2002 年第 1 期。

14 （2016）遼 02 民初 624 號之 1。

政區法院管轄，並約定選擇適用香港特別行政區法律解決糾紛。大陸審理法院認為，鑑於中華人民共和國香港特別行政區與中華人民共和國內地分屬不同法域，且適用判例法，與內地的法律規定具有巨大差異。該院審理本案在認定事實和適用法律方面均存在重大困難。[15] 不同的是，在"天卓國際發展有限公司訴盈發創建有限公司企業借貸糾紛案"中，[16] 內地審理法院認為，雖然當事人均係在香港特別行政區註冊成立的法人，涉案款項係經香港上海滙豐銀行電匯至被告公司，但從案件證據的取得、證人出庭作證、準據法的查明及審理中使用的語言等方面考量，上述因素尚不足以構成內地法院重大、明顯的不方便管轄因素，案件在認定事實和適用法律方面並不存在重大困難。判決中內地法院沒有解釋或提供證據證明在香港查明事實和適用香港法律是否困難。根據目前內地和香港的往來政策和實際情況，兩地法院在對方地域範圍內查明事實也許並非容易，但也未必"重大困難"，兩地法律也並非不可能查詢。也許是因為內地法院長期將涉及香港的案件以涉外案件處理，[17] 內地法院習慣性地認為在香港查明事實困難。對於香港法律，內地法院通常認為香港法律與內地的法律規定具有巨大差異，所以認為適用香港法律存在重大困難。事實上，內地法官在適用香港法律，尤其是普通法上的確不容易，畢竟是法律體系上的重大差異，這和香港法院適用內地成文法困難是一樣的。但內地法院採用香港法院普遍採用的專家意見證明外國法的適用，由法律專家或專業人士證明香港法及其適用，由內地法官判決專家證人意見，從而判斷香港法的適用，這種困難是可以克服的，至少未必是重大困難。從上述內地法院的司法實踐中可以看出，域外查明事實和適用非本地法律是否存在重大困難，本身不易判斷，因此，其不易作為不方便法院原則的適用規則。

雖然《民訴法司法解釋》規則中提及"國家、公民、法人或者其他組織的利益"，但規則是只要涉及上述利益，則不駁回起訴，繼續管轄。這意味著，中國內地法院對涉及中國利益的案件不能放棄管轄，而對不涉及中國利益的案件可以放棄管轄。有觀點認為，《民訟法司法解釋》第 532 條之規

15 本案不涉及在香港查明事實，因為事實發生在中國內地和香港境外。

16 （2016）津民終 45 號。

17 根據《最高人民法院關於適用〈中華人民共和國民事訴訟法〉的解釋》第 551 條的規定，人民法院審理涉及香港、澳門特別行政區和台灣地區的民事訴訟案件，可以參照適用涉外民事訴訟程序的特別規定。

定和人民法院適用不方便法院原則的實踐，側重於保護中國內地當事人的利益而非平等對待當事人的利益。[18] 這種觀點值得商榷。內地法院管轄涉及中國利益的案件，並非就意味著不保護非中國當事人的利益，也沒有任何證據證明是側重保護中國當事人利益。《民事訴訟法司法解釋》的規定，似乎在強調中國內地法院的屬人管轄，但與當事人的利益沒有直接關係。有觀點認為，涉外民事管轄權作為國家司法審判權的一部分，是國家主權的重要組成部分。國家主權原則賦予每一主權國家都有屬地管轄權和屬人管轄權，對其領域內的一切人、物和發生的行為以及境外本國國民有管轄權。積極擴大和行使涉外民事管轄權，是國家主權的本質要求。但反對觀點認為，國家主權原則在司法領域中的體現並不是絕對的，並非將每一個具有管轄權的案件均予以管轄，就是貫徹了國家主權原則。不方便法院原則使法院在權衡訴訟便利、司法公正以及國家利益的基礎上自由裁量某一涉外民事訴訟管轄權的歸屬，主動放棄部分涉外民事管轄權，正是一個國家主權"獨立自主"處理自己事務的具體表現。[19] 筆者同意後者觀點。這種涉及中國內地法院管轄的一刀切做法，不是考慮當事人利益的恰當做法。有觀點指出，只要涉及中國公民、法人和其他組織的利益，不分原因和利益大小，均由中國法院管轄並審理的理念，有待檢討。[20] 如果從當事人的利益出發，判斷哪個法院更適合管轄，應該沒有問題。畢竟，管轄是為了解決當事人的糾紛，維護當事人的合法權益。如果管轄的判決不是從當事人的利益出發，則有悖於糾紛解決的本意。對於公平正義，也應當是對當事人的公平正義。中國內地的不方便法院原則的"適用要件過於剛性"，[21] 對比而言，香港法院所適用的非便利公堂原則所要求的重要規則，更為合理。

在內地法院的司法實踐中，基本上只要案件涉及內地當事人，內地法院就不可能放棄管轄，駁回原告起訴。例如，在"益利船務有限公司訴施瑞朝等光船租賃合同糾紛案"中，[22] 原告為香港公司，被告為內地居民，法院認為，案件涉及內地利益，故該案不符合法律規定的不方便法院原則的情形。

---

18 黃志慧：《人民法院適用不方便法院原則現狀反思：從"六條件說"到"兩階段說"》，《法商研究》2017 年第 6 期。

19 奚曉明：《不方便法院制度的幾點思考》，《法學研究》2002 年第 1 期。

20 宋建立：《不便管轄原則在我國法院的適用》，《人民司法》2012 年第 21 期。

21 沈紅雨：《我國法的域外適用法律體系構建與涉外民商事訴訟管轄權制度的改革 —— 兼論不方便法院原則和禁訴令機制的構建》，《中國應用法學》2020 年第 5 期。

22 （2020）閩 72 民初 239 號。

類似的情況是，即使案件中有明顯指向非內地法院的因素，由於有內地當事人，內地法院仍然會拒絕放棄管轄。在“瞿巍訴保誠保險有限公司香港人身保險合同糾紛案”中，[23] 內地一審法院經審查認為，涉案保險合同均為香港保誠公司提供，合同項下條款約定內容均依照香港特別行政區法律擬定，且合同簽署地位於香港特別行政區，原告訴訟請求亦依照涉案保險合同約定的賠償條款提出，故保誠公司對管轄權提出的異議成立，該案由香港特別行政區法院管轄更為方便。[24] 然而，中國內地二審法院認為，因上訴人即原審原告係中國大陸地區公民，本案不符合第 532 條第 4 項關於“案件不涉及中華人民共和國國家、公民、法人或者其他組織的利益”的規定，不具備可以適用“不方便原則”的情形，故一審法院引用該條規定裁定駁回原告的起訴，屬於適用法律錯誤，應予糾正。顯然，這種“矯枉過正”的做法，未必符合當事人的利益。

這種無內地當事人的要求，甚至可能和其他要求產生矛盾。例如，中國內地法院可能在查明境外發生的事實或者適用外國法律存在重大困難，但由於案件有內地當事人，內地法院不得不繼續審理案件，不能因為存在境外更合適的法院而放棄管轄，使得法院和非內地當事人可能都處於不方便或利益得不到更好保障的處境。廣東地區有法院突破了現有的內地不方便法院原則的規則，從當事人的角度做出管轄的決定。在“丘某訴廖某等繼承糾紛案”中，[25] 原告是香港居民，被告為內地居民。被告在訴訟中向法院提出該案應由更方便審理的香港特別行政區法院管轄的請求。該法院認為，對於當事人行使自身權利的行為，法院應予尊重。在其他條件都同時滿足的情況下，該法院駁回了香港原告的起訴。這個判決突破了只要有中國內地當事人則必須管轄的束縛，但客觀地說，並沒有嚴格地適用不方便法院原則的現有規則。如果該案上訴到上級法院，是極有可能像“瞿巍訴保誠保險有限公司香港人身保險合同糾紛案”一樣被否定。可以認為，這種個別的司法判決，不代表內地法院的主流做法。如果要從根本上解決這個問題，可能還需要修改法律規則本身。有建議認為，對不方便法院原則的適用要件進行適當修改，突出外國法院是更加適當、便利的替代法院這一要點，而不以“不涉及我國公民、法人或者其他組織的利益”為必要前提，由中國內地法院從私人利益和公共

23 （2019）鄂民終 404 號。

24 （2018）鄂 01 民初 4792 號之 1。

25 （2016）粵 06 民終 848 號其一。

利益兩方面進行權衡，通過不方便法院原則的適用，尋找更合適的法院以達到公正司法的目的。[26] 這種建議雖然未能與香港的非便利公堂原則完全一致，但至少將當事人利益列為重要考慮因素，值得積極考慮。至於公共利益，這是各國法院在適用法律時都會考慮的合法因素，與適用不方便法院原則，本身並不存在矛盾。

在形式上，香港法院的程序是中止法庭程序，而內地法院是駁回原告的起訴。根據中國《民事訴訟法》的規定，中止訴訟表明已經受理的案件並沒有結束，只是因為出現了某些客觀上的情況，致使案件的審理活動暫時不能繼續進行，而採取的一種臨時性措施。一旦中止的原因消除，法院必須恢復訴訟。因此，有觀點認為，如果中國內地法院採取中止訴訟的方式處理與適用不方便法院原則有關的程序問題，則意味著該案件日後在一定條件下還要恢復審理。中國內地法院不必採用中止訴訟的方式適用不方便法院原則。即便可能會發生在法院中止訴訟後，被告不接受替代國法院的管轄，也不必採取中止訴訟的方式來停止受訴法院對案件的審理。因為中止訴訟後，法院很難了解到該案件在國外的訴訟情況，自己何時應當最後終結訴訟，這樣做會使案件長期處於不確定的狀態。對於駁回起訴的案件，原告再次起訴的，如果符合起訴條件，人民法院仍然可以再行受理。這就為當原告在替代法院起訴而遭到拒絕時，提供了進一步救濟的途徑。[27] 但也有觀點認為，如果直接駁回原告起訴，一旦外國法院拒絕行使管轄權，則構成管轄權消極衝突，原告需重新向中國法院起訴，此會增加當事人訟累，且是否能夠重新起訴、訴訟時效起算等問題尚不明確。因此建議，在確定本國法院為不方便法院時，裁定中止訴訟，如替代的外國法院認為其對案件沒有適當管轄權的，則本國法院恢復訴訟、繼續審理。[28] 上述二者觀點，都有合理的成分，兩種方案，都各有利弊。對於二者的選擇，可能還需要對中國內地訴訟的司法實踐進行深入的研究，才能得出相對肯定的答案。

---

26 沈紅雨：《我國法的域外適用法律體系構建與涉外民商事訴訟管轄權制度的改革 —— 兼論不方便法院原則和禁訴令機制的構建》。

27 奚曉明：《不方便法院制度的幾點思考》，《法學研究》2002 年第 1 期。

28 沈紅雨：《我國法的域外適用法律體系構建與涉外民商事訴訟管轄權制度的改革 —— 兼論不方便法院原則和禁訴令機制的構建》。

五、結論

儘管中國內地法院，包括最高人民法院目前有數宗適用不方便法院原則駁回起訴的案例，但本質上並沒有改變內地不方便法院原則的規則本身。就規則本身而言，有觀點一針見血地指出，其根本的問題在於“目標和價值取向不是特別清晰”，[29] 這即源於對不方便法院原則中的“方便”有一定的誤解，又受制於積極行使管轄的政策導向。針對現狀，內地的不方便法院原則，“亟待立法進一步予以優化”。[30] 這種優化，要明確不方便法院原則在中國內地立法的目標和價值取向。立法的目標不應是為爭取管轄而設立規則，而是確定合適的管轄法院，由合適的法院對案件進行管轄。立法的價值取向，不應是法院的困難和方便，而是當事人的利益和公平正義。這些價值取向，在民商事糾紛管轄中，是現代法制社會中法律賦予的基本內容，永遠都不會受到質疑和挑戰。[31] 如果中國內地關於不方便法院原則的法律和司法實踐，能夠以此立法目標和價值取向進行優化，內地的不方便法院原則和香港的非便利公堂原則將會趨同，從而減少法律制度本身的差異，在內地和香港法院的司法實踐中也能減少管轄的衝突，有利於內地和香港，包括粵港澳大灣區法律協同發展，促進民商事法律糾紛的有效解決。

---

29 同上。

30 同上。

31 公共利益或者國家利益當然優先於當事人個人利益，這是一般的法律規則，不是對不方便法院原則的質疑和挑戰。

2. 論粵港澳大灣區續造型訴訟程序的規範化與制度化——以前海法院經驗為例

程葉　深圳前海合作區人民法院法官
朱國斌　香港城市大學法律學院教授

在構建深圳前海深港現代服務業合作區適應開放型經濟發展的法律體系過程中，法院作為司法機構中爭議解決的最後一道屏障，其訴訟機制的運行亦應適應進一步開放的法律服務業發展。港澳居民等市場主體在向灣區內地城市尤其是前海深港合作區等自由貿易區流動以及灣區內部雙向合作過程中提出更多權利訴求，灣區法院在不斷養成開放性和國際性的訴訟機制時應注重訴訟程序的規範化運行，以減少體制障礙、彌合法律衝突進而促進灣區的進一步融合。

一、續造型訴訟機制的由來

（一）訴訟機制續造的司法基礎——三法域融合

訴訟機制的續造[1]，主要指在遵循現行訴訟機制基本價值與原則的基礎上，基於現實的司法需求對現行訴訟機制進行必要的補充與發展。近年來，前海法院作為集中受理深圳涉外涉港澳台商事案件的一審法院，受理的涉外涉港澳台案件數量呈迅猛上升態勢。2019 年共受理涉外涉港澳台案件 2183 件，其中受理涉港案件 1548 件；2020 年共受理涉外涉港澳台案件 2421 件，其中受理涉港案件 1529 件；2021 年共受理涉外涉港澳台案件 3669 件，其中受理涉港案件 2148 件。而自 2015 年 2 月 2 日至 2021 年 11 月期間，前海法院適用香港法審理案件為 91 件，適用頻度前五類案由為公司增資糾紛、融

1　關於"續造"的概念，參見王澤鑑：《案例研究與民法發展》，《法律適用司法案例》2017 年第 18 期。其意為："法理之補充功能，適用上包括制定法內法律續造（如基於平等原則所作之類推適用）及制定法外之法律續造（即超越法律計劃外所創設之法律規範）。

資租賃糾紛、金融借款合同糾紛、買賣合同糾紛及保證合同糾紛。[2] 相較於前海法院受理的涉港案件基數，適用香港法律審理的案件比例並不高。由於傳統的認定"涉外"因素理論，僅因當事人一方為港資企業而無其他涉港因素的案件暫未計入統計之列，即便如此，以前海法院所受理的涉外涉港澳台案件數量及近年的受理態勢均可見，三地民間交易的頻度不斷增強，交易方式更加複雜，三地法域的融合成為勢不可當的趨勢。

（二）訴訟機制續造的內生動力——跨境商事爭議規則銜接

為促進跨境商事爭議規則的銜接，深圳市人民代表大會於 2020 年 8 月 26 日修訂通過的《深圳經濟特區前海深港現代服務業合作區條例》第 57 條突破了中國現行《涉外民事關係法律適用法》中規定的當事人依照法律規定可以明示選擇"涉外"民事關係適用的法律，規定民商事合同當事人一方為在前海合作區註冊的港資、澳資、台資及外商投資企業的，可以協議選擇合同適用的法律。在粵港澳大灣區內踐行港資港法對審判組織提出新的司法要求，對訴訟機制的續造能力提出考驗。早在港資港法推行前，前海法院便開始創新推行港籍陪審員制度，發展至今，包括普通陪審員及專家陪審員在內的港籍陪審員自開始的 13 名已增長至 19 名。[3] 此外，還在涉外訴訟程序中完善域外法查明制度，探索多角度、多維度的法律查明方法，包括通過專家輔助人、法律查明中心，委托法律專家查明並評估可能的判決結果，建立域外法案例庫，法官自主查明等各種法律查明方法。

（三）訴訟機制續造的外在動因——法律事務對外開放

隨著全國首家香港與內地合夥聯營律師事務所華商林李黎（前海）聯營律師事務所在前海的註冊成立，[4] 粵港澳聯營律師事務所改革試點工作在前海率先試行。2020 年國務院辦公廳發布《國務院辦公廳關於印發香港法律執業者和澳門執業律師在粵港澳大灣區內地九市取得內地執業資質和從事律師職業試點辦法的通知》（國辦發〔2020〕37 號，或簡稱為"港澳律師試點辦

---

2 《沉浸式體驗！前海法院如何適用香港法解決民商事案件》，微信公眾號"深圳前海合作區人民法院"，2021 年 12 月 21 日。

3 前海合作區人民法院：《涉外涉港澳台商事審判白皮書》，2021 年 12 月 26 日，第 14 頁。

4 《探訪中國首家粵港澳聯營律所：打通港澳律師內地執業通道，架起大灣區法律人才橋樑》，騰訊網，2021 年 9 月 8 日，https://new.qq.com/omn/20210908/20210908A00EHQ00.html。

法”），它正式開啟了港澳地區職業律師在取得粵港澳大灣區律師職業證書後可以在大灣區內地法院從事民商事訴訟業務的通道。前海得天時地利，在法律事務對外開放方面無疑發揮著引擎作用，目前在全國 11 家粵港澳聯營律師事務所中有 7 家落戶前海。[5] 在可以預見的司法實踐中，取得灣區律師執業資格的港澳律師（所謂的“大灣區律師”）作為代理人參加訴訟在庭審中對準據法的爭奪將會成為雙方的主戰場之一。由於港澳執業律師同時兼具港澳及內地法律知識，而同一案件的不同法律問題其準據法可能不同，三地法律的交織適用對訴訟程序的規範化運行提出更高要求。

二、續造型訴訟機制規範化問題的提出

（一）司法法律淵源的邊界問題

《粵港澳大灣區發展規劃綱要》[6] 指出，“合理運用經濟特區立法權，加快構建適應開放型經濟發展的法律體系”。該特區立法權的行使權力來源於《中國立法法》第 74 條的規定 [7] 以及全國人大常委會在 1992 年作出的對深圳經濟特區的授權立法決定 [8]。對於特區行政法規立法權行使的範圍，該決定指出可“根據具體情況和實際需要”，立法法亦作出了原則上的規定，即“對法律、行政法規、地方性法規作變通規定”[9]，但變通的事項範圍、邊界以及監督機制有待全國立法機關的進一步明確，尤其在特區立法作為地方性法規直接對民事權利義務或者民事訴訟程序作出規定時，司法法律淵源的衝突與

---

5 《深圳向“前”攜手海納世界》，微信公眾號“粵港澳大灣區門戶網”，2021 年 9 月 10 日。

6 《粵港澳大灣區發展規劃綱要》（*Outline Development Plan for the Guangdong-Hong Kong-Macao Greater Bay Area*）由中共中央、國務院於 2019 年 2 月印發實施。《綱要》旨在進一步提升粵港澳大灣區在國家經濟發展和對外開放中的支撐引領作用，支持香港、澳門融入國家發展大局，增進香港、澳門同胞福祉，保持香港、澳門長期繁榮穩定，讓港澳同胞同祖國人民共擔民族復興的歷史責任、共享祖國繁榮富強的偉大榮光。

7 第 74 條規定：“經濟特區所在地的省、市的人民代表大會及其常務委員會根據全國人民代表大會的授權決定，制定法規，在經濟特區範圍內實施。”

8 1992 年 7 月 1 日，七屆全國人大常委會第 26 次會議表決通過了《關於授權深圳市人民代表大會及其常委會和深圳市人民政府分別制定法規和規章在深圳經濟特區實施的決定》，授權深圳市人民代表大會及其常務委員會、深圳市政府特區立法權。2000 年《立法法》實施，根據其第 73 條“省、自治區、直轄市和較大的市的人民政府，可以根據法律、行政法規和本省、自治區、直轄市的地方性法規，制定規章”的規定，深圳又獲得了較大市立法權。2015 年 3 月 15 日，全國人大修訂通過《立法法》，再次明確深圳作為經濟特區享有授權立法權。

9 第 90 條第 2 款規定：“經濟特區法規根據授權對法律、行政法規、地方性法規作變通規定的，在本經濟特區適用經濟特區法規的規定。”

邊界應當釐清。以本次港資港法的推行為例，《合作區條例》第 57 條突破中國現行法律規定的當事人可以明示選擇"涉外"民事關係適用法律的範圍，是否屬於特區立法對法律的"變通規定"、是否適用下位法與上位法衝突時的法律適用原則值得探討。如果"變通規定"的邊界不通過立法解釋或者司法解釋、判例的方式予以明確，那麼特區行政法規的進一步穩定、高效推行以及規範的訴訟機制建立將處於不確定性狀態。據統計，前海法院受理的案件中尚無港資企業選擇適用香港法的情形，但隨著大灣區的進一步融合發展與相關條例的進一步普及，前海內由港資企業在灣區內投資交易並選擇適用香港法的案件將逐步增多，屆時有法律服務需求的港資企業如何與聯營律師事務所對接、法院如何組織是類案件的訴訟，均需進一步的規範和指引。

（二）訴訟機制續造的方法問題

由於歷史的原因，香港、澳門與廣東享有不同的憲制地位，呈現"一國兩制三法域"之形態，中央司法主權與港澳地區司法高度自治權的權力行使會產生潛在衝突，比如由三地司法管轄權衍生的平行訴訟問題。有學者提出探索達成粵港澳大灣區民商事管轄衝突協調協議，對司法管轄權進行自我限制的意見[10]。內地與港澳立法規範與立法實踐上的差異，如拉布案[11]體現的立法程序及立法與司法關係問題，是解決衝突應考慮的深層因素。作為灣區的內地方，在進行自我調整構建續造型訴訟程序時，應注重規範化治理。比如《深圳經濟特區前海蛇口自由貿易試驗片區條例》第 56 條規定的"依法對與自貿片區相關的跨境交易、離岸交易等國際商事交易行使司法管轄權，探索受理沒有連接點但是當事人約定管轄的國際商事案件"以及最高院在此後發布的《關於支持和保障全面深化前海深港現代服務業合作區改革開放的意見》第 4 條規定的"支持前海法院依法有序擴大涉外民商事案件管轄範圍，支持依法試點受理沒有連接點但當事人約定管轄的涉外民商事案件"。上述規定屬於通過地方立法以及司法解釋的方法對現行民事訴訟法進行續造，也即補充和發展。還應防範某一項制度推行因合法性問題被否決和制度推行中所產生問題的反復。比如在文書送達問題上，香港法院採取由當事人或其代理人送達的方法[12]，前海法院已嘗試涉外案件送達借鑑該送達方法。該送達方

---

10 參見張淑鈿：《粵港澳大灣區民商事司法協助的現狀與未來》，《中國應用法學》2019 年第 6 期。

11 *Leung Kwok Hung v President of the Legislative Council*, (2014) HKCFAR 17.

12 *The Rules of the High Court*, O.10.r.1(1).

法實際上係通過案例的方式對現行民事送達制度進行續造，因前海法院係一審法院，該送達方法的嘗試面臨二審審查判定程序違法的風險，故而該方法的推行因欠缺規範化制度曾舉步維艱。但隨著《關於支持和保障全面深化前海深港現代服務業合作區改革開放的意見》第 5 條規定的“在涉港民商事案件中探索在當事人認可的前提下，由當事人、律師、公証機構等協助轉送文書，提高送達效率”的實施，這一最初通過案例所探索的對涉外民事送達制度的續造才有了“合法”的名分，這也從側面提出了如何通過規範化的方法達至訴訟機制有效續造的問題。

（三）訴訟機制的波動問題

1. 專家輔助人的功能退化

在涉外民商事訴訟中，“有專門知識的人”可以為當事人提出包括港澳法律在內的域外法提供專業意見。在理論界，有學者指出我國內地採取的是“鑑定人 + 專家輔助人”二元化專家證人制度[13]。香港作為普通法系地區，也採納專家證人制度，在該制度下專家證人應保持中立性，其職責除了輔助當事人進行訴訟活動外，還在於就其專業知識領域內的事項協助法院，並且該種職責優先於專家證人對委托或聘任他的當事人的職責[14]。但在司法實務中，最高人民法院第二巡迴法庭採納了“訴訟輔助人說”，即“有專門知識的人，性質上並非專家證人，而是專家輔助人，是輔助訴訟能力不足的當事人出席法庭審理、代表當事人陳述意見的人，並不具有獨立於當事人的訴訟地位”。[15] 在訴訟輔助人理論下，“有專門知識的人”在訴訟中並不具有中立的功能價值，而《港澳律師試點辦法》實施後，取得灣區內律師執業資格的港澳執業律師本身就是具有港澳法律專門知識的人，他們可以直接以代理人身份出庭出具專業的法律意見。出於訴訟成本的考慮，當事人聘請內地律師代表其參加訴訟，再申請有港澳法律專門知識的人以“專家輔助人”身份出庭陳述和解釋關於港澳法律適用意見的可能性降低，專家輔助人作為法律查明方法的功能將會退化。

---

13 參見朱海標、劉穆新、王旭：《“鑑定人 + 專家輔助人”二元化專家證人制度的中國演變 —— 以“民事訴訟證據規定”為切入點》，《中國司法鑑定》2021 年第 2 期。

14 Dave Lau, *Civil Procedure in Hong Kong — A Guide to the Main Practice*, Sweet & Maxwell, para 9, p 114.

15 參見最高人民法院第二巡迴法庭 2019 年第 31 次法官會議紀要。

2. 司法查明域外法的滯後

域外法查明是一個較為複雜的過程，“法官常常因為有限的域外法資源而倍感沮喪”[16]。在查明域外法時一般要回答以下幾個問題：如何確定爭議的法律關係？如何查明域外法？如何確定域外法的內容？如何理解擬適用的域外法？舉例說明這個問題：比如前海法院受理某香港公司解散後其前股東起訴要求被告返還公司印章案件。該案會涉及香港法查明問題，如果雙方法律關係確定為公司證照返還糾紛，那麼可能需要首先查明的是香港《公司條例》第 752 條“已解散公司的財產歸屬政府”；進一步提出如何理解該條文的問題，例如公司印章屬不屬於“公司財產”，若屬於，那麼原告作為公司的前股東對該證照沒有訴權，若不屬於，仍須進一步查明原告據以返還公司印章的其他法律請求權基礎。灣區內目前試行的港澳執業律師符合條件的情況下參加訴訟活動，實質上提供了更直接、更有效的法律查明途徑，他們可以隨時回應法庭根據案件需要提出的法律查明及解釋的要求，這在港澳法律的查明領域對傳統的法律查明方法將產生衝擊。但由於訴訟代理人接受當事人委托提供的代理意見天然具有傾向性，這意味著訴訟代理人提供港澳法律的法律查明方法並不能完全替代現行的查明方法，比如前海法院曾採用的委托法律專家查明並評估可能的判決結果，建立域外法案例庫各種法律查明方法仍然具有靈活的適用空間。此外，因具有港澳法律專門知識的訴訟代理人（主要為大灣區律師）在提供法律查明時具有直接性、快捷性的特徵，為保證與訴訟代理人同頻推進訴訟程序，案件的審理對裁判者熟悉港澳法律提出了更高要求。法官作為居中裁判者，除了在普通法知識儲備上的要求，亦應注重港澳當事人對法官的文化和身份認同。

三、續造型訴訟程序規範化運行的觀察與建議

（一）建立具有灣區一體化特徵的訴訟機制

1. 依托科學的方法

構建續造型訴訟程序匹配已經先試先行的包括聯營律師事務所、港資港法在內的各項法律服務開放措施。應善用特區立法權，注重中央“先行先

16 Jinske Verhellen, “Access to Foreign Law in Practice: Easier Said than Done”, (2016) *Journal of Private International Law*, 12:2, pp 281-300.

試”政策的法律化。一是依托特區立法。《改革綱要》在加強法律事務合作方面提出，“要合理運用經濟特區立法權，加快構建適應開放型經濟發展的法律體系，加強深港合作交流”。特區變通型立法與續造型司法二者旨在加強深港合作交流，“港資港法”已通過特區立法方式推行，灣區內涉港涉澳案件訴訟機制改革的規範化目前可依托特區立法的支持，對現行民事訴訟法的相關機制有所突破，進行試點改革以回應包括大灣區律師在灣區內執業等在內的法律服務業的進一步深化和開放。二是依托司法解釋或者一定條件下的案例釋法。最高人民法院發布司法解釋對現行法律的具體適用或者對司法實踐中遇到的新問題如何適用法律制定統一司法規則，通過司法解釋對大灣區內地法院在三法域融合過程中面臨的新問題作出回應具有可預測、規範化的優勢。同時，因司法案例直接產生於社會的司法需求，具有靈活性和直接性的優勢，通過適用正確的法學方法，以司法案例來續造現行訴訟機制，以適應三法域快速融合的發展趨勢，具有很大的發揮空間。在訴訟機制續造過程中，我們應注意特區立法、司法解釋、司法判例之間的關係界定。

2. 在前海建立與香港一體化的司法管轄權規則

在前海推行“港資港法”制度安排的同時，前海法院逐步推動續造型司法管轄權改革。涉外案件司法管轄權與該法域融入世界經濟發展的程度相關，香港作為一個國際開放型經濟體亦是粵港澳大灣區的重要組成部分，其形成的司法管轄理論及實踐在灣區法院確定司法管轄權原則時具有借鑑意義。香港法院行使管轄權的目的是在主要公共秩序的指引下，無論當事人具有何國國籍，法院都必須替他們主持正義。[17] 在無合同約定管轄的情況下，中國確定涉外合同類糾紛案件管轄權的主要法律依據為民事訴訟法第 272 條。根據該規定，對在中國境內（內地）沒有住所的被告提起的訴訟，內地法院可籍合同在境內（內地）簽訂或履行、訴訟標的物在境內（內地）、在境內（內地）有可供扣押的財產或設有代表機構等原因取得案件管轄權。與之相較，在合同類糾紛案件中，香港法院對無法在香港領域內有效送達的被告，在《高等法院規則》中確立了長臂管轄原則[18]，該規則第 11 號命令第 1 條第 1 款第 d、e、h、f 項分別列舉了香港法院藉以管轄的情形，此類案件經法庭允許即可成訟，比內地現行的管轄規定範圍更為廣泛和翔實。在內地

17 參見陳隆修：《國際司法關係全評論》，台北五南圖書出版股份有限公司 1986 年版，第 27 頁。

18 Graeme Johnston, Paul Harris S C, *The Concept of Laws in Hong Kong*, Thomson Reuters Hong Kong Limited, para 5.016.

司法實踐中不乏當事人對長臂管轄的司法需求，如兩個香港自然人因某合同的履行產生糾紛，其中一方訴訟到前海法院，但該合同並非在內地簽訂或履行，被告在內地亦無可供扣押的財產，合同標的物亦不在內地，在此情況下前海法院對該案件並無管轄權。若依據香港《高等法院規則》，如合同一方的違約行為發生在香港或者合同約定了香港法律為準據法，那麼香港法院便可籍長臂管轄原則取得管轄權。前海可靈活運用現行法律並依托深圳發揮特區立法權和"先行先試"政策優勢，在管轄權上借鑑香港長臂管轄規則展開訴訟程序，既體現灣區法院制度的開放性，又可掌握案件審理的主動權和話語權。

（二）細化庭審程序

1. 涉港涉澳案件增加準據法查明程序

涉港涉澳案件可採用普通程序獨任審理的方式，[19] 先查明準據法，也即"1+3"庭審模式中的"1"。如經庭審調查查明準據法為港澳法律，在符合案件疑難複雜等特定條件時，可裁定轉由合議庭審理，[20] 邀請熟悉該等法律的非常任法官組成三人合議庭進行審理，由此成為"1+3"庭審模式中的"3"。這種"1+3"庭審模式是對現行訴訟法的靈活適用與發展，可以抵銷司法實踐中的波動因素。準據法的域外適用以合同類糾紛案件為最多，在該類爭議的準據法查明方法上，內地採用依雙方當事人約定和最密切聯繫原則予以確定。[21] 在司法實踐中，最高人民法院公布的《第二次全國涉外商事海事審判工作會議紀要》中列明了十八類 [22] 合同在查明最密切聯繫地的法律的一般方法。在合同雙方選擇適用的法律時，目前在前海以特區立法的方式推行"港資港法"，即合同當事人一方為在前海合作區註冊的港資、澳資、台資及外商投資企業的，可以協議選擇合同適用的法律。而香港現行判例法規定，適合的準據法（proper law of the contract）為合同雙方自由選擇的法律，而無論合同或者合同雙方與選擇的法律是否有連接點。[23] 在 *Vita Food Produ c ts Inc v Unus Shipping Co Ltd* 案 [24] 中，合同雙方選擇了英國法為合同準據法，雖然

19　參見《中華人民共和國民事訴訟法》第 40 條第 2 款。

20　參見《中華人民共和國民事訴訟法》第 43 條第 2 款。

21　參見《中華人民共和國涉外民事關係法律適用法》第 41 條。

22　參見《第二次全國涉外商事海事審判工作會議紀要》第 56 條。

23　Gibb, Morris and Tsang, *An Introduction to Conflict of Laws in Hong Kong* (2nd ed), Lexis/Nexis, 2019.

24　[1939] AC 277.

英國法與該合同及合同雙方均無連接點，但英國樞密院仍然確認了該準據法選擇的效力。依據現行法律，在前海註冊的港澳以及外資企業作為獨立法人，其本身並無涉外因素，但透過公司揭開其"面紗"發現該類企業的涉外因素進而允許合同雙方自由選擇準據法，而不拘泥於企業本身是否具有涉港澳及涉外因素，是特區立法對現行法律的變通。通過鼓勵此類企業在簽訂的合同中約定準據法可以實現灣區內商事秩序的穩定性與安全性的目標。比如內地與香港在信托、保險等領域的法律差異較大，如在合同中未選擇適用的法律，在發生糾紛時容易導致"挑選法院"（forum shopping）等問題，背離"判決結果一致性"的價值目標。而這種"揭開公司面紗"的方法，其理論依據在於公共利益的考量，比如在 *Daimler Co Ltd v Continental Tyre and Rubber Co (Great Britain) Ltd*[25] 案中，英國上議院便認定在英國註冊成立的公司因其大部分股權由德國公司持有，而判定在英德戰爭期間該公司不具有訴訟資格。

2. 引入非常任法官制度

（1）非常任法官制度的程序正當性

如果說港籍陪審員制度是香港居民作為裁判者參與涉港商事糾紛司法治理的一項創新改革，那麼引入非常任法官制度，邀請身為香港居民的現任或退休法官以法官身份加入到涉港商事糾紛的裁判中，是對現行灣區內訴訟審判制度的縱深改革，也是從文化認同走向法律認同。適用普通法的商事案件邀請自香港選任的非常任法官組成合議庭的庭審程序符合三法域進一步融合的趨勢。前最高人民法院副院長沈德詠就加強粵港澳大灣區司法規則銜接等問題上亦曾提出過可"參照香港法院、新加坡國際商事法庭等，聘請港澳退休法官、現職法官擔任非常任（非全職）法官，聘請港澳律師、學者擔任暫委法官或特委法官"[26]。擴大法官選任範圍一方面可以彰顯更明確的普通法心智與國際法治成分[27]，另一方面該制度設計在前海法院試行可以緩解港資港法及聯營律師事務所試點工作推行過程中所帶來的適用普通法司法需求旺盛以及現有法律查明手段耗時長、效率低等問題。但該項制度應以中國現行的法官法作出修訂，或者通過立法將前海有條件排除適用現行法律等法治方式

25 [1916] 2 AC 307.

26 何強：《專訪沈德詠：建議在深圳設立粵港澳大灣區商事法院》，《政事兒》2021 年 3 月 6 日。

27 參見鄧凱、朱國斌：《深港融合應重視構建跨境糾紛解決機制》，《大公報》2021 年 11 月 13 日，http://www.takungpao.com/opinion/233119/2021/1113/654199.html。

予以實施為宜。

（2）香港非常任法官的選任借鑑

在非常任法官的選任上，香港自 1997 年回歸後逐步形成了比較成熟的非常任法官選任制度。香港終審法院目前有兩組非常任法官，一組是前任香港法官，另一組是來自其他普通法地區的知名法官。根據《終院條例》的規定，非常任法官的總數目不得超逾 30 名。[28] 與其他常任法官的產生與任命方式一致，香港終審法院非常任法官根據司法人員推薦委員會推薦，由香港特別行政區行政長官任命。香港非常任法官雖然在數目上不高，但他們在彰顯香港司法公信力方面有重要意義。作為非常任法官的一部分，其他普通法系法官對香港法律和法學的發展發揮了重要作用，他們的參與豐富了香港當地法院的司法法理，提高了法院的聲譽和獨立性。[29] 並且，來自其他普通法系的法官在香港終審法院服務時，有意識地以香港法官的身份從事司法活動，並透過香港的視角服務於社區、解決法律問題。[30] 在"1+3"庭審模式下，由於非常任法官是在與法院常任法官組成合議庭的情況下從事司法審判工作，通過合議庭組成法官對案件合議、發表意見等程序也會幫助克服非常任法官不熟悉內地風俗、交易習慣等問題。

（三）深化訴訟機制續造的領域

1. 進一步運用訴辯對抗機制

中國民事訴訟模式的改革目標是建立大陸法系的當事人主義訴訟模式[31]，在訴訟程序推進過程中，訴辯對抗機制在現行民事訴訟法中也有所體現，比如在庭前會議中的證據交換[32] 以及庭審中的當事人辯論[33] 等均體現了訴辯對抗原則。而在灣區內三法域融合過程中，對訴辯對抗機制的續造為灣區內三法域的進一步融合提供了制度支持。訴辯對抗機制的有效發揮能夠呼應取得灣區執業資格的港澳執業律師參加訴訟的司法實踐，同時基於司法實

28 https://www.hkcfa.hk/sc/about/who/judges/introduction/index.html.

29 Johannes Chan, "The Juiciary", in Chan and C L Lim (eds.), *Law of the Hong Kong Constitution* (2nd ed), Sweet & Maxwell, 2015, p 367.

30 Sir Anthony Mason, "A Non-permanent Fixture on the CFA", interview in Hong Kong Lawyer, August 2010, p 22.

31 參見許可：《論當事人主義訴訟模式在我國法上的新進展》，《當代法學》2016 年第 3 期。

32 參見《中華人民共和國民事訴訟法》第 136 條第 4 項。

33 參見《中華人民共和國民事訴訟法》第 144 條第 1 款。

踐中當事人對司法的便利性、高效性的現實需求。訴辯對抗機制的養成可以著眼於在調查取證方面發揮訴辯雙方作用，採取當事人舉證主義，充分發揮訴訟代理人或由其指導當事人調查取證的能力，法官負責坐堂聽審。部分涉港涉澳案件的主要事實發生在港澳進而產生自港澳地區取證的問題，比如在香港某商業銀行的轉款記錄可能成為認定一方當事人是否已向對方償還投資款的關鍵，如果當事人申請法院調取，法院面臨是否啟動與香港司法協助程序的問題，程序較為複雜、周期較長。但事實上，香港法律並不禁止域外訴訟的當事人或其代理人為了該訴訟的進行而進入香港取證，並且該取證行為的進行也無需經香港法院或當局的允許[34]。此外，擁有香港律師執業資格的律師具有熟練的普通法系思維模式，對於當事人自行取證或通過代理人取證證明所主張的事實已有成熟的體系和方法，故而應充分發揮訴辯對抗機制，對該類案件事實的查明主要以分配舉證責任來完成。訴辯對抗與職權主義是相對的兩個概念，注重發揮訴辯對抗機制還包括推行當事人送達主義以補充或替代法院依職權送達。事實上，前海法院已經探索採用當事人自行送達或委托香港律師送達的方式，但由於該送達方式較現行規則[35]有明顯突破，實踐中僅在當事人提出申請並同意的情況下才採用該種送達方式，而該判例探索方式被後來的最高院《關於支持和保障全面深化前海深港現代服務業合作區改革開放的意見》第 4 條所採納，是訴辯對抗機制續造的一個例證。

2. 逐步建立可流通性裁判機制

建立續造型訴訟機制應注重機制的開放性，提供進一步開放的法律服務，提高裁判的跨境公信力。規範化的可流通性裁判就是通過規範化的運行制度來提高裁判跨區流傳度及其他法域司法機構的參考度。構建可流通性裁判機制的辦法之一是加強生效裁判文書翻譯工作。例如，可指定深圳半官方翻譯機構，挑選由前海法院一審審理的涉及域外法適用、前沿法律理解適用、填補法律漏洞等具有代表性的生效裁判文書翻譯出英文等外文版本，在國際交流平台上予以公布，以供參考和交流，提升裁判的國際流通性和公信力。就此而言，深圳國際仲裁院已經取得了不少經驗。辦法之二是為其他語種參與訴訟提供公平、透明的司法協助環境。比如，建立在市場上自由流通的其他語種翻譯員認證機制，為包括當事人、證人等在內的其他語種訴訟參

---

34 Graeme Johnston, Paul Harris S C, *The Concept of Laws in Hong Kong*, para 11.002.

35 《中華人民共和國民事訴訟法》第 7 章第 2 節及《最高人民法院關於涉港澳民商事司法文書送達問題若干問題規定》均採用法院依職權送達司法文書方法。

加人、參與人在訴訟過程中能夠享受同等的公平、透明的司法待遇。香港有這方面的經驗與實踐。

三、展望

本文主要在粵港澳大灣區三法域聯通合作背景下，以前海法院作為內地法院範本建立規範化的開放型訴訟程序以適應灣區建設為視角進行討論。就從更宏觀角度窺探三地訴訟機制的協調發展而言，學界多有建議借鑑歐盟模式或美國模式。訴訟機制改革的目的在於降低訴訟與制度成本，最大程度地保障灣區的經濟社會發展及灣區內居民的合法權益。因歐盟成員國中包括大陸法系國家和英美法系國家，法律衝突表現形式和粵港澳大灣區極為相似[36]，在協同立法基礎之上的司法體制，或可參考歐盟建立共同體法院的模式。

從大灣區發展融合的長期趨勢來看，不無建立跨區域灣區法院的可能，而作為制度發展引擎的前海，法院訴訟機制的改革可以為此儲備經驗，屆時已然形成的兼顧內地司法實踐與港澳司法特徵的訴訟機制或可為跨區域灣區法院的建立提供可資借鑒的模本。

36　參見張學博、潘瑞：《區際合作中法律衝突及其困局破解 —— 以粵港澳大灣區一體化為例》，《特區實踐與理論》2021 年第 1 期。

3. 粵港澳大灣區仲裁制度完善問題研究

郭天武　中山大學法學院與粵港澳發展研究教授

呂嘉淇　中山大學法學院博士研究生

一、粵港澳大灣區仲裁制度發展的經驗

粵港澳大灣區作為內地和港澳深度合作示範區，在"一國兩制三法域"特殊背景下，積累了豐富的糾紛多元解決機制實踐經驗。

（一）粵港澳大灣區仲裁制度發展優勢

隨著粵港澳大灣區的不斷發展，內地居民與港澳居民在就業、創業、投資、生活等方面的交流日益頻繁，推動了粵港澳三地勞動、資本、信息等生產要素在大灣區內加速流動，大灣區內民商事交流增多，仲裁市場日益廣闊。據廣東省司法廳數據統計，2020 年廣東省各仲裁機構全年辦結仲裁案件數約 47693 件，標的額達 1114.56 億元，粵港澳大灣區內仲裁的發展具有明顯優勢。

一方面，隨著粵港澳大灣區發展，粵港澳三地合作深化，民商事交流合作加強，民商事糾紛案件數量不斷增長，司法資源緊張，單一司法訴訟難以滿足民商事糾紛解決快速高效、成本低廉的需求，仲裁作為多元糾紛解決措施之一。仲裁相較於訴訟更為快捷、靈活，可以減輕日益增加的民商事糾紛給司法訴訟帶來的壓力。[1]

另一方面，香港、澳門與內地法律制度不同，且三地商事規則、慣例也有所差別，粵港澳大灣區"一國兩制三法域"中規則的差異和衝突，加深了跨境民商事糾紛的不確定性，阻礙了跨境民商事糾紛解決。[2] 而在仲裁中，雙方當事人將糾紛解決的裁判權交給中立第三方，引導中立第三方在糾紛當事人選定的程序和規則內作出裁判，能有效解決粵港澳大灣區"一國兩制三

1　參見楊凱：《論公共法律服務與訴訟服務體系的制度協同》，《中國法學》2021 年第 2 期。

2　參見郭天武、盧詩謠：《"雙循環"新發展格局的法治支撐與保障 —— 以粵港澳大灣區建設為例》，《特區實踐與理論》2021 年第 1 期。

法域”帶來的法制衝突，提高民商事糾紛解決的效率。

（二）粵港澳大灣區仲裁制度完善積累了豐富經驗

全國有上百家仲裁機構，其中廣東省內有 19 家仲裁委員會，仲裁市場競爭相對激烈，競爭性強，是推動各仲裁機構通過不斷完善自身仲裁規則和機構制度，增強自身吸引力的客觀條件之一。

其一，粵港澳大灣區仲裁制度在對接港澳、探索仲裁國際化方面積累了豐富經驗。在高質量建設粵港澳大灣區，促進內地與港澳深度合作的背景下，在營造國際化、法治化營商環境的要求下，粵港澳大灣區各仲裁機構正不斷探索港澳規則對接，提高仲裁的國際化水平。[3] 如深圳國際仲裁院大量引入境外仲裁員，其中境外仲裁員佔比超過 41%，不斷滿足國際化法律市場需求，提高本機構國際法律服務水平，提高自身的競爭優勢，也提高了仲裁裁決在境外的承認與執行率。據統計，深圳國際仲裁院的仲裁裁決在香港獲得執行的數量僅次於部分香港仲裁機構；廣州仲裁委發布《互聯網仲裁推薦標準》，已與 20 多家境外仲裁機構簽約認可，正積極推廣“廣州標準”。

其二，粵港澳大灣區在探索仲裁與調解、訴訟對接中積累了豐富經驗。[4]《粵港澳大灣區發展規劃綱要》中明確提出要支持粵港澳仲裁及調解機構交流合作，如廣州仲裁委通過制定案件組庭前的調解規則及調解員名冊，加強了仲裁與調解的結合，在廣仲立案後、組成仲裁庭前，當事人可選擇達成調解協議，由廣仲予以確認，或調解不成再轉入仲裁程序；深圳國際仲裁院與境內外專業調解機構合作，推出仲裁前調解優先推薦機制，大幅度減免調解成功的仲裁案件收費，促進仲裁與調解對接。

其三，粵港澳大灣區正探索跨境商事糾紛多元化解決機制現代化，深圳國際仲裁院與最高法“第一國際商事法庭”有機銜接，共同打造“一站式”國際商事糾紛多元解決平台；粵港澳大灣區內多個仲裁機構正積極推進“雲上仲裁”，促進糾紛解決的網絡化、現代化，為糾紛雙方特別是跨境雙方的民商事糾紛解決提供便利。

---

3 參見石春雷：《國際商事仲裁在“一帶一路”爭端解決機制中的定位與發展》，《法學雜誌》2018 年第 8 期。

4 參見范愉：《當代世界多元化糾紛解決機制的發展與啟示》，《中國應用法學》2017 年第 3 期。

（三）粵港澳大灣仲裁制度改革創新具有制度保障

其一，中央關於粵港澳大灣區建設的頂層設計、政策創新為粵港澳大灣區仲裁制度的改革創新提供了重要指引和支撐。《粵港澳大灣區發展規劃綱要》明確指出，建設粵港澳大灣區，在國家發展大局中具有重要戰略地位，需要充分發揮港澳優勢，創新完善各領域開放合作體制機制。黨的十九屆四中全會和黨的十四屆五中全會，均把高質量建設粵港澳大灣區作為支持香港、澳門更好融入國家發展大局，推進國家治理體系和治理能力現代化的重要內容之一。"十四五"規劃提出積極穩妥推進粵港澳大灣區建設，加強內地與港澳的交流合作，推進珠海及深圳經濟特區、深圳先行示範區、廣東省自貿區等深化改革開放先行先試。

其二，粵港澳大灣區可根據《立法法》規定，行使省、設區市立法權、經濟特區立法權等多重立法權限，特別是經濟特區的立法權，具有試驗性和突破性，可對當前法律作變通規定。[5] 珠海、深圳經濟特區可適用經濟特區立法權，對《仲裁法》做出變通規定，小範圍先行先試探索仲裁制度的創新和改革，對接港澳乃至國際仲裁規則和標準，為粵港澳大灣仲裁制度改革創新提供借鑑，再推動整個粵港澳大灣區仲裁制度改革創新立法，鞏固仲裁制度改革創新的成果。

其三，中央部分立法權限和行政權限下放，為粵港澳大灣區仲裁制度創新提供空間。如 2012 年全國人大常委會通過的《關於授權國務院在廣東省暫時調整部分法律規定的行政審批的決定》，試暫停三年廣東省內部分法律的實施，為中國授權粵港澳大灣區內暫停法律實施提供了經驗。粵港澳大灣區仲裁制度改革創新也可以探索一條全新的路徑，通過全國人大常委立法權限下放，暫停《仲裁法》等相關法律在粵港澳大灣區內的約束力，避免粵港澳大灣區推行仲裁制度改革事項與既有法律衝突。[6]

二、粵港澳大灣區仲裁行業的現狀與問題

多元糾紛解決機制的完善，是當前粵港澳大灣區內深化內地與港澳合作，營造法治化、國際化營商環境的重要內容之一。仲裁作為替代性糾紛解

5　參見郭天武、呂嘉淇：《粵港澳大灣區法治合作的立法路徑》，《地方立法研究》2020 年第 4 期。

6　參見譚國戩、劉琦、陳曉冰：《粵港澳大灣區多元仲裁機制的融合與聯通 —— 以中國南沙國際仲裁中心為例》，《法治論壇》2021 年第 1 期。

決措施之一，當前正積極實現仲裁服務網絡化，發展網絡仲裁，提供電子證據固化、在線公証保全和網絡裁判服務，突破地域限制，提高糾紛解決的效率，降低雙方當事人解決糾紛的成本，進一步提高仲裁的效率以適應當前商事貿易高速發展的要求。然而，當前仲裁蓬勃發展的背後，潛藏著監管不足等隱患，影響仲裁的發展。

（一）行業保護的現象顯露苗頭

隨著商業活動不斷發展，其對效率的要求也不斷提高。格式合同可以降低交易雙方擬定合同的交易成本，提高雙方交易效率，因此格式合同在商事交易活動中的應用越來越廣泛。然而，格式合同有其高效一面，也存在了隱患。當前民商事格式合同多由談判地位更強、信息掌握程度高的一方制定，在格式合同中添加更有利於己方的條款，以鞏固己方在交易中的利益及優勢地位。

仲裁因其便捷性、高效性等優勢，成為了民商事糾紛多元解決機制中的重要環節，越來越多民商事合同中約定以仲裁方式解決糾紛，有效降低訴訟成本，節約司法資源。然而，當前民商事案件中，部分談判地位更強、信息掌握程度更高的強勢甲方，利用其資源優勢，在格式合同中約定仲裁機構，選任本行業內仲裁員，使得仲裁中出現了行業保護現象，影響仲裁公信力。

諸如銀行的借貸合同、房地產開發商的開發合同等，多為格式合同，並在合同中列明了採用仲裁方式解決糾紛。部分金融、房地產行業巨頭等作為強勢甲方，在制定合同中要求適用仲裁程序，乙方地位天然弱勢，難以更改甲方訂立的格式合同，且部分乙方信息獲取能力低，甚至不清楚適用仲裁或訴訟的區別，該仲裁協議的自願性具有一定缺陷。當貸款合同、購房合同產生爭議，按仲裁協議提交仲裁時，金融、房地產機構較傾向於選擇金融業、房地產行業仲裁員，一方面此類仲裁員更熟悉行業運作，專業性強，且更偏向於銀行方、房地產開發商，形成仲裁內行業保護；另一方面，行業內部分仲裁員與強勢甲方交流合作機會更多，雙方進行權錢交易可能性更大。仲裁內行業保護現象的產生，使得部分金融、房地產等行業內強勢甲方通過適用仲裁程序解決糾紛，以公平的形式掩蓋不公的實質，嚴重損害仲裁的公信力。

（二）少數仲裁機構和當事人有濫用仲裁權的傾向

仲裁權的濫用，一方面是指部分仲裁機構的領導班子濫用權力，通過選任、指定仲裁員等方式，不正當地影響仲裁程序的公正性；另一方面是指當事人濫用仲裁權利，利用仲裁惡意串通實現財產轉移，損害第三人的利益，影響仲裁的公信力。

少數仲裁機構濫用仲裁權力影響仲裁公正性。近年來，仲裁體制機制缺陷和仲裁機構權力濫用問題引起社會廣泛關注。部分仲裁委領導班子權力過於集中，擁有擔任仲裁員參與案件裁決、決定案件仲裁員的選任和迴避、指定案件首席仲裁員、延長仲裁期限、仲裁機構日常管理等重要權力，可以說仲裁機構領導對部分案件裁決結果起決定性作用。但少數仲裁機構缺乏相應監督機制，權力過度集中容易引起權力的濫用和腐敗，導致仲裁案件中發生利益輸送情形，影響案件公正審理和裁決，損害他人利益。

當事人濫用仲裁程序影響仲裁公信力。為了解決"執行難"，各地法院加強打擊虛假訴訟違法行為，避免當事人惡意串通實現財產轉移，逃避執行。[7] 由於法院打擊虛假訴訟的力度加大，使得行為人通過虛假訴訟逃避執行的難度上升，轉而選擇通過惡意串通仲裁來規避法院對虛假訴訟、惡意串通的審查，以實現其違法目的，損害案外第三人利益或公眾利益。[8] 中國不同仲裁機構之間存在競爭關係，少數仲裁機構為了仲裁費用而盲目爭取案件的管轄權，不加審查當事人是否惡意串通虛假仲裁，或明知當事人雙方惡意串通，仍然受理案件，對不應仲裁的案件適用仲裁程序。根據中國《仲裁法》和《民事訴訟法》規定，當事人向法院申請執行仲裁裁決的，除被執行人舉證存在法定不予執行情況外，應當及時按照仲裁裁決予以執行。由於仲裁保密性強，仲裁中雙方當事人惡意串通，虛假仲裁，侵犯案外第三人利益則更加隱蔽和難以覺察，其證據收集困難，人民法院對於虛假仲裁的審查也存在障礙。

（三）粵港澳三地仲裁裁決互相承認，但執行效率較低

《粵港澳大灣區發展規劃綱要》中明確提出了建設國際仲裁中心，為粵港澳經濟貿易提供仲裁服務。當前粵港澳大灣區"9+2"的仲裁裁決認可與

---

7 參見銀紅武：《論國際投資仲裁"程序濫用"及其規制》，《西北大學學報（哲學社會科學版）》2020年第2期。

8 參見牛正浩、劉允霞：《虛假仲裁規制與案外人權利保障》，《法律適用》2020年第17期。

執行主要基於《基本法》、《關於內地與香港特別行政區相互執行仲裁裁決的安排》及補充安排，以及大灣區仲裁機構代表共同簽署的《粵港澳大灣區仲裁聯盟合作備忘錄》，加強粵港澳三地仲裁的相互認可和執行，提高仲裁的執行效率。然而，由於內地與港澳客觀上存在法律制度的差異，三地仲裁裁決的執行效率還有待提高。

內地仲裁在香港地區的認可與執行，主要還依據了香港《仲裁條例》，通過在香港提起普通法訴訟或內地仲裁裁決經原訟法庭審查許可，將內地仲裁裁決轉化為香港本地判決。其一是在香港提起普通法訴訟，指申請人向法院提起違約之訴，起訴被申請人違反內地仲裁裁決，要求香港法院承認與執行內地仲裁裁決。一般來說，香港法院對內地仲裁協議僅進行形式審查，但近年來香港法院對於內地仲裁裁決的審查不斷收緊，並展開部分實質審查，在承認內地仲裁裁決之外，給予了其他的執行救濟。其二是內地仲裁裁決經原訟法庭審查許可，無《仲裁條例》中拒絕執行的理據，將內地仲裁裁決視為香港原訟法庭判決，進行強制執行，賦予了申請人與被申請人上訴之權利。

內地仲裁在澳門地區的認可與執行，也依據了 2020 年 5 月正式實施的新《澳門仲裁法》。相對於內地《仲裁法》，新《澳門仲裁法》加強了仲裁與司法的銜接和良性互動，對仲裁的規制更加嚴格：一是規範了仲裁員的挑選和阻卻程序，當事人對仲裁員挑選無法達成一致意見的可交由法院裁定；二是加強仲裁和司法的銜接，仲裁中可向法院申請協助證據調取，仲裁臨時強制措施、仲裁裁決的強制執行或撤銷均受法院審查監督。

不同於國內涉外仲裁申請執行僅需審查形式和程序要件，涉外仲裁在澳門申請執行，需要根據澳門《民事訴訟法典》規定由法院進行全案審查。新《澳門仲裁法》的實施體現了澳門特區對仲裁的嚴格規制，內地仲裁裁決在澳門申請執行也將受到嚴格審查，內地對仲裁監管的不足將影響粵港澳大灣區三地仲裁裁決互相承認與執行的效率。

（四）粵港澳大灣區內港澳仲裁員佔比較小

粵港澳大灣區內跨境民商事交往日益增大，跨境商事貿易、跨境投融資等跨境民商事糾紛的解決，對大灣區國際化法律服務水平提出了更高的要求。

加大對外籍仲裁員、港澳仲裁員的引進，一方面可以學習借鑑外籍仲裁員、港澳仲裁員國際民商事糾結解決的經驗，及時瞭解國際商事規則和慣例的發展動向，提高粵港澳大灣區建設國際仲裁中心的進程，不斷提高大灣區內仲裁機構國際化、專業化的糾紛解決水平。[9] 另一方面，仲裁員對於仲裁解決跨境民商事糾紛具有決定性影響，境外當事人也更傾向於選擇外籍仲裁員、港澳仲裁員，對國際商事規則和慣例更加熟悉，語言交流更加順暢，且具有相似的文化背景和價值觀，可見，外籍仲裁員、港澳仲裁員更容易贏得當事人的信任。

然而，當前粵港澳大灣區各仲裁機構對外籍仲裁員、港澳仲裁員的引進仍處於探索階段。如深圳國際仲裁院，共有 933 名仲裁員，其中境外仲裁員有 385 名，佔比超過 41%；珠海國際仲裁院，共 591 名仲裁員，其中境外仲裁員 96 名，佔比 16%；廣州仲裁委員會，共 2004 名仲裁員，其中境外仲裁員 160 多名，佔比約為 8%；大灣區內其他城市仲裁委員會的仲裁員名冊中外籍仲裁員、港澳仲裁員更少。（圖 2）

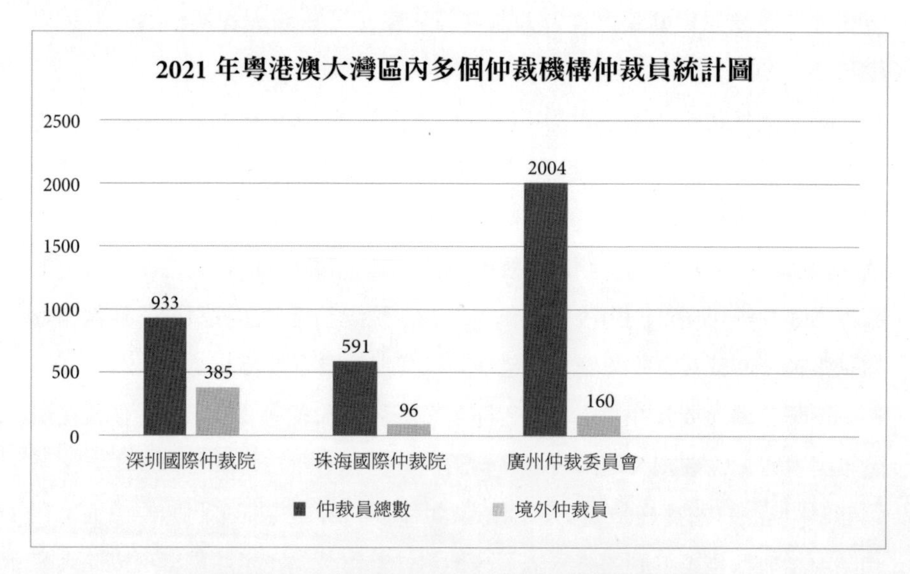

圖 2　2021 年粵港澳大灣區內多個仲裁機構仲裁員統計圖

資料來源：深圳國際仲裁院官網、珠海國際仲裁院官網、廣州仲裁委員會官網

9　張志：《仲裁立法的自由化、國際化和本土化——以貿法會仲裁示範法為比較》，中國社會科學出版社 2016 年版。

三、粵港澳大灣區仲裁現實困境的深層分析

近年來仲裁的廣泛適用離不開其本身合意性、保密性、便捷性強等優勢，但過度強調仲裁的合意性、保密性、便捷性，成為了當前仲裁現實困境的問題根源。

（一）仲裁合意與國家強制的矛盾

無論是中國《仲裁法》、香港《仲裁條例》、新《澳門仲裁法》或是通行的國際仲裁規則，均要求仲裁必須以雙方當事人的合意與自願為前提。

一方面，仲裁以雙方當事人的合意與自願為前提，是對私權的尊重與保護。民商事糾紛主要涉及雙方當事人利益，私權性質較強，更應體現雙方當事人的意思自治原則，將糾紛解決的主導權部分讓渡給當事人本身，保證雙方當事人在糾紛解決程序中的控制權，使糾紛解決不僅以"看得見正義"的方式進行，還以當事人可控的方式進行，提高其對該程序的結果的接受程度，達到"案了事了"的社會控制效果。另一方面，民商事中更側重於自由和自治，保證商人訴權和訴訟權利的自由行使，是保證商人在市場中選擇自由的重要組成部分，[10] 通過商事自治來實現商事社會的進步和創造。

然而，仲裁過分強調當事人的合意性，容易產生當事人雙方惡意串通的情形，或在上述格式合同中，當事人合意申請仲裁解決糾紛的意思表示有瑕疵，從而忽略了司法在國家社會控制中的重要作用。[11] 仲裁與訴訟雖然在程序上是擇一關係，但並不意味仲裁與訴訟分離。當前仲裁和訴訟各行其是，不利於仲裁的發展，也不利於多元糾紛解決機制的構建。訴訟與仲裁銜接的背後是當事人意思自治和國家司法權力的界限釐定問題。司法控制理念下，通過法律解決糾紛的司法程序屬於最高層次的社會控制方式，仲裁是司法權力讓渡，因而司法有權審查仲裁裁決效力。[12] 仲裁充分體現了當事人的自由和選擇權，但需明確國家強制作為兜底保障糾紛解決的平等和正義，[13] 避免當事人仲裁權利和仲裁機構仲裁權力的濫用侵害他人利益。因此規範仲裁，

---

10 參見曹興國：《裁判者信任困境與國際投資爭端解決機制的信任塑造》，《政法論叢》2021 年第 3 期。

11 參見呂嘉淇、陳雪珍：《先行示範區視域下深圳國際商事糾紛多元解決機制探析》，《特區實踐與理論》2020 年第 5 期。

12 參見汪祖興：《仲裁監督之邏輯生成與邏輯體系 —— 仲裁與訴訟關係之優化為基點的漸進展開》，《當代法學》2015 年第 6 期。

13 參見張聖翠：《仲裁司法審查機制研究》，復旦大學出版社 2016 年版。

訴訟兜底，在當事人合意和國家司法權的較量之間，需要把握好“度”，保證仲裁與司法的良性互動。

（二）仲裁保密與外部監督的矛盾

在國際民商事糾紛解決中，雙方當事人對糾紛解決措施的保密性要求較高。一方面是出於保護商業秘密的考慮，避免具有重要商業價值的信息暴露在公眾視野之中；另一方面，私密地進行民商事糾紛解決，能夠使雙方當事人避免外界的干擾，聚焦到商業利益博弈中，更靈活地提出解決對策，降低糾紛解決成本，保護雙方商業形象。

然而，中國民事訴訟以公開審理為原則，不公開審理為例外。儘管中國《民事訴訟法》規定，涉及商業秘密案件可依當事人申請不公開審理，一定程度上保護了當事人的商業秘密，維護雙方商業秘密的價值，但不公開審理需由法院審查批准，且仍需公開宣告判決，對商業秘密的保護有限。此外，公開宣告判決意味著將雙方當事人糾紛解決對策公開，使雙方在利益博弈中還需兼顧外界輿論對自身商業形象之影響，不利於雙方溝通與糾紛解決。

仲裁以不公開為原則，以公開為例外。因此，作為訴訟的替代性糾紛解決措施，仲裁的不公開性使之成為雙方當事人解決民商事糾紛的更優選擇。以仲裁方式解決國際民商事糾紛，可為雙方當事人提供一個高保密性糾紛解決平台，有效保護雙方商業秘密、商業形象，提高雙方溝通效率，促進民商事糾紛的解決。然而，也由於仲裁保密性強的特點，仲裁難以進行外部監督，加之少數仲裁委員會缺乏相應監督機制，使得部分當事人與仲裁員之間利益輸送、少數仲裁員收受賄賂枉法仲裁、當事人惡意串通仲裁等對他人權益的侵害更加隱秘，破壞仲裁公平公正，也損害了仲裁的公信力。

此外，國際民商事仲裁體現出的高專業性，也加大了外部監督的難度，加深了仲裁的隱秘性，導致仲裁中行業保護現象頻發。仲裁能夠選擇行業專家作為仲裁員，體現了仲裁法律與行業規則的高度銜接，突出了仲裁的專業性。然而，正是由於商事案件的高專業性，商事糾紛案件選擇行業專家作為仲裁員，較為容易形成行業保護。特別是對一般公民與部分金融、房地產行業機構簽訂的格式合同進行仲裁時，公民處於弱勢一方，難以發現、阻卻仲裁員對行業的保護，更惶論外部監督的實現了。

（三）仲裁便捷性與公正的矛盾

效率價值是國際商事交易中的重要價值之一。仲裁實行一裁終局制度，其與訴訟相比，能更快地解決爭議，減少糾紛解決的成本。[14] 仲裁程序因其高效性和靈活性備受民商事糾紛當事人的青睞。

國內民商事糾紛雙方當事人更熟悉國內商事規則、慣例以及國家法律，其商事交易行為和預期多遵循國內制度，因而國內民商事糾紛雙方當事人仲裁程序，更多是出於仲裁便捷性、經濟性和高效性的追求。[15] 由於跨境民商事糾紛雙方當事人多處於不同的法域，在訴訟中或面臨涉外法律適用問題，不確定性大，而仲裁程序的自主性、靈活性能提供給跨境民商事糾紛雙方當事人共同選擇確定的商事規則和法律，因此在跨境民商事糾紛解決中，雙方當事人更傾向於選擇靈活性高的仲裁程序。

基於粵港澳大灣區"一國兩制三法域"的特點，通過訴訟解決跨境民商事糾紛的成本高，存在法律查明困難等法律適用上的障礙。為了避免區際法律衝突和粵港澳三地規則衝突的不確定性給跨境糾紛解決帶來的不可預測性，民商事案件中當事雙方更傾向於訂立仲裁協議，通過合意確定法律、商事慣例、行業規則的適用，更加便捷地處理民商事糾紛。

正如上文所述，雙方交易中強勢一方會通過制定格式合同，選擇對自己更有利的仲裁機構、仲裁規則，弱勢一方為了完成交易向強勢一方妥協，其對於仲裁規則適用的自願性存在瑕疵。在當前司法實踐中，一方當事人以商事格式合同中約定仲裁條款非完全合意或在簽訂合同時對方沒有履行說明義務為由，申請法院裁定仲裁協議無效的，法院一般不予支持，裁定認為雙方商事主體應當具有足夠理性，在自願情況下簽訂合同。

此外，仲裁過度強調便捷、高效，也在一定程度上忽視了糾紛解決公平公正的需求。仲裁便捷性和公正性並非擇一的關係，在保證仲裁便捷性的同時，還需要保證最低限度的公正，如不損害第三人利益和公共利益、保證雙方當事人正當的意思自治等，加強司法兜底的意識，以司法審查的方式為仲裁注入公信力，也避免"案了事不了"影響仲裁裁決的執行。

---

14 參見田雨酥：《財富最大化理論在國際商事仲裁中的適用》，《武大國際法評論》2021 年第 3 期。

15 參見金鑫：《論法國國際商事仲裁程序快捷與公正原則 —— 兼及中國法的適用》，《青海社會科學》2019 年第 6 期。

四、粵港澳大灣區仲裁機制完善的對策

如何規範仲裁，避免仲裁過度追求自願性、保密性、便捷性而損害公眾利益、減損仲裁的公信力、阻礙仲裁裁決的執行，是當前粵港澳大灣區打造內地和港澳深度合作示範區，推動國家治理體系和治理能力現代化建設的重要議題。

（一）打破行業保護

對於仲裁制度而言，委任行業專家作為仲裁員，是仲裁專業性的體現，但也可能導致部分行業仲裁員在仲裁中形成行業保護，以公正形式掩蓋不公實質，損害另一方利益。因此，如何保持仲裁專業性等鮮明優勢和避免行業保護影響仲裁公正性，需要充分論證。打破仲裁行業保護現象，提高仲裁公信力，主要可以從強化格式合同中雙方當事人合意的審查，以及擴大當事人選擇仲裁員的權利兩方面進行。

其一，加強法院對仲裁程序的司法審查，主要是對格式合同仲裁協議的自願性和合意性審查，若一方採取手段迫使另一方簽訂仲裁協議的，應當根據《仲裁法》第 17 條之規定，裁定仲裁協議無效；若仲裁程序中有明顯違背社會公眾利益的，法院也應當依法裁定撤銷仲裁裁決。

其二，擴大當事人選擇仲裁員的權利，為當事人雙方提供更豐富的選擇，可以打破仲裁中的行業保護。一方面，仲裁機構可以擴大仲裁員准入範圍，引入更多專業仲裁員，特別是加大港澳仲裁員的引入，提高境外仲裁員的佔比，推動國內仲裁員在實踐中學習先進的國際商事規則和商事慣例，緊跟粵港澳大灣區建設的步伐，不斷完善粵港澳大灣區內跨境商事糾紛多元解決機制，營造國際化、法治化的營商環境。另一方面，粵港澳大灣區各仲裁機構在不斷擴大雙方當事人選擇仲裁員的範圍時，還可以推進不同仲裁機構仲裁員的交流學習，探索粵港澳大灣區內仲裁員共享名冊。異地仲裁員的挑選，有利於打破仲裁的行業保護、地域保護。

此外，粵港澳大灣區各仲裁機構應繼續豐富其仲裁員名冊，不僅是引入更多專業的仲裁員，還可以豐富仲裁員名冊蘊含的信息專業背景、職業簡歷等內容，避免雙方當事人在挑選仲裁員時因信息不對等而造成實際的不公平。

（二）規範仲裁員選任程序

為了彌補格式合同中弱勢方選擇仲裁自願性的缺陷，確保仲裁員公正獨立，需要規範仲裁員選任、信息披露義務制度和迴避等。

在規範仲裁員選任的程序方面，一方面可以借鑑新《澳門仲裁法》規定，當存在可能導致對仲裁員公正性、獨立性產生合理懷疑的情況，一方當事人可以此為由阻卻相關仲裁員，由仲裁庭做出迴避決定。當事人對於仲裁庭駁回迴避決定有異議的，可以請求法院作出裁決。另一方面，可借鑑英國特許仲裁員協會的規範指引，設置面試潛在仲裁員制度，賦予當事人雙方面試潛在仲裁員的權利，通過面試委任不具有行業保護傾向、中立性強、專業性強的仲裁員，既保持了仲裁的專業性特色，又降低了格式合同中仲裁協議合意缺陷給弱勢方帶來的風險。

在仲裁員的選任程序中介入法院審理裁決，以司法監督的形式保證仲裁員選任的規範性、中立性和公正性，有利於確保仲裁的公信力。法院對於仲裁迴避裁決一錘定音，也有利於提高仲裁的效率，避免當事雙方為了仲裁員的選任陷入無休止的爭議當中。

在規範仲裁員信息披露制度和迴避方面，加緊完善仲裁員信息披露制度是仲裁員迴避的重要保障。現行的仲裁制度要求仲裁員保證公正性和獨立性，但在中國《仲裁法》中僅體現為仲裁員在與當事人有親屬關係或影響公正、與案件有利害關係以及收受禮物等情況必須迴避，然而，在實踐中一方當事人對仲裁員迴避理由舉證能力有限，仲裁員名冊體現的信息量不足，雙方信息不對稱。[16] 2014 年國際律師協會修訂《國際律師協會國際仲裁利益衝突指引》，將仲裁員與案件相關度以及可能做出不公正裁決的情況，分為紅色、橙色和綠色等級，以清單的方式列明，對我國規範仲裁員信息披露制度和迴避方面有重要借鑑意義。

（三）加強仲裁的管理與監督

加強仲裁的管理和監督，主要是處理好當事人合意與國家強制力之間的矛盾，促進仲裁與司法的良性互動。粵港澳大灣區跨境商事交流多，跨境民商事糾紛數量大，在加強仲裁的管理和監督過程中，不僅要處理好仲裁與司法的邊界問題，還應當注意跨境民商事糾紛雙方當事人對於仲裁機構、仲裁

---

16 參見周麗：《當前仲裁員制度的不足與完善》，《人民論壇》2016 年第 17 期。

員的信任塑造，避免司法過度干涉仲裁，形成地區保護主義，不利於粵港澳大灣區跨境民商事糾紛多元解決機制的建立。

其一，明確司法監督仲裁的邊界，避免司法過度干涉仲裁，降低糾紛解決的效率。[17] 當前司法可對仲裁管轄異議、仲裁保全、撤銷仲裁裁決三方面介入，一般而言，仲裁管轄異議涉及當事人自願性，是仲裁正當程序問題，而仲裁保全和仲裁裁決強制執行較為容易牽涉到虛假仲裁，可著重審查是否第三人利益和公眾利益。[18]

其二，加強仲裁的內部監督，推動仲裁機構不斷推進自我管理和監督，推動仲裁管理體制改革，建立仲裁決策與執行相分離的治理機制，防止仲裁機構領導班子權力過度集中滋生腐敗。此外，司法機關也應當加強對仲裁的監督，借鑑新《澳門仲裁法》，探索司法監督前置到仲裁員的選任程序，實現司法對仲裁的全流程監督保障。

其三，仲裁機構應當加強對名冊內仲裁員的培訓，除了行業規範、法律法規等培訓外，還應當加強仲裁員職業道德規範和教育，確保仲裁員在仲裁中的中立性、公正性。[19] 此外，仲裁機構還應當加強仲裁員的監管和考核，完善仲裁員考核評比制度和退出機制，對於不符合要求、職業道德缺失、違反仲裁紀律、違法犯罪的仲裁員，啟動強制退出程序，避免仲裁員徇私舞弊、枉法裁決，影響仲裁的公正和公信力。在完善仲裁規範方面，可以參考法官責任制，建立仲裁員責任制度，追究仲裁員枉法裁決的民事責任、刑事責任，將權責一致原則引入仲裁制度中。

（四）完善臨時仲裁制度

臨時仲裁指糾紛雙方共同指定特定人選組成臨時仲裁庭裁決糾紛。一方面臨時仲裁的優勢體現在低成本和靈活性上，仲裁機構的運行需要一定的成本，其主要體現在了仲裁收費上，而相比常設的仲裁機構，臨時仲裁庭節省了常設仲裁機構的運行成本，因此收費更低。[20] 臨時仲裁庭可以由當事人創設規則，靈活度更高。另一方面，臨時仲裁可以避免部分常設仲裁機構濫用

---

17 毛曉飛：《仲裁的司法邊界：基於中國仲裁司法審查規範與實踐的考察》，中國市場出版社 2020 年版。

18 參見何其生：《國際商事仲裁司法審查中的公共政策》，《中國社會科學》2014 年第 7 期。

19 參見范銘超：《仲裁員責任法律制度研究》，華東政法大學 2012 年博士畢業論文。

20 參見蔡志陽、陳輝庭、黎曦：《融合發展：粵港澳大灣區仲裁制度的差異彌合 —— 以臨時仲裁制度落地珠三角九市為切入點》，《中共福建省委黨校（福建行政學院）學報》2021 年第 3 期。

仲裁權力。[21] 正如上文所述，部分仲裁機構領導班子權力集中，對仲裁裁決結果影響大，導致仲裁案件中極易發生利益輸送情形，影響仲裁的公正性。組成臨時仲裁庭解決糾紛，可以避免常設仲裁機構對案件的過度介入，雙方當事人能自由選擇仲裁員，減少臨時仲裁中的貪腐可能性。然而，臨時仲裁具有雙面性。在民商事糾紛中，強勢一方在臨時仲裁的仲裁規則制定、仲裁員選定等程序仍享有優勢地位，甚至能通過主導仲裁規則制定、仲裁員選定等，影響臨時仲裁之結果，削弱仲裁的公正性，損害一方當事人利益。

2016 年最高院印發《關於為自由貿易試驗區建設提供司法保障的意見》（以下簡稱《意見》），在實質上肯定了臨時仲裁協議的有效性，隨後《橫琴自由貿易試驗區臨時仲裁規則》、《臨時仲裁與機構仲裁對接規則》等規則發布，開啟了中國臨時仲裁制度的探索進程。探索完善粵港澳大灣區臨時仲裁制度，需要繼續擴大臨時仲裁的積極影響，縮小臨時仲裁的消極影響。

一方面，根據《立法法》規定完善臨時仲裁裁決的法律效力，彌補《意見》的效力層級的瑕疵，確保臨時仲裁裁決能得到承認與執行，保證臨時仲裁靈活性和高效性。另一方面，明確仲裁機構有限介入臨時仲裁的原則，仲裁機構對臨時仲裁的管理應當是監督性、兜底性，不僅保持仲裁與司法的良性互動，還需要保持臨時仲裁與仲裁機構的良性互動。

21 參見張心泉、張聖翠：《論我國臨時仲裁制度的構建》，《華東政法大學學報》2010 年第 4 期。

4. 論粵港澳大灣區共建“一帶一路”國際商事爭端解決的機制創新[1]

柯靜嘉　廣東財經大學法學院副教授

一、大灣區共建“一帶一路”國際商事爭端解決機制的重大涵義

2018 年 1 月 23 日，習近平總書記主持召開中央全面深化改革領導小組會議，審議通過了《關於建立“一帶一路”國際商事爭端解決機制和機構的意見》，確立“一帶一路”國際商事爭端解決機制和機構應堅持共商共建共享和糾紛解決方式多元化的原則，提出建立“一站式”爭端解決中心和支持國際上享有良好聲譽的調解機構開展涉“一帶一路”國際商事調解的具體要求。2019 年《粵港澳大灣區發展規劃綱要》明確加強粵港澳司法交流與協作，構建共商、共建、共享的多元化糾紛解決機制，聯動香港打造國際法律服務中心和國際商事爭議解決中心。根據 2020 年最高院發布的《關於人民法院服務保障進一步擴大對外開放的指導意見》（法發〔2020〕37 號）第 9 點，再次支持香港特別行政區建設亞太區國際法律及爭議解決服務中心，聯動打造粵港澳大灣區國際法律服務中心和國際商事爭議解決中心的要求。

中國在制度建設中肯定了建設國際化、開放式多元化糾紛解決機制以保障“一帶一路”重大戰略實施的必要性，而此機制則可在“一帶一路”重要支點——粵港澳大灣區試水。目前，一站式國際商事糾紛多元化解決平台和機構已基本建成。2018 年最高人民法院在深圳設立的國際商事法庭，其網站上已建成了集調解、仲裁、訴訟相互銜接以及提供域外法查明服務的一站式解紛平台，通過與最高人民法院訴訟服務平台、移動微法院、調解平台和仲裁服務平台的銜接，打通了多元化解紛方式銜接的線上渠道。[2] 在基層，深圳前海法院積極探索，從建立專門機構到組建國際化調解隊伍，從對接國際

1　本文為廣東省哲學社會科學共建項目——“一帶一路”建設中粵港澳大灣區共建國際商事糾紛解決協同機制研究（GD20XFX01）的階段性成果。

2　詳見國際商事法庭（CICC）“一站式”國際商事糾紛多元化解決平台，最高人民法院國際商事法庭網站，http://cicc.court.gov.cn/html/1/218/321/index.html，2021 年 11 月 3 日最後訪問。

商事規則和借力港籍調解員破解跨境糾紛難題，到確認港籍調解員異地調解商事糾紛的效力，努力為“一帶一路”和粵港澳大灣區建設提供司法服務和保障。[3] 廣東橫琴、前海和南沙法院已開展用“粵公正”ODR 線上調解平台化解跨境商事糾紛，完成在線認證、在線諮詢、在線評估、在線調整、在線調解、在線確認、在線送達等功能。[4] 香港的一邦國際網上仲調中心 eBRAM 已與華南國際仲裁院等設立大灣區國際仲裁中心交流平台，開發了線上協商、調解和仲裁的綜合平台，讓大灣區跨境糾紛免受資源和地域所限，為解決國際和跨境商事爭議，推動大灣區探索實行與香港和國際爭議解決制度銜接，提供安全、便捷、極具成本價值的方案。[5]

然而，現有的以簡單的政治化協商為主的《內地與香港 / 澳門關於建立更緊密經貿關係安排》（以下簡稱 CEPA）爭端解決機制並不能靈活應對不斷增加的大灣區內涉及“一帶一路”國家的跨境投資、貨物、知識產權等綜合性商事糾紛的需求，也難以解決“一帶一路”商事糾紛解決的仲裁和調解中心重複和碎片化的問題。建立集磋商前置、斡旋、調停、調解、仲裁和訴訟有機銜接的一站式“一帶一路”多元商事爭端解決中心正逢其時。此多元爭端解決中心的構建將有助於澄清國際社會對中國法治環境存在的不當誤解，是中國在爭端解決領域提升話語權的重要組成部分，是中國實現國際法治中國表達的重要途徑。

二、“一帶一路”國際商事爭端多元化解紛機制建立的障礙

（一）境外仲裁機構在內地實施仲裁裁決的合法性

首先，境外仲裁機構在內地仲裁存在籍屬問題。在國際商事仲裁中，仲裁裁決的籍屬決定了哪個國家的法院對其享有審查和撤銷權。粵港澳大灣區內引入國際知名商事爭議機構入駐，首先需破除《仲裁法》並未明確規定境

3　參見最高人民法院司法改革領導小組辦公室：《多元化糾紛解決機制典型經驗與實踐案例》，人民法院出版社 2021 年 7 月版，第 268-271、281-283 頁。

4　林曄晗、馬卓爾：《商事糾紛多元化解的“大灣區樣本”》，人民法院報，https://www.chinacourt.org/article/detail/2021/03/id/5827520.shtml，2021 年 12 月 2 日最後訪問。

5　參見鄭若驊在粵港澳大灣區法律論壇“粵港澳大灣區法律衝突、合作與規則銜接”上的主旨演講，即鄭若驊：《加強區域法律合作與規則銜接，推進粵港澳大灣區建設》，2022 年 1 月 21 日，律政司網站，https://www.doj.gov.hk/sc/community_engagement/speeches/20220121_sj1.html，2022 年 2 月 29 日最後訪問。

外仲裁機構是否能在內地從事仲裁活動，其作出的仲裁裁決屬於什麼性質，中國內地法院是否能對其享有管轄權以及如何適用法律作出審查等問題。

其次，境外仲裁機構進入中國內地的市場准入條件和標準尚未明確。在中國仲裁走向國際化的過程中，在前海或橫琴先行示範區引入境外知名仲裁機構是提升中國"一帶一路"爭端解決機制公信力和影響力的重要途徑，但無論是中國的 WTO 入世議定書附件 9 中關於服務貿易的具體承諾，或是《CEPA 關於內地在廣東與香港基本實現服務貿易自由化的協議》（以下簡稱《協議》）及其附件對法律服務商業存在保留的限制性措施（負面清單），均沒有對境外仲裁機構法律服務的准入條件作出明確的規定。如果當事人向中國內地法院申請執行這些境外仲裁機構的辦事處或者分支機構在內地的仲裁裁決，雖然中國內地法院根據實踐可以認定其為涉外仲裁，但這些機構在內地的市場准入標準、業務範圍限制、條件的不明確將切實阻礙一站式國際商事糾紛多元化解決平台和機構的構建。

此外，中國內地法院對境外仲裁機構在內地實施仲裁裁決的承認與執行有待進一步明確。法院對國際商事仲裁裁決的承認與執行仍有兩個突出的法律問題亟待解決：一是由於境外國際仲裁機構在內地做出的仲裁裁決效力不確定，籍屬不明的天生自洽不足，且機構並非中國《仲裁法》意義上的仲裁委員會，其在內地做出的仲裁裁決可能面臨被法院以仲裁機構無權仲裁而不予承認和執行的風險。[6] 二是現有內地仲裁機構尚無受理國際投資爭端案件的實踐。[7] 隨著"一帶一路"的推進，中國企業的海外投資大幅增長，與沿線國家的爭端也隨之增多，選擇將投資爭端提交中國內地的仲裁機構也是必然的趨勢，若仍堅守商事保留，將限制此類國際爭端提交中國內地仲裁機構以及影響國際投資案件在中國內地法院的承認和執行。

---

6 中國《仲裁法》第 10 條規定仲裁委員會需由市的人民政府組織有關部門和商會統一組建，這與傳統的由國際商會組建的仲裁機構不同。如巴黎國際商會國際仲裁院（ICC）、瑞典斯德哥爾摩商會仲裁院（SCC）都不算是《仲裁法》下的仲裁委員會。而第 16 條規定："有效的仲裁協議應當具有下列內容："（一）請求仲裁的意思表示；（二）仲裁事項；（三）選定的仲裁委員會。" 第 18 條亦規定："仲裁協議對仲裁事項或者仲裁委員會沒有約定或者約定不明確的，當事人可以補充協議；達不成補充協議的，仲裁協議無效。"

7 參見 1986 年全國人民代表大會常務委員會《關於我國加入〈承認及執行外國仲裁裁決公約〉的決定》第 2 條。"商事保留" 指中國只對根據中國法律認定為屬於契約性和非契約性商事法律關係所引起的爭端適用《紐約公約》，而投資者與東道國之間的投資爭端則屬於商事保留事項，不具有可仲裁性。參見 1987 年最高人民法院《關於執行我國加入的〈承認及執行外國仲裁裁決公約〉的通知》第 2 條。

（二）否認臨時仲裁協議的法律效力與國際公約的要求脫節

中國內地的《仲裁法》與《承認及執行外國仲裁裁決公約》（以下簡稱《紐約公約》）關於臨時仲裁的規定存在矛盾與衝突。與國際商會仲裁院ICC等常設仲裁機構不同，臨時仲裁是由當事人根據協議對某個仲裁爭議設立的臨時仲裁庭，其仲裁程序、仲裁規則皆由當事人自行創設，在爭議裁決後該仲裁庭即自行解散。中國《仲裁法》第16條第2款規則排除了臨時仲裁。若當事人到中國內地申請承認執行其他國家或地區依照臨時仲裁作出的裁決，將會被中國內地法院或境外法院否定臨時仲裁裁決的有效性，這與中國作為《紐約公約》締約國履行其公約第53條和第54條承認與執行外國仲裁裁決的國際法上義務相違背，使得當事人的合法權益得不到最終實現。並且，臨時仲裁具有程序靈活、自由選擇、中立和不受當地法院政府干涉的特點，這與中國《仲裁法》規定的半官方性質的仲裁委員會有本質的區別，在涉外民商事糾紛中，當事人對中國內地的仲裁機構易產生不信任感。

（三）國際商事調解制度的銜接難題

在各類國際爭端解決方法中，商事調解具有低成本、高效率、程序靈活以及弱化司法的特徵，被譽為"東方價值"和"東方瑰寶"。國際商事調解的擱置不同法系差異、靈活解決爭議、促進雙方維繫和發展商業關係的理想功能，可以使得當事方擱置法制差異，使得爭議和分歧在更大領域的合作和談判中消弭。《聯合國關於調解所產生的國際和解協議公約》（以下簡稱《新加坡公約》）是解決跨境調解執行的國際調解領域的正式法律文件，將對亞太地區及國際商事調解機制的構建發揮重要影響力。《新加坡公約》所倡導的調解也與亞洲情感和文化相契合，相比起仲裁和訴訟，在多元化的亞洲更為直接和高效。[8] 著手解決該公約與國內法銜接問題，推動《新加坡公約》的批准和落地實施，既是擱置法律差異的理想爭議解決方式，是中國當前制度戰略和司法實踐的迫切需求，也有助於支持香港特別行政區建設亞太地區國際法律及爭議解決服務中心，完成聯動打造粵港澳大灣區國際法律服務中心和國際商事爭議解決中心。

然而，中國內地現行的關於調解的主要法律《人民調解法》，其第2條

---

8 Eunice Chua, "The Singapore Convention on Mediation and the New York Convention on Arbitration – Comparing Enforcement Mechanisms and Drawing Lessons for Asia", 11 March 2021, 8(2020) *Asian International Arbitration Journal* 16(2), pp 113-138.

規定調解的對象是解決民間糾紛，與國際化、專業化程度較高的商事調解有著本質上的區別。因此，著手解決該公約與中國國內法的銜接問題，推動《新加坡公約》的批准和落地實施，借鑑新加坡等公約批准國的做法，制定司法解釋、商事調解法迫在眉睫。

三、粵港澳大灣區國際商事多元解紛制度創新

（一）允許境外商事仲裁機構在大灣區設立業務機構

粵港澳大灣區作為國家"一帶一路"建設中的重要支撐區，應當充分利用區內具有影響力的國際商事仲裁機構——香港國際仲裁中心和深圳國際仲裁院，通過開展多種入駐模式，加強與國際仲裁機構的合作，積極回應"一帶一路"建設中主體的需求，實現國際民商事糾紛解決仲裁機構創新。國際商事仲裁作為特殊的法律服務，離不開市場准入的制度安排。建議全國人大常委在該事宜上可參考中國自貿試驗區的制度創新模式，在頂層法律制度上考慮給予大灣區國際仲裁機構一定的支持。面對中國在國際仲裁機構准入法律制度不明，而"一帶一路"爭端解決具體特殊需求的現狀，適度、適時調整法律實施，既有先例意義，也具有一定合理性。

（二）適度調整《仲裁法》中不合理的制度，賦能臨時仲裁制度，對接國際商事仲裁規則

《仲裁法》制定於 1994 年，至今已有 28 餘年，其中"仲裁機構所在地"、"仲裁委員會"和商事保留等制度已經難以適應中國的"一帶一路"建設、內地的司法實踐和國際爭端對仲裁的發展需求。2021 年《仲裁法修訂草案》（以下簡稱《草案》）對此問題予以積極回應，既是對《聯合國國際商事仲裁示範法》的借鑑和轉化適用，也是中國仲裁制度國際化的體現。

《紐約公約》、《聯合國貿易法委員會仲裁規則》、《國際商事仲裁示範法》都承認臨時仲裁與機構仲裁的同等地位，臨時仲裁與機構仲裁互為補充。臨時仲裁在中國內地的執行不能，使得中國承認與執行《紐約公約》的國際義務受到質疑。因此，為了改變中國內地一方面承認機構仲裁，另一方面又排斥臨時仲裁的雙軌制現狀，《草案》第 91 條增設了臨時仲裁制度，規定有涉外因素的商事糾紛的當事人可以約定仲裁機構仲裁，也可以直接約定由專設仲裁庭仲裁。此外，臨時仲裁實施細則仍有待於借鑑 UNCITRAL 仲裁示範

法中適應中國內地情況的內容制定配套措施予以落地。

（三）粵港澳大灣區國際商事調解的立法創新與銜接

首先，中國內地需明確《新加坡公約》的適用問題，可在大灣區先行先試，並著手制定相互執行安排。其次，儘快啟動國際商事調解立法以確立調解的商事爭議範圍、調解協議的執行救濟，建立商事調解機構和調解員准入和管理制度。推動《新加坡公約》的實施，總體上可借鑑新加坡國會 2020 年 2 月通過的《新加坡調解公約法》（Singapore Convention on Mediation Act 2020）的規定。

中國內地在商事調解立法時可以考慮以下三方面內容：（1）吸收公約中關於調解"國際性"不以調解人所在地和調解形成地、調解機構所在地等因素，而直接採取"營業地標準"的先進理念，以求對當事方意志的充分尊重和擴大公約的適用。（2）確立中國調解司法確認與公約執行制度的銜接，通過司法解釋的形式細化確認和不予執行的審查標準。或考慮改革現有的調解司法確認制度，將現行執行前的司法確認程序調整為進入執行救濟後的司法審查，從而與公約的直接執行機制相匹配。此外也應該注意保留中國法律中不可調解的事項，如《最高人民法院關於適用〈中華人民共和國民事訴訟法〉的解釋》（以下簡稱《民訴法解釋》）第 143 條、第 357 條中的適用特別程序、督促程序、公示催告程序的不可調解的商事爭議。也可以借鑑歐盟 2008 年《關於民商事調解某些方面的指令 2008/52/EC 指令》，將當事人是否對其權利義務享有處分權作為是否可以調解執行的標準，也就是只有當事人取得處分權，才涉及到執行救濟的問題。（3）明確商事調解機構和調解員的認證、授予、考核及管理制度，制定調解行為規則指引，首要保障"一帶一路"中商事調解協議的執行。就此可以借鑑中國香港地區的《香港調解守則》，探索建立調解員行為準則，以及調解員資格、選任、考核和管理等認證制度，以保證調解員的中立性、權威性和公信力。

（四）"我國倡議、多國參與、灣區實現"的國際商事爭議多元解紛中心

"一帶一路"倡議為國際法治的變革貢獻中國智慧提供了歷史機遇。通過大灣區中的前海、橫琴攜手港澳商事糾紛解決機構聯合共建多元糾紛解決中心平台，積極引進"一帶一路"沿線國家為主的國際著名仲裁和調解組織，既是倒逼中國國際商事調解和仲裁制度的完善，也是對《規劃綱要》中

共建多元化解紛機制，支持香港成為“一帶一路”建設的投資和商業爭議服務中心的積極回應。根據 2021 International Arbitration Survey（《2021 年國際仲裁調查報告》），中國香港位於最受歡迎的仲裁地的前三名、最受青睞的五個仲裁機構之中。[9] 粵港澳三地攜手，大膽創新實踐，整合仲裁、調解和訴訟資源，打造公正、高效、國際性，並能發揮平等協商、開放包容、互惠互利的國際合作精神，兼顧沿線國家多元化特徵的商事爭議解決的機制和機構，保障“一帶一路”建設，逐步形成“我國倡議、多國參與、灣區實現”的國際性商事爭端解決中心，既是提升中國國際話語權的有利契機，也是大灣區所承擔的重要時代使命。

據此，粵港澳大灣區可通過在前海或橫琴先行示範區實施國際商事多元解紛機制的創新，整合現有跨境調解和線上解紛平台，設置類似新加坡麥克斯韋中心的平台。該中心旨在為新加坡開展替代性糾紛 ADR 解決服務提供一站式的服務，有包括國際商會仲裁院（ICC）、國際投資爭議解決中心（ICSID）、海牙常設仲裁院（PCA）、倫敦商事仲裁法庭（LCIA）、世界知識產權組織仲裁和調解中心（WIPO）以及新加坡本土國際化爭議解決機構新加坡國際仲裁中心（SIAC) 這些著名的國際糾紛解決機構以鬆散而高效的三年期“招租”管理模式入駐。該中心是全球較為領先的綜合性爭議替代性解決 ADR 機構，其設計符合互聯網社會“去中心化”的特徵，以區域性、國際性的糾紛解決機構為主，從而把新加坡打造成全球糾紛解決機構的“集散地”，符合“一帶一路”所堅持的創新、開放、包容和多元的理念。

9 See “The 2021 International Arbitration Survey on ‘Adapting Arbitration to a Changing World’”, https://arbitration.qmul.ac.uk/media/arbitration/docs/LON0320037-QMUL-International-Arbitration-Survey-2021_19_WEB.pdf, last accessed on 2 December 2021。

5. 粵港澳大灣區的證券跨境監管機制——以"深港通"投資者的維權之路為例

林郁馨　香港城市大學法學院副教授
蕭善允　香港都會大學李兆基商業管理學院高級講師

一、背景：粵港澳大灣區之股票市場互聯互通機制

粵港澳大灣區是由廣東省九市、香港特別行政區和澳門特別行政區共同組成的城市群，旨在通過經濟、文化、人才等各方面的深入交流合作，促進三地的共同發展和繁榮。在 2017 年 7 月 1 日，三地領導人代表共同簽署了《深化粵港澳合作　推進大灣區建設框架協定》。該協定明確指出了大灣區三大經濟實體的發展方向："強化廣東作為全國改革開放先行區、經濟發展重要引擎的作用……鞏固和提升香港國際金融、航運、貿易三大中心地位……推進澳門建設世界旅遊休閒中心"[1]。但與世界其他著名的城市群不同的是，粵港澳大灣區是在同一個主權國家內實行兩種政治制度以及三種法律體系。具體而言，在政治方面，內地實行中國特色社會主義制度，而港澳地區在"一國兩制"基本方針的框架內實行資本主義制度；在法律方面，內地實行社會主義法律體系，香港實行普通法系，而澳門實行的是大陸法系。三地之間政治制度和法律體系的差異給粵港澳大灣區的城市治理、金融監管等領域帶了新的挑戰。

香港作為國際金融中心，其高效的資本運作能力吸引了越來越多實力雄厚的企業選擇在香港交易所上市與交易。[2] 而深圳作為內地改革開放的前沿

1　國家發展和改革委員會、廣東省人民政府、香港特別行政區政府、澳門特別行政區政府：《深化粵港澳合作 推進大灣區建設框架協定》，2017 年 7 月 1 日在香港簽署，粵港澳大灣區官網，https://www.bayarea.gov.hk/filemanager/tc/share/pdf/Framework_Agreement.pdf，2021 年 12 月 1 日訪問。

2　參見《為何選擇香港交易所？》，香港交易所官網，https://www.hkex.com.hk/Join-Our-Market/IPO/Listing-with-HKEX?sc_lang=zh-HK，2021 年 12 月 9 日訪問。

陣地，也吸納了一大批優秀的內地企業在其證券交易所籌資。[3] 但由於外匯管制、投資者適當性管理、投資管道等因素的限制，以往內地與香港的股民都無法直接買賣對方證券市場裏的股票。為了滿足兩地投資者的需要，香港和深圳政府積極在資本市場上擴展合作空間，並最終於 2016 年 12 月 5 日開通了粵港澳大灣區之股票市場交易互聯互通機制 ——“深港通”，實現了兩地資本市場的雙向開放。[4] “深港通”是基於單一主權國家內連接深圳與香港股票交易場所的橋樑，也是兩地投資者直接參與到對方證券市場的跨境投資平台。[5] 具體而言，它包括“港股通”和“深股通”，其中“港股通”是指南向交易，即內地投資者可以通過深圳交易所證券交易服務公司買賣在香港聯交所上市的股票，而“深股通”是指北向交易，即香港投資者可以通過香港聯交所證券交易服務公司買賣在深圳交易所上市的股票。[6]

內地與香港兩地在證券監管法規和糾紛解決機制上的差異，導致與“深港通”相關的跨境協作和規則銜接出現了一定的障礙和衝突。有鑑於此，在 2019 年 2 月 18 日發布的《粵港澳大灣區發展規劃綱要》指出在金融市場互聯互通領域，三地需要“建立粵港澳大灣區金融監管協調溝通機制，加強跨境金融機構監管和資金流動監測分析合作”[7]。

二、內地與香港證券跨境監管框架

隨著內地與香港股票市場互聯互通機制的愈發成熟，兩地之間的資本流動變得日益活躍。但在證券監管領域，內地與香港仍依賴著各自的監管法規和監管機構。因此，為了進一步完善證券跨境監管框架、防堵證券跨境監管的漏洞，目前兩地對於資本市場的監管已達成初步的共識與合作。[8]

---

3 參見《本所簡介》，深圳證券交易所官網，https://www.szse.cn/aboutus/sse/introduction/index.html，2021 年 12 月 9 日訪問。

4 《香港交易所慶祝深港通啟動》，香港交易所官網，https://www.hkex.com.hk/News/News-Release/2016/161205news?sc_lang=zh-HK，2021 年 12 月 1 日訪問。

5 參見伍堅：《從“逃之夭夭”到“無處可逃”——〈無處可逃：內幕交易與市場操縱的跨境追訴〉評述》，《證券法苑》2020 年第 29 期。

6 參見《深圳證券交易所深港通業務實施辦法》（2021 年修訂）（深證上〔2021〕113 號）第 111 條。

7 《中共中央 國務院印發〈粵港澳大灣區發展規劃綱要〉》，新華網，2019 年 2 月 18 日，http://www.xinhuanet.com/politics/2019-02/18/c_1124131474.htm。

8 參見黃輝：《“一國兩制”背景下的香港與內地證券監管合作體制：歷史演變與前景展望》，《比較法研究》2017 年第 5 期。

（一）監管法規

兩地的監管法規已為兩地證券監管機關的跨境合作打下良好的基礎。內地方面，《中華人民共和國證券法》第 177 條提出，"國務院證券監督管理機構可以和其他國家或者地區的證券監督管理機構建立監督管理合作機制，實施跨境監督管理。"[9] 另外，部門規章《內地與香港股票市場交易互聯互通機制若干規定》的第 4 條也充分表達了兩地證監會希望進行監管合作、共同保護"深港通"投資者的合法權益的美好願望。[10] 最近公布的《國務院關於境內企業境外發行證券和上市的管理規定（草案徵求意見稿）》也充分地強調，境內境外的證券監管主體應該共同構建跨境監督管理合作機制，維護證券市場的健康發展。[11] 而香港方面，香港《證券及期貨條例（Securities and Futures Ordinance）》第 186 條同樣也有相關的規定，"香港證監會向香港以外地方的規管者提供協助。"[12]

（二）區際監管合作

從區際監管合作的角度來看，兩地證監會和證券交易所正在積極推動各項合作機制。早在 2002 年，國際證監會組織（IOSCO）通過了《多邊諒解備忘錄（MMoU）》，旨在促進跨國證券執法和國際證券監管機構之間的資訊交流。[13] 而中國證券監督管理委員會（中國證監會）與香港證券及期貨事務監察委員會（香港證監會）也先後加入了國際證監會組織，所以兩地證監會作為簽署方也需要受到該備忘錄的約束，履行提供調查協助與資訊共用便利的義務。[14]

不僅如此，為了進一步推動內地與香港證券監管機構之間的合作，兩地

---

9 《中華人民共和國證券法》（2019 年修訂）第 177 條。

10 參見《內地與香港股票市場交易互聯互通機制若干規定》（中國證券監督管理委員會令第 128 號）第 4 條。

11 參見《國務院關於境內企業境外發行證券和上市的管理規定（草案徵求意見稿）》第 19 條，2021 年 12 月 24 日中國證券監督管理委員會發布，尚未生效。

12 《證券及期貨條例》（香港法例第 571 章）（2012 年修正）第 186 條。

13 See IOSCO, "About IOSCO", https://www.iosco.org/about/?subsection=about_iosco, last accessed on 10 December 2021; International Organization of Securities Commissions, "Multilateral Memorandum of Understanding Concerning Consultation and Cooperation and the Exchange of Information" (revised in May 2021), https://www.iosco.org/library/pubdocs/pdf/IOSCOPD386.pdf, last accessed on 11 December 2021.

14 See Douglas W Arner, Berry F C Hsu, Say H Goo et al, *Financial Markets in Hong Kong: Law and Practice* (2nd ed), Oxford University Press, 2016, pp 163-164.

的證監會與交易所還陸續簽署了更為具體的雙邊合作備忘錄。這些監管文件的簽署，為兩地證券監管機構開展證券跨境監管合作提供了一定的法律依據和制度保障。其中最重要的是於 2016 年由兩地證監會因應“滬港通”與“深港通”之實施所簽署的《內地與香港股票市場交易互聯互通機制下中國證監會與香港證監會加強監管執法合作備忘錄》，此備忘錄奠定了兩地監管機構在監管與執法方面的合作基礎。基本的合作原則是在雙方遵循各自法律制度的前提下，提供便利與支援，並提供資訊。[15] 具體訂明發現跨境違法行為時的通報義務，以提前發現違法行為，強化執法。[16] 並在涉及兩地的重大緊急案件中，啟動聯合調查程序。[17]

香港法院在“唐漢博操縱證券市場”一案中，准許香港證監會在其調查行動中，為協助中國證監會調查相關違法行為而申請搜索令（warrant），肯認了香港證監會在其調查行動中，向中國證監會提供證據與資訊的法律正當性。[18] 此外，在“香港證監會訴香港安永會計師事務所”一案中，安永曾一度以內地法規要求保密檔案為由拒絕向香港證監會提供涉嫌虛假披露的香港上市公司標準水務存放在內地的審計底稿。[19] 此舉促使兩地更加關注跨境審計監管合作問題，有鑑於此，內地財政部、中國證監會、香港證監會於 2019 年 7 月共同簽署了關於審計工作底稿的三方合作備忘錄，以便香港證監會調取赴港上市公司在內地的審計工作底稿。[20] 然而，內地與香港簽署的區際合作協定主要是由兩地的證券監管機構制定，屬於沒有強制約束力的“軟法”，立法

---

15 參見《內地與香港股票市場交易互聯互通機制下中國證監會與香港證監會加強監管執法合作備忘錄》第 7 條，2016 年 11 月 3 日生效。

16 參見《內地與香港股票市場交易互聯互通機制下中國證監會與香港證監會加強監管執法合作備忘錄》第 3 條、第 4 條。

17 參見《內地與香港股票市場交易互聯互通機制下中國證監會與香港證監會加強監管執法合作備忘錄》第 6 條。

18 *Tang Hanbo v The Securities and Futures Commission and Another* [2018] 1 HKLRD 272.

19 《關於加強在境外發行證券與上市相關保密和檔案管理工作的規定》（中國證券監督管理委員會、國家保密局、國家檔案局公告〔2009〕29 號）第 6 條規定：“在境外發行證券與上市過程中，提供相關證券服務的證券公司、證券服務機構在境內形成的工作底稿等檔案應當存放在境內”；*Securities and Futures Commission v Ernst & Young (A Firm)* [2014] HKCU 1252, [2014] 3 HKC 406, [2015] 5 HKLRD 293; See Robin Hui Huang, “The US-China Audit Oversight Dispute: Causes, Solutions, and Implications for Hong Kong”, (2021) *The International Lawyer* 54(1), pp 151-199; 參見章武生、成謙：《香港證監會代表投資者索賠訴訟案例分析與借鑒》，《華東政法大學學報》2016 年第 19 期。

20 參見《財政部和中國證監會與香港證監會簽署關於審計工作底稿的三方合作備忘錄》，香港證券及期貨事務監察委員會官網，2019 年 7 月 3 日，https://sc.sfc.hk/TuniS/apps.sfc.hk/edistributionWeb/gateway/TC/news-and-announcements/news/corporate-news/doc?refNo=19PR61。

的權威性相較於一般法律要低，只能依靠"柔性約束"和"合作共識"來規管證券市場。[21] 其次，合作的形式多數以備忘錄的簽署進行，而合作的內容僅停留在資訊交流與調查協助上，證券監管跨境合作的深度仍需加強。[22]

（三）區際司法協作

從糾紛解決的效果來看，當發生複雜或嚴重的跨境證券糾紛時，僅靠證監會和交易所的努力並不能完全解決投資者與上市公司之間的矛盾。特別是在上市公司從事如內幕交易、虛假陳述或市場操縱等市場失當行為並造成投資者損失的情況下，還需兩地司法機關在各階段程序上的配合與協作，以保護投資者的合法權益，並維持證券市場的秩序。為了促進內地與香港之間的區際司法合作，節省當事人的訴訟成本和時間，避免重複訴訟，兩地還簽署了一系列民商事類司法協助安排。[23]

表 1　內地與香港的區際司法協助協議

類別	實施日期	協定名稱
文書送達	1999.03.30	《最高人民法院關於內地與香港特別行政區法院相互委托送達民商事司法文書的安排》
提取證據	2017.03.01	《最高人民法院關於內地與香港特別行政區法院就民商事案件相互委托提取證據的安排》
仲裁執行	2000.02.01（已被修改）	《最高人民法院關於內地與香港特別行政區相互執行仲裁裁決的安排》
	2019.10.01	《最高人民法院關於內地與香港特別行政區法院就仲裁程序相互協助保全的安排》
	2021.05.19	《最高人民法院關於內地與香港特別行政區相互執行仲裁裁決的補充安排》

21　參見程鈺舒、徐世長：《"軟法"視角下的粵港澳大灣區跨境金融監管》，《學術論壇》2020 年第 43 期。

22　參見張曼青、韓文蕾：《深港通機制下證券跨境監管現狀研究》，《法制博覽》2018 年第 14 期。

23　參見涂廣建：《港、澳回歸後的我國區際私法：成就、反思與展望》，《國際法研究》2021 年第 2 期。

類別	實施日期	協定名稱
判決的認可與執行	2008.08.01	《最高人民法院關於內地與香港特別行政區法院相互認可和執行當事人協議管轄的民商事案件判決的安排》
	2019.01.18（尚未生效）	《最高人民法院、香港特別行政區政府關於內地與香港特別行政區法院相互認可和執行民商事案件判決的安排》
破產的認可與協助	2021.05	《最高人民法院與香港特別行政區政府關於內地與香港特別行政區法院相互認可和協助破產程序的會談紀要》

如表 1 所示，目前的區際司法合作框架為最高人民法院與香港特別行政區或其法院之間簽訂的關於民商事類的區際司法協助協議，涵蓋了文書送達、提取證據、仲裁裁決執行與協助保全、法院判決的認可與執行、破產程序的認可與協助等方面，在訴訟與糾紛解決的各個程序階段，提供兩地法院合作的基礎。值得注意的是，目前 2019 年公布的《最高人民法院、香港特別行政區政府關於內地與香港特別行政區法院相互認可和執行民商事案件判決的安排》尚待香港方面完成立法程序，尚未生效，本文將在第三部分針對該安排在證券訴訟的適用進行深入分析與討論。

三、“深港通”機制下證券跨境糾紛解決路徑與困境——以港股通投資者為例

由於內地與香港目前仍沒有建立起一個完善的跨境證券投資者保護框架，筆者通過設想“深港通”機制下港股通投資者，即內地投資者買賣港股通股票，卻因在港上市公司行為失當而遭受損失的情況，觀察當前各類證券跨境糾紛解決路徑中存在的問題與挑戰，進行深入的分析與討論，以下區分投訴、仲裁與證券訴訟三個途徑來討論。

（一）投訴

當“深港通”下的香港上市公司損害股東合法權益時，投訴是內地投資者進行跨境維權的常用手段之一。根據《港股通投資者指南》的規定，“港

股通投資者就香港上市公司的相關投訴可以向香港證監會、聯交所以及香港上市公司直接提出。對內地投資者提出的涉及香港證監會監管事宜的要求，由香港證監會依據香港法規統一處理，中國證監會可提供轉送服務”。[24] 簡單來說，港股通投資者可以直接向香港的相關監管機構或者該香港上市公司進行投訴，而相關機構將會根據投訴的內容和證據決定是否受理以及採取何種措施予以回應。

雖然投訴的方式能給港股通投資者提供一種解決證券糾紛的思路，但這種模式在跨境操作和實施上存在一定的困難。首先，它們受理的投訴的類型有所不同。香港交易所主要是處理關於上市公司是否違反上市規則的投訴，並對被投訴的上市公司啟動問詢和調查程序；[25] 而香港證監會則著眼於處理上市公司是否違反《證券及期貨條例》或其他應由證監會跟進監管的相關投訴。[26] 但並不是所有的投訴個案都有機會被展開調查，除非向香港證監會投訴的個案構成了違反《證券及期貨條例》的可能，證監會才會主動調查。[27] 此外，香港交易所和香港證監會通常在投資者提供了實質性的證據和支援文件的情況下，才會處理他們的投訴。[28] 這種嚴格的要求往往會導致投資者付出更高的維權成本，甚至會讓投資者在維權的道路上望而卻步。尤其是當投訴涉及的情況比較複雜、需要兩地證監會共同協作才可以將問題和證據整理清楚時，單憑股東個人的力量將很難完成這項艱難的跨境取證任務。

在投訴的請求成功受理後，香港上市公司一般會針對投資者提出的問題予以回函和解釋。如果所涉投訴內容有違反上市條例的情節，香港交易所可以採取一些如發出監管信函、公開譴責、載有批評的公開聲明等紀律處分措施。[29] 如果投訴內容涉嫌市場行為失當，香港證監會也可以採取一些如罰

24 參見《4.3.3 內地港股通投資者要求處理安排是怎樣的？》，香港證券交易所：《港股通投資指南》（2017 年修訂），第 77 頁。

25 參見《投訴表格 —— 有關上市事宜》，香港交易所官網，https://sc.hkex.com.hk/TuniS/www.hkex.com.hk/Global/Exchange/Contact/Complaint-Form-Listing-Matters?sc_lang=zh-cn，2021 年 12 月 9 日訪問。

26 參見《針對中介人及市場活動的投訴》，香港證券及期貨事務監察委員會官網，https://www.sfc.hk/TC/Lodge-a-complaint/Against-intermediaries-and-market-activities，2021 年 12 月 9 日訪問。

27 參見同上。

28 參見《聯絡》，香港交易所官網，https://sc.hkex.com.hk/TuniS/www.hkex.com.hk/global/exchange/Contact?tab=1&sc_lang=zh-CN#tab1item2，2021 年 12 月 8 日訪問；另參見《針對中介人及市場活動的投訴》。

29 參見《上市監管 —— 上市規則執行及紀律處分 —— 上市規則執行統計數據》，香港交易所官網，https://sc.hkex.com.hk/TuniS/www.hkex.com.hk/listing/disciplinary-and-enforcement/enforcement-statistics/for-the-six-months-ended-30-june-2021?sc_lang=zh-cn，2021 年 12 月 12 日訪問。

款、私下或公開譴責、撤銷或局部撤銷牌照或註冊、撤銷核准成為負責人員、禁止申請牌照或註冊等紀律制裁措施。[30] 這幾種處理方式雖然可以給公司帶來一定程度的懲罰，但都是針對公司採取的紀律性制裁措施，一般無法直接彌補投資者的經濟性損失。即使是負有監管與控訴職能的香港證監會，也無權直接下令涉事的人士或公司向投資者支付金錢上的賠償。[31] 同理，香港交易所亦不能受理令上市公司直接賠償投資者投資損失的相關投訴。[32] 如果內地投資者的最終要求是向公司索取賠償，則需要循民事訴訟途徑才有機會實現。[33]

（二）仲裁

仲裁是證券跨境糾紛中常用的爭議解決方式之一，當公司與股東間有約定仲裁條款時，股東便可依仲裁途徑解決證券糾紛。H 股公司到香港上市時，必須遵守國務院關於境外上市的特別規範。《國務院關於股份有限公司境外募集股份及上市的特別規定》第 29 條規定："境外上市外資股股東與公司之間發生爭議，依照公司章程規定的方式處理"[34]。另外，《到境外上市公司章程必備條款》第 163 條也有規定："到香港上市的公司，應當將下列內容載入公司章程：凡境外上市外資股股東與公司之間發生爭議……應當提交仲裁解決。"[35] 依此，所有 H 股上市公司都應當在章程中訂定強制仲裁條款，當股東有相關糾紛時，就必須循仲裁的途徑，而非訴訟解決。

在"張霞與山東墨龍證券欺詐責任糾紛"一案中，內地投資者張霞購買了"深港通"中的山東墨龍（港股通）的股票，後因公司虛假陳述導致張霞遭受投資損失，張霞將山東墨龍訴至山東濟南中級法院。[36] 法院審理後表示，

---

30 參見《紀律處分程序概覽》，香港證券及期貨事務監察委員會官網，https://www.sfc.hk/TC/Regulatory-functions/Enforcement/Disciplinary-proceedings，2021 年 12 月 12 日訪問。

31 參見《針對中介人及市場活動的投訴》。

32 參見《聯絡》，香港交易所官網，https://sc.hkex.com.hk/TuniS/www.hkex.com.hk/global/exchange/Contact?tab=1&sc_lang=zh-CN#tab1item2，2021 年 12 月 8 日訪問。

33 參見王銳：《互聯互通機制下中國內地投資者保護問題研究 —— 以投資者適當性管理規則為切入點》，《南方金融》2018 年第 7 期，第 58-65 頁。

34《國務院關於股份有限公司境外募集股份及上市的特別規定》（中華人民共和國國務院令第 160 號）第 29 條。

35《到境外上市公司章程必備條款》第 163 條，1994 年 9 月 29 日由國務院證券委（已變更）、國家體改委（已變更）發布與實施。

36 "張霞與山東墨龍石油機械股份有限公司證券欺詐責任糾紛"，山東省濟南市中級人民法院（2020）魯 01 民初 2689 號民事裁定書。

由於山東墨龍屬於從內地到香港上市的 H 股公司，且山東墨龍的章程有將股東與公司之間的爭議交由仲裁解決的約定，法院遂駁回了原告張霞的起訴。[37] 因此，若赴港上市的內地公司已在章程中約定了仲裁管轄，則相當於排除了訴訟管轄，內地投資者無法利用訴訟的途徑維權。然而，對"深港通"的目標公司而言，一般是內地到香港上市的公司（如 H 股公司）才會在章程中添加適用仲裁管轄的約定，而港股通中其他非 H 股的公司則不受此預設規則的約束。因此，只有當香港上市公司在章程內約定與股東的爭議適用於仲裁管轄時，才可以適用仲裁管轄，否則投資者可能需要選擇其他維權方式。

由於仲裁程序的保密性，證券仲裁案件一般不對外公開。但筆者從山東墨龍所涉的《申請撤銷仲裁裁決特別程序裁定書》中發現，投資者謝某因山東墨龍從事證券虛假陳述的不當行為造成了投資損失，遂依據山東墨龍公司章程關於仲裁條款的約定，向中國國際經濟貿易仲裁委員會提起證券仲裁，請求仲裁委裁決山東墨龍賠償其相關的經濟損失。[38] 除了證券詐欺以外，實務上其他證券相關的糾紛由仲裁解決已行之有年，例如上市公司股權質押、私募股權投資基金退出等糾紛案件，內地並於 2021 年 11 月成立首個證券仲裁中心——中國（深圳）證券仲裁中心，基於跨境管轄、跨境執行的優勢開展證券及資本市場專業仲裁服務，為資本市場的糾紛解決提供多元的管道，為"深港通"的境內外市場主體提供高水準的爭議解決方案。[39]

仲裁作為跨境投資者的維權方式發揮著獨特的作用，兩地還為仲裁裁決的執行配套了相應措施：《關於內地與香港特別行政區法院就仲裁程序相互協助保全的安排》與《最高人民法院關於內地與香港特別行政區相互執行仲裁裁決的補充安排》更加具體地規定了跨境仲裁程序執行細節，為推進跨境

37 參見"張霞與山東墨龍石油機械股份有限公司證券欺詐責任糾紛"，山東省濟南市中級人民法院（2020）魯 01 民初 2689 號民事裁定書。山東墨龍關於股東爭議解決的章程條款見《山東墨龍石油機械股份有限公司章程》第 23 章"爭議的解決"，http://www.cninfo.com.cn/new/disclosure/detail?orgId=gshk0000568&announcementId=1209331074&announcementTime=2021-03-04，2021 年 12 月 30 日訪問。

38 參見 2021 年 4 月 21 日由北京法院審判資訊網發出的《申請撤銷仲裁裁決特別程序裁定書》，https://www.qcc.com/wenshuDetail/f50d2270fb884b4db53ba9ce9f58c65b.html，2021 年 12 月 30 日訪問。

39 參見《全國首個證券仲裁中心在深揭牌成立》，廣東省地方金融監督管理局官網，http://gdjr.gd.gov.cn/gdjr/jrzx/dfjr/content/post_3617750.html，2022 年 1 月 21 日訪問；參見《全國首個證券仲裁中心在深圳揭牌——探索證券仲裁中國模式》，中國經濟網，http://www.ce.cn/xwzx/gnsz/gdxw/202111/22/t20211122_37102283.shtml，2022 年 2 月 12 日訪問。

仲裁裁決的有效執行提供了制度保障。[40]

（三）證券訴訟

當仲裁或其他糾紛解決管道皆無法為港股通的內地投資者提供滿意的爭議解決方案時，投資者可以考慮提起證券訴訟。以下區分兩種情況來討論：

1. 內地投資者於內地提起訴訟

如果內地投資者選擇於內地提起證券訴訟，其維權之路需要根據證券法域外管轄權的發展分為兩個階段。

在《中華人民共和國證券法》2019 年修訂以前（以下簡稱舊證券法），內地證券法的適用範圍僅限於境內，在域外沒有法律效力。[41] 在舊證券法適用期間，如果內地投資者直接向內地法院提起對境外上市的內地公司的證券訴訟，內地法院原則上沒有受理此類證券跨境糾紛的司法管轄權。因而，即使境外上市公司損害了內地投資者的合法權益，內地法院對此也愛莫能助。然而，隨著跨境證券糾紛的日益增多，舊證券法已不能滿足內地投資者維權的需要。

為了更有效地保護內地投資者的權益，全國人大常委會於 2019 年 12 月 28 日通過了修訂版的《中華人民共和國證券法》（以下簡稱新證券法），並於 2020 年 3 月 1 日起實施。[42] 其中，新證券法的第 2 條第 4 款規定，“在中華人民共和國境外的證券發行和交易活動，擾亂中華人民共和國境內市場秩序，損害境內投資者合法權益的，依照本法有關規定處理並追究法律責任。”[43] 這條規定又被稱為“長臂管轄條款”，因為它突破了屬地管轄原則的限制，為內地法院管轄證券類的跨境訴訟，尤其是“滬港通”、“深港通”的投資模式，提供了重要的法律依據。[44] 同時，這條規定也賦予了內地法院證券域外管轄權，內地投資者足不出境便可向內地法院提起對境外上市公司的跨境證券訴訟。[45] 它的新增是新證券法的一大亮點。為了落實新證券法的域外

---

40 參見趙一存：《內地與香港相互執行仲裁裁決的補充安排明起將施行》，《文匯報》2021 年 5 月 18 日，https://www.wenweipo.com/s/202105/18/AP60a3c5c1e4b0a46dabea31cd.html。

41 參見蕭永平：《“長臂管轄權”的法理分析與對策研究》，《中國法學》2019 年第 6 期。

42 參見《國務院辦公廳關於貫徹實施修訂後的證券法有關工作的通知》（國辦發〔2020〕5 號）。

43 《中華人民共和國證券法》（2019 年修訂）第 2 條。

44 參見沈偉：《論金融制裁的非對稱性和對稱性 —— 中美金融“脫鉤”的法律衝突和特質》，《上海對外經貿大學學報》2020 年第 27 期。

45 參見伍堅：《從“逃之夭夭”到“無處可逃”——〈無處可逃：內幕交易與市場操縱的跨境追訴〉評述》。

適用規定，北京金融法院和上海金融法院紛紛在 2021 年修訂或新增了相應的內容。《最高人民法院關於北京金融法院案件管轄的規定》和《最高人民法院關於上海金融法院案件管轄的規定》的第 2 條第 1 款分別規定："下列金融糾紛案件，由北京 / 上海金融法院管轄：（一）境內投資者以發生在中華人民共和國境外的證券發行、交易活動或者期貨交易活動損害其合法權益為由向北京 / 上海金融法院提起的訴訟。"[46] 該修訂的條款屬於"金融法律域外適用案件的跨區域集中管轄條款"，是金融法院對證券跨境糾紛實現集中管轄的法律依據。[47] 當境外如在香港上市的公司損害了境內投資者合法權益時，投資者可以申請金融法院進行管轄，但暫時來說只能自行選擇北京或者上海金融法院提起訴訟。不過截至目前為止，尚未有內地法院對損害內地投資者合法權益的境外上市公司進行跨境審判的案例。[48]

2. 內地投資者於香港提起訴訟

如果內地投資者選擇於香港提起證券訴訟，則需要適用香港的證券法規。由於兩地在法律規則上存在著較大的差異，其維權之路可能會相對複雜。

由於"深港通"採用的是"多層名義持有制度"，雖然內地投資者是港股通股票的實際投資者，但中國證券登記結算有限公司才是其名義持有人。[49] 所以，購買港股通的內地投資者其實並不是法律意義上享有股東權利的投資者，香港法院至今沒有釋明內地投資者是否擁有在香港的起訴資格。[50] 其次，由於香港沒有便利多數投資者提起集體訴訟（class action）的機制，股東個人由於高成本或難取證等因素，鮮有股東單獨提起證券訴訟，由私人發起執行（private enforcement）的情況非常少見。在實踐上，香港多倚賴香港證監會根據其在《證券及期貨條例》下的權利提起訴訟，維護少數股

---

46 《最高人民法院關於北京金融法院案件管轄的規定》（法釋〔2021〕7 號）第 2 條；《最高人民法院關於上海金融法院案件管轄的規定》（2021 年修正）（法釋〔2021〕9 號）第 2 條。

47 《最高人民法院民二庭負責人就〈最高人民法院關於北京金融法院案件管轄的規定〉答記者問》，最高人民法院官網，2021 年 3 月 16 日，http://www.court.gov.cn/zixun-xiangqing-290971.html。

48 參見蕭凱主編：《上海金融法院涉外、涉港澳台金融案件審判指南》，法律出版社 2021 年版，第 317 頁。

49 參見《內地與香港股票市場交易互聯互通機制登記、存管、結算業務實施細則》第 15、19 條，中國證券登記結算有限責任公司 2016 年 9 月 30 日發布。

50 參見黃輝：《跨境投資者保護的若干問題》，《投資者》2018 年第 4 期。

東的權益，偏向由公權力發起的執行（public enforcement）模式。[51] 因此，內地投資者是很難在香港憑個人的力量提起證券訴訟的。但即使香港證監會順利地提起了證券訴訟，且香港法院也根據《證券及期貨條例》第 213 條做出令市場不當行為者向受損投資者支付民事賠償的判決，[52] 囿於兩地現行司法協助制度的局限性，內地法院仍難以認可和執行香港證券類判決。具體而言，關於內地法院審查香港民商事判決的承認與執行的依據，目前仍依賴於《最高人民法院關於內地與香港特別行政區法院相互認可和執行當事人協議管轄的民商事案件判決的安排》（以下簡稱 2008 舊安排），但該安排只適用於"當事人協議管轄的民商事合約案件"。[53] 而在證券類的案件裏，當事人之間往往沒有協議管轄的合意，因此其判決無法適用 2008 舊安排。為了克服 2008 舊安排出現的限制，《最高人民法院、香港特別行政區政府關於內地與香港特別行政區法院相互認可和執行民商事案件判決的安排》（以下簡稱 2019 新安排）於 2019 年 1 月 18 日應運而生。2019 新安排關於民商事判決的管轄範圍比 2008 舊安排更加廣泛，它不僅取消了協議管轄的限制，而且也沒有將證券類判決納入其管轄的負面清單。惟 2019 新安排目前尚待香港方面立法完成始生效，待生效後，此新安排將有望掃除兩地關於證券類判決承認的障礙。[54]

四、結論與建議

"深港通"作為繼"滬港通"之後溝通內地與香港股票市場的橋樑，極大地帶動了粵港澳大灣區的資金流動與經濟交流。繼續完善內地與香港的證券跨境監管機制、保護"深港通"投資者的合法權益，將有利於建設健康而富有活力的證券市場，從而深化粵港澳大灣區的跨境金融監管與合作，為推

---

51 參見章武生、成謙：《香港證監會代表投資者索賠訴訟案例分析與借鑒》，《華東政法大學學報》2016 年第 19 期。

52 此條款賦予香港原訟法院對從事內幕交易、虛假陳述等市場不當行為的公司或個人者發出回復原狀命令（通過賠償或股份回購等方式讓受損投資者回復到交易前的狀態）的權利，使不當行為者向受損投資者做出民事賠償；參見《證券及期貨條例》（香港法例第 571 章）（2012 年修正）第 213 條；另參見章武生、成謙：《香港證監會代表投資者索賠訴訟案例分析與借鑒》。

53 《七種特殊情形內地和香港法院可以拒絕認可和執行》，中央政府門戶網站，2008 年 7 月 4 日，http://www.gov.cn/jrzg/2008-07/04/content_1035640.htm。

54 參見梁浩然：《大灣區背景下內地司法判決的認可與執行》，廣東省粵港澳合作促進會官網，2021 年 8 月 24 日，http://ygacjh.org.cn/Item/2663.aspx。

進“債券通”（債券市場互聯互通機制）[55]、“跨境理財通”（資本市場互聯互通機制）[56] 等金融工具的發展提供良好的法治環境。本文對於目前香港與內地跨境證券監管的合作提出以下幾點建議，以促進未來粵港澳大灣區的投資往來，並深化投資者保護的法治建設。

（一）增設粵港澳大灣區金融法院

考慮到城市的經濟發展水平與金融類案件的分布情況，目前金融法院僅在北京和上海成功設立，而南方目前暫時沒有專門的金融法院。但得益於“深港通”的開通，粵港澳大灣區在證券市場上的互聯互通更為緊密，同時因跨境類證券投資出現的糾紛也日益增多。但由於目前只有北京和上海的金融法院具有新證券法的域外適用效力，對境外上市公司損害境內投資者的合法權益的證券跨境糾紛有管轄權，其他地方的內地投資者需要前往北京或上海金融法院提起相關訴訟，這在一定程度上增加了投資者的維權成本。

考慮到目前暫時沒有便利粵港澳大灣區內的投資者的金融法院，筆者建議增設大灣區金融法院，集中管轄粵港澳大灣區內跨境證券糾紛和對港澳台金融民商事糾紛的判決申請認可和執行的案件。這不僅有利於便利粵港澳大灣區的跨境投資者的訴訟需要，同時也有利於提高法院審判的專業性和效率。具體而言，粵港澳大灣區金融法院可以考慮選址在深圳經濟特區，因為深圳被賦予了經濟特區的立法權，可以較為靈活地制定有關粵港澳大灣區金融法院的管轄內容，變通執行相關規定。[57] 同時深圳有深圳證券交易所和“深港通”的股票互聯互通機制，是內地與香港的證券市場交流的重要橋樑。

（二）積極推動 2019 安排的落地和生效

鑑於目前大灣區的證券跨境訴訟案件日益增多，適用 2019 新安排有望擴大民商事判決的互認範圍，推動兩地判決的異地執行。因此，積極推動 2019 新安排的生效與落實顯得尤為迫切。在經歷了近三年的停滯之後，2019 新安排終於在 2021 年 12 月取得了突破性進展：香港律政司已為該安排制定

55 參見《債券通》，債券通有限公司官網，https://www.chinabondconnect.com/sc/index.html，2021 年 12 月 28 日訪問。

56 《粵港澳大灣區跨境理財通》，香港金融管理局官網，https://www.hkma.gov.hk/chi/key-functions/international-financial-centre/wealth-management-connect/，2021 年 12 月 28 日訪問。

57 參見《中華人民共和國立法法》（2015 年修正）第 90 條；亦見吳燕妮：《跨境金融監管的創新機制研究 —— 以粵港澳大灣區建設為視角》，《深圳社會科學》2020 年第 6 期。

了配套條例與規則的草案（分別是《內地民商事判決（相互強制執行）條例草案》及《內地民商事判決（相互強制執行）規則》），並計劃在 2022 年 1 月底之前完成向公眾徵詢意見的流程。[58]

在後續的立法進程中，雙方應就 2019 年新安排中有合作障礙的部分加強溝通，香港方面繼續梳理本地立法以對接新安排的實施。[59] 這將有利於加強內地與香港兩地的司法合作與協助，緩解大灣區證券跨境訴訟判決執行困難的壓力。

（三）深化兩地證券監管機構的合作

證券跨境監管機制的建設有賴於內地與香港證券監管機構的通力合作。雖然目前兩地的證監會在跨境執法實踐方面進行了多次的合作，[60] 但其行動依據是不具有法律約束力的雙邊或多邊合作協定。因此，兩地證券監管機構可以加強進一步的交流與溝通，明確雙方在證券跨境監管上的定位和界限，在必要監管合作的領域制定具有強制執行力的相關法規。

另外，內地與香港可以創新證券跨境監管合作模式。比如，兩地證監會可以引入大數據監管、數據挖掘等技術手段，密切關注"深港通"股票交易平台中的異常股價波動情況和異常賬戶的資金往來，一旦發現有違法違規的情況便可以及時處理。[61]

58 參見《〈內地民商事判決（相互強制執行）條例草案〉及〈內地民商事判決（相互強制執行）規則〉諮詢文件》，香港律政司官網，https://www.doj.gov.hk/tc/featured/consultation_paper_on_the_mainland_judgments.html，2022 年 2 月 25 日訪問。

59 參見殷敏、冶利亞：《內地與香港民商事判決認可和執行問題探究》，《港澳研究》2020 第 4 期。

60 參見《中國證監會和香港證監會舉行第十二次兩地執法合作工作會議》，中國證券監督管理委員會官網，http://www.csrc.gov.cn/csrc/c100028/c1662094/content.shtml，2021 年 12 月 30 日訪問。

61 參見李光磊：《首例滬港通跨境操縱案告破：兩地執法合作嚴防違法違規，兩會緊密協同守衛互聯互通》，中國金融新聞網，2016 年 11 月 21 日，https://www.financialnews.com.cn/jg/dt/201611/t20161121_108133.html。

6. 粵港澳大灣區知識產權合作框架芻議[1]

何天翔　香港城市大學法律學院助理教授

一、引言

2019 年，中共中央、國務院印發了《粵港澳大灣區發展規劃綱要》（以下簡稱《綱要》），其中不僅強調了發展大灣區這一目標作為國家戰略的重要性，也用了很大篇幅來陳述了知識產權議題。在《綱要》第三節“優化區域創新環境”項下，《綱要》用了幾乎一頁的篇幅討論了強化知識產權保護和運用的相關內容：

> 依托粵港、粵澳及泛珠三角區域知識產權合作機制，全面加強粵港澳大灣區在知識產權保護、專業人才培養等領域的合作。強化知識產權行政執法和司法保護，更好發揮廣州知識產權法院等機構作用，加強電子商務、進出口等重點領域和環節的知識產權執法。加強在知識產權創造、運用、保護和貿易方面的國際合作，建立完善知識產權案件跨境協作機制。依托現有交易場所，開展知識產權交易，促進知識產權的合理有效流通。開展知識產權保護規範化市場培育和“正版正貨”承諾活動。發揮知識產權服務業集聚發展區的輻射作用，促進高端知識產權服務與區域產業融合發展，推動通過非訴訟爭議解決方式（包括仲裁、調解、協商等）處理知識產權糾紛。充分發揮香港在知識產權保護及相關專業服務等方面具有的優勢，支持香港成為區域知識產權貿易中心。不斷豐富、發展和完善有利於激勵創新的知識產權保護制度。建立大灣區知識產權信息交換機制和信息共享平台。[2]

此段內容充分反映了國家布局及其所欲實現的目標。其中有的目標比較概括和宏觀，涉及到法律制度和體系的調整；有的目標則偏政策化和非法律

1　本文感謝研究助理劉通同學（J. D. 2021）所提供的研究協助。

2　《中共中央 國務院印發〈粵港澳大灣區發展規劃綱要〉》，新華網，2019 年 2 月 18 日，http://www.xinhuanet.com/politics/2019-02/18/c_1124131474.htm。

化，比較明確和較易實現，比如上述的開展保護規範化市場培育和正版正貨活動以及一般概念上而言的知識產權國際合作等。一般而言，涉及到頂層設計和法律制度調整的目標，比如執法和跨境協作，豐富、發展和完善有利於激勵創新的知識產權保護制度等，則都會碰到制度性的問題，需要在理論和實踐層面釐清可行與不可行措施之間的界限。

該段內容裏提到，要"依托粵港、粵澳及泛珠三角區域知識產權合作機制"來加強合作。既存的粵港、粵澳及泛珠三角區域知識產權合作機制，最早可以追溯到《內地與香港關於建立更緊密經貿關係的安排》（以下簡稱 CEPA）補充協議三，其首次將知識產權列入 CEPA 第 17 條、附件 6 第 2 條、新增第 10 條等有關加強合作的條款項下。以上條款除了一些綱領性、口號性的內容外，附件 6 第 10 條也提出了一些簡要的明確建議，如"在香港設立保護知識產權協調中心"和"通過考察、舉辦研討會、出版有關刊物及其他方式，分享有關知識產權保護的資料和信息"等，[3] 但總體而言，還是難言具體。此後由此簽訂的一些具體有關知識產權的合作協議，如 2003 年設立的《粵港澳知識產權資料庫》、[4] 每年更新的《粵港保護知識產權合作協議》、《泛珠三角區域知識產權合作協議》等，不僅在 CEPA 設立的框架上進行了一定程度的擴展和細化，還將包括澳門在內的更多三地城市納入了合作方範圍。但如果我們仔細審視這些協議和合作框架的具體內容，可以發現大部分的條款仍流於寬泛，針對短期目標的合作和交流內容要多於實體性的制度突破。也就是說，這些內容大部分還是綱領性的或者建議性的，並沒有具體的實施細則，也沒有涉及到制度上的根本性問題的解決，合作是否有效，完全取決於各地政府的積極性，這就帶來了高度的不確定性。

本章的目的，在於依據《綱要》所賦予的靈活性和政策空間，探尋在粵港澳大灣區能夠推動的知識產權合作可能的最大值。總體而言，本章從建立知識產權申請協作機制、執法統一機制、糾紛多元化處理、知識產權人才、信息的自由流動機制這四個方面進行分析，探討各個部分所面臨的體系上的挑戰以及破解之道。

---

3 《內地與香港關於建立更緊密經貿關係的安排》補充協議三，香港特別行政區政府工業貿易署官網，https://www.tid.gov.hk/tc_chi/cepa/legaltext/cepa4.html，2022 年 2 月 15 日訪問。

4 《網站簡介》，粵港澳知識產權資料庫官網，http://www.ip-prd.net/main_t.htm，2022 年 2 月 15 日訪問。

二、建立大灣區知識產權申請協作機制

要加強大灣區知識產權保護、促進知識產權的合理有效流通和交易，首先需要破解的難題就是知識產權的地域性所帶來的制度性問題。這一挑戰的背後，就是各自法律體系不同以及知識產權的特性所導致的制度性難題。由於歷史原因，大灣區所呈現的"一國兩制三法域"，即是內地城市適用的社會主義大陸法、澳门適用的帶有葡萄牙特色的大陸法和香港的普通法。

由於版權的保護伊始於創作而非申請，其並沒有註冊的問題。但就知識產權中的商標和專利而言，由於知識產權的地域性，要獲得商標和專利保護，申請人需要在三地分別向各自的知識產權行政機構提交申請。而三地知識產權行政部門的審查標準和確權程序，也由於法律源頭的不同存在許多區別。[5] 這也意味著，一項商標或專利在香港成功註冊並獲得法律保護，並不能保證其在另外兩地也必然能獲得通過。一般而言，申請人雖然通過國際條約，如 1970 年達成的《專利合作條約》(Patent Cooperation Treaty, PCT) 和 1883 年的《巴黎公約》(Paris Convention for the Protection of Industrial Property)、1891 年的《馬德里協定》(Madrid Agreement Concerning the International Registration of Marks) 和《馬德里議定書》(Protocol Relating to the Madrid Agreement) 所共同構成的馬德里體系，已能較為便捷地進行不同國家和法域的專利和商標申請，[6] 但其本質上是在知識產權地域性的限制範圍內進行的流程簡化方案。此外，三地的救濟程序設置也存在區別，如澳門的專利和商標註冊過程就缺少行政複議程序，一旦駁回，只能尋求法院救濟。[7] 就內地、香港、澳門這三個本處於一國的不同法域而言，應該有更大的空間來探討更為便利的申請協作機制。

建立統一的大灣區知識產權局，構建一套統一的審查標準，從而實現一個申請、一個授權、三地生效是有可能的。從比較法的角度來看，歐盟的經驗值得借鑑。

通過 1994 年建立的歐盟知識產權局 (European Union Intellectual

---

5 參見盧純昕:《粵港澳大灣區知識產權創新協同機制研究》,《中國發明與專利》2019 年第 6 期。

6 中華人民共和國透過條約第 121 號 11 通知，公布自 1997 年 7 月 1 日起，PCT 適用於香港特別行政區。但 PCT 並不適用於澳門。香港已於 2020 年 6 月 19 日刊憲，通過了《2020 年商標（修訂）條例》，為通過《馬德里議定書》掃清了障礙。但馬德里體系仍不適用於澳門。

7 參見王文敏:《粵港澳大灣區知識產權協同機制創新研究》,《中國發明與專利》2020 年第 6 期。

Property Office, EUIPO；即以前的內部市場協調局 Office for Harmonization in the Internal Market, OHIM），申請人可以申請註冊歐盟商標（European Union trade mark, EUTM；以前被稱作共同體商標 community trade mark, CTM）和註冊共同體設計（registered Community design, RCD）。特別之處在於，歐盟商標與歐盟成員國商標平行存在，歐盟商標在整個歐盟範圍內生效，費用也遠低於在所有歐盟成員國分別申請商標的費用總和。

根據 1973 年《歐洲專利公約》（European Patent Convention）建立的歐洲專利局（European Patent Office, EPO）也致力於同樣的目標。就目前而言，EPO 僅在公約成員國範圍內提供一站式的申請便利，但本質上還是需要各成員國分別授予專利。但歐盟當下的目標，是建立一個“歐洲單一專利”制度，也即是“一個申請，全歐盟保護”。[8] 此單一專利將與單一成員國授予的本地傳統專利平行共存。為了實現此制度，提議還包含通過《單一專利法院協議》（Agreement on a Unified Patent Court, UPCA）設立歐洲單一專利法院，以處理未來與歐洲專利訴訟相關的問題。[9]

與歐盟商標的命運不同，“歐洲單一專利”仍只是一個設想。除了因為英國脫歐所帶來的巨大不確定性的影響之外，還涉及到成員國遲疑於讓渡權利給歐盟機構的問題。[10] 但統一的歐洲專利無疑能彌補現在 EPO 所授予的“束式專利”（a bundle of national patents）所天然存在的成本過高、案件積壓、行政救濟以及訴訟方面的問題。[11]

與歐盟所面臨的困境不同，創設大灣區商標和專利面對的阻礙相對較小。首先，香港、澳門、中國內地均為《巴黎公約》等大部分商標、專利國際公約的締約方，就具體的保護最低標準而言，三地的商標實質性審查標準相差無幾。就專利而言，香港於 2018 年修訂了《專利條例》，才開啟專利實質審查並推出原授標準專利。在這之前，香港跟現在的澳門一樣，[12] 都是採用

8 Regulation (EU) No 1257/2012 of the European Parliament and of the Council of 17 December 2012 Implementing Enhanced Cooperation in the Area of the Creation of Unitary Patent Protection, OJ L 361/1, 31 December 2012; Council Regulation (EU) No 1260/2012 of 17 December 2012 Implementing Enhanced Cooperation in the Area of the Creation of Unitary Patent Protection with Regard to the Applicable Translation Arrangements, OJ L 361/89, 31 December 2012.

9 Agreement on a Unified Patent Court, OJ C 175, 20 June 2013, pp 1-40.

10 Aurora Plomer, "A Unitary Patent for a (Dis)United Europe: The Long Shadow of History", (2015) IIC 46, pp 508-533.

11 參見王服清、賴郁惠：《論歐盟單一專利制度》，《專利師》2014 年第 18 期。

12 澳門採用的仍是實質審查外包的轉錄標準專利模式，參見澳門《工業產權法律制度》第 85 條。

承認內地、英國專利的轉錄標準專利模式。即便如此，由於香港的原授標準專利是在國家知識產權局的指導下構建而成，[13] 可以預見，在香港和內地之間審查程序和標準方面正在趨同。對於確有不同的地方，如對於可登記為商標的範圍之規定，內地較緊，而港澳較鬆，可以採取"短板規則"，即先以三地均能達成一致的標準制定規則，在三地知識產權法律進一步趨同後，再求增設。其次，粵港澳同文同種，且澳門和香港的法律法規均早已採用雙語模式，不存在歐盟所面對的法律文件高翻譯成本問題。尤其是應當學習歐盟的教訓，進一步簡化語言轉換中的行政認可關，取消三地法律文件簡繁轉換的公証要求。[14] 再次，與歐盟最大的不同是，香港和澳門作為中國的特別行政區，並不存在實質意義上的主權讓渡問題。在港澳《基本法》的框架下，中央政府所能主導的事項所面臨的難題，要比歐盟面對其主權國家成員國所面臨的難題要小得多。最後，與歐盟因成員國眾多（27 個成員國）所面臨的行政、司法問題相比，要創設大灣區商標、專利，香港、澳門、內地三個法域所面臨的類似問題，在"一國兩制"框架下都更為容易得到解決。

因此，大灣區可以仿效歐盟，設立大灣區知識產權局，創設與三地單獨授予的專利、商標平行的大灣區商標、專利。此外，應當進一步推動澳門加入 PCT 和馬德里體系，為三地法律的趨同創造基本條件。這一舉措不但最大程度地保留了三地的法律特色以及自主權，也可以為大灣區內的科技創新保駕護航。

三、推動大灣區知識產權司法、執法的進一步統一

由於前述三法域法律標準不同而導致的知識產權行政授權的難統一問題，也反映在司法和執法方面。要推動司法、執法的進一步統一，首先就要解決同案不同判以及判決的承認與執行問題。最高人民法院與香港特別行政區政府於 2019 年簽訂的《關於內地與香港特別行政區法院相互認可和執行民商事案件判決的安排》（以下簡稱《安排》），已經解決了除專利侵權案件外的知識產權判決的認可和執行問題。但要徹底實現知識產權案件的三地同

13 《商務及經濟發展局局長在國家知識產權局與香港知識產權署關於專利領域的合作安排簽署儀式上的致辭全文》，香港政府新聞網，2013 年 12 月 6 日，https://www.info.gov.hk/gia/general/201312/06/P201312060318.htm。

14 參見王文敏：《粵港澳大灣區知識產權協同機制創新研究》，《中國發明與專利》2020 年第 6 期。

案同判，在三地目前的實體性、程序性法律條文存在不同的情況下很難實現，[15] 這也是《安排》為何沒有包括大部分專利侵權案件的原因之一。[16] 這就需要不斷推動區域間法律衝突規則的完善，[17] 乃至相關法律的逐漸趨同。

就行政執法而言，三地主要的區別，就是除了海關外，香港澳門的其他行政機關普遍沒有行政執法的權力。這就與國內的多機構享有行政執法權的強行政執法模式不同。[18] 而國內的許多具有執法權的行政機構，本身也存在權力重疊、標準不一、配合不力的問題。[19] 要改變這一現狀，不僅要求三方在行政執法的具體規則上實現趨同，還要求有一個有權的上級部門，負責統籌協調三地的聯合執法工作。

知識產權實體法律的趨同，是實現知識產權案件同案同判的法律基礎。關於實現的方案，有學者建議利用示範法的方式，通過長時間的影響來達到目標。[20] 這一提議具有可行性，唯一的缺點就是需時太長，且結果存在一定程度的不確定性。儘管許多學者也提議考慮利用各種方法，如簽訂區際協議來統合三地衝突規則，邀請三地法律專家常駐大灣區各法院，提升域外法律查明的質量。或仿效美國、澳大利亞等國建立區際案件移送制度，以解決多個法域的法院同時獲得管轄權而引起的管轄權衝突，以及衝突規範發生衝突而引起的當事人選擇有利於自己的法院起訴的問題。[21] 但筆者認為，考慮到粵港澳大灣區的目標以及政策空間，三地的知識產權合作應當往更高的目標邁進。而衝突規則的協調僅能解決案件管轄的問題，在實體法上，三地法院和知識產權行政機關仍需按照當地的法律來行事。因此，筆者建議，未來可以

---

15 與知識產權行政機關所主要關注的實體審查標準不同，三地的知識產權法律在權屬、客體類型、保護期限和續展程序方面存在著顯著的不同。從此角度而言，要建立前面建議的大灣區的統一申請機制，法律的趨同也必不可少。

16《內地與香港簽署民商事判決互認安排不斷完善中國特色區際司法協助體系 —— 專訪最高人民法院研究室負責人》，最高人民法院官網，2022 年 2 月 15 日，https://www.court.gov.cn/shenpan-xiangqing-139491.html。

17 關於知識產權合同、權屬及侵權爭議中的衝突、管轄權規則不同在三地引發的問題，參見梅傲：《粵港澳大灣區知識產權法律衝突及解決路徑探析》，《中國流通經濟》2020 年第 1 期，第 124-125 頁。

18 關於行政執法和保護方面存在的具體差異，參見滕宏慶、佘錦燕：《粵港澳大灣區知識產權行政保護聯動機制研究》，《中國應用法學》2019 年第 6 期。

19 參見滕宏慶、佘錦燕：《粵港澳大灣區知識產權行政保護聯動機制研究》。

20 參見易在成：《粵港澳合作機制中突破知識產權地域性的探討》，《暨南學報（哲學社會科學版）》2015 年第 1 期；梅傲：《粵港澳大灣區知識產權法律衝突及解決路徑探析》，《中國流通經濟》2020 年第 1 期。

21 參見梅傲：《粵港澳大灣區知識產權法律衝突及解決路徑探析》。

考慮學習歐盟的模式，通過國家以類似歐盟指令的形式來發布大灣區知識產權法律統一框架，或就特定知識產權法律問題發布指引，引導三地法律進一步趨同。[22] 這一提議，不僅要比示範法要更具有效力，從形式和實質意義上也尊重了港澳特區政府基於《基本法》所享有的高度自治權，因此更具有合理性。就框架的具體條文內容，中央政府應當與港澳特區政府就三地知識產權法律的差異以及亟待趨同的方向達成共識。

此外，筆者還建議，應當設立大灣區巡迴知識產權法庭，敦聘三地資深法官，負責就具體個案解釋國家發布的大灣區知識產權法律統一框架"指令"中的條文，而非直接就三地的知識產權案件進行審理。這樣的設置與類"指令"形式的國家法律文件的初衷相符合，也即是在最大程度上尊重港澳特區政府的司法權，而巡迴法庭僅就國家政策的具體解讀具有相應的權限。當三地法院就框架的條文的具體含義提請大灣區知識產權巡迴法庭解釋後，巡迴法庭的意見以判決的形式在三地生效，並具有指導作用。通過這種方式，可以在實質上推進三地知識產權法律的趨同並建立一套統一的標準，且最大程度上保障了港澳特區的司法獨立。從現實的角度來看，雖然三地的知識產權法律存在著這樣那樣的區別，但三地都是大部分現有的國際知識產權條約，如《TRIPS 協議》、《伯爾尼公約》以及《巴黎公約》的締約方。從三地都提供了知識產權保護的國際最低標準的事實來看，三地具備知識產權法律趨同的基礎，而既存區別的多寡，只決定了趨同工程所需時間的長短，其可行性不言而喻。

就執法部分而言，目前既存的粵港雙方簽訂的知識產權合作協議中所提及的執法及案件協作處理機制、聯合執法等聯動機制可以擴散適用到三地的情況。三地應當充分利用並發揮粵港澳三地政府間合作機構粵港澳聯席會議的潛能，把粵港保護知識產權合作專責小組的成功經驗適用到三地，成立大灣區保護知識產權合作專責小組，或通過以上提議的大灣區知識產權局來統一協調，指定三方特定機構負責具體處理特定知識產權的執法合作事項，統一執法標準。三地的知識產權執法問題之所以仍需採用協調協商機制而非建

---

22 根據《歐洲聯盟運行條約》第 288 條，指令作為歐盟法律的重要一環，其定義為："指令具約束力，以使每一成員國達致所訂立的目標，但成員國當局可選擇其形式和方法。"也即是說，以國家的名義發布類似歐盟指令的綱領性文件（不一定稱為指令，但為論述方便，本文將這類法律文件暫稱指令），可為三地的知識產權法設立具體的趨同目標，但三地可依據本身的法律和制度，選擇達致目標的具體形式和方法。

立統一的執法機構，與中央承諾港澳地區的"一國兩制"高度自治有關。[23]在這一共識之上，應當聚焦於進一步推進三地機構的聯繫與配合，把臨時渠道建立成常規渠道，實現合作常態化、規律化。在疫情肆虐期間，進一步探索協調協商機制數字化的可能，充分降低形式化會晤帶來的成本。在此基礎上，可以把多年的合作經驗落實並形成規則。具體的方法，可以通過簽訂三地知識產權執法區際協議，或者通過前述的指令模式設立合作框架來實現。

四、建立大灣區糾紛多元化處理機制

當糾紛出現時，粵港澳三地公民的傳統做法，都是在協商無門的情況下尋求法律的救濟。問題是，三地的知識產權法律存在上述提及的許多差別，司法的救濟往往變數頗大。另，港澳的司法救濟也與中國內地不同，不僅十分昂貴，而且耗時甚久，遑論兩地還沒有專門的知識產權法庭，缺乏專精知識產權的法官。比如，一般而言，一件知識產權案件在香港所需經歷的審理往往需要耗費大量的時間，[24]而且成本甚高。[25]相較而言，非訴訟爭議解決方式為當事人提供了更為靈活的解決方案，不僅程序更為簡潔，節省成本和時間，而且在選擇仲裁員方面更為靈活。與司法途徑相比，其保密性更為出色，而且仲裁裁決的承認與執行，也比法院判決更人性化，更易跨域獲得承認，也更容易讓當事人接受並達成共識。從大灣區的角度來看，也更有利於三地節省司法資源，降低司法成本。[26]香港應當利用自身作為亞太地區主要仲

23 參見曹陽昭：《粵港澳區際法律衝突的現狀與解決路徑》，《合肥工業大學學報（社會科學版）》2015年第4期。

24 馬錦德大律師曾撰文稱香港的知識產權訴訟比包括英國、中國內地在內的大部分國際司法管轄區需時更長，而且"在處理知識產權案件方面，確實明顯落後於其他司法管轄區（包括中國大陸）。"參見馬錦德：《在香港的知識產權訴訟：法院有能力迎向挑戰嗎？》，《Hong Kong Lawyer》2014年6月，http://www.hk-lawyer.org/tc/content/%E5%9C%A8%E9%A6%99%E6%B8%AF%E7%9A%84%E7%9F%A5%E8%AD%98%E7%94%A2%E6%AC%8A%E8%A8%B4%E8%A8%9F-%EF%BC%9A-%E6%B3%95%E9%99%A2%E6%9C%89%E8%83%BD%E5%8A%9B%E8%BF%8E%E5%90%91%E6%8C%91%E6%88%B0%E5%97%8E%EF%B9%96，2022年2月15日最後訪問。

25 例如，有報告指出，即使是無爭議的專利案件，在香港要達到判決階段，通常的花費是在15萬到35萬港幣之間。有爭議的案件，即無法通過簡易判決（summary judgment）或欠動判決（default judgment）結案的案件，通常的花費是40萬到200萬港幣之間。如果需要完整裁決（full trial），成本大概是在150萬到250萬港幣之間甚至更多。參見 Hans Lee, "Patents in Hong Kong-Lexology Navigator Q&A", *Lexology*, https://www.lexology.com/library/detail.aspx?g=48b29b96-6c63-4701-93e3-6f295f95b17f, last accessed on 15 February 2022.

26 參見黃文婷、馮澤華：《粵港澳大灣區替代性糾紛解決機制研究》，《法治社會》2018年第2期。

裁和解決爭議中心的地位和優勢，在大灣區範圍內推動多元糾紛解決機制，引導當事人選擇調解、仲裁等方式解決爭議，為大灣區的知識產權糾紛提供多元化的解決方案。

就仲裁而言，可考慮在大灣區的內地城市集中引進如香港國際仲裁中心（HKIAC）等國際知名仲裁機構開設分支機構，並借鑑國際商事法庭的概念，建立大灣區級別的仲裁機構，敦聘粵港澳符合資格的專業人士為仲裁員，共同協作解決糾紛，[27] 從而推動三地仲裁機構的交流。[28]

就調解而言，三地調解資源和制度的統合將會對大灣區的發展提供強大的助力。調解作為一種另類糾紛解決機制（ADR），在香港民事方面的爭議之適用已有很長的歷史。[29] 司法機構也將調解程序引入了各類民事司法制度。[30] 澳門調解制度分為訴訟內調解和訴訟外調解。也即是說，澳門的調解與仲裁混合運作，或被併入訴訟程序。[31] 中國內地的調解制度固有其特色（如人民調解制度），但總括也可分為訴訟內、訴訟外調解兩類。[32] 總體而言，三地的調解制度不盡相同，但考慮到澳門、香港的調解制度均強調調解應由專業機構而非法院進行，筆者建議可在大灣區試行將調解設置為跨境知識產權訴訟的前置程序，也即是不經調解不得起訴，並委托現有的大灣區級調解中心，如 2021 年 4 月於廣州成立的粵港澳大灣區知識產權調解中心等商業調解機構進行調解，與港澳的調解制度充分對接。

考慮到疫情原因，大灣區的仲裁和調解應當盡早擁抱在線方式，進一步降低成本，提升效率，提高當事人的參與度，增加調解和仲裁的透明度，以

27 參見王文敏：《粵港澳大灣區知識產權協同機制創新研究》，《中國發明與專利》2020 年第 6 期。

28 深圳市於 2021 年 4 月 24 日宣布在河套深港科技創新合作區成立粵港澳大灣區國際仲裁中心交流合作平台，力邀三地國際知名仲裁調解機構和享有一定聲譽、熟悉兩地法律和相關政策的香港大律師、律師和澳門律師入駐。參見《大灣區國際仲裁中心交流合作平台落戶河套》，粵港澳大灣區門戶網，http://www.cnbayarea.org.cn/news/focus/content/post_322785.html，2022 年 2 月 15 日訪問。

29 陳兆愷：《香港調解機制的發展與前瞻》，香港律政司官網，2011 年 9 月，https://mediation.judiciary.hk/chs/doc/Written%20Speech%20by%20the%20Hon%20Mr%20Justice%20Chan%20PJ%20(Simplified%20Chinese)%20(Sep%202011).pdf。

30 《香港的調解制度》，澳門法律公共行政翻譯學會官網，2015 年 2 月 14 日，http://www.adat.org.mo/scienceinfo-89.html。

31 邱庭彪：《澳門調解制度》，澳門法律公共行政翻譯學會官網，2015 年 2 月 14 日，http://www.adat.org.mo/scienceinfo-87.html。

32 《我國調解制度與西方 ADR 制度之比較分析》，中國國際貿易促進委員會調解中心官網，2019 年 3 月 15 日，https://adr.ccpit.org/articles/94。

便在特定旅行限制下解決潛在的大灣區知識產權糾紛。[33] 對於調解的執行難問題，可以考慮採用粵港澳商事調解聯盟所採用的“調解 + 仲裁”對接模式，為其賦予強制執行的法律效力。[34]

五、推動知識產權人才、信息在大灣區自由流動

本部分的討論，與上面的三項提議也是密不可分的。要推動大灣區知識產權的行政、司法、執法趨同以及替代性糾紛機制，不可或缺的就是知識產權人才，以及以法律文書、商標專利註冊數據庫為代表的信息自由流動。這也是 CEPA 補充協議三、《廣東省推進粵港澳大灣區建設三年行動計劃 2018-2020 年》、《綱要》中有關加強知識產權保護的具體要求。

現有的粵港澳知識產權資料庫，實際上只是一個簡單的三地知識產權法律法規政策信息提供平台，從數據庫的互通性（interoperability）來看，其功能是單向的。而前述許多建議，如設立大灣區知識產權局、大灣區巡迴法庭以及聯合執法，都明顯需要先實現三地知識產權相關的人才和信息的互通以及數據共享。首先，就是三地專利、商標庫的共享互通，為未來大灣區專利、商標的檢索和數據互通奠定基礎。其次，是三地司法判決以及知識產權行政裁決等司法文件的共享互通。由於從數量上來看，香港、澳門司法機構每年判決的知識產權案件不超過兩位數，而其也在努力推行為特定判決向公眾提供中英版本。從現實的角度而言，將港澳英文數據轉換為中文的語言以及工作量問題並不大，相反，將大陸地區的法律文書翻譯成英文的工作量巨大。但考慮到人工智能翻譯軟件（如 DeepL）的急速發展，將來這一問題有望迎刃而解。總體而言，統一的信息分享平台，將會為加深三地的相互理解統一提供助力。最後，就是應當依托未來的大灣區知識產權局，建立起三地執法情報交流共享平台，並由三地指定機構派員長駐管理，並負責協調三地機構間的合作。這一機制的建立，有助於將原來鬆散、靠碰頭會議決定的年度執法合作目標轉變成一項常設工作。

這也反過來要求知識產權服務業的協同發展，以及法律人才在大灣區內的自由流動以及執業。2020 年 10 月 5 日，國務院辦公廳印發了《香港法律

---

33 參見魏沁怡：《互聯網背景下在線仲裁的適用機制研究》，《河南社會科學》2020 年第 7 期。

34 參見黃文婷、馮澤華：《粵港澳大灣區替代性糾紛解決機制研究》，《法治社會》2018 年第 2 期。

執業者和澳門執業律師在粵港澳大灣區內地九市取得內地執業資質和從事律師職業試點辦法》，開始允許港澳律師通過特別考試獲得內地執業資質。結合之前根據 CEPA 已經向港澳開放了的專利代理人考試以及商標代理服務資質，[35] 可以說大灣區已經為港澳知識產權法律人才向內地流動提供了一套完整的方案。未來可進一步考慮拓寬港澳律師內地執業的渠道，如設置海外律師資格轉換考試、增設考試豁免條件、允許並鼓勵港澳律師事務所在大灣區開設分所並進一步放開對其業務範圍的限制等，[36] 進一步簡化轉換程序，鼓勵更多的港澳律師投身大灣區的法律服務。

從另一方面而言，港澳也應當相應地為其他大灣區城市的法律執業者提供獲取當地執業資格的窗口，並簡化流程，以培養更多具有三地執業資格和熟悉三地法律的從業人員。很可惜，從目前的發展來看，優惠和政策仍主要來自內地，以吸引港澳法律從業人員進入內地執業，而非相反。這自有其複雜的歷史和現實原因，比如開放程度過大，很可能會給當地法律從業者造成很大的競爭壓力，從而反向導致對政府的不滿以及提案的失敗，但政府可以通過設置配額或者提高准入門檻等方式破解。總之，有行動肯定優於無行動，港澳地區應當在大灣區知識產權合作進程中佔據主導位置，而不是僅僅被動地等待內地方面的政策紅利。

六、結論

總之，大灣區給區內城市帶來了前所未有的機遇，港澳與內地的特定區別和隔離自有其歷史原因，但從法理的角度而言，也並不是說法律和制度一旦設立就不可改變。法律制度上的改造雖有一定難度，但未來卻一片光明，大有可期。港澳特區走出思維上的困局，認識到大灣區的巨大機遇，並以三地人民的福祉為依歸來考量未來的政策，才是破局之道。在不破壞"一國兩制"下港澳特區的獨特優勢，不違反《基本法》，又能增進三地自身發展創新能力的前提下，深度融入祖國發展大局，開拓大灣區發展合作新經驗和新模式，是所有大灣區城市的必然選擇。

---

35 CEPA 附件一。

36 根據《香港、澳門特別行政區律師事務所駐內地代表機構管理辦法》，港澳律師事務所可以在內地設立代表機構，但其業務範圍受到諸多限制。

7. 粵港澳地區跨境商標權利保護及互認機制研究——以“惡意註冊”為基礎對突破商標權地域性壁壘的評析

唐犀　廣州商學院副教授

吳藝　廣東法制盛邦律師事務所律師

由於香港、澳門兩個特別行政區與廣州、深圳、珠海、佛山、中山等珠三角城市在地理和空間上的聯通和整合，以及註冊商標的地域性保護要求，大量的內地商標搶註者將業務轉移至香港、澳門。特別在《自然人辦理商標註冊申請注意事項》公布之後，內地對自然人申請註冊商標的資格、範圍及受讓人都進行更強的限制，要求必須以工商登記作為依托。商標搶註者在港澳搶註內地具有一定影響力商標的舉動更為頻繁，而將港澳知名商標註冊成為內地商標的報導也屢見報端。

一、粵港澳三地的商標搶註行為頻發的原因

（一）商標權的地域性

商標的保護具有嚴格的地域性。《中華人民共和國商標法》（以下簡稱《中國商標法》）第 3 條規定：“經商標局核准註冊的商標為註冊商標，包括商品商標、服務商標和集體商標、證明商標；商標註冊人享有商標專用權，受法律保護。”商標權人要獲得註冊商標的專有使用權、禁止權、轉讓權、續展權等權利，必須進行註冊手續，由商標管理機關依法授予商標註冊人商標專用權，並以公權力予以保護。這在香港《商標條例》第 14 條第一款及澳門《工業產權法律制度》第 219 條亦體現了同樣的要求。商標即使已獲商標局或其他國家或地區的商標註冊處註冊，亦不會自動在香港及澳門受到保護。要在香港得到保護，商標必須根據《商標條例》（香港法例第 559 章）及《商標規則》（香港法例第 559A 章）註冊。香港作為自由港，是內地企業將產品出口歐美，進行轉口貿易的重要中轉地。按照香港特別行政區法律，從香港出口商品時需要向海關出示香港的商標授權書，如無授權書會加大產

品出口的風險和成本。

澳門特別行政區政府經濟局亦專門釋明："正因澳門特別行政區的商標註冊制度具有地域性，本澳的商標法例只保護在本地區批予的商標。因此，在澳門特區以外註冊的商標，欲在本澳得到保護，還必須根據澳門特區法規重新申請。"[1]

（二）搶註的低成本

港澳與粵地區相連，交通方便，貿易往來頻繁，因此商標搶註者親身或通過代理機構到港澳地區註冊極為方便。商標搶註者可以首先通過香港特別行政區知識產權署的商標檢索系統 http://ipsearch.ipd.gov.hk/index.html 或澳門特別行政區經濟局網站 http://www.economia.gov.mo 中的知識產權欄目，初步審查內地知名的商標是否已經被註冊，再考慮註冊策略。至於費用的負擔，香港申辦商標註冊的費用為港幣 2000 元。每個額外貨品或服務類別（如有的話）的申請費用為港幣 1000 元。澳門註冊申請為 1000 元澳門幣，續期為 2000 元澳門幣。如果選用代理人進行註冊，香港要求只要在香港有住所或業務地址的任何人士、合夥商行或公司，均可在商標註冊處的任何法律程序中以商標代理人身份行事。澳門則要求註冊主體為在澳門特區律師公會註冊的律師或者澳門特區居民、按澳門特別法律設立的法人。在資料齊備且無第三人提出反對註冊的情況下，一般最短只需六個月左右的程序即可完成商標註冊程序。由此可以看出，港澳地區不但註冊商標方便，相比歐盟商標管理局高達 10000 元人民幣左右的註冊申請費用也低廉不少。

二、粵港澳三地對於商標登記註冊及保護的立法現狀

（一）與商標權保護相關的國際條約

目前三地共同參加的國際公約有《巴黎公約》和 TRIPS 協議，但香港和澳門均未加入商標國際註冊馬德里協定和有關議定書。馬德里商標國際註冊體系依托於世界知識產權組織國際局（WIPO）為締約方國民到其他締約方註冊商標提供便利。任何自然人或法人，只要在一個馬德里聯盟的成員國有

1　參見澳門特別行政區政府經濟局官網，http://www.economia.gov.mo/zh_CN/web/public/pg_ip_faq?_refresh=true，2021 年 12 月 10 日訪問。

工商營業場所、住所或者是其國民與馬德里聯盟一成員國有關係，均可使用馬德里體系申請國際註冊。則自註冊日起，國際註冊具有同申請人在每一個被指定國家進行通常國內申請的同等效力。馬德里協定不但費用低廉、手續簡單，也便於商標信息查詢和管理，更重要的是能解決多法域地區單獨進行商標註冊申請的麻煩。截至本文寫作完成之日，香港和澳門並沒有加入馬德里協定，因此無法使用該途徑註冊國際商標。

中國內地、香港及澳門均加入《巴黎公約》，巴黎公約對商標權的保護主要體現在幾個原則上。如第 2 條規定了國民待遇原則，外國國民應獲得與本國國民相同的法律待遇和法律保護。第 6 條規定了商標獨立性原則，《巴黎公約》尊重各締約國主權，因此在一個締約國內獲得註冊的商標，並不必然在其他締約國也當然獲得註冊。如果在一個締約國內沒有獲得商標註冊，甚至被註銷，不得影響其他締約國批准註冊的效力。馬德里公約重視馳名商標的保護，包括了未註冊與非註冊的馳名商標。根據該公約，成員國的國內法必須禁止使用與成員國中的任何已經馳名的商標相同或相似的商標，並應拒絕給這種商標註冊；已經批准註冊的，一經發現，應予撤銷。

TRIPS 協議與《巴黎公約》不同的是增加了商標的識別性，並將商標適用範圍擴大到服務領域。協議還細化了馳名商標的標準及跨類保護的規定，認為馳名商標不一定需進行註冊，但需滿足"當顧及有關公眾對其知曉程度，包括在該成員地域內因宣傳該商標而使公眾知曉的程度"的要求。根據協議第 16 條規定，馳名商標不僅包括了在相同或類似的商品或服務上的保護，而且還擴大到不相類似的商品或服務上。

（二）三地關於馳名商標的法律規定

商標權在突破地域權方面的表現主要集中於馳名商標的保護，因此有必要比較三地有關馳名商標權的規定。

中國內地構建了《中華人民共和國商標法》、《中華人民共和國商標法實施條例》、《馳名商標認定和保護規定》以及《最高人民法院關於審理涉及馳名商標保護的民事糾紛案件應用法律若干問題的解釋》等包含法律、行政法規、司法解釋在內的法律保護體系。中國商標法對馳名商標有明確的定義，保護註冊或未註冊的馳名商標，對馳名商標的認定標準也有明確規定，對於馳名商標可以採用行政及司法認定的雙軌制，在司法認定中要貫徹"被動保護"、"個案認定"以及"按需認定"的原則。與《巴黎公約》及 TRIPS

協議比較，中國法律在認定馳名商標的要求上更注意註冊商標的顯著性和知名度，對馳名商標進行了跨類保護，而對未註冊馳名商標則不能進行跨類保護。《中國商標法》第 13 條對此規定："為相關公眾所熟知的商標，持有人認為其權利受到侵害時，可以依照本法規定請求馳名商標保護。就相同或者類似商品申請註冊的商標是複製、摹仿或者翻譯他人未在中國註冊的馳名商標，容易導致混淆的，不予註冊並禁止使用。"

香港對馳名商標的規定是在《商標條例》第 4 條，解釋為提述馳名於香港的商標。如同其他商標一樣，馳名商標也可藉由註冊得到保護。香港並未另設一類馳名商標註冊，因此馳名中國內地並不等同於該商標馳名香港。《商標條例》附表 2 中列舉了馳名商標的決定方法中的考慮因素，包括有關的公眾界別對該商標的認識或承認程度以及使用該商標歷時多久、使用的範圍及地域範圍等五個因素。此外，根據《商標條例》第 63 條，在不抵觸第 59 條（默許的效力）的規定下，有權根據《巴黎公約》獲得作為馳名商標的保護的商標的擁有人，在有人於香港就相同或相類似的貨品或服務而使用任何與他的商標相同或相類似的商標或當中主要部分與他的商標相同或相類似的商標，而該使用相當可能會令公眾產生混淆的情況下，該擁有人有權藉強制令限制在香港就該等貨品或服務而使用該商標，除非對該商標的真誠使用在 2003 年 4 月 4 日之前已經開始。香港法律的缺陷在於，並未明確規定馳名商標的定義，對於考慮因素中有關的公眾界別未周延至更寬泛的領域和評判標準。最後，雖然馳名商標持有人可使用強制令限制他人在本港使用與馳名商標相同或相似的商標，但沒有具體規定是否應當賠償，以及賠償額的計算方式。

澳門於 1999 年 12 月 13 日頒布《工業產權法律制度》，其中第 211 條、214 條及 230 條規定了關於馳名商標的保護措施。第 211 條規定了對商標申請的異議程序。214 條則規定拒絕商標註冊的理由，其中包括全部或部分複製或仿製他人先前已註冊之商標，以用於相同或相似之產品或服務，並可能使消費者產生誤解或混淆，或具有使人將其與已註冊商標相聯繫之風險屬於禁止註冊的情況。230 條規定了商標註冊的撤銷程序，其中要求擬以保護馳名商標為理由而撤銷有關商標註冊之利害關係人，僅在證明已於澳門申請有關註冊後，或於請求撤銷之同時提出註冊申請，方可參與有關程序，並要求在註冊日起計五年內提出。此外，馳名商標的利害關係人認為被註冊的商標違反其利益，則自註冊申請通告刊登於《政府公報》日起計一個月內，可按

《工業產權法律制度》第 211 條第 l 款向經濟局局長提出聲明異議，由經濟局局長啟動答辯程序。根據《工業產權法律制度》第 275 至 283 條之規定，馳名商標的利害關係人可對經濟局局長的有關批示提起上訴。[2] 澳門同樣沒有規定馳名商標的定義，且對馳名商標的認定標準失之粗疏，無法進行量化，而主要憑藉法官的判斷。此外，澳門馳名商標只能以司法方式獲得認定，但澳門的司法效率較低，以法院認定的方式更降低了馳名商標保護的效率。

（三）三地商標被惡意註冊的反對法律程序

中國內地的《商標法》根據該商標的狀態規定有幾種救濟途徑。對於已經通過實質審查被初審公告的商標，當事人可以在該商標三個月的異議公告期內以惡意或有在先相同、近似的商標提出異議。如已註冊商標，則可以依據沒有正當理由連續三年不使用的進行撤銷；如能證明搶註商標屬惡意註冊的前提等情況下，也可以直接提出無效宣告請求。此外，由於受到《商標法》第 50 條冷卻期的影響，商標被無效後一年內，不得核准相同或類似商標的申請。

香港對商標的異議程序置於商標註冊前，先實質審查再進行公告，公告後予以註冊。當事人可在商標申請公告日期起計三個月內提交反對申請通知。反對理由包括《商標條例》中第 11 條和 12 條，對於事涉搶註的問題，可提出諸如該搶註商標的註冊申請是不真誠的，該商標與其他在先商標相同或相類似，以及該搶註商標對尚未註冊但在營商過程中所使用的商標構成假冒等理由。申請方可作出反陳述，異議方和申請人均應提交證據並進行質證，香港知識產權署在收到異議雙方的證明材料後確定聆訊日期，聽取雙方及代理人的陳述後依法做出裁定，敗訴方需要支付勝訴方的律師費用。如商標已經註冊成功，則應根據《商標條例》第 53 條向商標註冊處處長或法院提出宣布該商標無效的申請。

澳門針對商標搶註，如果商標尚在《澳門特別行政區公報》內刊登的工業產權保護通告或者印務局網頁中的“商標登記的保護”的公告期內，任何人士均可在兩個月就該商標的註冊申請以書面方式向知識產權廳提出聲明異議。申請人得於接獲通知起計之一個月內在答辯書內作出答覆，由經濟司做出判斷。如果商標已經註冊，仍得根據《工業產權法律制度》第 230 條對商

2　參見丘志喬：《澳門地區馳名商標法律保護與評析》，《電子知識產權》2007 年第 8 期。

標註冊予以撤銷。

三、中國內地在打擊惡意註冊商標行為中對域外權利的被動保護

中國內地的《商標法》從未允許、支持、鼓勵過任何惡意取得商標權利或者謀取不正當利益的行為。但是對於惡意註冊，在中國內地的關於商標的法律法規中，也沒有專門明確關於何謂"惡意"的定義，而是主要通過"惡意註冊"、"搶先註冊"、"不正當手段註冊"等的表述零散出現在商標法及其實施條例、最高人民法院的相關司法解釋條款，以及商標局發布的審查審理標準和指南等文件中。

尤其在 2014 年之前，中國內地一直施行的是 2001 年修訂的《中華人民共和國商標法》（以下簡稱 2001 年商標法）。在該法中，僅在第 13 條（禁止註冊和使用摹仿馳名商標）、第 15 條（禁止代理人未授權註冊）、第 31 條（禁止搶先註冊）、第 41 條（禁止以其他不正當手段註冊）涉及到禁止惡意註冊商標的立法宗旨。但是，這些條款的認定標準並沒有具體細化，而且受制於商標權取得的地域性限制，以及中國內地"在先註冊為主"的商標權利取得原則，在實際的商標確權評審案件以及相對應的行政訴訟案件中，引用 2001 年商標法的前述條款認定商標惡意註冊行為的情況並不多，對於惡意註冊商標行為的行政和司法認定相當保守。尤其對於 2001 年商標法第 41 條第 1 款（禁止以其他不正當手段註冊），由於其本身屬於商標法中的兜底條款，在其他的惡意註冊條款均不適用的情況下才適用，實際上基本很難在當時的具體案件中直接用以認定惡意註冊商標行為。

2013 年 8 月 30 日第十二屆全國人民代表大會常務委員會第四次會議對《中華人民共和國商標法》進行了第三次修正，並於 2014 年 5 月 1 日起施行第三次修正後的商標法（以下簡稱 2014 年中國商標法）。

該法的第七條增加了"誠實信用原則"，要求申請註冊和使用商標，應當遵循誠實信用原則。但是，根據中國商標局（由於機構改革原因，包括原商標評審委員會，下同）和法院在日常的商標確權評審案件和相對應的行政訴訟案件中，審查員和法官普遍認為，該條款是作為 2014 年中國商標法的原則性條款，其實質內涵已經體現在具體的條款中，因此商標局和法院通常根據當事人的理由、事實及請求，適用相應具體條款予以審理。

而該法的其他具體條款，在誠實信用原則下，對於惡意註冊商標行為，

沿用了 2001 年商標法的條款而進行了一些細化。其中第 13 條（禁止註冊和使用摹仿馳名商標）增加了“為公眾熟知、權利受到侵害”的條款；第 15 條（禁止代理人未授權註冊）增加了“因合同、業務往來等關係”的條款；第 31 條（禁止搶先註冊）調整為 2014 年商標法的第 32 條，具體規定沒有變化；第 41 條第 1 款（禁止以其他不正當手段註冊）調整為 2014 年商標法的第 44 條第 1 款，僅將救濟手段從撤銷變為無效宣告，而對於如何才能構成兜底條款“以其他不正當手段註冊”的具體情形並無規定。

即使 2014 年商標法更多地體現出誠實信用原則，但中國商標局和法院在具體案件審理中對惡意註冊商標行為的認定依然趨向保守，使得惡意註冊商標的投機者以此謀取不正當利益的情況越來越多，對中國商標註冊和管理制度也造成了比較大的衝擊和影響。

2016 年末至 2017 年初，中國商標局和法院開始逐漸對惡意註冊商標的行為進行高態勢的打擊。2016 年 12 月，中國商標局發布《商標審查與審理標準》[3]，該標準有 194 頁，其中第 178-179 頁是對於 2014 年商標法第 44 條第 1 款，“以其他不正當手段註冊”的情形的認定介紹：

> （1）係爭商標申請人申請註冊多件商標，且與他人具有較強顯著性的商標構成相同或者近似的；
>
> （2）係爭商標申請人申請註冊多件商標，且與他人字號、企業名稱、社會組織及其他機構名稱、知名商品的特有名稱、包裝、裝潢等構成相同或者近似的；
>
> （3）係爭商標申請人申請註冊大量商標，且明顯缺乏真實使用意圖的；
>
> （4）其他可以認定為以不正當手段註冊的情形。

2017 年 1 月 10 日，最高人民法院公布《最高人民法院關於審理商標授權確權行政案件若干問題的規定》，並於 2017 年 3 月 1 日施行 [4]。該司法解釋對於 2014 年商標法的前述幾個涉及惡意註冊的條款分別列舉出常見情形和考量的要點，直接規定了這些條款的認定標準。其中，對於作為一向適用度

---

3 《商標審查及審理標準》，中華人民共和國國家工商行政管理總局商標局商標評審委員會 2016 年 12 月發布。

4 《最高人民法院關於審理商標授權確權行政案件若干問題的規定》（法釋〔2017〕2 號），2017 年 1 月 11 日發布。

不高的兜底條款的2014年商標法第44條第1款，在該司法解釋中通過第24條的規定“擾亂商標註冊秩序、損害公共利益、不正當佔用公共資源或者謀取不正當利益的”，將該兜底條款的具體適用進行活化。

其後，2017年3月6日，最高人民法院發布第82號指導案例[5]，該案例名稱為“王碎永訴深圳歌力思服飾股份有限公司、杭州銀泰世紀百貨有限公司侵害商標權糾紛案”。最高人民法院明確指出該案作為指導案例的裁判要旨在於：當事人違反誠實信用原則，損害他人合法權益，擾亂市場正當競爭秩序，惡意取得、行使商標權並主張他人侵權的，人民法院應當以構成權利濫用為由，判決對其訴訟請求不予支持。

由此開始，商標局和法院在審理商標權無效宣告案件時，如果請求人在無法適用商標法其他條款，但能舉證其是爭議商標的在先創作者或真正權利人，並舉證出商標註冊人名下申請註冊多個與他人（不特定主體）的知名商標、名稱等相同或近似商標的，均傾向於認定為擾亂商標註冊秩序、損害公共利益、不正當佔用公共資源，引用2014年商標法第44條第1款“以其他不正當手段註冊”，對爭議商標予以無效宣告。

但是，這僅限於已註冊的商標的無效宣告請求程序，對於未註冊但已經初審公告的商標異議並不適用，對於未註冊未初審公告的申請商標進行實質審查的案件更加不適用。而且，這主要是針對爭議商標是囤積註冊形成於中國內地的其他不特定主體的知名商標、近似或相同商標。對於囤積註冊 / 搶註域外在先知名商標，則沒有直接明確是否可以引用，因此在一定程度具有局限性。

2019年4月23日，第十三屆全國人民代表大會常務委員會第十次會議又對《中華人民共和國商標法》進行了第四次修正，並於2019年11月1日起施行第四次修正後的商標法（以下簡稱2019年商標法）。

相比起2014年商標法，該法對於具體條款的修訂內容，主要就是針對惡意註冊行為。其中第4條增加了“不以使用為目的惡意註冊申請，應當予以駁回”的規定。同時，在第33條中，增加了關於任何人認為違反本法第4條可以對已經初審公告的商標提出異議的規定。另外，在第44條第1款的“其他不正當手段註冊”無效宣告條款中，也增加了違反本法第4條的規定

---

5 《王碎永訴深圳歌力思服飾股份有限公司、杭州銀泰世紀百貨有限公司侵害商標權糾紛案（最高人民法院審判委員會討論通過，2017年3月6日發布）》（指導案例82號），2017年3月16日發布。

可認定為“以其他不正當手段註冊”而請求無效宣告的規定。

2019年10月，在2019年商標法施行之前，商標局又發布了《規範商標申請註冊行為若干規定（國家市場監督管理總局令第17號）》[6]，在第1條就點明該規定的制定是為了規制惡意商標申請，維護商標註冊管理秩序，保護社會公共利益。該規定的適用範圍覆蓋了商標法關於惡意註冊的各個具體條款，並且規定對於在商標註冊申請的實質審查階段、初審公告後的異議階段、駁回複審和不予註冊複審、以及已註冊後的無效宣告審理階段，均可以適用該規定對惡意註冊商標行為進行打擊。

作為打擊惡意註冊商標行為的重頭戲條款，2019年商標法第4條和第44條第1款，近兩年被商標局和法院引用的頻率非常高。為了更好地使得商標局和法院在審理惡意註冊商標案件時有更明確的指引，2021年11月23日，商標局又發布了《商標審查審理指南》[7]。該指南在第161-172頁，將“不以使用為目的的惡意註冊”列為單獨一個章節，用了足足十一頁，對不以使用為目的惡意註冊的法律依據、釋義、適用要件、考慮因素、適用情形、典型案例等，作出非常詳細的指引。

而筆者從2019年商標法第4條和第44條第1款這兩個條款可以看到，中國內地商標權保護的地域性限制在慢慢地弱化。主要是在以下兩個方面：

（1）提高在先使用的重要性以被動保護域外在先使用人

國家知識產權局[8]在2019年7月發布的《國家知識產權局對十三屆全國人大二次會議第4133號建議答覆的函》中也表示，中國內地雖然實行申請在先的商標註冊取得商標權原則，但是仍然強調商標的使用義務。本次2019年修訂的商標法，增強註冊申請人的使用義務作為修改的重要內容之一。其在第4條第1款中增加了“不以使用為目的的惡意商標註冊申請，應當予以駁回”的規定，首先在審查階段予以適用，實現打擊惡意註冊的關口前移，並將其作為提出異議和請求宣告無效的事由，直接適用於異議程序和無效宣告程序中。上述規定在未改變註冊制的同時強化了對商標的使用要求。[9]

---

6 《規範商標申請註冊行為若干規定》（國家市場監督管理總局令第17號），2019年10月10日發布。

7 《國家知識產權局關於發布〈商標審查審理指南〉的公告》（國家知識產權局公告第462號），2021年12月10日發布。

8 《關於變更業務用章及相關表格 / 書式的公告》（國家知識產權局公告第295號），2019年2月14日發布。

9 《國家知識產權局對十三屆全國人大二次會議第4133號建議答覆的函》（國知發法函字〔2019〕106號），2019年7月4日發布。

而對於知識產權的域外協作而言，不可避免地要考慮到奉行在先使用為原則的法域的商標權取得和保護的問題。具體到粵港澳大灣區的商標權利互認機制，中國內地和澳門特區是實行在先註冊原則的法域，香港特區則是實行在先使用原則的法域，各自的差異太大，從確權的原則上直接互認三地的商標權，在當下的環境並不現實可行。但是我們可以嘗試著縮小彼此之間因法域存在的巨大鴻溝，雖然不直接地要求商標註冊要以在先使用為前提，但是可以禁止不以使用為目的、已在域外先使用或註冊但未在中國內地註冊的商標註冊申請。

（2）通過對世性的禁止義務以被動保護域外在先權利人

這兩個條款針對的，是利用中國內地的商標註冊制度，針對不特定主體的在先知名商標、熱點詞彙、地名、人名、企業名稱等內容進行囤積註冊的行為。中國內地的商標法及其相應的解釋和規定，並沒有明確要求這些不特定主體的在先知名商標、熱點詞彙、地名、人名、企業名稱是否必須要在中國內地法域內在先形成的。

從法理上看，筆者認為，這些被囤積的在先知名商標、熱點詞彙、地名、人名、企業名稱等內容，不應過於嚴苛地要求必須在中國內地法域內在先形成。因為，商標法的該兩個條款的立法宗旨，並非為了保護某個權利主體的相對權益，而是為了維護整個商標註冊秩序的正當性，禁止濫用商標註冊制度以損害公共利益、佔用公共資源的不正當行為。該兩個條款本身都具有對世性，禁止商標申請註冊人囤積註冊不特定的主體在先形成的智力成果或公共內容為商標，這是商標法附加給擬擁有排他性壟斷商標權的申請人的一種對世性義務。只要任何人能舉證出爭議商標申請註冊具有對世的不正當屬性即可。而被囤積註冊的內容並不因為其本身在先形成於域外而減弱該兩條款規定對世性。筆者認為，這對於在粵港澳大灣區內商標互認機制來說，可以是一個很好的借鑑和思路。我們雖然不能直接突破商標地域性限制去保護域外在先註冊或使用的商標，但可以通過這種對世性的內容，禁止惡意註冊的行為，以此作為被動的保護，逐漸縮小彼此法域之間的差異。

從實務來看，商標局和內地法院在具體的案件審理中，也傾向於弱化地域性限制，並不強調被搶註的商標必須在中國內地主動使用，只要舉證出在商標申請註冊前，已經被中國消費者知曉即可。以中國裁判文書網檢索出的"無比滴（廣東）藥業有限公司與國家工商行政管理總局商標評審委員會之間關於第 11167071 號"MOPIDICK"商標權無效宣告行政訴訟糾紛案"

的一審[10]和二審判決[11]來看，北京知識產權法院和北京市高級人民法院均認為，訴爭商標申請註冊前，經外國主體第三人的長期大量宣傳報導，"無比膏"、"MOPIKO"商標在防蚊蟲叮咬止癢液商品上已經在中國相關公眾中具有一定的知名度，爭議商標註冊人理應知曉。雖然外國主體第三人在商標局行政階段提交的證據形成於域外，但結合第三人提交相關生效判決認定的事實、經公示的工商登記信息、經公示的商標註冊信息等證據已經足以證明訴爭商標存在商標法第 44 條第 1 款規定的"以其他不正當手段註冊"情形。而且這些判決書中列舉的爭議商標註冊人還囤積註冊其他與他人知名商標近似的商標，多為外國知名品牌，且並未要求被列舉的知名品牌已經在中國在先註冊為商標。

由此，從我們可以從中國內地近幾年通過《商標法》第 4 條和第 44 條第 1 款以及各種司法解釋、各種指南、規定和函件中看到，為了遏制惡意註冊商標的行為，雖然不直接地認可域外在先使用的事實和在先權利人的身份，但筆者可以看到一個可喜的趨勢，即，不論從法理上還是從行政和司法實務上，均可以通過被動保護的方式，禁止利用中國內地的商標註冊制度囤積註冊境內外的在先知識產權內容或公共內容為商標。

在當下，我們雖然難以突破商標權的地域性限制而直接認定域外真正權利人的商標權，但可以通過這樣被動保護的方式，打擊投機者利用地域性限制而進行惡意註冊的行為，以優化營商環境促進中國正常對外經濟貿易秩序。

而對於僅一衣帶水但因歷史遺留原因造成的法域限制的粵港澳大灣區來說，逐漸縮小彼此之間的壁壘而求同存異顯得更為重要和迫切。中國內地對於惡意註冊商標行為的立法、行政、司法上的高態勢打擊和對域外真正權利的被動保護，值得在粵港澳大灣區的知識產權協作機制中借鑑和進一步推進，甚至這種被動保護的程度可以在大灣區內進一步提高和放開至主動保護，筆者在下一節將會對此進行探討。

---

10 "無比滴（廣東）藥業有限公司與國家工商行政管理總局商標評審委員會案"，北京知識產權法院（2018）京 73 行初 4421 號行政判決書。

11 "無比滴（廣東）藥業有限公司等與國家工商行政管理總局商標評審委員會案"，北京知識產權法院（2019）京行終 5034 號行政判決書。

四、粵港澳三地商標權主動保護措施探索

粵港澳地區具有建立區域內知識產權統一市場的需求，以便促進區域內投資和貿易的便利化。內地與港澳地區的商標權衝突，無疑是區域合作的絆腳石。因此粵港澳地區應成立以廣東省工商行政管理局、香港特區知識產權署及澳門特區經濟局官員為主，輔以經濟、貿易、法律等領域專家的商標權協作小組，就商標權互認問題進行研究，就研究結果上報中央政府，由中央政府授權三地開展商標權互認的試點及合作協議簽署工作。最終建立起良好的商標權互認機制，先試先行，以區域間更緊密合作為試點，逐步解決問題。

（一）以 CEPA 補充協議建立商標權互認機制

CEPA（Closer Economic Partnership Arrangement），即《關於建立更緊密經貿關係的安排》的英文簡稱，包括中央政府與香港特區政府簽署的《內地與香港關於建立更緊密經貿關係的安排》、中央政府與澳門特區政府簽署的《內地與澳門關於建立更緊密經貿關係的安排》。CEPA 既符合 WTO 規則，又符合“一國兩制”的方針。CEPA 香港和澳門的目標均要求加強內地與香港及澳門的特別行政區的貿易和投資合作，促進雙方的共同發展，逐步減少或取消雙方之間實質上所有貨物貿易的關稅和非關稅壁壘；逐步實現服務貿易自由化，減少或取消雙方之間實質上所有歧視性措施；促進貿易投資便利化。隨著知識產權的跨域流動的加速，知識產權在國際貿易中的重要性日益加強，知識產權的嚴格地域性開始有所突破，這種突破主要表現在如下一些方面：一是通過加入國際性的知識產權公約……二是通過地區性的多邊公約在某些特定地區開始突破。”[12] 根據知識產權的理論研究來看，地域性並非知識產權固有的特徵和本質屬性，只是外部環境施加於知識產權及其立法的，因此突破地域性並不存在理論和實務上的障礙。“後 TRIPS 時期，知識產權最積極的談判是在大量雙邊自由貿易協定（FTAS）中制訂詳細而具體的知識產權章節，以推行超 TRIPS 知識產權保護和執法標準。”[13]

由於 CEPA 是一個高標準的自由貿易協議，領域廣泛，其第 3 條明確規

12　參見易在成：《粵港澳合作在知識產權地域性方面的探討》，《暨南學報》2015 年第 1 期。

13　參見廖麗：《後 TRIPS 時期國際知識產權執法新動向》，《暨南學報（哲學社會科學版）》2014 年第 9 期。

定：“雙方將通過不斷擴大相互間的開放，增加和充實 CEPA 的內容”。因此筆者認為通過 CEPA 協議的補充協議來規定知識產權跨區保護的問題是完全可能的。當然，我們仍應注意粵港澳三方法域在政治、經濟、文化、法律傳統等方面的差異和商標權保護發展不均衡的現實，同時還要考慮地區在進行法域合作的制度安排兼顧各方利益的問題。

CEPA 協議對商標權互認的機制建立應按以下幾個步驟完成。第一步是通過簽訂 CEPA 補充協議的方式，統一商標註冊與登記的要求、時限等程序性要求。如上所述，粵港澳都加入了《巴黎公約》和 TRIPS 協議，在獨立保護的原則基礎上，三地均有自主決定商標權互認機制的對接問題，因此有必要對共同參加的國際公約或國際條約中的規定在補充協議中重述和強調。第二步是在協議基礎上制定統一商標的保護對象、範圍、商標所有權人的權利和救濟等實體法內容，將三地的立法進行趨同化。當然，也有學者建議並不需要完全統一，而是採用示範法的方式進行指導。筆者認為，兩種路徑的選擇主要取決於前一步驟的實施情況。第三步建立起統一的商標權保護制度，並進一步推廣至統一的知識產權法律制度。

（二）三地知識產權法律淵源的區域互認和適用

廣東省、香港、澳門在三地的商標侵權糾紛以及商標權屬的確權程序當中，司法機構以及行政機關適用的法律仍嚴格地、排他性地以各自法域的法律為依據。

筆者認為，為了更好地保護知識產權創作者的智力成果，以及更便利而全面地對於爭議事項進行本質認定，在粵港澳大灣區內，可以嘗試在一定程度上放開對於本法域外的法律條文的直接適用，以彌補粵港澳三地因其各自的法律差異而導致對個案的認定和解決的空白和滯後性。在類似的知識產權爭議解決機構認定中，已經有所突破。例如，亞洲域名爭議解決中心的香港秘書處，其受理的案件當中，相當大部分的案件申請人或被申請人或爭議域名的使用地是中國（內地）。而域名的基本權利，則是源自於商標權利。除了亞洲域名爭議解決中心固有適用的《統一域名爭議解決政策》外，這些案件的當事人有時直接在投訴申請書中引用《中華人民共和國商標法》、《最高人民法院關於審理涉及計算機網絡域名民事糾紛案件適用法律若干問題的解釋》、《中華人民共和國刑法》等法律條文主張其觀點和權益[14]。而在該中心香港秘書處的 HK-1400654 號案件裁決書中，專家組仲裁員甚至在認定意見中，直接引用了《中華人民共和國刑法》第 246 條、第 286 條，以及中國人民銀行就《關於防範比特幣風險的通知》答記者問的內容[15]，以論述該案中被投訴人搶註爭議域名的惡意性。

假如來自中國內地的某申請人 A，在香港搶註了在廣東省廣州市小有名氣的某商品品牌商標 B 為註冊商標，導致該品牌在廣州市的經營者日後拓展香港或者澳門市場時遇到阻礙，甚至遭遇被搶註者 A 提起訴訟的情況。在此情況下，B 商標品牌的廣州在先經營者向香港的商標登記註冊機構——香港知識產權署對 B 商標的權屬提出確權爭議時，是否可以引援前述的《商標審查及審理標準》以及商標確權司法解釋的條文認定搶註人 A 為惡意，香港知識產權署在審理此類案件時是否可以參考並適用法域外當事人提出的法律淵源，筆者認為確有必要。

另外，由於歷史的原因，香港特別行政區的法律屬於英美法系，判例是其正式的法律淵源。如果粵港澳大灣區三地的法律淵源的區域互認的限制得以突破，則對於三地的司法機關來說無疑是極大的挑戰，特別是對於中國內地以及澳門特別行政區的司法及準司法人員來說，判例適用的壁壘在短期內不適宜進行突破。因此，筆者認為，可以先從成文法的部分互認開始進行突破，而域外法律淵源的提供責任，則由爭議案件個案中域外法律淵源適用的主張方當事人提供，司法及準司法人員並不承擔主動依職權查明域外法律淵源的責任。

（三）公權力文書中認定的商標權事實內容的直接認定

在司法協助方面，最高人民法院分別在 1999 年、2000 年發布《關於內地與香港特別行政區法院相互委托送達民商事司法文書的安排》、《最高人民法院關於內地與澳門特別行政區就民商事案件相互委托送達司法文書和調查取證的安排》，明確了三地的送達機關、委托送達文書的範圍、送達文書的要求、送達的執行及送達的依據等問題。但粵港澳地區由於法律制度、司

14 亞洲域名爭議解決中心香港秘書處裁決案例，HK-1400614，參見 https://www.adndrc.org/diymodule/docUDRP/HK-1400614_Decision.pdf，2021 年 12 月 10 日訪問。

15 亞洲域名爭議解決中心香港秘書處裁決案例，HK-1400654，參見 https://www.adndrc.org/diymodule/docUDRP/HK-1400654_Decision.pdf，2021 年 12 月 10 日訪問。

法體制的不同，在司法送達、裁判文書的執行方面存在較大障礙。

就商標權的保護而言，筆者認為需要建立起三地司法合作平台，通過平台審批，對公權力文書（包括但不限於判決書、仲裁裁決書等）中認定的商標權事實進行互認，相對容易實現。比如在法院的審理過程中，不管哪個法系的法官，在不違反中立性的基礎上最大限度地還原客觀事實的追求是一致的，也都是通過一定的證據規則和自由心證來完成事實認定。如果在公權力文書中出現關於對商標侵權糾紛或者商標權屬爭議糾紛事實內容的記載，只要依法經過各自對於域外證據的公証認證程序，廣東、香港、澳門的相關司法、準司法以及行政機構對其直接進行互認是有必要的。

（四）在先使用範圍的擴大認可

商標在先使用權是指商標先使用人針對註冊商標專用權人禁止權的抗辯權，即在註冊商標的申請日之前，就已經在該商標註冊核定使用的商品或服務或者類似商品或服務上善意連續地使用與註冊商標相同或者近似的商標的，該商標使用人有權繼續在原商品或者服務上使用該商標。在現有的立法框架下，由於商標權現有的保護機制一般是按照地域而遵循屬地原則，基於請求權已然受制於屬地原則，則在先使用抗辯權同樣受制於商標保護的屬地原則。但是全球化的大背景下，尤其是處在影響力無遠弗屆的互聯網時代，是否仍有必要嚴格堅守商標權的地域性，頗值探討。從授權角度來看，商標權的取得受到嚴格的地域性限制，但在確權領域，得益於全球化以及互聯網的傳播，商標的影響力已經極大地突破了地域範圍，尤其是那些知名度較高的商標，這時如果還僵化地強調地域性要求，顯然對於域外的在先權利人有失公平[16]。

中國內地的商標法、商標法實施條例、最高人民法院的司法解釋，以及商標局內部依據的審查和審理標準，並沒有對於域外在先使用在法律上明文規定。對此，一直嚴格堅守在先註冊為主在先使用為輔的中國商標局和法院，在近年來也在逐漸突破了對於域外的在先使用認定的部分限制。當然，考慮到知識產權的既有屬性以及各國家及地區市場發展程度的不同，商標局的審查員和法院的法官對地域性的突破非常謹慎。筆者認為可以從兩個方面擴大在先使用範圍的認可。

---

16 參見孫明娟：《惡意註冊的概念、類型化及其應用》，《中華商標》2018 年第 3 期。

第一，從商標權本身的作用來看，商標是產業活動中的一種識別標誌，所以商標權的作用主要在於維護產業活動中的秩序，其突破地域性的效能較強。商標權對地域性的突破在目前主要是通過國際條約下對馳名商標的跨域保護來體現。設計商標的過程會進行創造性智力勞動，在一定條件下，商標其實有可能成為《著作權法》意義上的作品。而著作權突破地域性的能力更強，登記並非著作權保護的必要條件，作者在完成創作行為後自動享有。從這個意義上說，只要作者將符合要求的著作權產品投入產業活動，即應獲得一定程度的保護；只要滿足區分的要求，則不會損害商標註冊人的利益。而粵港澳地區地理上聯絡的緊密性，有必要將在先使用的範圍擴大至三地。

對此，筆者認為可通過在產品或服務上分別加注“（粵）、（港）、（澳）”地域字樣，在消費者能得以區分的前提下，擴大在先使用人繼續使用其商標的地域範圍，以便其經營不受影響。

第二，中國商標局在近期的審查實踐中，考慮到地緣接近且兩地經濟往來頻繁，根據在先權利的知名度和係爭商標申請人的主觀惡性程度，針對涉及到第 32 條在先使用並有一定影響商標的判定時，個案採納了在先權利人提交的在香港、台灣的使用證據[17]。由於粵港澳三地的法域不同，中國內地、澳門在商標權屬方面，遵循的是註冊在先原則，誰先註冊商標誰享有該商標的專用權；而香港則是遵循使用在先原則，在先使用但沒有註冊為商標，其商標權利一樣受到法律的保護。然而，由於地域性的限制，在先使用的範圍一般僅限於該地域。如果在先使用的認可範圍可以擴大至粵港澳三地直接互認，則對於打擊粵港澳三地之間利用地域限制的壁壘和商標註冊信息不對等而惡意註冊他人在先使用商標的情況具有重大的作用。

比如說，廣東省廣州市 A 公司創立 B 品牌，在廣州市有一定名氣。然後 C 在向香港知識產權署申請註冊 B 商標。日後 A 公司欲將開拓 B 品牌在香港的市場，將會受到 C 在香港搶註的 B 商標的限制，甚至面臨被 C 起訴商標侵權的訴訟風險。B 品牌的創立人 A 公司，如向香港知識產權署或法院主張在先使用權，顯然會受到沒有在香港在先使用的地域性限制。但如果商標在先使用的認可範圍得以擴大至粵港澳三地直接互認，問題將迎刃而解。此舉更有利於保護商品或服務標識的原創者的智力成果和苦心經營，對於利用地域性限制而惡意註冊商標，攀附他人知名品牌的不誠信行為，將會是嚴

17 參見孫明娟：《惡意註冊的概念、類型化及其應用》，《中華商標》2018 年第 3 期。

厲的打擊和遏制。

（五）在先註冊的初步認定試點

《巴黎公約》第 4 條規定，任何人或其權利繼承人，已經在本聯盟某一國家正式提出商標註冊申請的，在六個月內，在其他國家就同一商標在相同商品上提出的申請享有優先權。粵港澳地區均參加《巴黎公約》，理應在協議中對該優先權進行重述。

首先，粵港澳任一地的商標註冊中，可以在商標註冊人提出商標註冊申請時，默認其要求優先權，而無需另行提出相應的書面申明。如商標註冊人在六個月內未至他地進行註冊，則優先權自動失效。

其次，統一粵港澳地區商標申請書的格式，並使用中英文雙語文本，避免商標申請人及主管機關的困擾。

最後，三地應進行資源互通，以減少優先權證明文件的開具。譬如粵港澳三地可建立統一的網絡平台，將商標註冊申請文件或在國際展覽會的展出資料掃描為電子檔案，並進行互通。主管機關只需在網上查閱相應的申請優先權或展會優先權即可。充分發揮大數據的優勢，實現數據多走路、當事人少跑路的創新。此舉也有助於三地在先註冊進行初步認定，達到充分保護商標註冊人利益的要求。

（六）特定關係人使用及註冊的認定

商標作為無形資產在經濟活動中的地位越來越重要，因此，惡意搶註他人商標的現象不斷發生，甚至愈演愈烈，這種現像在商標代理人或代表人中時有發生。根據中國 2019 年商標法第 15 條的規定：“未經授權，代理人或者代表人以自己的名義將被代理人或者被代表人的商標進行註冊，被代理人或者被代表人提出異議的，不予註冊並禁止使用。就同一種商品或者類似商品申請註冊的商標與他人在先使用的未註冊商標相同或者近似，申請人與該他人具有前款規定以外的合同、業務往來關係或者其他關係而明知該他人商標存在，該他人提出異議的，不予註冊。”該條款主要來源於《保護工業產權巴黎公約》第 6 條之七規定，如果本聯盟一個國家的商標所有人的代理人或代表人，未經所有人授權而以其自己的名義向本聯盟一個或多個國家申請商標註冊，該所有人有權反對該項申請的註冊或者要求予以撤銷，並有權反對給代理人或者代表人使用其商標。如果該國法律許可，還可要求將該項註冊轉讓給自己，除非該代理人或代表人能提出其行為正當的證明。該條款的兜底性條文要求存在"其他關係而明知該他人商標存在"，可適用的情況很寬泛，在無法證明惡意搶註人與商標權人的代理或代表關係情況下，能夠有效制止商標搶註。並且，商標局和法院最近對於發生在特定相對人之間的商標搶註，傾向於視相對方之間關係的密切程度而對個案的地域性限制進行突破。例如定牌加工商搶註委托方商標的情形，有商標局原國家商標評審委員會的審查員認為，應類推適用第 15 條第 1 款，不宜要求委托方商標在中國有使用[18]。

鑑於粵港澳地區地理上的緊密聯繫，筆者認為，有必要在三地建立禁止特定關係人使用及註冊的制度，放寬對於特定關係人使用及註冊商標的認定標準，並通過大數據平台對申請人身份進行篩查，更加有效地打擊惡意搶註者。

五、結語

誠實信用的立法精神應貫穿於商標註冊和使用的各個環節[19]。該立法精神也是知識產權法律的執行宗旨，是世界各國多年來均認可的知識產權基本精神。不論是奉行在先註冊原則，還是在先使用原則的法域，均不應因法域的壁壘而使得誠實信用的精神在商標的註冊和使用中受到減損，更不能因為地域性的壁壘而使得知識產權人的智力成果被他人通過不誠實信用的行為進行剽竊。鑑於 2017 年初以來中國內地已經逐步通過發布指導性案例和修改商標法條文實際上增強了商標跨域保護的設計，但在香港、澳門未能配合的情況下，對商標跨域惡意搶註的遏制能力還是相對有限的。

筆者在此建議，粵港澳大灣區早日在現行的區域司法互認的框架下，以積極主動的態度建立切實可行的知識產權互認機制，以解決因全球信息化而帶來的知識產權搶註的危機，保護知識產權創作人的無形資產，更好地促進粵港澳三地市場的繁榮發展。

18 參見孫明娟：《惡意註冊的概念、類型化及其應用》，《中華商標》2018 年第 3 期。

19 參見段曉梅：《〈商標法〉第四十四條第一款"其他不正當手段"解讀》，原商標評審委員會網站，2018 年 5 月 20 日，http://home.saic.gov.cn/spw/llyj/201803/t20180321_273190.html。

第四部分

大灣區法律服務業合作與人才流動

1. 深化“大灣區律師”制度改革，打造大灣區涉外法律人才高地

鄧世豹　廣東財經大學法學院教授
姚小林　廣東財經大學法學院副教授
李丹　廣東財經大學法學院副教授
戴激濤　廣東財經大學法學院教授

一、高水平對外開放急需一大批高端涉外法律人才

2020 年 11 月，習近平總書記在中央全面依法治國工作會議指出：“要堅持統籌推進國內法治和涉外法治”。隨著中國全方位對外開放的不斷推進，海外利益安全面臨的風險增加，產生的法律糾紛日益增多，維護國家經濟安全和發展利益、加強企業公民權益保護的任務越來越繁重。目前，中國律師在國際商會（ICC）、國際保護知識產權協會（AIPPI）等國際經濟、貿易組織的專家機構、評審機構、爭端解決機構任職的人數還比較少，其中在高級別、關鍵崗位任職的更是寥寥無幾。推進涉外法治急需一大批高端涉外法律人才，目前國內高端涉外法律人才短缺，不論數量還是質量都不能滿足國家建設的需要。據司法部統計，截至 2020 年底，全國共有執業律師 52.2 萬多人，在境外接受過教育並獲得學位的律師 8588 人，佔 1.65%。[1] 全國總體上涉外法律人才數量不多，作為中國開放程度最高、經濟活力最強的地區之一的廣東省，2020 年底共有律師事務所 3496 家，執業律師 55136 人，其中涉外法律服務專業律師 1350 人，港澳台律師 196 人。[2] 作為內地外向度最高的經濟區域和對外開放的重要窗口的珠三角九市，高端涉外法律人才數量更少，在典型涉外案件中如中興、華為公司與美國法律糾紛中的作用有限。

1　《2020 年度律師、基層法律服務工作統計分析》，中國政府法制信息網，2021 年 6 月 11 日，http://www.moj.gov.cn/pub/sfbgw/zwxxgk/fdzdgknr/fdzdgknrtjxx/202106/t20210611_427394.html。

2　《廣東省律師行業 2020 年發展數據》，廣東省司法廳官網，2021 年 5 月 10 日，http://sft.gd.gov.cn/sfw/zwgk/sjfb/tjsj/content/post_3573089.html。

習近平總書記強調“要加快涉外法治工作戰略布局，協調推進國內治理和國際治理，更好維護國家主權、安全、發展利益。”進一步提升粵港澳大灣區在國家經濟發展和對外開放中的支撐引領作用，推進更高水平的對外開放，加快建設一支政治立場堅定、具有家國情懷、專業素養過硬、能破解實踐難題的涉外法律人才隊伍具有高度緊迫性。

國家高度重視涉外法律人才隊伍建設。2011 年《教育部、中央政法委員關於實施卓越法律人才教育培養計劃的若干意見》中指出培養“具有國際化視野、通曉國際規則、能夠參與國際法律事務和維護國家利益的涉外法律人才”。[3] 中共中央第十八屆四中全會通過了《關於全面推進依法治國若干重大問題的決定》（以下稱“四中全會決定”），其中明確提出，應“創新法治人才培養機制”，包括“建設通曉國際法律規則、善於處理涉外法律事務的涉外法治人才隊伍”。時任教育部長袁貴仁提出要“積極探索涉外法治人才培養多樣化機制，完善與國外院校交流、雙學位聯合培養、國際組織實習等項目，加強對外交流合作，拓展法治人才國際化視野，抓緊培養政治可靠、素質過硬、業務精良的涉外法治人才。”[4]

相較於內地法律人才培養，涉外法律人才培養更具有複雜性，涉外法律人才在業務上需要掌握國際、國外法律制度，熟練國際通行糾紛處理方式，熟悉發達國家風土人情，具有豐富的處理國際法律事務的經驗。涉外法律人才成長過程中必須具有發達國家學習經歷和處理國際法律事務經驗，內地高校“法律 + 英語”的培養模式不能滿足涉外法律人才隊伍建設的需求。

法律專業留學人員是建設高端涉外法律人才的重要資源。1999 年內地高校擴招以來，一批高校畢業生選擇出國學習深造，其中一批學習國際法和外國法律，學成之後取得國外法律職業資格。由於國外法律職業資格並不能在中國內地執業，他們分散在不同地區從事法律職業，一是在留學所在國家從事法律職業，二是在港澳法律服務機構以“外地律師”身份從事法律職業，三是部分回到內地以僱員身份在內地律所或者外國律所駐內地代表處從事法律工作。集聚法律專業留學人員，助推涉外法治建設，“大灣區律師”制度提供了重要平台。

---

3 《教育部、中央政法委員關於實施卓越法律人才教育培養計劃的若干意見》，教高〔2011〕10 號，2011 年 11 月 23 日發布。

4 參見袁貴仁：《創新法治人才培養機制》，《中國教育報》2014 年 11 月 14 日。

二、國家“大灣區律師”制度搭建了聚天下法律英才的平台

香港作為亞洲法律服務中心，聚集了一大批高素質律師在港執業，也吸引著外國律師事務所在香港開業，全球 50 家著名律師事務所有一半在香港有分支機構。香港律師熟悉英美法及國際慣例，在國際貿易、企業融資和管治、解決商業糾紛、仲裁程序、證據處理，以及裁決執行等法律實務方面積累了豐富的經驗，在國際上建立了強大的業務及客戶網絡，為打造大灣區涉外法律人才高地奠定了堅實基礎，也為內地律師走出去打通了渠道。推進粵港澳大灣區建設，發揮香港法律執業者和澳門執業律師的專業作用，國家創造性設計出“大灣區律師”制度，全國人大常委會、國務院為“大灣區律師”做了制度性安排。

2020 年 8 月 11 日第十三屆全國人民代表大會常務委員會第二十一次會議通過《關於授權國務院在粵港澳大灣區內地九市開展香港法律執業者和澳門執業律師取得內地執業資質和從事律師職業試點工作的決定》，授權國務院在廣東省廣州市等九市開展試點工作，符合條件的香港法律執業者和澳門執業律師通過粵港澳大灣區律師執業考試，取得內地執業資質的，可以從事一定範圍內的內地法律事務。具體試點辦法由國務院制定，報全國人民代表大會常務委員會備案。試點期限為三年。

根據全國人大常委會授權，國務院辦公廳《關於印發香港法律執業者和澳門執業律師在粵港澳大灣區內地九市取得內地執業資質和從事律師職業試點辦法的通知》（國辦發〔2020〕37 號），規定了符合條件的香港法律執業者和澳門執業律師通過粵港澳大灣區律師執業考試，取得內地執業資質的，可以從事一定範圍內的內地法律事務。明確律師執業證書（粵港澳大灣區）的報名、考試、執業申請、業務範圍、職業管理等，強調取得律師執業證書（粵港澳大灣區）的人員，依照《中華人民共和國律師法》接受廣東省司法廳及所在地司法行政機關的監督管理，加入所在地的地方律師協會，參加年度考核，同時是中華全國律師協會會員，接受律師協會的行業管理。司法部負責組織實施粵港澳大灣區律師執業考試，做好命題、評卷等工作，加強對考試工作的監督，確保考試公平公正和組織嚴密；指導廣東省司法廳認真做好組織實施報名、報名資格初審、培訓、考務等具體工作。培訓地點和考場設在廣東省深圳市，視澳門報名人員規模，也可以同時在廣東省珠海市設立考場。

2021年6月，司法部發布《2021年粵港澳大灣區律師執業考試公告》（第7號），確定2021年考試報名條件、程序、考試時間地點和考試內容與科目。2021年考試受疫情影響推遲至7月31日舉行。根據2021年大灣區資格考試結果，2022年1月15日廣東省律師協會組織2021年度400餘名考試合格的香港法律執業者和澳門執業律師進行為期三個月的集中培訓。2021年12月14日，司法部發布《2022年粵港澳大灣區律師執業考試公告（第9號）》，組織第二次大灣區律師資格考試，確定2022年粵港澳大灣區律師執業考試時間為2022年6月11日。

國家"大灣區律師"開放了港澳法律服務人員取得內地法律執業資格，賦予他們同時具有"大灣區律師"和境外法律職業資格證的"雙牌照"，以律師身份在大灣區九市從事法律服務，吸引了包括法律留學人員在內的港澳法律職業者服務大灣區建設。

三、深化"大灣區律師"改革，打造大灣區涉外法律人才高地

為提升大灣區在對外開放中的支撐引領作用，建議進一步發揮"大灣區律師"的作用，建議由中央授權廣東，深化改革，大膽探索，先行先試，打造大灣區涉外法律人才高地。

第一，拓展"大灣區律師"的功能。根據國務院《試點辦法》，取得"大灣區律師"的人員可以在粵港澳大灣區內地九市內，辦理適用內地法律的部分民商事法律事務（含訴訟業務和非訴訟業務），"大灣區律師"功能定位在於開放港澳法律職業者進入內地法律服務市場。建議拓展"大灣區律師"功能，將"大灣區律師"進一步打造成集聚法律專業留學人員平台，建設涉外法治專門人才隊伍。支持"大灣區律師"在大灣區內地九市處理相關法律事務的基礎上，通過稅收等槓桿引導"大灣區律師"拓展涉外法律服務。"大灣區律師"在境外處理一方當事人為中國當事人的法律事務和在境外處理雙方當事人均為外國當事人的法律事務分別實行所得稅等稅收減免。

第二，完善"大灣區律師"考試內容。根據司法部考試《公告》確定取得"大灣區律師"考試內容與科目，2021年粵港澳大灣區律師執業考試共兩卷，試卷一為客觀題（包括100道選擇題），試卷二為主觀題（包括案例分析題、法律文書題、論述題等）。每張試卷分值為100分，兩張試卷總分為200分，具體考查科目為：習近平法治思想（2021年為中國特色社會主義法

治理論），憲法，香港特別行政區基本法、澳門特別行政區基本法，中國法律史，內地司法制度和律師職業道德，民法、商法、民事訴訟法、仲裁法，刑法、刑事訴訟法，行政法、行政訴訟法，主要考察的是內地法律制度，沒有涉及國際法方面的內容。基於“大灣區律師”功能定位的拓展，建議調整考試內容，在保證“大灣區律師”知曉中國政治制度和法律職業倫理的基礎上，重點考察其運用國際法律規則處理涉外法律事務的能力，考核國際法的理論與實務，內地法律制度不作為考察的主要內容。考試內容設計為：中國政治制度、法律職業倫理、國際公法、國際仲裁、國際商事法律實務等內容，保證不同國家留學人員的公平性。

第三，逐步放開報考“大灣區律師”資格條件。國務院《試點辦法》確立報考資格條件之一是“依據香港特別行政區有關法律，經香港特別行政區高等法院認許，在律師、大律師登記冊上登記，且未被暫時吊銷執業資格的律師、大律師，或者在澳門律師公會有效確定註冊的執業律師”，也就是限定在港澳法律職業者。建議放開報考資格條件，實現吸納國內外學有所成的法律留學人員到大灣區執業，可以採取三步走：第一步在三年試點期間，充分吸引滯留在港澳的並取得境外律師資格的留學人員以中國律師資格到大灣區內地九市執業；第二步允許在內地取得外國律師職業資格的人員報考“大灣區律師”資格，在大灣區內地九市執業；第三步允許取得外國律師執業資格並滯留在國外執業的留學人員回國報考“大灣區律師”，在大灣區內地九市創業就業；第四步，放開“大灣區律師”執業地區限制，“大灣區律師”稱謂也隨之修改為“涉外律師”。

第四，推動港澳台和外國律師事務所在大灣區設立代表機構。打造大灣區涉外法律人才高地，拓展涉外法律服務，強化跨境法律服務機構建設，推動大灣區律師事務所走出去，將境外法律服務機構引進來。涉外法律服務機構方面，截止 2020 年底，全國有來自 23 個國家和地區的 234 家律師事務所設立了 300 家駐華（內地、大陸）代表機構，其中外國律師事務所駐華代表機構 217 家，香港律師事務所駐內地代表機構 69 家，台灣律師事務所駐大陸代表機構 14 家，港澳律師事務所與內地律師事務所建立了 15 家合夥型聯營律師事務所，有 7 家在上海自貿區設立代表處的外國律師事務所與中國律師事務所實行聯營。[5] 比較廣東與北京的境外法律服務機構，共有執業律師

5 《2020 年度律師、基層法律服務工作統計分析》。

37351 人、律師事務所 2887 家的北京市，有外國、港澳律師事務所駐京代表處 88 家，駐京代表 196 人，僱員 1133 人，而外國、港澳律師事務所駐粵代表處只有 31 家，粵港澳合夥聯營律師事務所 15 家。同時，推動大灣區律師事務所到境外開辦分支機構，目前已經備案的廣東律師事務所境外分支機構有 18 家，而有律師 31679 人、律師事務所 1709 家的上海市在境外設有分所 26 家。根據 2021 年 11 月 18 日上午，廣州市政策新聞辦公室召開“廣州律師行業高質量發展助力優化法治化營商環境”專題新聞發布會上介紹，“全市現有律師所 869 家，執業律師人數 19478 人，全國城市排名第三名；全市現有境外律師事務所駐穗代表處 23 家，居全省首位；粵港澳合夥聯營律師所 4 家，律師所境外分支機構 17 家。”[6] 作為內地外向度最高的經濟區域和對外開放的重要窗口，珠三角九市的境外律師服務機構代表處有巨大的發展空間。

第五，將涉外法律人才建設納入政府人才支持政策體系。將取得“雙牌照”資格並在大灣區內地九市創業、就業的法律專業人才按照相關政策享受大灣區九市入戶、住房、子女教育等人才支持政策，推動具有符合條件的“雙牌照”資格法律專業人才按規定在廣東參加職稱評審，其境外法律從業經歷可以視同國內從業經歷。

國家“大灣區律師”極富創造性的制度設計，不僅深化了大灣區法律服務業的改革開放，也為國家涉外法律人才隊伍建設提供了制度資源，還為國家法律教育提供了想象空間。深化“大灣區律師”制度改革探索，形成可複製、可推廣的“雙教育 + 雙牌照”的高端涉外法律人才建設培養模式，對推進涉外法治建設意義重大。

---

6 《廣州將深化港澳律師來穗執業試點工作　大力培育涉外高端法律人才》，《廣州日報》2021 年 11 月 18 日。

2. 從中國委托公証人制度的實踐看粵港澳大灣區法律服務合作的未來[1]

李銘鋭　中國法律服務（香港）有限公司研究部主任

一、當代世界兩大不同的公証體系

公証制度源遠流長，通說是起源於二千多年前古羅馬時期的代書制度。[2] 在歷史的長河中，隨著社會分工的變化和經濟發展的需求，公証的模式也相應地演進。因經濟、政治、社會、文化的不同，世界各國的公証也演化出不同的形態。在成文法和普通法兩大法律體系之下，公証制度也呈現兩種截然不同的模式：拉丁公証和英美公証。

（一）拉丁公証制度

拉丁公証制度起源於拉丁語系國家，通行於歐洲大陸各國和亞洲的日本、拉丁美洲、非洲大部（中非、西非、北非、東非）以及加拿大的魁北克省和美國的路易斯安那州，影響十分廣泛。[3] 拉丁公証屬實質公証，公証不僅需要滿足形式上的要求，還需證明被證明物件的真實性、合法性。在拉丁公証制度中，以法國公証制度最具代表性。[4]

拉丁公証制度作為一種歷史悠久的法律制度，與英美公証制度相比，具有以下特徵：其一，公証事業具有公益性，公証服務於公共利益，代表社會全體成員的利益。其二，公証行為具有排他性，兩大類法律行為，包括不動產轉移及公司章程的訂立，需由公証人參與國家方予承認和登記。其三，公証人員職務具有雙重性，他們既是自由職業者，組成公証人事務所並自負盈虧，又是國家公職人員，手持國家印章，執行國家公務，利用國家賦予的權

1　聲明：本文僅代表作者本人意見。

2　參見馬宏俊等：《試論我國公証制度改革》，《治理研究》2018 年第 4 期。

3　參見王公義等：《中國公証制度改革研究及國際比較》，法律出版社 2006 年版，第 6 頁。

4　參見李強：《中國公証制度改革研究及國際比較》，《法制與社會》2021 年第 7 期。

力為公共利益盡職盡責。[5]

除以上基本特徵之外，拉丁公証制度在發展過程中還形成了一些獨特原則：第一，公証人員受過國家正規高等教育，並在國家監督下通過專門的考試方可取得從業資格。經國家任命的公証人為終身職務。第二，公証人必須是公証協會會員，必須遵循"公正、獨立"的準則行使職務。公証人執業需受到行業組織和國家司法行政部門的雙重監督。第三，公証文書代表國家，具有直接的、完全意義上的證據效力，只有經過特殊的法律程序方能推翻公証文書的證據力。第四，公証文書具有不容置疑的執行力，對於追索金錢物品的債權文書，如果債務人不能履行其給付的義務並經過一定時限，債權人有權依據公証文書副本徑直向法院申請執行，無需另經法院的審判程序；第五，公証文書是國家檔案的重要組成部分，所有原件均須先於公証人事務所中保存，其後交至檔案機關存檔。[6]

（二）英美公証制度

香港與許多國家和地區的普通法體系均源自英國。英國最初並沒有公証人的概念，只是由於在商業和貿易上與大陸法系國家的互動，發現了拉丁公証制度的價值，結合普通法的特點發展出自己的公証制度，即現在所謂的英美公証制度。

英美公証制度與拉丁公証制度的實質公証不同，一般只作形式上的公証，內容的真實性、合法性由當事人自己負責，[7] 其本質是認證制度。英美公証有以下特點：第一，自願公証原則，英美公証制度下沒有法定公証事項，包括不動產在內的事項都無需國家登記公証。第二，公証人員的資格門檻相對較低，通常是兼職公証人。在英國，公証人可以由社會信譽良好的律師兼任，[8] 而在美國，公証人可以由 18 歲以上無法律背景的公民擔任。[9] 相應地，公証人在國家法律體系中作用不明顯，亦沒有諮詢顧問等義務。第三，"形式公証"制度，英美法系公証人在對公証事項進行審查時，僅在形式上進行公証，而不對法律文書本身的真實性、合法性進行審查或負責，英美公証制度

5　參見劉穎：《法國公証制度簡況與借鑒》，《中國司法》2008 年第 4 期。

6　參見葉自強：《拉丁公証制度初探》，《法律學習與研究》1989 年第 2 期。

7　參見馬宏俊等：《試論我國公証制度改革》，《治理研究》2018 年第 4 期。

8　《英國公証制度》，載《外國公証法規及公証制度介紹彙編》，第 356 頁。

9　美國新墨西哥州《公証法》第 2 條之規定，載《外國公証法規及公証制度介紹彙編》，第 273 頁。

下的公証文書亦沒有證據效力和強制執行力，[10] 與私人文書效力類似。

雖然在不同的法域，其內涵各異，法律效力不同，但公証制度因應社會需求而提供法律服務，是公証的共同特性。

二、中國內地與香港的公証制度

（一）內地的公証制度

中國公証的開端，始自清朝末年對西方法治的學習和引進，在引進大陸法系的同時引進了公証制度。新中國的公証，由於歷史緣故，起步於學習前蘇聯的制度，曾為建國初期的經濟建設提供服務，後被撤銷，又得益於改革開放政策而恢復和發展，目前已制定專門的法律，實現了法制化。中國於2003年加入國際拉丁公証聯盟並擔任了兩屆聯盟的副主席，積極協調亞洲地區的公証交流合作事宜，在中國公証事業的國際化上邁出了重要一步。

中國內地現行的公証制度基本屬於拉丁公証制度，公証事務由公証處承擔，公証員獨立辦證，業務包括證明法律行為、有法律意義的事實和文書。辦理公証事務可以進行調查，公証需對證明內容的真實性、合法性負責。公証機構依法出具的公証文書具有法定證明效力、強制執行效力、法律行為要件效力、對抗第三人的效力、不可撤銷的效力等。根據《公証法》、《民事訴訟法》、《繼承法》等法律及相關行政法規的規定，經公証的民事法律行為、有法律意義的事實和文書，人民法院、行政機關、仲裁機構等應當作為認定事實的根據；經公証的以給付為內容並載明債務人願意接受強制執行承諾的債權文書，債務人不履行或者履行不適當的，債權人可以不經過訴訟，依法向有管轄權的人民法院申請執行 [11]。公証證明的內容是一種可靠的證據，在訴訟中具有免於質證的證據力。

（二）香港的公証制度

香港沿用了英國的公証制度，作為普通法發源地的英國實行判例法，沒有統一的公証法律。公証人可由律師或其他執業者擔任，執業範圍很窄，通常只能見證當事人宣誓或簽名，在可能的情況下辨別文件的真偽，一般不對

10　參見宋汶齊：《大陸法系公証制度概括研究》，《商法論壇》2015 年第 20 期。

11 《中華人民共和國公証法》第 37 條。

文件內容的真實性、合法性負責。隨著經濟、社會的發展及與境外公証制度的互動，香港地區漸漸形成了多元的公証體系。從使用地來看，香港公証文書可以劃分為三類，每一類都由不同的公証人做出。

第一類是在香港本地使用的公証文書。此類公証文書的公証人可由律師或其他執業者，如執業會計師等專業人員擔任。公証人依照《宣誓及聲明條例》見證當事人宣誓（監誓人員需符合法定資格要求）或簽名，在可能的情況下辨別文件的真偽，或是對當事人的公証內容進行一定程度上的盡職審查，但一般不對文件內容的真實合法性負責。

第二類是由國際公証人出具在香港以外地區和國家（除內地以外）使用的公証文書。國際公証人由香港高等法院委任，受《法律執業者條例》（香港法例第 159 章）規管，國際公証人的簽署式樣及印鑑式樣均須在高等法院存檔，由司法常務官負責驗證。文件體現的仍然是形式審查的法律特徵。

第三類是由中國委托公証人出具在中國內地使用的公証文書，下文將詳細介紹。

表 2　香港公証制度與內地公証制度的法律差異

	香港公証制度	內地公証制度
法律依據	從商法發展演變而來；《法律執業者條例》第 IV 部	《中華人民共和國公証法》、《公証程序規則》
專業身份	公証人與律師合一，同一人進行兩種不同的業務	公証人與律師屬不同系統
文書特點	實行宣誓或聲明制度，即以形式的真實合法，推定內容合法性；《宣誓條例》	要求公証文書必須符合合法性和真實性
公証理念	當事人（聲明人）事前承擔誠實責任，事後司法救濟	為預防糾紛而設置的證明制度

三、中國委托公証人制度

由於香港與內地分別實行兩種不同的公証制度，因而兩地制度有很大法律差異。從上表可以看出，內地與香港的公証制度在四個方面存有差異，在公証人是否對公証文書的真實性和合法性負責方面亦截然不同。為了使在香港公証到內地使用的文書能夠同時符合內地和香港兩地法律規定，獨特的"中國委托公証人"制度應運而生，將兩地的公証制度有機銜接了起來。

（一）中國委托公証人制度的含義和特徵

中國委托公証人制度是指具備一定條件的香港律師經司法部委任成為委托公証人後，接受當事人委托，對發生在香港的法律行為、有法律意義的事件和文書，依照法定程序對其合法性、真實性予以證明的活動。委托公証人制度是"一國兩制"框架下中國公証制度的重要組成部分，具有真實性、合法性、可用性等特徵。

根據《中國委托公証人（香港）管理辦法（2002）》，委托公証人是具備一定條件並經司法部考核合格的香港律師，委托公証活動的證明對象是發生在香港地區的法律行為、有法律意義的文書和事實。此種證明活動實質上需真實、合法、程序上亦需結合內地辦理公証程序和香港法律規定程序進行。委托公証人所出具的公証文書將發往內地使用，違反法定程序出具的公証書不具有公証效力。

（二）中國委托公証人制度的形成與發展

中國委托公証人制度是在內地與香港的經濟、社會及文化等領域的交流互動不斷頻繁和大幅增加的情況下產生和逐步發展起來的。

改革開放後，香港和內地聯繫日益緊密，許多香港同胞到內地探親、定居、領養子女、結婚或繼承財產，亦有大量港商到內地進行投資、經商活動。但苦於香港回歸前，內地和香港的信息管道互不相通，內地有關部門及人士無法瞭解香港當事人的真實情況，在面對例如香港居民在內地登記結婚需求時，難以在雙方當事人分散兩地的情況下提供協助。

八十年代初期，香港居民通過內地駐港機構和香港當地社團組織，例如華潤公司、中國旅行社、中華總商會等，辦理相關證明文件以供帶回內地處理有關民事法律事務。這種做法雖然為香港居民處理內地的法律事務發揮了積極的作用，但是缺乏法律上的嚴肅性和社會廣泛性。由於香港與內地實行完全不同的政治、經濟、社會和法律制度，公証制度上也存在巨大差異。內地駐港機構和香港當地社團組織因缺乏兩地法律背景，所出具的證明常因不符合香港或內地的法律規定而得不到用證部門的認可，證明的合法性無法得到保障。

鑑此，司法部於 1981 年委託香港阮北耀等八位精通兩地法律的律師，負責為香港居民辦理回內地處理民事法律事務的公証文書，開啟了中國委託公証人制度發展的征程。八位律師既對公証文書內容真實性負責，又在程序上確保文書遵守香港和內地的要求，以保證公証文書的真實性和合法性。另一方面，為了保證內地用證部門能夠識別真實的委託公証文書，司法部將所有委託公証人的印章和簽名印發至國內所有的用證單位，由用證單位在接到當事人提供的公証文書後，將備案的簽章與公証書上的簽章逐個核驗，確認一致後方予以採用。

隨著委託公証人數量及委託公証業務的增加，前述方法變得日益繁瑣和不便。同時，因為香港律師"不得向其他人員披露當事人申請辦理的事務"[12]的執業特點，內地與香港在公証文書流轉中出現銜接上的空隙，隨之產生一系列負面現象，例如不法之徒偽造、變造公証文書，委托公証書因不合規範而用證部門不予使用，或者同一人未作解釋和說明，多次申請辦理返內地結婚之用的公証文書涉嫌詐騙等。

為確保委託公証文書的真實性與合法性，堵塞由於兩地法律規定的差異形成的漏洞，1991 年 11 月，司法部會同國務院港澳辦、新華社香港分社，對委托公証人的出證程序進行了改革，司法部授權中國法律服務（香港）有限公司對香港委托公証人出具的公証書，統一審核、登記、加蓋轉遞專用章後發往內地使用，內地用證單位只要核對公司在內地備案的轉遞印章即可，不必再逐個核對委托公証人的印章和簽名，從而大大方便了內地用證部門。至此，委托公証制度形成了兩個相連的環節，先由委托公証人出具文書，然後由中國法律服務（香港）有限公司審核轉遞辦公室審核、登記、加章轉遞。審核轉遞的環節在兩個不同法域中起到了尋求平衡的作用，使得委托公証文書既符合香港法律又不違反內地法律，滿足真實性、合法性和可用性的要求，也使不法之徒難以通過非法手段實現非法目的。

隨著業務領域的不斷拓寬和公証程序的逐步規範，中國委托公証人制度進一步完善。1995 年 3 月，司法部頒布了《中國委托公証人（香港）管理辦法》（以下簡稱《管理辦法》），對委托公証人的委托條件、委托程序、業務範圍、法律責任等做出了規定，從而使實施十多年的委托公証人制度更加法制化、規範化。2002 年，司法部進一步根據委托公証人制度的發展對《管理

12 《法律執業者條例》（香港法例第 159 章）。

辦理委托公証文書流程圖

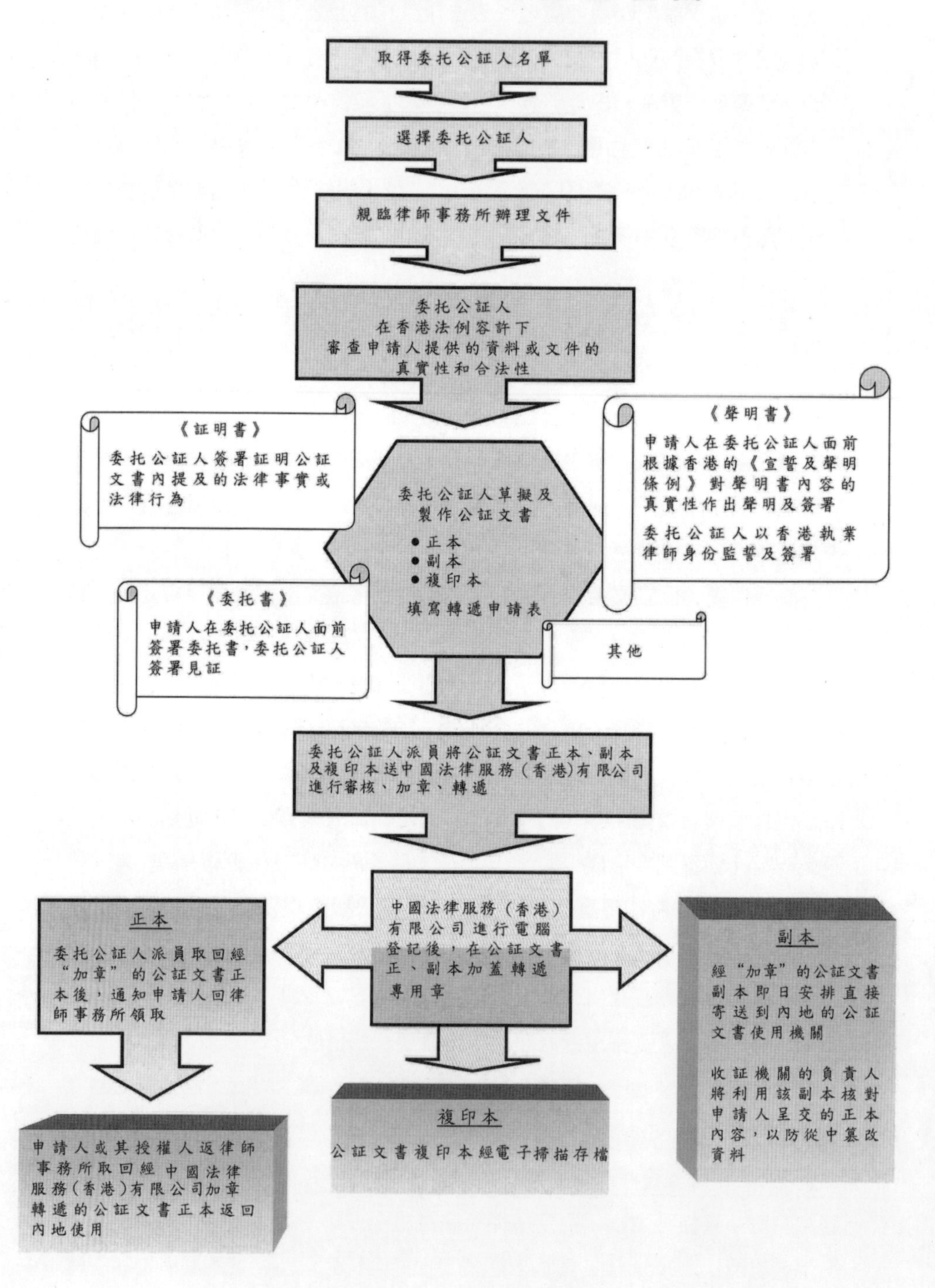

圖 3 辦理中國委托公証流程圖

辦法》進行了修訂，實行至今。

（三）中國委托公証人的條件、考核、註冊程序

經過四十年的發展，司法部已先後委托了十二批共 532 名中國委托公証人。目前全香港超過 280 家律師行都有中國委托公証人為當事人提供服務。[13] 2021 年 10 月 11 日，第十三批新增中國委托公証人考試筆試在香港順利舉行，本次考試共 122 人參加。

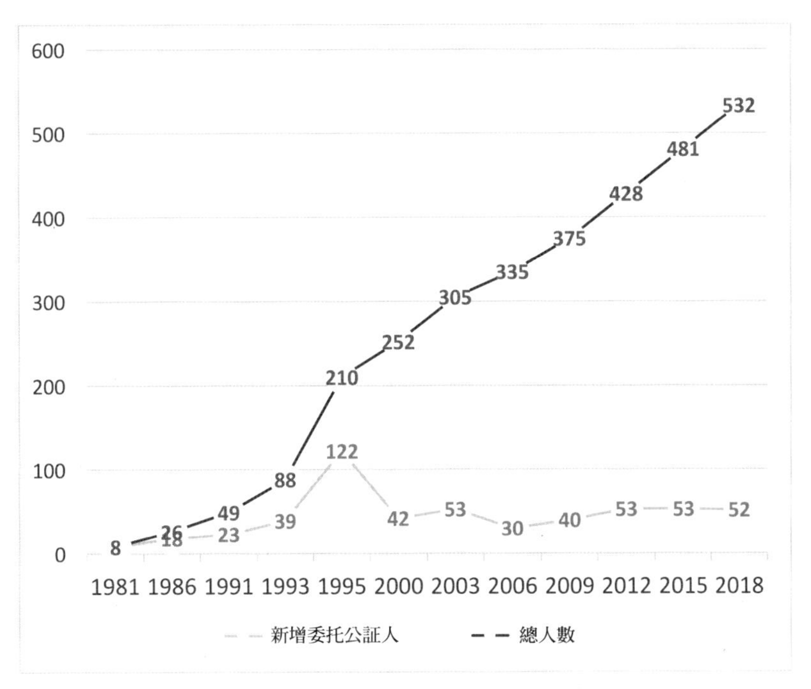

圖 4　中國委托公証人數量遞增趨勢

根據司法部《管理辦法》第 8 條，"中國委托公証人必須符合下列條件：（一）擁護《中華人民共和國憲法》，擁護《中華人民共和國香港特別行政區基本法》；（二）在香港具有永久居留權的中國公民；（三）擔任香港律師十年以上；（四）職業道德良好，未有因不名譽或違反職業道德受懲處的記錄；（五）掌握內地有關法律、法規和辦證規則；（六）能用中文書寫公証文書，能用普通話進行業務活動"。從上述規定可以看出，中國委托公証人必須符合十年以上資歷香港律師的"硬件"要求，同時具備愛國愛港、職業道德良

13 《中國委托公証人制度現況》，中國委托公証人協會有限公司官網，https://www.caao.org.hk/index.php?option=com_content&view=article&id=202&Itemid=111，2021 年 1 月 21 日訪問。

好、掌握內地有關法律等"軟件"要求，同時具備上述兩個方面條件的香港律師才能向司法部申請擔任委托公証人。對於經審查符合申請條件的申請人，司法部將集中組織有關的業務培訓和考試。申請人考試合格後由司法部授權委托。新增委托公証人考試每三年舉行一次。

已經獲司法部委托的委托公証人在受托期間須定期接受業務培訓，取得規定培訓學分，並於三年的委托期內累積達到學分要求。委托公証人委托期滿且經培訓後，司法部可以連續委托。此外，《管理辦法》第 13 條還規定委托公証人每年必須向司法部申請年度註冊，未經註冊的不得辦理委托公証業務。

（四）中國委托公証人的管理

香港的中國委托公証人由中國委托公証人協會有限公司（以下簡稱"協會"）負責管理。協會於 1988 年 9 月 28 日成立，是按照香港特別行政區《公司條例》在港登記註冊的非牟利專業團體。協會會員必須具備香港《法律執業者條例》認可之法律從業人員資格，並已獲司法部委任為中國委托公証人。根據《管理辦法》規定，委托公証人在任期內必須參加協會，成為協會會員。截至 2021 年 12 月 31 日止，會員人數為 442 人（另有榮譽會員 5 人）[14]。協會《組織大綱》規定的協會宗旨[15]主要有：第一，促進各委托公証人的團結，與中華人民共和國司法部或其他機構和部門聯繫，以維持、促進及保障委托公証人之地位和權益；第二，安排與中國司法界及其他政府機構、專業團體的交流、探訪；第三，研究有關委托公証人法律或實務的建議；第四，裁定提交協會或其議會有關實務、專業習慣等事宜；第五，確保委托公証人正當的執業及遏止不當的操守和陋習；第六，制定、推行委托公証人劃一執業和工作程序；第七，推薦人選供中華人民共和國司法部委任為委托公証人。

協會設理事會行使協會權力，執行協會事務。理事會名額原為 7 人，於 2007 年因應會員人數擴大及會務增加，改為不多於 20 人[16]，現任理事會有 15

---

14 《中國委托公証人制度成立》，中國委托公証人協會有限公司官網，https://www.caao.org.hk/index.php?option=com_content&view=article&id=197&Itemid=106，2021 年 1 月 21 日訪問。

15 《中國委托公証人制度宗旨》，中國委托公証人協會有限公司官網，https://www.caao.org.hk/index.php?option=com_content&view=article&id=198&Itemid=107，2021 年 1 月 21 日訪問。

16 《中國委托公証人制度》，中國委托公証人協會有限公司官網，https://www.caao.org.hk/index.php?option=com_content&view=article&id=195&Itemid=105。

位理事。自 1991 年 11 月起，協會設立秘書處執行理事會指示、提供理事會決定之服務予會員、聯絡通訊及日常會務運作。

（五）中國委托公証文書的證明事項和分類

中國委托公証的事項包括婚姻、繼承、收養子女等民事法律事務，亦包括工商登記、投資、貿易、貸款、房地產、抵押、CEPA[17] 等經濟事務。按證明方式分類，委托公証文書可以分《證明書》和《聲明書》兩大類。《證明書》是委托公証人經過查證而發出的證明文件，查證的形式主要是向有關單位，包括政府部門、商業機構核查資料的合法性、真實性。《聲明書》是委托公証人以律師身份，根據香港《宣誓及聲明條例》，按照法定格式為當事人監誓所作出的法律文書。委托公証人在聲明書類公証文書上所簽署的落款為"中國委托公証人及香港律師"。

1991 年，中國委托公証人協會成立後的 1 號通告頒發了 15 種文件的統一格式。為適應兩地公民和法人日益頻密的民商事交往需要，經過近 30 年規範化發展，現行有效的委托公証文書格式，按證明事項劃分已增加到六大類 108 種（另有 19 款參考格式）。這六大類格式分別是：聲明書、證明單方簽署的法律文書、證明法律事實、證明文件的原本及複印本、證明雙方或多方簽署的法律文書、CEPA 類公証文書 [18]。在現行的格式中，聲明書有 49 款，接近一半。

（六）中國委托公証文書在內地的適用

委托公証文書在內地主要用於訴訟、經濟活動和婚姻家庭三個方面，相關部門都頒布了涉及委托公証文書效力的法律、規範性文件。

在訴訟方面的相關規定包括如下三點：第一，1996 年 2 月 28 日，最高人民法院、司法部聯合發布《關於涉港公証文書效力問題的通知》〔司發通（1996）026 號〕，其中規定："在辦理涉港案件中，對於發生在香港地區的有法律意義的事件和文書，均應要求當事人提交上述委托公証人出具，並經司法部中國法律服務（香港）有限公司審核加章轉遞的公証證明；對委托公

---

17 《內地與香港關於建立更緊密經貿關係的安排》，香港特別行政區政府工業貿易署官網，https://www.tid.gov.hk/tc_chi/cepa/legaltext/cepa4.html，2021 年 1 月 21 日訪問。

18 《中國委托公証人制度公証文書種類》，中國委托公証人協會有限公司官網，https://www.caao.org.hk/index.php?option=com_content&view=article&id=1074&Itemid=196，2021 年 1 月 21 日訪問。

証人以外的其他機構、人員出具的或未經審核加章轉遞程序的證明文書，應視為不具有《中華人民共和國民事訴訟法》中規定的公証文書的證明效力和執行效力，也不具有《中華人民共和國擔保法》第 43 條規定的對抗第三人的效力，所涉及的行為不受法律保護”。第二，2006 年最高法院頒布《關於內地與香港特別行政區法院相互認可和執行當事人協議管轄的民商事案件判決的安排》，其中第 6 條第 4 項做了相關規定。第三，2001 年《最高人民法院關於民事訴訟證據的若干規定》第 11 條第 2 款做了相關規定。

在經濟活動方面，有以下四點規定：第一，2003 年司法部、商務部聯合頒發《關於認真落實內地與香港關於建立更緊密經貿關係的安排嚴格執行委托公証人制度的通知》。第二，2008 年 6 月 6 日，香港環保署頒發《香港特別行政區境內清潔發展機制專案的實施安排》（根據國家發改委 2005 年 10 月 12 日《清潔發展機制項目運行管理辦法》頒布）。第三，2009 年 12 月 1 日香港環保署頒發《港資企業在中國內地開展清潔發展機制項目的補充說明》。第四，2019 年 12 月 1 日，《珠海經濟特區橫琴新區港澳建築及相關工程諮詢企業資質和專業人士執業資格認可規定》發布，專門規定了資質要經委托公証。

在家庭婚姻方面，有以下一點規定：2007 年，民政部頒發《關於進一步加強涉外、涉港澳台居民及華僑婚姻登記管理工作的通知》，做出了專門的規定。

1992 年，司法部授權中國法律服務（香港）有限公司（以下簡稱公司）承辦公証文書審核轉遞業務之後，開始對香港發往內地的委托公証文書進行統計。自 1992 年至 2020 年，公司共轉遞了 1730324 件公証文書，其中涉及婚姻、繼承、收養共 405907 件，涉及公司商事的為 708651 件，涉及房地產的有 172553 件，其他類別的（個人委托書、法律意見、訴訟、CEPA 等）有 443213 件。特別注意的是，2002 年至 2020 年設立公証文件退件制度以來，經公司審核不合格而退回律師的公証文件也有 40529 件。

中國委托公証人（香港）制度是“一國兩制”框架下，成功解決內地與香港兩個不同法域公証制度有效銜接的獨創性制度安排，有效地解決了一個國家內部不同法律制度下公証文書的相互使用問題，得到了香港和內地民眾的廣泛認同，以及兩地有關部門的高度認可，並被寫入了 CEPA，是“一國兩制”方針的成功法律實踐，在兩地民商事順暢交往中發揮了重要的橋樑紐帶作用，為貫徹“一國兩制”方針、維護香港長期繁榮穩定和兩地法律界交流合作做出了積極貢獻。

四、從中國委托公証人制度實踐的過去看大灣區法律服務合作的未來

（一）粵港澳大灣區建設背景下，兩地經濟社會的融合發展為香港法律服務孕育更大的市場機遇

從委托公証文書歷年辦證數量可以看出，在 29 年的時間裏，經公司審核轉遞的文書總量從最初每年 19301 件上升到 2018 年歷史最高的 108116 件後，逐步穩定至 2021 年的 70364 件。從分類上看，涉及婚姻和房地產的民事公証日益減少，而涉及公司商事的公証隨著內地與香港商事交易的日益增加而增長迅速，從 1992 年的 1904 件增長到 2018 年的 57887 件。但是，2019 年的情況發生逆轉，民事類文書的審核轉遞數量再次超過商事類。

前述趨勢與香港和內地交流與合作的疏密程度吻合，階段性增減與兩地同期交流與合作的密切程度也密不可分：1992 年小平南巡講話之後，國家改革開放再啟航，兩地交流合作增加，香港到內地使用的委托公証文書不斷增長；1995 年之後，香港即將回歸，港人的預期不確定，兩地交流合作減少，委托公証文書數量也持續下降；2003 年，兩地簽署 CEPA，促進了兩地經貿聯繫；2006 年兩地簽署 CEPA 補充協議三，內地進一步在服務貿易領域對香港擴大開放，加之回歸 10 年之後，港人對"一國兩制"方針信心增強，外流居民開始回歸，兩地交流合作回升，委托公証文書的數量也逐漸增加；2017 年和 2018 年，委托公証文書突破 10 萬件，主要得益於深圳對單非和雙非香港孩童的教育優惠政策以及港珠澳大橋通車申請三地車牌的相關證明文書大量增加；2019 年 5 月後，受"修例風波"影響，兩地交流和合作減少，委托公証數量下滑；2020 年受新冠疫情影響，兩地交流合作近乎停頓，審核轉遞的文書數量大幅下降；2021 年隨著疫情的逐步穩定，兩地的交流合作也適應了疫情下的新常態，審核轉遞文書數量同步回升。

近年統計顯示，公証文書使用地在廣東省的佔了文書總量的一半以上，其餘較多的使用省份是北京和上海。也就是說，持委托公証文書與內地的經濟合作活動一半以上發生在廣東省，以深圳數量最多，約佔廣東省總數的半壁江山。隨著大灣區建設規劃的落實和港深合作的進一步推進，粵港兩地的經濟社會文化交流與合作將更多地輻射到大灣區另外八個城市。從過去 30

年公司審核轉遞委托公証文書的趨勢看，灣區內不斷增長的經濟交流與合作將提升整個灣區的法律服務需求。

另外，從國家吸引外資的情況看，香港投資佔了整個國家累計吸引外資的一半以上。據商務部統計[19]，2018年，香港在內地新設立企業39868家，同比上升120.68%；實際使用港資899.2億美元，佔內地實際使用外資1349.7億美元的66.6%（同比下降4.86%）。截至2019年3月，內地累計批准港資企業46.18萬個，累計實際使用港資1.1萬億美元，佔累計吸引外資比重54%。投資除帶動直接投資的產業之外，還會輻射很多其他產業。眾所周知，繁榮興旺的產業將孕育法律服務機遇。香港律師會在過去兩年積極走訪灣區的全部九個內地城市和澳門，與同行交流合作，共覓商機。灣區11個城市的律協亦已建立了聯席會議機制。

（二）香港律師參與內地法律服務之政策利好

為了加強內地與香港法律界的交流與合作，同時為了支持香港保持亞太法律爭端解決中心的地位，中央政府和有關部門近期相繼頒布了許多香港律師參與內地法律服務的利好政策。

1. 不斷完善的中國特色區際司法協助體系為兩地法律服務合作提供了制度保障

香港回歸祖國以來，內地和香港有關方面全面貫徹落實“一國兩制”方針和《香港基本法》，從無到有、由點及面，彼此尊重、求同存異，積極探索出一條務實創新的區際司法協助之路，初步建立起中國特色區際司法協助體系。

最高人民法院與香港特別行政區有關方面共簽署如下八項民商事司法協助安排，可謂碩果纍纍：一、1999年1月14日《關於內地與香港特別行政區法院相互委托送達民商事司法文書的安排》；二、1999年6月21日《關於內地與香港特別行政區相互執行仲裁裁決的安排》；三、2006年7月14日《關於內地與香港特別行政區法院相互認可和執行當事人協議管轄的民商事案件判決的安排》；四、2016年12月《關於內地與香港特別行政區法院就民商事案件相互委托提取證據的安排》；五、2017年6月20日《關於內地與香

19 《2018年1-12月內地與香港經貿交流情況》，中華人民共和國商務部台港澳司網站，2019年2月28日，http://tga.mofcom.gov.cn/article/sjzl/hk/201903/20190302844193.shtml。

港特別行政區相互認可和執行婚姻家庭民事案件判決的安排》（已於 2022 年 2 月 15 日生效）；六、2019 年 1 月 19 日《關於內地與香港特別行政區法院相互認可和執行民商事案件判決的安排》（尚未生效）；七、2019 年 4 月 2 日《關於內地與香港特別行政區法院就仲裁程序相互協助保全的安排》；八、2020 年 11 月 27 日《關於內地與香港特別行政區相互執行仲裁裁決的補充安排》（第一及第四條於 2020 年 11 月 27 日生效；第二及第三條於 2021 年 5 月 19 日生效）。

《關於內地與香港特別行政區法院就仲裁程序相互協助保全的安排》[20] 是中國與境外司法管轄區簽訂的第一個此類協定，在香港法律界特別是仲裁界引起了強烈反響。此安排於 2019 年 10 月 1 日生效，香港希德律師行在生效當天即向香港國際仲裁中心提交了向上海海事法院請求仲裁保全的申請，香港國際仲裁中心第二天向內地法院出具了仲裁證明函，轉遞了希德律師行的申請。10 月 8 日，法院即做出裁定，下達保全令。該份裁定做出之後，香港仲裁界歡騰雀躍，紛紛感歎法院效率之高，令人難以置信。

2. 從 CEPA 到大灣區的兩地法律服務合作政策支持

為發揮香港法律專業服務樞紐的優勢，深化推動內地香港兩地法律服務合作，自 2003 年內地與香港簽署 CEPA 以來，內地出台了多項對港法律服務業的開放措施，例如 2017 年的 CEPA 框架協議和《關於支持香港全面參與和助力"一帶一路"建設的安排》等。

2019 年，《粵港澳大灣區發展規劃綱要》[21] 規定："支持香港發展目標：亞太區國際法律及爭議解決服務中心。促進法律及爭議解決等專業服務發展：完善國際商事糾紛解決機制，建設國際仲裁中心，支持粵港澳仲裁及調解機構交流合作；支持香港成為解決"一帶一路"建設專案投資和商業爭議的服務中心；構建多元化爭議解決機制，聯動香港打造國際法律服務中心和國際商事爭議解決中心。加快法律服務業發展：鼓勵支持法律服務機構為"一帶一路"建設和內地企業走出去提供服務；深化粵港澳合夥聯營律師事務所試點，研究港澳律師在珠三角九市執業資質和業務範圍問題。

---

20 《關於內地與香港特別行政區法院就仲裁程序相互協助保全的安排》，https://www.doj.gov.hk/sc/legal_dispute/pdf/arbitration_interim_sc.pdf。

21 《中共中央 國務院印發〈粵港澳大灣區發展規劃綱要〉》，中國政府網，2019 年 2 月 18 日，http://www.gov.cn/zhengce/2019-02/18/content_5366593.htm#1。

2019年11月“惠港16條”[22]提及：“司法部同意允許香港法律執業者同時受聘於一至三個律師事務所擔任法律顧問，將法律顧問的聘用由核准改為備案管理，亦毋需年度註冊；司法部亦同意允許符合資格的香港法律執業者通過特定考試取得大灣區珠三角九市的執業資質，從事一定範圍的內地法律事務”。

2021年7月，首次“粵港澳大灣區律師執業考試”順利舉行，成績於9月公布。廣東省司法廳隨後印發《關於香港法律執業者和澳門執業律師在粵港澳大灣區內地九市執業管理試行辦法》[23]。2021年12月，司法部公告2022年粵港澳大灣區律師執業考試詳情，考試訂於2022年6月11日在廣東省深圳市舉行。

2021年9月6日，中共中央、中國國務院印發《全面深化前海深港現代服務業合作區改革開放方案》[24]（以下簡稱《前海方案》）。《前海方案》明確要求“提升法律事務對外開放水準，在區內建設國際法律服務中心和國際商事爭議解決中心”。前海擴區後，註冊的港資企業將比現時增多約11500間，這會為香港的法律及爭議解決創造更多機遇。《前海方案》在以下五方面對本港法律業界帶來有利輻射：一是探索完善“港資港法港仲裁”；二是建立民商事司法協助和交流新機制；三是深化改革“合夥聯營”機制；四是支持鼓勵設立代表機構；五是共同開展國際商事爭議解決業務。

（三）兩地法律服務業合作發展的重點領域

第一，預防法律糾紛相關的法律服務。糾紛的預防和解決是對立統一又相輔相成的兩方面，糾紛既包括當事人之間的糾紛，也包括利益相關方之間的糾紛，既包括民商事糾紛，也包括行政和刑事糾紛。大灣區因涉及不同的文化背景、金融監管政策、語言和三個不同的法域，其跨境交易往往比一般的國內或國際交易更加複雜。對於法律服務者來說，法治和文化環境複雜，既是挑戰也是機遇。同時，這種機遇是獨特且不排他的，諸多跨境專案都需

---

22 《十六項政策措施》，粵港澳大灣區香港官網，2019年11月6日，https://www.bayarea.gov.hk/tc/facilitation/measures.html。

23 《廣東省司法廳印發〈關於香港法律執業者和澳門執業律師在粵港澳大灣區內地九市執業管理試行辦法〉的通知》，廣東省司法廳官網，2021年12月20日，http://sft.gd.gov.cn/sfw/zwgk/flfggz/content/post_3729391.html。

24 《中共中央 國務院印發〈全面深化前海深港現代服務業合作區改革開放方案〉》，中國政府網，2021年9月6日，http://www.gov.cn/zhengce/2021-09/06/content_5635728.htm。

要不同法域、不同業務領域的律師共同參與、協同合作，所帶來的效果遠遠優於競爭。

第二，資源要素流動相關的法律服務。大灣區建設的重點是促進各類資源要素在灣區內高效便捷地流動，實現"五通"[25]。在這"五通"中，"政策溝通"和"民心相通"需要更多的軟性的或稱間接的法律服務，其餘"設施聯通"、"貿易暢通"和"資金融通"則需要更多直接的硬性的服務。以"設施聯通"為例，聯通需要建設新的設施，需要從法律角度處理不同法域的銜接問題，這些都需要法律服務的保障。此前提及的港珠澳大橋通車的設施聯通項目就在當年為香港的中國委托公証服務增加了 10% 左右的業務量。在法律服務範疇佔比不大的公証業尚且有此機遇，其他律師服務就可想而知了。而"貿易暢通"和"資金融通"所需要的法律服務應該遠遠多於"設施聯通"。貿易是用合同穿起來的，資金是用法條包起來的。特別地，大灣區涉及到三個不同的法域和法系，只有三個法域的律師精誠合作、將相關法律融會貫通，才能滿足大灣區各類客戶的法律服務需求。此外，在《規劃綱要》中，大灣區還被賦予了"一帶一路"建設重要支撐的使命。內地與"一帶一路"國家和地區特別是"海上絲綢之路"沿線的各類合作，大多會從大灣區特別是港澳輻射出去，這其中的法治環境評估、法律諮詢、法律查明、法律文書草擬、合同執行、爭議解決等，都有待律師直接、協調或者合作完成。

第三，大灣區仲裁領域法律服務。香港律師應積極把握內地商事領域，特別是大灣區仲裁領域的機遇。中國仲裁市場需求旺盛、發展迅猛，2020 年已經發展超過萬億元人民幣。《中華人民共和國仲裁法》於 1994 年由全國人大直接立法，是一部伴隨中國社會主義市場經濟建立發展而制定的重要民商事法律。仲裁法頒布 27 年來，除因其他法律修改而對個別相關條款進行過修正外，一直未曾修訂。2021 年 7 月 30 日，司法部公布《中華人民共和國仲裁法（修訂）（徵求意見稿）》（簡稱《徵求意見稿》）。《徵求意見稿》共計 99 條，較原法 80 條增加了 19 條，而文字增加了 4449 字，較原法增加了 74%。修訂增加的條款雖然不多，但內容相對豐富。中國仲裁整體規範化、法治化、國際化水準不斷提升，逐步形成自己的行業標準和慣例。

25 《香港特區政府的"一帶一路"工作》，一帶一路香港官網，https://www.beltandroad.gov.hk/work_sc.html。

（四）兩地法律服務業融合要思考的法律問題

當前兩地法律服務業合作，特別是港澳律師跨境執業仍存在很多困難和問題，包括香港律師行業管理規則與內地市場需求方習慣不一致導致聯營律師所業務拓展困難；從事金融證券、政府招投標等高端法律業務受限；兩地稅務規定、稅率標準銜接不清晰等等。促進兩地法律服務業融合，除了從行政層面出台更多惠港政策外，也要深入從立法層面反思、研究妨礙兩地法律制度銜接的重點問題。下文以疫情下的委托公証為切入點，一窺大灣區法律合作仍需思考和解決的法律問題。

1. 疫情下辦理公証反映的法律問題

疫情期間，兩地人員不能自由往來。當事人、委托公証人、內地用證單位都提出同樣一個問題：香港居民因出入境管制措施滯留或不便回港，應如

《宣誓及聲明條例》

S1-1　　附表 1 —— 第 I 部

第 11 章

附表 1

第 I 部

［第 14 條］

聲明

本人 A.B.，現居於

謹以至誠鄭重聲明：［填寫事實。］

本人謹憑藉《宣誓及聲明條例》衷誠作出此項鄭重聲明，並確信其為真確無訛。

（簽署）A.B.

此項聲明是於 19　年　月　日在香港　　　　作出。

在本人面前作出，

［簽署及職銜，*即*：太平紳士 / 公證人 / 監督員。］

（由 1997 年第 123 號第 18 條修訂）

圖 5　香港《宣誓及聲明條例》的相關要求

何辦理委托公証？委托公証無法辦理將直接導致諸多緊急的民商事法律事務趨於停滯，對當事人的切身利益和兩地正常交流與合作造成極大影響。香港政府有關部門、立法會議員收到類似的情況反映後，有律師提出以替代方式辦理，例如以遙距視像方式監誓等替代辦法。

儘管如此，按現行香港法例第 11 章《宣誓及聲明條例》[26] 要求，委托公証人監誓聲明的行為，需要聲明人在香港司法管轄區內在監誓人面前作出。按照中國委托公証文件“真實性、合法性”的證據標準，中國委托公証人制度的調查取證程序和證據的標準均以香港法律為依據。這些程序和標準是將香港實體證明的操作與香港宣誓聲明的證明方式相結合而產生的。因受香港《宣誓及聲明條例》及普通法條件所限，法律界普遍認為委托公証人監誓的方式未有法律空間作出調整，貿然調整具有相當的法律風險 [27]。現時只能向立法機關反映意見，冀透過法律改革方式，在修訂香港法例對宣誓的要求後，對相關辦證要求作出修改。

2. 變通疫情期間公証文書辦證方式

公司對疫情期間公証文書辦證方式進行了認真研究，在審視各項風險因素後決定變通疫情期間因身處內地而無法親自回港的當事人辦理部分類別公証文書的方式，由當事人授權他人代其在港申請辦理，以解燃眉之急。這部分公証文書涉及《登記結婚證明》〈適用格式 3-3-1 及 3-3-2〉及《香港出生證明》〈參考格式 N-1-9〉兩類 [28]。按照原先規定，前述兩種公証文書的辦理要求當事人親自提交個人身份證明文件至委托公証人處，由委托公証人審核查實無誤後進行辦理。若疫情期間維持原有辦證要求，諸多當事人可能因為無法親身出席而不能及時處理內地事務，委托公証反而可能成為當事人辦理內地事務的障礙因素。

為此，公司和中國委托公証人協會迅速反應，即時制定發布了新的辦證指引，規定當事人在內地公証處辦理公証《委托書》，在該《委托書》內明確交代委托原因、代理的事項、受托人的許可權（包括受托人有權代為向委托公証人提交辦理公証文書所需之原件，如結婚證明、出生證明、身份證明

---

26 《宣誓及聲明條例》（香港法例第 11 章）。

27 委托公証人能否以視訊方式辦理公証文書的事宜，中國委托公証人發出的《通告第 1330 號》作出了指引。該通告重申了委托公証人不得以遙距視像方式為聲明人監誓，有關原因詳見《通告第 350 號》內 Mr. Stuart Issacs, Q. C. of London 的法律意見節錄。

28 《中國委托公証人輔助人員培訓班參考資料》，https://caao.org.hk/big5/Member/FAQ/FAQ2Doc/809_2.pdf。

文件及提供當事人照片等其他辦理公証必要的材料及委托期限等），即可由受托人持相關文件向委托公証人提交申請，辦理證明書公証。

另外一類受疫情影較多的公証文書，是用於購買或出售內地房地產的《婚姻及家庭狀況聲明書》(即〈參考格式 N-1-7〉)。此類格式的產生原因主要是香港缺乏戶籍系統或其他政府證明文件以說明公民的家庭成員和婚姻狀況。疫情前，委托公証人能以審查當事人提交的關係證明文件並出具《婚姻及家庭狀況聲明書》的方式，滿足內地用證單位審核的要求。疫情下部分當事人無法來港，亦不能辦理聲明書公証。針對此種情況，公司在徵得內地用證部門同意的前提下，由該當事人在港的父母或子女作出《婚姻及家庭狀況聲明書》。聲明人按《婚姻及家庭狀況聲明書》內容及實際情況，在先聲明本人婚姻狀況及家庭成員後，可針對其中一名家庭成員（即當事人）之婚姻及其家狀況一併作出聲明。

3. 大灣區律師跨境執業需要共同研究法律問題

疫情下辦理公証面臨的法律問題是大灣區律師跨境執業面對問題的一個縮影。2021 年 12 月 15 日，廣東省司法廳公布《香港法律執業者和澳門執業律師在粵港澳大灣區內地九市執業管理試行辦法》[29]。目前廣東省律師協會也正在依程序修改章程以鼓勵支持港澳律師在內地執業，章程內容包括：合夥聯營所港澳律師和內地九市執業的香港律師可以加入省、市律師協會會員，享受執業律師業務培訓、交流研討、執業權利保障、文體福利、資訊查詢等權利；可以申請加入律師協會各類人才庫和人才名錄，獲得推廣和交流的機會；可以受邀參加律師協會舉辦的各類律師與企業對接的平台活動；在內地九市執業的香港律師可申請加入律師協會工作委員會和專業委員會，參與行業管理和專業發展工作等。

香港的法律專業由事務律師、大律師、外地律師及公証人組成，並全部受香港法例第 159 章《法律執業者條例》[30] 規管，《法律執業者條例》又賦予香港律師會及大律師公會獨立的行業自我監管權。因目前香港律師會及香港大律師公會各自的內部規則對與香港律師的跨境執業產生的問題並不清晰，可能需在粵港澳大灣區律師執業考試推出後作出修改；尤其是大律師公會的

29 《廣東省司法廳印發〈關於香港法律執業者和澳門執業律師在粵港澳大灣區內地九市執業管理試行辦法〉的通知》，廣東省司法廳官網，2021 年 12 月 20 日，http://sft.gd.gov.cn/sfw/zwgk/flfggz/content/post_3729391.html。

30 《法律執業者條例》(香港法例第 159 章)。

《行為守則》[31] 中有關不能直接延聘大律師的部分，大律師公會需要根據程序修改章程以釐清大律師通過執業考試後作為內地律師並受聘於內地的律師事務所這一行為會否違反《行為守則》，並解答大律師能否宣傳其內地律師身份等問題。

五、結語

在"一國兩制"框架下，任何頂層制度的創設、實施與落地，都必須全面準確貫徹"一國兩制"、"港人治港"、"澳人治澳"、高度自治的方針，堅持依法治港治澳，維護憲法和基本法確定的憲制秩序，把堅持"一國"原則和尊重"兩制"差異、維護中央對特別行政區全面管治權和保障特別行政區高度自治權、發揮祖國內地堅強後盾作用和提高特別行政區自身競爭力結合起來。

中國委托公証人制度的重要的法律特徵是與香港原有的國際公証人制度有明顯不同。香港是實行普通法的地區，香港國際公証人做的公証文件是形式公証，國際公証人沒有調查的義務，而香港的中國委托公証人制度的前提是符合香港法律實體證明的標準，其將香港律師為取得實體證明而進行的調查取證權與國際公証人原有的監督宣誓聲明的權利相結合，並加以適應內地用證部門需求形成新型的公証架構。該制度是"一國"與"兩制"在法律領域有機統一、完美結合的重要成果。這一成果在中國經過四十年的實踐檢驗，已經確證了它的正確與成功。它的繼續推行，必將有助於發揮公証的多元職能，發揮其天然的跨域性、無界性的效力優勢，完善港澳融入國家發展大局、同內地優勢互補、協同發展機制，助力香港、澳門發展經濟、改善民生，著力解決影響社會穩定和長遠發展的深層次矛盾和問題。伴隨著粵港澳大灣區建設的深入推進，內地與港澳在經貿、金融、教育、文化、就業、旅遊等領域交往活動更加密切，港澳的發展天地更為廣闊，中國委托公証人制度在促進三地經濟社會繁榮發展方面的積極作用也更加凸顯。因此，有必要深入瞭解中國委託公証人制度的發展沿革、制度原理，並針對在實踐中出現的新問題進行梳理、歸納和總結，其經驗對粵港澳大灣區法律制度的合作創

31 《行為守則》，香港大律師公會官網，https://www.hkba.org/zh-hant/content/code-conduct，2021 年 1 月 21 日訪問。

新定有重要啟示。

粵港澳大灣區法治建設需要中國委託公証人制度繼續發揮其制度優勢，並進行升級、優化、完善，打造大灣區公証法律服務新生態圈，使之更好地滿足時代新需求，滿足港澳同胞新期待，為"一國兩制"的具體實踐，為"法治中國"的路徑探索，為內地與港澳的繁榮、發展和穩定作出新的更大貢獻。

3. 粵澳橫琴深度合作區人才要素流動中"立法變通權"的運用

馮柏林 香港城市大學法律學院研究助理

一、引言

自 2019 年 2 月《粵港澳大灣區發展規劃綱要》(以下簡稱《規劃綱要》)推出至今，粵港澳大灣區作為一項國家級發展戰略正在穩步推進。2021 年 9 月 5 日，中共中央、國務院印發《橫琴粵澳深度合作區建設總體方案》(以下簡稱《總體方案》)，其中將粵澳橫琴深度合作區定位為"推動粵港澳大灣區建設的新高地"，這是深入推進粵港澳大灣區發展戰略的重要舉措，粵澳橫琴深度合作區作為國家改革開放的"試驗田"，將為國家進一步對外開放樹立標杆和作出示範。

從灣區演進發展規律看，要素自由流通是打造世界一流灣區的重要基礎和條件。[1] 各種要素如人流、物流、資金流、信息流在跨境流通中能夠自由暢通流動才是大灣區真正融合的標志。在國際灣區各種人流、物流和資金流等要素也表現出自由化流動的特徵。[2] 粵港澳大灣區要實現建成世界級灣區和國際大灣區的目標，"必須把解決要素自由流動問題放在粵港澳大灣區發展的核心位置"[3]。實現人才要素跨境自由流動是推動大灣區深度融合的關鍵因素，也是推進粵港澳大灣區協同發展的必經之路。

為促進粵港澳大灣區人才要素跨境自由流動，《規劃綱要》提出在深圳前海、廣州南沙、珠海橫琴進行港澳人才直接為內地市場提供服務的試點

1 參見張玉閣：《粵港澳大灣區要素自由流通的制約及改善——以粵港口岸通關為例》，《港澳研究》2017 年第 4 期，第 42 頁。

2 參見申明浩、楊永聰：《國際灣區實踐對粵港澳大灣區建設的啟示》，《發展改革理論與實踐》2017 年第 7 期，第 10 頁。

3 劉程：《粵港澳大灣區促進要素自由流動的政策建議》，《新經濟》2018 年第 6 期，第 44 頁。

工作。[4]隨後，珠海市人大常委會積極響應。2019年9月27日，珠海市第九屆人民代表大會常務委員會第二十三次會議通過了《珠海經濟特區橫琴新區港澳建築及相關工程諮詢企業資質和專業人士執業資格認可規定》（以下簡稱《認可規定》）。"這是首部地方運用特區立法權，為粵港澳大灣區建設提供法治保障的創新性法規。"[5]2020年9月29日，珠海市第九屆人民代表大會常務委員會第三十二次會議通過《珠海經濟特區港澳旅遊從業人員在橫琴新區執業規定》（以下簡稱《執業規定》），這是珠海市人大常委會再次運用經濟特區立法權為旅遊業專業人士在內地執業進行專門立法。而《總體方案》更是將這一領域擴展到金融、建築、規劃、設計、醫療等行業。[6]可以認為，粵澳橫琴深度合作區在人才要素跨境流動和人才引進方面的規定是開創性、先行性的。值得注意的是，珠海市兩次均利用"經濟特區立法變通權"為港澳專業人士進入內地執業提供法治保障，將原來的行政許可制改為備案制度，[7]允許港澳取得執業資格的專業人士只需要向行政主管部門合法備案即可在橫琴新區執業，並接受橫琴新區相關行政主管部門監督管理。這是對中國行政許可制度的重大突破，為港澳專業人士來內地執業開啟了"綠色通道"。本文擬就珠海市人大常委會制定的兩部經濟特區法規展開具體分析，對其利用經濟特區立法變通權的必要性、合理性與合法性進行法律規範層面的考察，並對經濟特區如何充分運用經濟特區立法變通權進一步促進粵港澳大灣區深度融合提出優化建議。

4 《規劃綱要》第八章第四節明確提出："在深圳前海、廣州南沙、珠海橫琴建立港澳創業就業試驗區，試點允許取得建築及相關工程諮詢等港澳相應資質的企業和專業人士為內地市場主體直接提供服務，並逐步推出更多試點項目及開放措施。"

5 《開展創新性立法 為粵港澳大灣區建設提供法治保障》，廣東人大網，http://www.gdrd.cn/pub/gdrd2020/rdzt/swal1009/yxal1009/202110/t20211013_184942.html，2022年3月5日最後訪問。

6 《方案》中明確提出："允許具有澳門等境外執業資格的金融、建築、規劃、設計等領域專業人才，在符合行業監管要求條件下，經備案後在合作區提供服務，其境外從業經歷可視同境內從業經歷。支持在合作區採取便利措施，鼓勵具有澳門等境外資格的醫療領域專業人才依法取得境內執業資格。"

7 《認可規定》第2條和《執業規定》第3條均規定，港澳專業人士具備規定條件並經合法備案，便可以在橫琴新區範圍內直接提供服務。

二、必要性：粵港澳大灣區人才要素流動的制度壁壘

（一）內地建築及旅遊業法律規範

在建築和旅遊行業，內地行業准入資質主要依靠行政審批和行政許可，實行行政許可制度。建築及相關工程諮詢專業人士與旅遊從業人員都屬於《中華人民共和國行政許可法》第 12 條第 3 款規定的“提供公眾服務並且直接關係公共利益的職業、行業”，內地設定了行業准入的具體法律和行政法規及部門規章，形成嚴格的三階法律規範體系。在建築及相關工程諮詢行業，《中華人民共和國建築法》（以下簡稱《建築法》）、《中華人民共和國註冊建築師條例》和《中華人民共和國註冊建築師條例實施細則》對中國註冊建築師資格認定和執業許可進行了具體規定，[8] 只有通過考試、特許、考核認定或者資格互認方式取得職業資格證書或者互認資格證書，並取得註冊證書和執業印章的人員方能從事專業活動。在旅遊行業，《中華人民共和國旅遊法》（以下簡稱《旅遊法》）、《導遊人員管理條例》及《導遊管理辦法》共同構成中國對旅遊從業人員管理的法律規範體系，這些法律規範中明確要求中國實行全國統一的導遊人員資格考試制度和執業許可制度，[9] 即取得“導遊人員資格證和導遊證”才允許在中國執業。

（二）港澳建築及旅遊業法律規範

香港在建築及旅遊行業的相關法例為《建築師註冊條例》（第 408 章）和《旅遊業條例》（第 634 章），其規定了註冊建築師和導遊的資格需要建築師註冊管理局和旅遊業監管局核查或發出牌照，這種核查或者發出牌照屬於“形式審查”，因為註冊建築師的申請要求任何人在申請註冊建築師時必須成為香港建築師學會會員或者建築師註冊管理局認可的團體的成員，[10] 但是否能成為會員由“香港建築師學會”決定；旅遊業監管局也只負責發出導遊牌照，具體考核由“香港註冊導遊協會”負責。

澳門地區的建築及相關主業人士和導遊的資質認定由《都市建築及城市規劃範疇的資格制度》和《核准旅行社及導遊職業之新法律制度》規定，後

---

8 《中華人民共和國建築法》第 14 條、《中華人民共和國註冊建築師條例》第 7 條、第 11 條和《中華人民共和國註冊建築師條例實施細則》第 3 條。

9 《中華人民共和國旅遊法》第 37 條、《導遊人員管理條例》第 3 條及《導遊管理辦法》第 3 條。

10 《建築師註冊條例》（香港法例第 408 章）第 13（1）（a）條。

者經《修改旅行社及導遊執業的規範》加以完善。建築師、景觀建築師、工程師或城市規劃師由“建築、工程及城市規劃專業委員會”進行資格認可和登記，並向“土地工務運輸局”申請註冊。[11] 導遊資質也需要通過本地考試和旅遊局登記並核發導遊工作證。[12]

（三）執業資格互相獨立登記且互不承認造成制度壁壘

“一國兩制”下粵港澳三地實行獨立的執業資格登記制度，且三種制度並沒有銜接規則和對應機制，三地專業資質互不認可，無法實現互聯互通。換言之，在現有法律制度下，在內地實現港澳專業人士跨境執業幾乎是“不可能完成的任務”[13]。這意味著即使在港澳獲得當地執業資格的建築及旅遊等專業人士，如果沒有獲得內地的行政許可和審批擁有內地的執業資格，也不能直接在內地提供市場服務。這種制度差異造成了粵港澳三地人才要素跨境自由流動的制度壁壘。加之內地社會主義市場經濟體制強調宏觀調控，行業監管由政府統一管理；而港澳強調“小政府、大市場”的自由主義市場經濟體制，側重於“行業集體自律”[14]，主要通過協會等社會團體進行行業規範，政府對行業的控制力弱，而行業內部的集體認同感比較強。這種行業理念差異也使得港澳專業人士與內地開展專業交流的意願不強，港澳政府也囿於權限無法積極推動，客觀上加劇了人才要素跨境自由流動的困境。

三、合理性：立法變通權是突破制度壁壘的最優路徑

只有立法才能突破制度壁壘和體制障礙，“經濟特區立法變通權就是實現這種法治保障和創新的關鍵一環。”[15] 事實上，珠海市運用經濟特區立法變通權制定經濟特區法規是粵港澳大灣區人才要素流動的最佳選擇和最優路徑。

---

11 《都市建築及城市規劃範疇的資格制度》第 5 條第 2 款、第 18 條。

12 《修改旅行社及導遊執業的規範》第 64 條。

13 黃金榮：《大灣區建設背景下經濟特區立法變通權的行使》，《法律適用》2019 年第 21 期，第 74 頁。

14 毛艷華：《粵港澳大灣區協調發展的體制機制創新研究》，《南方經濟》2018 年第 12 期，第 133 頁。

15 黃金榮：《大灣區建設背景下經濟特區立法變通權的行使》，第 74 頁。

（一）將公共政策進行立法提供法治保障

人才要素跨境自由流動對粵港澳大灣區深度融合和協同發展具有重要意義。要想實現粵港澳跨境人才流動，需要在政策層面和法律層面共同推動。政策層面已經由《規劃綱要》和《橫琴方案》共同提供政策性保障。儘管針對《規劃綱要》這種黨政聯合發文的形式是否屬法律規範仍存在爭議，[16] 但不可否認的是，《規劃綱要》作為粵港澳大灣區提供整體建設框架，"主要是在描繪宏觀的藍圖，而難以作為調整各方行為的具體法律規範。"[17] 其定位更偏向承載著執政黨和國家共同意志的、關於國家發展戰略和公共政策的規範性文件，[18] 這種政策性文件只具有提供發展的指令和導向功能，缺乏法律的可操作性和可執行性，具體落實仍然需要將公共政策以立法形式固定下來，即"政策立法"或"政策法律化"[19]。因此，有必要就《規劃綱要》中具體政策進行精細化立法，才能將政策"落地"。

（二）立法模式的選擇

在將政策法律化過程中，也面臨著立法模式和立法形式的選擇。針對粵澳橫琴深度合作區人才要素跨境流動的現實困境，存在三種立法模式，一是直接由中央立法，二是制定地方性法規，三是制定經濟特區法規。但經濟特區法規是最佳選擇。首先，國家立法模式雖然權威性高，但其制定程序嚴格、立法周期太長，不適合於改革開放先行先試的現實需求，從職權來說，這與全國人大的職責不匹配，地方性事務由國家立法也會造成立法資源的浪費，國家主要通過政策進行宏觀規劃，並解決經濟特區立法權限問題，因此此種立法模式並不可行。其次，經濟特區運用地方立法權，《中華人民共和國立法法》（以下簡稱《立法法》）第 72 條第 2 款規定了設區的市地方立法權，但該立法權有嚴格的限制，其只能用於城鄉建設與管理、環境保護、歷

---

16 封麗霞教授歸納了學界對黨政聯合發文性質的五種學說：軟法說、實質法律說、混合黨內法規說、規範性文件說和聯合規範性文件說。參見封麗霞：《黨政聯合發文的制度邏輯及其規範化問題》，《法學研究》2021 年第 1 期，第 13 頁。

17 謝宇：《中央推進粵港澳大灣區建設的法治路徑——"中央權力行使指南"的提出》，《法學雜誌》2020 年第 4 期，第 125 頁。

18 中國政府網也將《規劃綱要》置於"政策"項下。詳見中國政府網，http://www.gov.cn/zhengce/2019-02/18/content_5366593.htm#1。

19 陳潭：《淺論政策合法化與政策法律化》，《行政與法》2001 年第 1 期，第 53-55 頁；崔鳳、趙緹：《論公共政策法律化》，《山東行政學院學報》2019 年第 1 期，第 56-61 頁。

史文化保護等方面，且地方立法權無法抵觸上位法進行立法，因此地方立法權也無法適用。而經濟特區立法變通權具備充分的立法權限和現實條件，它不僅享有中央立法權的立法權限，行使“原由國家立法機關行使的一部分立法權”[20]，同時，它也具備地方立法機關進行地方立法的高效便捷，經濟特區立法“以功能為導向”[21]的特點決定了其能夠結合特區的現實需求實現精準立法。因此，經濟特區立法變通權是突破粵港澳三種法系造成的制度壁壘、實現粵澳橫琴深度合作區人才要素跨境自由流動的最優路徑和最佳選擇。

四、合法性：立法變通權在權限內規範行使

《認可規定》與《執業規定》是珠海市人大常委會運用經濟特區立法變通權制定的經濟特區法規，解決了粵澳橫琴深度合作區人才要素跨境流動的制度壁壘，為建築和旅遊專業人士進入內地市場服務提供法治保障。

（一）《授權規定》和《立法法》提供權力來源

改革開放初期，中國將沿海五個城市設立為經濟特區，為保障經濟特區推進改革開放有法可依，同時將改革成果以法律加以固定，全國人大及其常委會通過一系列決議和決定賦予經濟特區立法權。但經濟特區立法權不同於地方立法權，它允許對上位法作出一定程度和範圍的變通和突破，因此稱之為“經濟特區立法變通權”。何謂“立法變通權”？有學者指出，“立法變通權的字面意思可以理解為享有立法變通權的主體有權依據具體情況，對法律、法規等上位階法作非原則性的變動和突破。”[22]立法變通權中“變通”的性質是隱含在經濟特區立法權的概念之中的，它不同於一般的地方性法規所遵循的“不得抵觸上位法”[23]原則，只要經濟特區法規“遵循憲法的規定以及法律和行政法規的基本原則”即可。事實上，經濟特區立法權伴隨著經濟特區的設立應運而生，經濟特區立法權直接來源於全國人大及其常委會的授權決定。以珠海市為例，1996年，全國人大頒布《關於授權汕頭市和珠海市人

20 張心泉：《中國經濟特區立法的理論分析》，《華東政法學院學報》2000年第2期，第29頁。

21 何家華、高頔：《經濟特區立法變通權的變通之道——以深圳市變通類立法為樣本的分析》，《河南師範大學學報（哲學社會科學版）》2019年第2期，第65頁。

22 龐凌：《關於經濟特區授權立法變通權規定的思考》，《學習與探索》2015年第1期，第74頁。

23 《中華人民共和國立法法（2015年版）》第72條。

民代表大會及其常務委員會、人民政府分別制定法規和規章在各自的經濟特區實施的決定》（以下簡稱《授權決定》），授權珠海市和汕頭市經濟特區立法權，[24] 此次授權的立法限制主要有四個方面：一是實際限制，經濟特區法規需要"根據其經濟特區的具體情況和實際需要"而制定；二是規範限制，經濟特區制定法規需要在一定法律框架下進行，即"遵循憲法的規定以及法律和行政法規的基本原則"；三是程序限制，制定的法規需要逐級備案；四是效力限制，本地制定的經濟特區法規只能在本經濟特區實施。2000 年《立法法》為經濟特區立法權提供了明確的法律規範依據，[25] 對授權主體、被授權主體、變通權限及效力位階作出進一步細化規定。首先，授權主體僅限於全國人民代表大會；[26] 其次，被授權主體限於省、市人民代表大會及其常務委員會，排除了省、市的人民政府；再者，明確將"變通"概念寫入《立法法》，並明確可以變通的法律規範為"法律、行政法規、地方性法規"[27]；最後，如果作出變通規定，應優先適用變通規定。2015 年《立法法》在保留原有授權框架的基礎上，增加了對經濟特區法規備案時說明變通情況的要求。[28] 雖然學界對經濟特區立法變通權存與廢的爭論很大，但毫無疑問，經濟特區立法變通權的基本框架以中央《授權決定》和《立法法》得以確立並延續至今。

（二）兩部法規的合法性分析

毫無疑問，《認可規定》與《執業規定》的基本定位屬於經濟特區法規。依據制定機關，兩部法規是由珠海市人大常委會制定，它們具備立法的"地方性"；依據變通立法的效力位階，"變通法律、法規的經濟特區法規的位階應當與其所變通的對象相同。"[29] 由於兩部法規對《建築法》和《旅遊法》作出了變通規定，在適用中代替了上述兩部法律在粵澳橫琴深度合作區的效力，因此它們也可以視為具備狹義上法律的效力，其立法具有中央性。可以

---

24 值得注意的是，此次授權不僅包括珠海市和汕頭市人民代表大會及其常務委員會制定法規的權力，還包括汕頭市和珠海市人民政府制定規章的權力。

25 《中華人民共和國立法法（2000 年版）》第 65 條。

26 深圳市經濟特區立法權是由全國人民代表大會常務委員會授權，詳見：《全國人民代表大會常務委員會關於授權深圳市人民代表大會及其常務委員會和深圳市人民政府分別制定法規和規章在深圳經濟特區實施的決定》。

27 《中華人民共和國立法法（2000 年版）》第 81 條第 2 款。

28 《中華人民共和國立法法（2015 年版）》第 98 條第 5 款第 2 項。

29 崔文俊：《論經濟特區法規的位階》，《學術交流》2019 年第 6 期，第 77 頁。

說，上述兩部法規是兼具中央性和地方性的經濟特區法規。

《授權決定》和《立法法》對經濟特區立法變通權的限制主要從實際需求、法律限制、程序規定和效力範圍四個方面展開。粵港澳大灣區深度融合的現實需求與現實存在的制度壁壘決定了珠海市運用立法變通權符合“具體情況和實際需要”的實際條件；對經濟特區法規進行逐級備案[30]和在粵澳橫琴深度合作區範圍內適用也符合程序規定和效力範圍的限制；需要討論的主要問題是兩部法規是否符合“遵循憲法的規定和法律、行政法規的基本原則”。

依據《認可規定》與《執業規定》第1條，兩者法律基礎均表述為“有關法律、行政法規的基本原則”。此處有兩點值得深究，一是對沒有寫明《授權規定》作為上位法依據的理解。珠海市經濟特區立法變通權直接來源於《授權決定》，並通過《立法法》加以確定。但這種《授權決定》屬於“有關法律問題的決定”[31]，其雖然在一定程度上具有法律效力，但並不是真正意義上的規範性法律，因此將其作為地方性法規的上位法依據在規範上不恰當，所以此處並未出現“根據《授權規定》”的表述，但這並不能否認《授權決定》作為其直接權力來源，為兩部法規提供了直接的合法性基礎；二是對兩部法規上位法依據中沒有注明“憲法的規定”的理解。《授權決定》要求經濟特區立法權的需要遵循的是憲法的規定和法律、行政法規的基本原則，但兩部法規均未提及“憲法的規定”。可以作這樣的理解：其一，從憲法的角度，憲法作為中國的根本大法，其具有高度概括性，憲法中並沒有具體條文與兩部法規對應參照，因此無需寫明以憲法的規定作為上位法依據。但沒有必要性並不意味著失去正當性，也不表明這兩部法規可以突破憲法的規定，按照“授權明確性原則”[32]，《授權決定》在授權時就已經將不得違背憲法的規定作為被授權主體行使權力的法律限制。舉重以明輕，如果連憲法的規定都不能抵觸，如果連法律、行政法規的基本原則都不能抵觸，則當然不

---

30 依據《珠海市第九屆人民代表大會法制委員會工作報告》，其全年共統一審議法規案9件，向全國人大常委會、國務院、省人大常委會報送9件新制定法規和廢止決定，其中《認可規定》屬於新制定法規。參見《珠海市第九屆人民代表大會法制委員會工作報告》，載《珠海市第九屆人民代表大會第八次會議文件彙編》，第115頁。《執業規定》的備案工作情況尚無資料可循，但在該年度完成備案工作屬於程序性工作，並無難度。

31 秦前紅、劉怡達：《“有關法律問題的決定”：功能、性質與制度化》，《廣東社會科學》2017年第6期，第210-221頁。

32 周旺生：《立法學》，法律出版社2009年版，第304頁。

能抵觸憲法原則，[33]質言之，"對於憲法並不具有變通的餘地"[34]。其二，從制定主體來說，經濟特區法規由地方人大及其常委會制定，制定主體決定了其屬地方性立法的範疇，而地方性法規通常並不直接寫明以憲法作為上位法依據。[35]綜上，兩部法規在規範上也符合法律限制，因此具備合法性。

五、經濟特區運用立法變通權的優化建議

（一）充分運用立法變通權，實現人才要素流動自由化

1. 拓寬執業資格認可範圍，重點領域專項突破

通過上述分析，我們可以認識到對於粵澳橫琴深度合作區改革而言中央立法的不適格性和經濟特區變通立法的合理性。如果說粵澳橫琴深度合作區是粵港澳大灣區深度融合和協同發展的"示範區"，那麼人才跨境流動的資格認可便是粵澳橫琴深度合作區積極推進深度融合和協同發展的"示範領域"，而建築和旅遊行業便是粵澳橫琴深度合作區開展多領域資格認可的"示範行業"。隨著粵港澳大灣區深度融合和協同發展進入"深水區"，越來越多的專業領域會開展執業資格認可工作。由廣東省九部委聯合印發的《關於推進粵港澳大灣區職稱評價和職業資格認可的實施方案》（以下簡稱《實施方案》）為珠海市專業領域執業資格認可工作指明方向，要求"在旅遊、醫療衛生、建築規劃等專業領域創新升級，在教育、律師、會計、社工和專利代理等專業領域取得突破"。

事實上，珠海市也正計劃運用立法變通權對部分專業領域進行專門立法，拓寬執業資格認可範圍。依據珠海市公布的《珠海市人大常委會 2022 年立法工作計劃（草案徵求意見稿）》和《珠海市第十屆人大常委會立法規劃（2022-2026 年）（徵求意見稿）》，《澳門教師在橫琴粵澳深度合作區執

---

33 以《憲法》為參考系，憲法原則的效力要高於憲法具體條文，不能抵觸憲法的規定則當然不能抵觸憲法原則；以法律位階為參考系，憲法的位階高於法律、行政法規，不能抵觸法律、行政法規的基本原則當然可以推導出不能抵觸憲法原則。

34 林彥：《經濟特區立法再審視》，《中國法律評論》2019 年第 5 期，第 185 頁。

35 一般而言，憲法並不作為地方性法規的直接上位法依據，只有狹義的法律才會討論是否寫明"根據憲法，制定本法"。中國歷史上曾經出現過三次爭論，分別是《中華人民共和國香港特別行政區基本法》、《中華人民共和國物權法》和《中華人民共和國民法典》，詳見葉海波：《"根據憲法，制定本法"的規範內涵》，《法學家》2013 年第 5 期，第 20-33 頁；王利明：《何謂根據憲法制定民法？》，《法治現代化研究》2017 年第 1 期，第 71-83 頁。

業規定》、《港澳醫務人員在橫琴粵澳深度合作區執業規定》已經在立法計劃當中，兩項規定目前處於擬提請審議階段，並且屬於“條件比較成熟的法規草案”[36]。這意味著在未來幾年內粵澳橫琴深度合作區在教育和醫療領域關於執業資格認可制度將實現重大突破。律師和會計領域也已經通過專門性考試[37]、戰略協議[38]等方式積極探索行業協同發展機制，未來也需要通過珠海人大及其常委會運用立法變通權將這些領域的合作機制以經濟特區法規形式將改革成果固定下來。此外，珠海市人大常委會擬推出“橫琴粵澳深度合作區法規‘立法直通車’”項目，立足實踐需要，對涉及粵澳橫琴深度合作區的立法項目“隨報隨審”，[39]這充分說明立法變通權對粵澳橫琴深度合作區深化改革創新的重要性，也預示著未來經濟特區會充分發揮立法變通權在促進人才要素跨境流動的作用。

2. 立法接軌國際標準，建立資格互認體系

除了在專業領域進行專門立法，經濟特區還可以積極運用立法變通權探索資格互認體系。目前粵澳橫琴深度合作區的人才要素流動主要是“單向認可”[40]，而深度融合便要求人才要素的“雙向流動”，從而實現粵澳橫琴深度合作區的國際化、接軌國際標準。因此，珠海市應當“積極探索粵港澳從業人員的資格互認”[41]。珠海市人大及其人大常委會需要充分運用立法變通權，可以借鑑歐盟經驗，推進粵港澳地區執業資格互認體系建設，嘗試在本區域建立粵港澳三地均認可的資格認證框架，[42]在粵澳橫琴深度合作區取得執業資格的專業人士在內地和港澳地區均可執業；亦可以在粵澳橫琴深度合作區直接

---

36 《珠海市第十屆人大常委會立法規劃（2022-2026 年）（徵求意見稿）》。

37 2020 年 10 月 15 日，根據《全國人民代表大會常務委員會關於授權國務院在粵港澳大灣區內地九市開展香港法律執業者和澳門執業律師取得內地執業資質和從事律師職業試點工作的決定》，經國務院同意，國務院辦公廳印發《香港法律執業者和澳門執業律師在粵港澳大灣區內地九市取得內地執業資質和從事律師職業試點辦法》；2021 年 12 月 20 日，廣東省司法廳印發《關於香港法律執業者和澳門執業律師在粵港澳大灣區內地九市執業管理試行辦法》的通知。

38 2021 年 9 月 8 日，151 家會計事務所及廣東省註冊會計師協會、香港上市公司審核師協會、澳門會計專業聯會簽署《粵港澳會計師行業發展戰略協議》。詳見《粵港澳會計師行業簽署發展戰略協議 為大灣區提供高質量會計專業服務》，載廣東政府網，http://www.gd.gov.cn/gdywdt/bmdt/content/post_3514009.html。

39 《珠海市第十屆人大常委會立法規劃（2022-2026 年）（徵求意見稿）》。

40 文雅靖，王萬里：《論粵港澳大灣區的規則銜接》，《開放導報》2021 年第 2 期，第 76 頁。

41 陳傑、劉佐菁、蘇榕：《粵港澳大灣區人才協同發展機制研究——基於粵港澳人才合作示範區的經驗推廣》，《科技管理研究》2019 年第 4 期，第 120 頁。

42 參見曾凱華：《歐盟人才流動政策對粵港澳大灣區發展的啟示》，《科學管理研究》2018 年第 3 期，第 89-90 頁。

引入國際標準，真正實現“一試三證”。

3. 建立資格認可清單，做好宣傳推廣

深圳與珠海同屬改革開放先行示範區，珠海可以參考借鑑深圳深化改革開放的相關經驗。比如深圳已經印發《深圳市境外職業資格便利執業認可清單》，珠海也可以嘗試建立專業資格認可清單，更加簡潔直觀地列舉執業資格認可領域。從長遠來看，隨著執業資格開放領域增加，運用立法變通權進行逐項專門立法也會造成程序繁瑣、立法資源過度浪費的情況。珠海市人大及其常委會可以考慮建立執業資格認可負面清單，[43] 除了負面清單上執業資格認可受限，負面清單外的執業資格可以取消門檻，只需要進行合法備案即可在內地執業。

（二）規範行權邊界，堅守法律限制

“一切有權力的人都容易濫用權力，這是萬古不變的一條經驗。”[44] 經濟特區立法變通權在授權時並未做過多限制，也缺乏必要的監督機制，[45] 這使得立法變通權可能會出現濫用的肆意性。因此，經濟特區在運用立法變通權時也需要需要謹慎行權，規範權力行使，恪守權力邊界。首先，珠海市人大及其常委會在運用立法變通權時要進行充分的立法必要性論證，堅持“小切口立法”和精細化立法，必須切合粵澳橫琴深度合作區改革創新的實踐需要；其次，要嚴格遵循立法授權原意，遵循憲法的規定和法律、行政法規的基本原則，維護國家法秩序穩定性和統一性；再者，應當恪守《立法法》相關規定，依程序向上級機關進行備案，並依照《法規、司法解釋備案審查工作辦法》第 11 條第 2 款規定對變通的內容、依據、理由等情況進行說明。《立法法》第 8 條也為經濟特區立法變通權劃定了立法邊界，經濟特區立法變通權不可違反法律保留原則，觸碰專屬國家法律規定的事項。[46] 最後，隨著《總體方案》的出台，珠海市再次啟動立法變通權時，有必要增加《總體方案》作

---

43 參見陳傑，劉佐菁，蘇榕：《粵港澳大灣區人才協同發展機制研究——基於粵港澳人才合作示範區的經驗推廣》，第 120 頁。

44 〔法〕孟德斯鳩：《論法的精神》（上冊），張雁深譯，商務印書館 1995 年版，第 154 頁。

45 參見宋方青：《中國經濟特區授權立法中法規衝突現象之評析》，《法學》2000 年第 1 期，第 9-12 頁。

46 參見王成義：《深圳經濟特區立法權：歷史、學理和實踐》，《地方立法研究》2019 年第 1 期，第 4-5 頁。

為新的政策基礎，亦可以考慮增加廣東省的《實施方案》作為政策基礎，[47] 用以充分論證啟動立法變通權的合法性。

六、結語

粵澳橫琴深度合作區作為粵港澳大灣區深度融合和協同發展的"試驗田"和"新高地"，人才要素跨境自由流動是其完成歷史使命的必然要求。制度創新，法治先行，珠海市人大常委會運用立法變通權制定兩項執業資格認可的規定具備充分的必要性、合理性和合法性。一方面，根據創新實踐要求，為克服制度壁壘，有必要進行立法保障，而立法變通權是為其改革創新提供法治保障的最優路徑，其他立法模式都或多或少存在主體或權限上的天然缺陷；另一方面，立法變通權具備《授權規定》和《立法法》的直接授權，並遵循了實際上、規範上、程序上和效力上的基本要求，具備合法性。未來對立法變通權的運用，一方面需要拓寬執業資格認可範圍，推進執業資格互認體系建設；另一方面也需要謹慎行權，恪守權力行使的邊界。

47 需要說明的是，《關於推進粵港澳大灣區職稱評價和職業資格認可的實施方案》早在 2019 年 12 月便由省政府同意、廣東省九部委聯合印發，從法律位階上屬於省政府規章，按效力位階與設區的市地方性法規相同。但不可否認的是，該方案的確提供了執業資格認可的直接依據，因此筆者傾向於增加其作為政策基礎。

補論

大灣區法律研究文獻綜述

粵港澳大灣區融合發展的法治之維

胡泰閣　英國劍橋大學法學碩士
鄧凱　騰訊研究院高級研究員
朱國斌　香港城市大學法律學院教授

目錄

一、引言

粵港澳大灣區建設正如火如荼。2015 年，“粵港澳大灣區”的概念首次寫入《推動共建絲綢之路經濟帶和 21 世紀海上絲綢之路的願景與行動》即“一帶一路”倡議，開啟了這一概念不斷獲得國家背書，逐步強化認可的歷程。次年 3 月，十二屆全國人大四次會議審議通過《國家“十三五”規劃綱要（2016-2020）》，港澳繼續單獨成章，打造粵港澳大灣區則被寓予了再造區域合作格局的地理經濟內涵。2017 年，香港回歸 20 周年，粵港澳大灣區國家級戰略雛形初現。這一年，國務院《政府工作報告》正式將粵港澳大灣區發展納入頂層設計，指出“要推動內地與港澳深化合作，研究制定粵港澳大灣區城市群發展規劃，發揮港澳獨特優勢，提升在國家經濟發展和對外開放中的地位與功能。”政策引導的脈絡由此逐漸清晰，“立足港澳，對外連接，對內融合”釐定為粵港澳大灣區的核心站位。

灣區編年史的撰寫仍在繼續，經過近一年高強度的預熱及社會闡述，2019 年 2 月 18 日，中共中央、國務院印發《粵港澳大灣區發展規劃綱要》（以下簡稱《規劃綱要》），對包括政治影響、經濟整合、法治驅動、技術賦能等多重政策目標進行權威性的綜合構思，旨在進一步明確粵港澳空間融合布局背後的國家考量。概言之，融合發展是粵港澳大灣區的關鍵詞。

區別於紐約灣區、舊金山灣區、東京灣區等國際知名的灣區，《規劃綱要》下的粵港澳大灣區顯然溢出了產業集群、要素融通、宜居包容等經典灣區經濟或稱區域經濟一體化的規範內涵，所處的“一國兩制三法域”的制度現實誠然隱喻了不止於大城市群經濟集約化的政治、經濟價值。也就是說，大灣區概念不能只看經濟，也要關注社會、法治，這些要件最終將促進政治、經濟等一系列融合，是一個互補的關係。一個框架性的宏觀背景是，粵港澳三地具有不同的政治、經濟、法律制度及行政管理模式。具體而言，由於“一國兩制”與基本法的憲制宣示，廣東與港澳分屬以公有制為基礎的社會主義制度和以私有制為基礎的資本主義制度；與此同時，全國人大授權香港、澳門特別行政區高度自治，可以自行處理特區行政事務，享有立法權、獨立的司法權和終審權，並在民商事、行政管理、刑事司法制度上自成體系，其中亦包括港澳兩地實行以行政長官為主導的地方政權形式，以及具有不同於內地的貨幣制度、稅務制度等。

自此，法治意義上的粵港澳大灣區以法律衝突作為最顯著外觀，亦可謂之為阻礙大灣區融合發展的最主要法律困境。內生性地，平行且彼此獨立的粵港澳三地法域間缺乏上位規範帶來了包括立法、司法、行政執法與經濟管理制度在內的諸多法律合作挑戰。從法律淵源的角度看，粵港澳合作的法律基礎既不完全是國內法，更不是國際法或條約，而是包括憲法、港澳基本法、WTO 框架制度、CEPA 及其補充協議，以及被嚴格定義為行政協議、行政規劃的《粵港（粵澳）合作框架協議》、《深化粵港澳合作推進大灣區建設框架協議》、《粵港澳大灣區發展規劃綱要》在內的複合性規則體系，也由此涵攝憲法、行政法、民商法、國際經濟法、國際私法等多維學科視角與方法論交叉。

本文即首先從粵港澳大灣區法律衝突的視角對當前主要敘述觀點進行梳理。更進一步，對於如何克服上述衝突障礙並在推進粵港澳融合發展議程上加快求得"最大法治公約數"，法學研究者們也有系列務實洞察，同時基於現狀及現有制度工具做出了更合理的學術新論和更具對策性的制度建構應對，也由此導出"法律協調"作為大灣區融合中的第二個主題詞。換言之，將上位立法、"軟法"模式、組織機構法保障、協同治理等命題納入學術觀察，有助於找到達成法律衝突破題，以及構建大灣區法治共識的新路徑。

宏大敘事以外，粵港澳三地法律合作更需要置於細分法治場景中作精巧論證，中、微觀層面的規則銜接與機制對接始終是"促進內地與香港、澳門融合發展、相互促進"（習近平語）的應有之義，這其中就以大灣區法律服務業發展作為最具現實價值的業務場景，也可視為在法律實務的維度上對粵港澳大灣區法治論述的實踐知識補強。本文最後部分也將對相關文獻進行簡要綜述。

二、粵港澳大灣區區際法律衝突

（一）總體特徵

早在 1989 年，韓德培、黃進就指出，區際法律衝突是在一個主權國家領土範圍內不同地區的民商事法律之間在同一平面上的衝突，僅就中國而言，其特徵包括：[1] 中國的區際法律衝突是一種特殊的單一制國家內的區際法律衝突；中國的區際法律衝突既有同一社會制度的法域之間的法律衝突，

1　參見韓德培、黃進：《中國區際法律衝突問題研究》，《中國社會科學》1989 年第 1 期。

也有社會制度根本不同的法域之間的法律衝突；中國的區際法律衝突既有同一個法系的法域之間的法律衝突，也有不同法系的法域之間的法律衝突；中國的區際法律衝突，不僅表現為各地區本地法之間的衝突，而且有時表現為各地區的本地法和其他地區適用的國際條約之間以及各地區適用的國際條約相互之間的衝突；各法域都有自己的終審法院，而在各法域之上無最高司法機關；在立法管轄方面，無中央立法管轄權和各法域立法管轄權的劃分。上述由權威學者歸納的特徵，不僅是構成某種總括式的理論綱領，也能有效評估、判明粵港澳大灣區當下的制度現象。

在此基礎上，荊洪文認為，中國的區際法律衝突與粵港澳大灣區的區際法律衝突的相同之處在於，廣東省是中國內地的一部分，二者同屬一個法域，而且內地法律與港澳法律之間的衝突其實也適用於廣東省的內地法律與港澳法律之間的衝突。但二者也有不同之處，即：廣東省、珠三角九市都有地方立法權，有的城市還有特區立法權或較大市立法權，雖同屬內地的法域，但廣東省、珠三角九市制定的地方性法規和政府規章，同樣面臨著與港澳法律的衝突問題。同時，粵港澳大灣區的區際法律衝突，表現為粵港澳的法律與 CEPA 的衝突，CEPA 實施時粵港澳作為 WTO 框架下不同關稅區的區際法律衝突，以及澳門、香港法律與 CEPA 之間的衝突。從粵港澳大灣區參與主體的權利能力來看，廣東省、珠三角九市與港澳並不處於同一層面，其在解決區際法律衝突方面具有主體權利能力欠缺的特徵。珠三角九市雖然都有一定的地方立法權，但法律效力比廣東省低，在解決與港澳法律衝突的問題上更處於劣勢地位。最後，從粵港澳大灣區區際法律衝突的內容上看，既包括私法領域的民商事法律衝突，也包括公法領域的刑事、行政法等方面的衝突。[2]

概括地講，粵港澳大灣區的法律基礎始終呈現出較為典型的國際私法特點，甚至在相當長一段時間內嚴苛地遵循主權國別之間的強度標準（尤其當牽涉憲制性法律爭議、刑事法律與管轄衝突、國家豁免與國企豁免制度差異等問題時）。對此，鄧凱、朱國斌總結認為，該種現狀實際上是由“一國兩制”、“高度自治”等政治原旨所決定的。例如司法救濟擔任定爭止紛的首要機制，其在跨境及跨制度邊界的情形下就當然地被區隔為不同的司法管轄權、平行訴訟、法律查明、送達取證、判決和仲裁裁決的相互認可與執行等

2　參見荊洪文：《粵港澳大灣區法律衝突的解決路徑》，《廣西社會科學》2019 年第 10 期。

實體及程序性安排，這些無疑都是標準的國際私法議題。[3]

（二）法律衝突解決的路徑選擇

1. 衝突法模式

詹朋朋認為，比較現實的途徑應該分兩步走：首先，內地類推適用國際私法，香港按英國法傳統把區際法律衝突視同國際法律衝突。其次，逐步實現統一衝突法，個別領域實現統一實體法。其次，也必須承認，由於直接由內地與香港協議實現衝突法的統一目前尚不具備條件，目前應主要通過示範法作為實現統一衝突法的方式。因此，在目前內地和香港已經把區際法律衝突視同國際法律衝突對待的階段，需要積極推進的應該是下一步，即通過示範法促進統一衝突法。可以借鑑美國的經驗，由香港編寫《香港衝突法重述》，內地也編寫《大陸地區衝突法重述》。而後，兩地交換文本，供兩地各有關機構和專家研習，以求對對方的衝突法規則有深入的瞭解和理解。最終達到制定出《內地香港統一衝突法的安排》。[4] 同樣，鄒平學、馮澤華也主張，應當制定統一的區際衝突規範。以往，粵港澳的法律衝突一般參照國際衝突法的規則執行，但在涉及刑法、判決等問題上的執行力度仍不夠完善。建議由立法協調聯席會議起草統一的區際衝突規範 ——《中華人民共和國區際衝突法》，並經全國人大通過，且將其納入港澳基本法附件三後使區際衝突規範生效。統一的衝突規範首先在大灣區實行，經過實踐成熟後，可推廣至全國實施。[5]

誠然，也有學者明確對沖突法模式表示反對，制度必要性是其中重要考量。郭玉軍、徐錦堂堅持，中國區際法律衝突解決中沒有制定一部全國統一區際衝突法的必要：首先，從政治上看，涉港澳台民商事務視為涉外事務的做法完全符合"一國兩制"原則；從實證的角度看，現在的情況是三個法域全部選擇不單獨制定專門的區際衝突法的模式，這就已經充分說明了這種模式的價值和生命力；從法律上看，最高權力機關尚無制定全國統一的區際

---

3 參見鄧凱、朱國斌：《深港融合應重視構建跨境糾紛解決機制》，《大公報》2021 年 11 月 13 日。

4 參見詹朋朋：《跨越法系的鴻溝：內地與香港法律衝突解決之出路》，《九江學院學報》2008 年第 1 期；轉引自廣東財經大學圖書館、廣東財經大學法學院編：《粵港澳大灣區法律研究專題資料》2018 年第 1 期，第 272 頁。

5 參見鄒平學、馮澤華：《改革開放四十年廣東在粵港澳法律合作中的實踐創新與歷史使命》，廣東財經大學法學院、中國法學會香港基本法澳門基本法研究會"粵港澳大灣區法律論壇"論文，2018 年 6 月 2 日於廣州，第 28 頁。

衝突法的合法權限；從經濟角度看，不指定單獨的區際衝突法可以節約立法資源；從世界歷史的角度上看，世界上制定單獨的區際衝突法的多法域國家是少數；從區際法律發展的趨勢上看，各法域之間的法律完全統一是不可能的，完全消滅區際法律衝突同樣是不可能的。

2. 區域示範法模式

一般認為，區域示範法是通過立法機關、法院和當事人的分別接受從而促進區域法律趨同的運行方法，其也可視為是對區域法律和區域民間法或習慣法的再創造。主張這一模式的學者包括梅傲。他以知識產權領域為例指出，粵港澳大灣區可以參照歐盟、美國解決區際法律衝突的區域性規則，即示範法模式，解決粵港澳大灣區知識產權區際法律衝突。歐盟採用開放協調機制，該機制由四個基本要素組成，即基準設定、最佳實踐、定期評價、共同學習。美國經常、廣泛性採用示範法模式，即由學術機構等編撰某種不具備法律效力的示範法，各州以該示範法為框架，制定相同或類似的實體法以謀求法的統一。在實操上，既可由粵港澳合作聯席會議主持制定示範法，亦可對學術機構等組織擬定的示範法予以認可。經過示範法一定時期的實踐後，粵港澳合作聯席會議在對示範法施行過程中新產生的法律衝突問題基礎上，以示範法為框架，制定大灣區內統一適用的知識產權法律制度，最終實現粵港澳大灣區知識產權法律制度模式的統一協調。[6]

同樣是聚焦示範法，荊洪文認為，儘管在"一國"的前提下，在中央的全面管治權和港澳的高度自治權之間，區域示範法可以自身的彈性在區際法律衝突的解決方面發揮其獨特的功能和作用，[7] 但示範法的明顯短板不容忽視。其作為灣區法律衝突解決路徑的障礙包括：觀念和理論的障礙，即示範法沒有引起粵港澳各方的重視，也很少被立法機關、法院或當事人採用；法律技術的差異和法律專家的缺失；區域示範法涉及事權的局限，即涉及中央權限的事項自然要受到限制；示範法制定思路的局限。荊洪文繼而指出，"實體法 —— 程序法 —— 衝突法"是一個完整的鏈條，三者缺一不可。在大灣區制定示範法，應當首先在鏈條前端的實體法上，把示範法與實體法相結合，演化成一種能夠體現當事人意思自治的區域實體示範法。區域實體示範法既可以是通過法院和當事人採用成為能夠獨立解決區際法律衝突的軟法，

6　參見梅傲：《粵港澳大灣區知識產權法律衝突及解決路徑探析》，《中國流通經濟》2010 年第 1 期。

7　參見荊洪文：《粵港澳大灣區法律衝突的解決路徑》。

也可以是通過立法機關採用為區域統一實體法，或者為各區域立法機關採用成為內容相同的實體法。作者認為，成文法、判例法、法律重述三種法律表現形式對於大灣區都是可以試行的。[8]

3. 內地方面直接適用港澳法律

近年來，深圳前海的具體實踐實際體現為某種單向度的規則貼合，一定程度上也符合中央決策者要求內地一方的制度創新對港澳標準進行合理吸納的主旨。“便利港澳居民在內地發展和生活的政策措施”（中共十九大報告及國家“十四五”規劃均做出相關表述）背後的思路無疑在於以政治動員強化“引力”機制，積極主動地創造出有助於港澳面向內地發展、融入國家大局的利益共享場景與命運共同架構。在此語境下，丁國榮觀察到，根據2015年發布的《前海涉港合同適用香港法律調查報告》，大部分企業表示願意在簽訂商事合同時適用香港法律。因此希望可以容許香港投資方在內地投資設立的獨資企業在沒有涉外因素的情況下可選擇香港法律作為合同的適用法，讓香港投資方在內地可以選擇較熟悉的香港法律，增強投資者在內地進行業務的信心和保障。[9]

李芝蘭的觀察視角則瞄準了前海法院。前海法院於2016年委任了13名香港人出任陪審員，協助主審法官處理涉外的商業訴訟，而在訴訟雙方同意下更可以選用香港法例處理糾紛及進行仲裁。粵港雙方應創造條件使香港法律界更多參與完善前海的安排，及逐步在大灣區（譬如南沙及橫琴）推廣。[10]

4. 爭議解決的組織機構模式

不可否認，將糾紛、爭端訴諸司法或某些替代性爭端解決機制是解決法律衝突的路徑依賴和慣習。也由此，關於建制大灣區法院和區際爭議解決中心的動議不絕於耳。例如，盧鳳儀認為，在大灣區建立一所大灣區法院似乎無可避免，並設想如下：由於有三地的法律專業人士參與建設，大灣區法院法官將由三地的法律專業人士擔任，而每一法院案件將由各地各一位被委任的專業人士擔當法官參與審訊。前提固然是三地的法律專業人士必須參與灣區法律的專業培訓，成為可就大灣區法律提供法律意見的專門人才，該等

---

8 參見荊洪文：《區域示範法：作為灣區民商事法律衝突解決路徑的追問》，《暨南學報（哲學社會科學版）》2019年第12期。

9 參見丁國榮：《粵港澳大灣區法律建設的建議》，中國法學會中國法治國際論壇（2019）“第11屆內地與港澳法律研討會”發言材料，2019年11月於廣州，第1頁。

10 參見李芝蘭：《粵港澳大灣區的專業服務合作與產業發展》，載李曉惠等編：《粵港澳大灣區與香港》，商務印書館2018年版，第286頁。

人士可被委任為大灣區執業律師，而該等律師可以輪流制擔任大灣區法院內的法官。[11] 李文則建議，應探索嘗試先設立對粵港澳大灣區商事糾紛管轄的法院，並逐漸擴展到涉及香港、澳門的民事方面，最終建立完善的粵港澳大灣區城市群中的民商事法院體系。[12] 更具想象地，張斌、劉訓東提出，可設立管轄大灣區九個內地城市的行政法院。二位認為面對行政審判獨立性缺失的問題，釜底抽薪式的解決方案就是從根本上改革行政審判體制，設立一個超越市級行政機關的地區性專門行政法院，充分保障法院獨立性與權威性；同時，由於大灣區內各級法院已遠不能夠滿足經濟、社會、文化、科技高速發展產生的各類專業性的複雜行政糾紛，有必要設立這一行政法院，對行政法官的知識構成、專業技能培訓等作出細緻要求，從而提升全區行政案件審判水平。[13]

從文獻檢索分析結果看，呼籲建立替代性爭端解決機制（機構）也是諸多學者的選擇，包括一般意義上的仲裁、調解、商事爭議甚至是公証等，均可納入某種形態的區際爭端解決中心的業務範疇。對應在實踐上，前海也已展開探索，成果斐然。謝雯、丘概欣建議，應當推動粵港澳形成統一協調的調解機制。在這方面，前海"一帶一路"國際商事訴調對接中心已有豐富的探索經驗。建議可由廣東省高院牽頭，發揮司法主導作用，加強與港澳地區司法機構、仲裁機構和調解組織的交流合作，推動建立標準統一、平等保護、共同接受的區際化的多元化糾紛解決機制，打破調解的地域性限制，擴大司法確認的範圍，等等。[14] 熊代琨則強調在"一帶一路"建設的推進中對於便捷高效、公平公正的糾紛解決機制的需求，並認為重要的是建立起一個訴訟與非訴訟有機銜接、相互配合的多元化糾紛解決體系。"大灣區"的建設也會帶來法律衝突與法律適用問題。廣東律師應當具有前瞻性思維和全球化視野，及早關注並積極參與多元化糾紛解決這一領域。

---

11 參見盧鳳儀：《粵港澳大灣區法律服務相關問題研究》，中國法學會中國法治國際論壇（2019）"第11屆內地與港澳法律研討會"發言材料，2019年11月於廣州，第27頁。

12 參見李文：《粵港澳大灣區城市群建設中的法律衝突與解決》，載深圳市律師協會、深圳市前海深港現代服務業合作管理局編：《粵港澳大灣區的法律體系構建》，法律出版社2019年版，第117-124頁。

13 參見張斌、劉訓東：《關於設立粵港澳大灣區行政法院的思考》，載深圳市律師協會、深圳市前海深港現代服務業合作管理局編：《粵港澳大灣區的法律體系構建》，法律出版社2019年版，第269-276頁。

14 參見謝雯、丘概欣：《粵港澳大灣區建設中司法合作與司法保障的路徑 —— 以涉港澳民商事審判為視角》，《法律適用》2019年第9期。

當然，也有學者認為，應當通過立法制定統一的大灣區替代性糾紛解決法律，同時大灣區以協議、安排的方式分別構建大灣區公証、仲裁、調解等合作機制。在此基礎上，黃文婷、馮澤華進一步指出，以協議的方式制定合作機制的安排，內容應當精細化，從糾紛解決方式的適用範圍、程序、機構到大灣區具體合作機制的構建都應當載明。在公証合作機制方面，廣東九市應當積極借鑑港澳先進經驗，創新公証模式。在仲裁合作機制方面，應當完善相互認可和執行仲裁裁決，推動港澳仲裁機構在廣東九市設立機構，並加大培養大灣區高素質仲裁人員。在調解合作機制方面，應當啟動大灣區內法院調解分流機制，打通大灣區調解地域限制，並構建大灣區跨境調解的執行機制，採用"調解 + 仲裁"形成長效機制。[15]

以已開展的大灣區調解實踐作為觀察場景，龐德詳細介紹了粵港澳三地的調解制度現狀，認為其各有優點、可以相互借鑑。作者指出目前粵港澳三地就民商事調解已經成立了相應的調解機構，有意促進調解，也積極成立區際、國際調解中心，2013 年粵港澳商事調解聯盟也推動地區商事調解資源整合，加強機構之間業務交流與合作；同時雖然法律體系不同，但粵港澳三地基於調節本身固有的屬性有明顯的共性。作者呼籲可以率先通過擴大內地與澳門成立的聯合調解、粵港澳商事調解聯盟的模式，通過借鑑、整合三地已有調節機制的優點，建立一套體系完整、優質高效、能在粵港澳三地乃至國際上適用的調解模式；打造高標準國際性調解評審機構，確保調解機構及調解員准入的高標準及標準的同一性；制訂一套粵港澳三地均能適用的高水平調解工作規程；大力加強宣傳力度，提高調解認同度；建立統一的評估機構、法律查明機構庫名錄；建立誠信警示機制，促進誠意調解，提高自願履行率；堅持有償調解，實現調解市場化。[16]

對於調解機制的選擇，實際也為權威部門所重點關切。香港律政司於 2019 年 9 月舉行的首次粵港澳大灣區法律部門聯席會議上，建議設立一個政府對政府的大灣區調解平台，並成立調解工作委員會，共同推進相關工作，研究及落實細節。據丁國榮研究整理，上述會議達成共識如下：制訂一套適

15 參見黃文婷、馮澤華：《粵港澳大灣區替代性糾紛解決機制研究》，《法治社會》2018 年第 2 期；轉引自廣東財經大學圖書館、廣東財經大學法學院編：《粵港澳大灣區法律研究專題資料》2018 年第 1 期，第 248-252 頁。

16 參見龐德：《深入推進商事調解 助力大灣區經濟建設》，載深圳市律師協會、深圳市前海深港現代服務業合作管理局編：《粵港澳大灣區的法律體系構建》，法律出版社 2019 年版，第 288-297 頁。

用於大灣區的統一調解員資格、評審及相關基準；設立大灣區調解員名冊；制定有關調解規則及調解員操守的基本原則；探討在大灣區內如何執行調解所產生的、當事人為解決跨境商事爭議而訂立的和解協議。[17]

三、現有制度規範下的大灣區法律協調空間

（一）憲法性法律的困境

如果說法律衝突屬於較為典型的國際私法問題，那麼大灣區法律合作或者區域協調等議題則具有較強的公法理論屬性。然而在憲法或立法法、地方組織法等憲法性法律的規範層面上，大灣區融合發展或區域協作卻面臨合法性依據不足的困境。劉松山直言，區域協調發展與行政區劃在憲法層面存在內在衝突，其主要表現為區域協調發展是憲法序言中的內容，而憲法序言中的相關表述與行政區劃並不銜接，甚至是存在明顯衝突的。2018 年修憲後，憲法序言中加入了“科學發展觀”和“貫徹新發展理念”，這兩個概念都明確包含了區域協調發展的理念。然而，憲法在總綱和國家機構兩章中關於行政區劃的設置，首先考慮的是縱向的領導關係，在這個前提下，再綜合考慮橫向的個方面因素。若要實現憲法序言中關於區域協調發展的任務，就不可避免地引起與既定行政區劃之間的緊張與衝突。雖然憲法以行政區劃為基礎發展經濟社會事業的指導思想和根本任務已經發生了變化，但行政區劃本身卻一直未變。[18] 暫且不論大灣區本身，中國在區域經濟一體化中經過多年的實踐和探索，先後形成了區域行政協議、區域合作組織、區域協作立法、區域行政規劃和區域行政指導等五種法律治理方式。然而，葉必豐對此也指出，它們都屬“先試先行”，缺乏直接的憲法和法律依據。[19]

具體到大灣區，朱最新指出，目前中央與地方職權的劃分任務並沒有完成，兩者的權限仍然處於模糊階段，就港澳和內地政府合作而言，似乎意味著內地各級政府可以與港澳政府協商任何有利於區際合作的事項，但也似乎意味著沒有中央政府的批准或默許，內地各級政府不能與特別行政區政府協商任何事項。同時《立法法》規定地方立法必須遵守不抵觸原則和法律保留原則，而粵港澳大灣區作為探索性、創新性的進程，必然會多少涉及《立法

17　參見丁國榮：《粵港澳大灣區法律建設的建議》。

18　參見劉松山：《區域協同立法的憲法法律問題》，《中國法律評論》2019 年第 4 期。

19　參見葉必豐：《區域經濟一體化的法律治理》，《中國社會科學》2012 年第 8 期。

法》中的保留事項，造成了廣東區域立法的合法性困境。[20] 相當程度上，這也造成了包括府際協議在內的各類法律合作工具缺乏合法性基礎。鄒平學、馮澤華指出，首先，粵港澳的系列府際協議不屬於立法法規定的法律淵源。憲法和地方組織法僅授權各級政府管理轄區內的事務，並無授權各級政府建立跨行政區域的合作機制。雖然粵港澳的合作框架協議和大灣區協議都是在國家領導人的見證下簽署的，顯示其得到了中央支持，但是形式上仍然沒有法律的明文授權。其次，粵港澳的合作聯席會議、粵港澳聯絡協調會議雖然經過了國務院批准，但在憲法、立法法、地方組織法、基本法等文件上並無明確依據，任何一方不遵循協議理論上亦可不承擔法律責任，加之國務院是否有此權限存在法理上的模糊。[21]

（二）港澳基本法能否引申出大灣區法律合作協調的合法依據

港澳基本法能否為大灣區法律合作協調提供有效淵源？經過梳理，王禹指出《香港基本法》第 95 條和《澳門基本法》第 93 條僅是對特別行政區可以與全國其他地區的司法機關進行司法方面的聯繫和相互提供協助作了原則性規定，但並不涉及與全國其他地區的其他合作形式，例如未對簽訂合作協議作出規定。《香港基本法》第 151 條和《澳門基本法》第 136 條規定香港、澳門特別行政區政府可以"中國香港"、"中國澳門"的名義，單獨同世界各國、各地區及有關國際組織保持和發展關係，簽訂和履行有關協議，並不包括特別行政區和內地政府簽訂的各種協議。[22] 與此同時，特別行政區與內地的區域合作權難以從特別行政區政府的外事權中引申而來。朱最新就此分析道：首先，外事權的規定都是單列在"對外事務"一章中，而內地政府與特別行政區政府的關係則是在第二章中加以規定，因此把內地包括在《香港基本法》第 151 條的"各地區"中是不合適的。其次，從"對外事務"一章來看，特別行政區的外事權並沒有包括與內地合作的權力。[23]

也有學者從港澳基本法所涉及的央地關係與"剩餘權力"維度展開評述。柯靜嘉指出，在單一制國家，地方權力都是由中央授予的，中央保留一切"剩餘權力"。粵港澳合作的權力最終來源於國內的憲法以及港澳基本

20　參見朱最新：《粵港澳大灣區區域立法的理論建構》，《地方立法研究》2018 年第 4 期。

21　參見鄒平學、馮澤華：《改革開放四十年廣東在粵港澳法律合作中的實踐創新與歷史使命》。

22　參見王禹：《全面管制權理論：粵港澳大灣區法治基石》，《學術前沿》2018 年 11 月上。

23　參見朱最新：《粵港澳大灣區區域立法的理論建構》。

法，也是港澳高度自治權中的體現。但是，港澳與廣東等地簽署合作協議，究竟是源自《香港基本法》第151條和《澳門基本法》第136條中的港澳可以其名義同"各地區"簽訂和履行有關協議，還是港澳《基本法》第20條中的可能授權的其他自治權範圍則並不明確。首先，粵港澳簽訂區域協議的締約權，早已被預設在《憲法》和港澳基本法第20條之中，但是這裏的"各地區"是否應包括國內的行政區域，即是否涵蓋廣東省尚不明確。其次，以《大灣區框架協議》為例，該協議由三地政府和國家發改委共同簽署，港澳沒有使用"中國香港"，而是使用"香港特別行政區政府"的表述，顯然，這與《香港基本法》第151條的要求不同。再次，港澳與廣東省的經貿合作，本質上是特區依法處理的內地事務而非對外事務，對此，《香港基本法》第151條並沒有對應的規定。而《地方各級人大及地方政府組織法》第59條顯示，地方政府職權中並沒有明確普通行政區與特別行政區締結協議的權限、程序及法律效力。因此，按照法理，粵港澳大灣區的合作需要中央進一步授權。[24]

（三）現有合作文件的法律性質及效力：以《大灣區框架協議》為例

在缺乏憲法、憲法性法律以及港澳基本法等實定法依據的情況下，其他規範性文件能否為大灣區法律合作提供規範性淵源？王萬里研究歸納表明，現有的涉及粵港澳合作的法律文件大致可以分為兩類，即行政協議和行政規劃，其性質均屬行政文件，雖然在廣義上可以納入法律文件範疇，但是不是嚴格意義上的法律法規。[25] 王禹也指出，大灣區合作法律依據模糊，對於2017年簽訂的《大灣區框架協議》的法律性質和定位應當怎樣認定缺乏明確的法律條文。[26]

圍繞《大灣區框架協議》的法律性質、效力以及特點等，學術成果頗豐。柯靜嘉認為，雖然《大灣區框架協議》無法律依據，但並不代表政府間合作協議完全無法律約束力，其性質與《粵港合作框架協議》、《粵澳合作框架協議》較為相似，是一種政策性、指導性的文件。從內容上看，現有粵港澳大灣區合作的授權應屬於港澳《基本法》第20條的中央可能授予的其

24　參見柯靜嘉：《論粵港澳大灣區投資合作的法律機制構建》，廣東財經大學法學院、中國法學會香港基本法澳門基本法研究會"粵港澳大灣區法律論壇"論文，2018年6月2日於廣州，第153-159頁。

25　參見王萬里：《從域外經驗看粵港澳大灣區的法治統合問題》，《港澳研究》2018年第3期。

26　參見王禹：《全面管制權理論：粵港澳大灣區法治基石》。

他權力，但憲法和地方組織法等法律規定未對港澳政府能否與內地各省之間締結區際合作作出明確的規定。然而，《大灣區框架協議》由粵港澳地政府和國家發展和改革委員會四方簽署，且習近平總書記出席簽署儀式，這些均說明《大灣區框架協議》得到中央事實上的授權，具有事實上的約束力。同時，在經貿往來方面，《憲法》第 107 條規定地方政府享有管理本行政區內的經濟、教育、科學、司法行政等工作的職權，特別行政區與普通行政區的締約權則來源於港澳基本法第 20 條下的高度自治權範圍。從事實上來說，粵港澳政府通過締結行政協議展開區域合作，遵從中央與地方政府的權力次序規則，並沒有突破中央與地方政府的法定權限劃分。[27] 張亮、黎東銘認為，《大灣區框架協議》屬於國內法上各地方政府之間區域合作形成的行政協議，而不是國內法上其他法律規範形式或國際條約，因此大灣區是國內法上的區域合作制度。其整個文本是平等協商的結果，而非某一主體制定、各方執行，表明了與一般國內立法的內在差異，同時簽署程序具有靈活性、效率性。[28]

對《大灣區框架協議》規範性持保留意見的觀點在於，就中央與港澳簽訂的行政協議而言，朱最新指出，由於與特區政府談判的是中央政府，廣東政府難以參與其中，且行政協議很難實現對等。其他的合法性拷問還包括：首先，《大灣區框架協議》中有關金融合作的相關規定，似乎應該屬於《立法法》規定的相對保留事項；其次，存在行政協議締結的公眾參與問題；再次，存在行政協議的內容問題，大多數行政協議內容過於原則，只是一種框架性協議，協議的履行程序、違約責任等行政協議應有的內容都經常性缺乏，影響了協議的可操作性，從而使行政協議更多地成為一種政治宣言；以及，就粵港澳政府間的個案合作而言，個案合作具體機關沒有明確，同時缺乏必要程序規範，等等。[29]

除性質之外，《大灣區框架協議》的效力問題也值得釐清，畢竟這密切關涉法律合作協調的實際質效。對此，大部分研究結論指向其效力不明。王萬里指出，行政協議的直接約束方是簽約方政府，不直接對轄區內的行政相

---

27 參見柯靜嘉：《論粵港澳大灣區投資合作的法律機制構建》。

28 參見張亮、黎東銘：《粵港澳大灣區的立法保障問題》，《地方立法研究》2018 年第 4 期。

29 參見朱最新：《區域一體化下粵港澳政府合作的法律基礎思考》，《廣東外語外貿大學學報》2013 年第 3 期；轉引自廣東財經大學圖書館、廣東財經大學法學院編：《粵港澳大灣區法律研究專題資料》2018 年第 1 期，第 363-365 頁。

對人產生權利義務的法律後果；同時，行政協議的內容缺乏法律責任的承擔方式和爭議的解決機制，對協議方的約束不具有法律強制性。因此，行政規劃仍需要通過行政機關的法律行為或立法行為予以落實。[30] 王禹指出，《大灣區框架協議》雖然規定大灣區合作有四方參與，但在四方合作權力的範圍、程度和限度上卻缺乏直接的規定。同時大灣區合作的法律效力不明，《大灣區框架協議》對於其所產生的效力性質、範圍及責任等問題沒有直接說明。[31]

張亮、黎東銘則從不同情況下的權限程度不清這一角度展開更詳細論述。在法律層面，對於大灣區四方之間合作程度的關係可以分為兩種情況：其一，在當前法律規定下各自所具有的法定權限範圍內進行合作，但如果僅限於此，則無異於在區域合作的表象下固守單位行政區域，且即便在各自權限範圍內合作同樣存在需要進一步規定；其二，合作某方參與到不屬於自身法定權限範圍的事務中去，但問題在於權力範圍小的一方是否能因為大灣區合作的原因，參與到原本不屬自己權力範圍的事務中。張亮、黎東銘還認為，大灣區合作的法律效力始終不明：當前大灣區合作在法律約束力方面規定不清，《大灣區框架協議》本身涉及的效力內容，只進行了概括式的規定，這或許可以視為由於《大灣區框架協議》在中國法律中性質不明，難以依此形成合法拘束力而採取的無奈之舉，也從側面表明了中國區域合作中對充分立法保障的迫切需要。

（四）以立法的“硬法”模式作為破題之策

1. 全國人大或其常委會訂立大灣區綱領法

整體上看，由全國人大專門出台法律文件，授權粵港澳三地政府有權跨境府際合作，並明晰粵港澳履行合作協議的法律約束力問題，此乃中國立法實踐最為常用之道，可運用於粵港澳法律合作之上。[32] 剛性的硬法保障，或稱大灣區基礎法、綱領法等，需要中央立法給予支持。[33] 在此基礎上，全國人大或其常委會將首先充當權威且能動的立法角色。王萬里對此建議，應當根據《粵港澳大灣區發展規劃綱要》相關內容，由國務院起草並提請全國人大常

30　參見王萬里：《從域外經驗看粵港澳大灣區的法治統合問題》。

31　參見王禹：《全面管制權理論：粵港澳大灣區法治基石》。

32　參見鄒平學、馮澤華：《改革開放四十年廣東在粵港澳法律合作中的實踐創新與歷史使命》。

33　參見劉浩：《淺議粵港澳大灣區的立法制度構建 —— 以歐盟立法制度為參考》，廣東省法學會港澳基本法研究會“2019 年廣東省法學會港澳基本法研究會暨粵港澳大灣區青年發展法律論壇”論文，2019 年 11 月於廣東，第 421 頁。

委會制定《粵港澳大灣區合作發展綱要法》，制定後分別列入香港、澳門基本法附件三。《綱要法》中要為粵港澳大灣區合作確立總體法律框架，將行政規劃轉化為法律規範並上升為國家法律。同時綱要法還應當設立大灣區合作發展協調機構，使其成為法定機構，明確其職權及賦予其規則制定權。[34] 王崇則闡明了綱領式立法的法理及必要性，其主張中國應當採納綱領式、回應式立法理論，因為中國大灣區的發展剛剛處於起步階段，綱領式立法可以抓住最關鍵、最核心的問題進行規範和把握，同時可以有效提升政府間合作效率。只要在符合國家一般立法程序的基礎上，回應式滿足灣區濱海經濟發展的需要，這些立法規範就應該獲得認可，不必拘泥於法律形式上的權威。[35] 能夠補強、佐證統一立法極為必要這一主張的觀點，還包括王禹所認為的，由於目前大灣區內部的區域性基礎設施缺少利益共享機制和配套政策支持，且大灣區內部立法主體多，權限不一，部分領域也非大灣區內部能夠處理，因此有必要通過"區制法"及大灣區制度法加以規範。其中，區制強行法即是以統一立法的方式加以解決，包括先行制定《自由貿易港法》、制定《區域合作法》作為統一規範等。[36]

上述《區域合作法》在張亮、黎東銘看來，應當在區域合作的內容問題、程序問題以及效力問題這三方面做出制度設計。例如，根據合作內容的重要程度、是否涉及中央政府利益、是否跨越行政區域等因素，區分可由地方政府自行決定區域合作的自主合作以及必須由法定主題批准的批准合作。再如，在程序上明確包括中央政府批准合作、共同上級政府批准合作以及共同上級人大批准合作等形式。與此同時，對區域合作的效力問題，採取"效力從高"方式，即某個區域合作中設計文本的法律效力，應當以締約時參與到合作中的最高級別主體的身份為準，對其在法律上的效力予以釐清。[37]

2. 大灣區綱領法的法律適用與實施

上述人大立法或稱全國性法律如若在大灣區實施，關於適用於港澳地區的部分則不可避免涉及基本法"附件三問題"。王禹認為，以經濟協作為主要標的的粵港澳大灣區建設內容屬特別行政區高度自治範疇，中央難以為

34 參見王萬里：《從域外經驗看粵港澳大灣區的法治統合問題》。

35 參見王崇：《大灣區立法進路下的法理學思辨與定位》，《重慶大學學報（社會科學版）》2019 年第 5 期。

36 參見王禹：《全面管制權理論：粵港澳大灣區法治基石》。

37 參見張亮、黎東銘：《粵港澳大灣區的立法保障問題》。

特別行政區直接立法，也不符合相關立法放在基本法附件三的全國性法律實施的條件。王禹進一步指出，由於港澳《基本法》第 18 條對全國人大及其常委會制定的法律是否可以在特別行政區實施作了嚴格限制，即必須列入附件三後才可以在當地實施，列入附件三的法律限於國防、外交和其他不屬特別行政區自治範圍內的法律，大灣區建設過程中涉及的經濟和法律方面的合作，絕大多數屬香港、澳門基本法已經授權特別行政區予以高度自治的事務。因此，制定區制強行法的範圍是很窄的，只有在超出特別行政區自治範圍外的事務，而且又屬大灣區建設的必要事項，才可以寫入其所指的“區制強行法”。[38]

持相似觀點的學者還有董皞、張強。二人認為，粵港澳大灣區是以經濟協作作為其本質特徵的，難以將其歸屬於國防、外交範圍。同時，兩部基本法都授權特別行政區自行制定經濟政策，這也就意味著以經濟協作為主要標的的粵港澳大灣區建設內容應該屬於特別行政區高度自治的內容，中央難以為港澳兩個特別行政區直接立法。另一方面，粵港澳大灣區屬於區域經濟的範疇，而大灣區內的法律制度差異的解決也是區域法治的內容，如果透過全國人大常委會列入附件三的形式進行，其實質難以符合全國性法律的領域。[39] 陳轅也認為，如果可以將區域協同立法機構所制定的區域性法律文件列入附件三在特區實施，則會帶出幾個具有前提性的問題：此類區域性法律文件根據中國《立法法》屬於哪個位階的法律文件？其法律適用範圍為何？此類區域性法律文件能否直接規範特區的事務？在這些前提性問題不清楚的情況下，是否應將這些日後由區域協同立法機構所制定的區域性法律交由全國人大常委會審查？[40]

誠然，也有研究堅持認為“附件三”路徑並無問題。劉浩認為，涉及一國主權下的國家結構形式內容，並非屬中央授予特別行政區的自治權，不應當屬特別行政區的自治範圍。因此“區域合作法”應當屬於“其他按基本法規定不屬特別行政區自治範圍的法律”，能夠列入附件三在特區實施。[41] 以

38　參見王禹：《全面管制權理論：粵港澳大灣區法治基石》。

39　參見董皞、張強：《粵港澳大灣區的特異性與協調發展合作治理之法律問題》，廣東財經大學法學院、中國法學會香港基本法澳門基本法研究會“粵港澳大灣區法律論壇”論文，2018 年 6 月 2 日於廣州，第 48 頁。

40　參見陳轅：《略論澳門特區參與粵港澳大灣區法治建設面臨的問題及建議》；轉引自中國法學會中國法治國際論壇（2019）“第 11 屆內地與港澳法律研討會”發言材料，2019 年 11 月於廣州，第 123 頁。

41　參見劉浩：《淺議粵港澳大灣區的立法制度構建 —— 以歐盟立法制度為參考》。

及，荊洪文認為，粵港澳大灣區作為粵港澳區域經濟一體化的空間載體，其法律和社會事務的衝突解決與合作，已經超越了港澳自治權的空間範圍，屬中央政府的管轄事項，是可以作為基本法附件三的全國性法律。[42]

3. 地方性立法的"另闢蹊徑"

除全國性的上位立法以外，廣東省或深圳市的地方性立法權行使能否為大灣區法律協調尤其是立法協調提供規範依據？這個建議，可以嘗試適度擴大廣東立法權限，但同時必須考慮到法制統一問題和地方保護主義的可能性。因此，廣東立法權限的擴大應局限於根據法律的目的、精神和原則對具體法律規範進行適度改變的範疇，而且這種改變是否符合法律的目的、精神和原則要依法由備案機關進行審查。[43] 從《立法法》的法理上看，地方性的針對性立法應以全國人大授權為基準。對此，朱最新建議，可以通過特別法的形式授權廣東省行使《立法法》規定的法律保留事項以外的所有權力，涉及現行法律規定屬中央權限的事項應進行事前備案，不屬法律明確規定的中央權限事項實行事後備案。中央保留對相關事項的最終裁量權。這樣不僅可以促進粵港澳政府合作的制度創新，推進粵港澳經濟一體化的歷史進程，且可以充分發揮廣東先行先試作用，為今後中央與地方關係法治化提供實踐經驗。[44]

在經濟特區立法權的維度上，同時更聚焦在深港合作的議題。鄧凱認為，深圳基於其改革創新與法治示範角色的基礎配置，並通過政治及立法授權（如綜合改革權試點中的"清單式批量申請授權"）達至更強效、更精準的"先行先試"、"變通突破"等目的，至於粵港澳大灣區融合發展的迫切需求，獲加強賦權的特區立法權將在較多的中央事權領域做出探索，從而補齊深港跨境合作"法律勢差"，在諸如出入境管理、境外人才政策、金融、稅收、數據及信息互通等要素流動事項上協同立法，匹配港澳法制環境，平衡大灣區高傾斜法律衝突的制度現狀。[45] 其他"類立法"的工具諸如"調法"、"調規"也值得探索。柯靜嘉建議，可以學習上海自貿試驗區在創立之初突破現有國家法律行政法規的途徑來明確大灣區的法律定位，即由全國人大常

42 參見荊洪文：《粵港澳大灣區法律衝突的解決路徑》。

43 參見解可：《深化粵港澳法律合作問題研究》，《學理論》2010 年第 12 期；轉引自廣東財經大學圖書館、廣東財經大學法學院編：《粵港澳大灣區法律研究專題資料》2018 年第 1 期，第 371 頁。

44 參見朱最新：《區域一體化下粵港澳政府合作的法律基礎思考》。

45 參見鄧凱：《法治與發展：中共百年決議中的大灣區論述》，《大公報》2021 年 12 月 10 日。

委會授權，在大灣區內暫時調整實施部分法律規定。[46]

（五）大灣區法律協調的組織機構保障及相關設想

立法顯然不是解決大灣區衝突及治理的唯一路徑。對此，石佑啟、陳可翔觀察到，對“法”的固化認識在大灣區治理中容易導致治理規則與治理實踐不相吻合，造成規範體系漏洞以及治理無序化的局面。其一，這會導致大灣區法律規範體系建設呈現單一化的發展趨勢，陷入“立法是解決大灣區治理問題的唯一路徑”、“大灣區法治建設等同於法律的修改和創制”等認識誤區，並將法律化作為標準對大灣區法治化程度進行評估和考察。[47] 的確，在完善灣區立法後，將有更多的機制來保障法律協調有效進行，較多的研究提出了關於將建構大灣區立法協調機構作為完善大灣區法律合作法律框架的組織法保障路徑。

王萬里建議，在制定《粵港澳大灣區合作發展綱要法》後，在法律中應當設立大灣區合作發展協調機構，使其成為法定機構，明確其職權及賦予其規則制定權。[48] 王崇認為，隨著大灣區意識逐漸深入，未來也許可以設立一個統一的委員會或其他類似機構，專門負責或起草粵港澳大灣區內部的法律規範並最後交由各方審核通過，進而逐漸向頂層立法方式靠近，但需要長期的實踐才可落實。[49] 鍾韻、胡曉華也主張，應當運用頂層設計，通過中央政府的作用設立大灣區跨境協商管治機制，由中央政府領導，粵港澳三地政府共同參與，具備制定規則、執行具體事務、提供監督與諮詢等多種職能的組織機制。[50] 劉璟提倡構建由中央有關部門、港澳特別行政區、廣東省政府相關部門、九個地級市政府部門組成的協調委員會，從法律、市場、政府和社會四個方面創新治理和合作模式。[51] 鄒平學、馮澤華認為，應當建立粵港澳統一的立法協調機構，由全國人大常委會授權立法協調聯席會議解決區際法律衝突問題。[52]

---

46 參見柯靜嘉：《論粵港澳大灣區投資合作的法律機制構建》。

47 參見石佑啟、陳可翔：《粵港澳大灣區治理創新的法治進路》，《中國社會科學》2019 年第 11 期。

48 參見王萬里：《從域外經驗看粵港澳大灣區的法治統合問題》。

49 參見王崇：《大灣區立法進路下的法理學思辨與定位》。

50 參見鍾韻、胡曉華：《粵港澳大灣區的構建與制度創新：理論基礎與實施機制》，《經濟學家》2017 年第 12 期。

51 參見劉璟：《粵港澳大灣區治理與合作模式探索》，《開放導報》2017 年第 10 期。

52 參見鄒平學、馮澤華：《改革開放四十年廣東在粵港澳法律合作中的實踐創新與歷史使命》。

很大程度上，上述機構組織法保障也能得到來自比較法維度上的證成。索光舉認為，可以以北美自由貿易區實行的“自由貿易委員會”為藍本，以粵港、粵澳聯席會議制度為基礎，設立大灣區經濟貿易合作委員會作為大灣區經濟合作的常設機構。把粵港澳合作聯絡辦公室改名為大灣區經濟貿易合作委員會秘書處，負責日常管理工作，落實委員會制定的行動計劃和方案，為區域合作提供組織和管理服務。根據北美自由貿易區的運作模式，在大灣區經濟貿易合作委員會下設立數個專門委員會，分別負責某一領域的專業事項。[53] 在朱最新的設想中，粵港澳應該在《框架協議》設立的粵港、粵澳合作聯絡辦公室的基礎上按照“三三制”原則設立相對獨立的粵港澳合作委員會，並由三方政府協商制定粵港澳合作委員職權、職責及權力行使程序等規範，並各自通過法定途徑完成粵港澳合作委員會的法定授權。然後由經過各自授權的粵港澳合作委員會來保障相關協議的實施和協調。與此同時，應當建立跨域影響決策的備案機制，在決策公布實施之前向粵港澳合作委員會備案。[54] 更有學者對大灣區立法協調機構的內部分工、職權作出拆解，例如張思思建議，應成立大灣區政府合作委員會，專門負責合作發展及法律事務。該委員會內部可以設立經濟合作發展小組、科教文衛合作小組、社會協調發展合作小組、人才流動與創業創新合作小組、法律事務專門工作小組和辦公室。

在實踐中，橫琴粵澳深合區已開展破題嘗試，管委會、執委會模式率先“打樣”。橫琴粵澳深合區管委會實行“雙首長制”，由廣東省長、澳門特區行政長官分別擔任。管委會下設執委會，其角色是管理深合區經濟及民生事務的法定機構。執委會主任安排由澳門官員擔任，六名副主任名額粵澳對半分配，這意味著橫琴經濟運行由澳門主導，服務澳門特徵顯著增強。新機制下，澳門目前已向管委會派駐 26 名公務員參與粵澳合署辦公，薪酬則以澳門元計算。在鄧凱看來，雙首長決策、雙體系並行、互嵌合署、屬地屬人雙管轄等諸多組織模式創新，不但為國內合作區建設及跨域治理所首創，前所未有地增進了資源調動、政策協調、自主執行等行政效能。而且，混合式的行政管理體制也無外域先例可循，是專屬中國、專屬粵港澳大灣區的行政組

53 參見索光舉：《CEPA 條件下“大灣區”經濟合作的法律框架結構》，《嘉應學院學報（哲學社會科學）》2017 年第 4 期；轉引自廣東財經大學圖書館、廣東財經大學法學院編：《粵港澳大灣區法律研究專題資料》2018 年第 1 期，第 193 頁。

54 參見朱最新：《區域一體化下粵港澳政府合作的法律基礎思考》。

織法實驗。[55]

四、粵港澳大灣區的法律服務業發展

毋庸置疑，法律服務業在粵港澳大灣區法治語境中代表了發展最為活躍的場景，一定程度上也是粵港澳大灣區規則體系建設中最具現實意義卻又最具進化論想象的組成部分。首先，一個最基本的邏輯前提在於，法律服務業相較於立法協調、司法協助等有賴於權威者或主權者自上而下的制度設計，其更貼近"市場本身"，並由此更易靈活地回應屬大灣區融合發展的宏大訴求。正因如此，鄭若驊司長在本書開篇部分就犀利地指出，除了著重做好完善三地民商事司法協助體系的工作外，更重要的是以內地法律服務開放平台為依托，培養精通灣區法律的高質量涉外法律服務人才，積極回應國家在發展涉外法律服務方面的需求。[56] 僅就大灣區律師業的維度，本書所收錄的鄧世豹文也主張在推進粵港澳大灣區建設，應發揮香港法律執業者和澳門執業律師的專業作用，同時國家創造性地設計了"大灣區律師"制度，全國人大常委會、國務院為"大灣區律師"做了制度性安排。[57]

也必須承認，目前大灣區法律服務業全面合作進程仍有待深化。鄒平學、馮澤華認為儘管粵港澳律師業合作取得一定進展，但距離律師業全面合作尚有一定距離，主要表現在：一是粵港澳律師業只能以合夥聯營的方式進行，加之現有的新設合夥制聯營律師事務所的數量也是屈指可數，這些聯營的律師事務所不能完全滿足大灣區各市居民在跨境法律服務上的需求。二是單邊律師業開放阻礙粵港澳法律服務業的全面合作。三是 CEPA 只允許港籍律師在內地從事非訴訟業務。作者建議，首先，粵港澳應當逐步降低法律准入門檻，包括港澳允許部分內地律師事務所運行，推動跨境仲裁和公証業務；其次，應當建構橫跨三地執業範圍的跨境法律職業對接機制；第三，粵港澳三地政府應當提倡建立粵港澳法律服務業協會，推動三地法律界人士的交流合作多邊化、常態化。[58]

謝雯、丘概欣於三年前的觀察則是，港澳地區律師目前在內地執業受

---

55 參見鄧凱：《共設共管：深港口岸經濟帶的組織法創新》，《大公報》2021 年 10 月 22 日。

56 參見鄭若驊：《加強區域法律合作與規則銜接，推進粵港澳大灣區建設》，本書前文。

57 參見鄧世豹：《深化"大灣區律師"改革，打造大灣區涉外法律人才高地》，本書前文。

58 參見鄒平學、馮澤華：《改革開放四十年廣東在粵港澳法律合作中的實踐創新與歷史使命》。

到限制。2015 年 7 月深圳前海蛇口自貿片區發布的《中國（廣東）自由貿易試驗區深圳前海蛇口片區建設實施方案》明確支持推動粵港澳律師事務所聯營，當前內地與港澳律師事務所以合夥聯營形式在廣東自貿區已經成功實踐。但根據民事訴訟法規定，港澳律師只能以非律師身份（公民身份）擔任內地民事訴訟的代理人，其中公民代理又只能限於近親屬或者單位員工，而香港律師成為當事人的近親屬或者單位員工的可能性很小，因此，港澳籍律師的執業範圍實質上受到了較多限制，不利於滿足港澳商事主體的司法需求。作者建議，應當注重香港資深律師、專家陪審員等法律人才的作用，探索任期制法官的選任和管理模式，增強法院與律師、香港等地法律界人士的互動交流；建立健全國際商事案件專家委員會制度；持續推進香港澳門的法律大學生到內地法院實習計劃；推動香港與內地的民商事判決得到更好地承認與執行；探索香港律師以律師身份在內地出庭；建立粵港澳大灣區司法合作平台等。[59] 同一時期，郭建安也指出了大灣區法律服務業發展需要考慮如下問題的解決：律師資格與職業資格的取得；律所的合作，包括合作的形式、律所合作所適用的法律、合作的方向、稅收與外匯政策等；新型合作形式，包括法律科技，特別是 AI 逐漸在法律服務領域應用；域外法律查明、一站式綜合服務、對糾紛解決的第三方資助；等等。

令人欣喜的是，就在過去的兩年，由《粵港澳大灣區發展規劃綱要》所明確訂明的"加快構建適應開放型經濟發展的法律體系，全面改革開放法律服務"這一目標已取得階段性成果。首次大灣區考試的成績已在 2021 年 9 月底公布，通過考試的港澳法律專業人員也正在參與由廣東省律師協會舉辦的集中培訓課程。他們在取得相關律師執業證書後，可在大灣區內地九市辦理適用內地法律的部分民商事法律事務。屆時將會有更多熟悉兩地法律的香港法律執業者為整個大灣區的發展提供專業服務。通過實務上的交流，港澳法律專業人員能夠跟內地律師互惠互補，共同處理涉外訴訟案件或促成跨境交易。這樣一方面能加快大灣區內的內地律師對處理跨法域交易及爭議的認識和經驗，也有助於加快涉外法治人才培養，另一方面亦讓港澳律師深度參與大灣區的法治建設，共同解決大灣區建設發展進程中的法律實踐難題，達到雙贏。[60] 香港律政司鄭若驊司長最新表示，接下來，律政司將積極配合司法

59 參見謝雯、丘概欣：《粵港澳大灣區建設中司法合作與司法保障的路徑——以涉港澳民商事審判為視角》。

60 參見鄭若驊：《加強區域法律合作與規則銜接，推進粵港澳大灣區建設》。

部和廣東省司法廳做好大灣區律師的執業管理工作以及第二屆大灣區考試的落實工作，促進香港法律專業團體與內地相關律師協會有效對接，協助通過考試的人員與內地律師事務所進行配對。[61] 相信將有更多屬於粵港澳大灣區法律服務業的發展突破呈現於世。

61　參見同上。

附錄

1.《深化粵港澳合作 推進大灣區建設框架協議》

國家發展和改革委員會 廣東省人民政府

香港特別行政區政府 澳門特別行政區政府

2017 年 7 月 1 日

為充分發揮粵港澳地區的綜合優勢，深化粵港澳合作，推進粵港澳大灣區建設，高水平參與國際合作，提升在國家經濟發展和全方位開放中的引領作用，為港澳發展注入新動能，保持港澳長期繁榮穩定，國家發展和改革委員會、廣東省人民政府、香港特別行政區政府、澳門特別行政區政府（以下稱四方）經協商一致，制定本協議。

一、總則

（一）合作宗旨。全面準確貫徹“一國兩制”方針，完善創新合作機制，建立互利共贏合作關係，共同推進粵港澳大灣區建設。

（二）合作目標。強化廣東作為全國改革開放先行區、經濟發展重要引擎的作用，構建科技、產業創新中心和先進製造業、現代服務業基地；鞏固和提升香港國際金融、航運、貿易三大中心地位，強化全球離岸人民幣業務樞紐地位和國際資產管理中心功能，推動專業服務和創新及科技事業發展，建設亞太區國際法律及解決爭議服務中心；推進澳門建設世界旅遊休閒中心，打造中國與葡語國家商貿合作服務平台，建設以中華文化為主流、多元文化共存的交流合作基地，促進澳門經濟適度多元可持續發展。努力將粵港澳大灣區建設成為更具活力的經濟區、宜居宜業宜遊的優質生活圈和內地與港澳深度合作的示範區，攜手打造國際一流灣區和世界級城市群。

（三）合作原則。

—— 開放引領，創新驅動。積極構建開放型經濟新體制，打造高水平開放平台，對接高標準貿易投資規則，集聚創新資源，完善區域協同創新體系，開展創新及科技合作。

—— 優勢互補，合作共贏。充分發揮各地比較優勢，創新完善合作體制機制，加強政策和規劃協調對接，推動粵港澳間雙向合作，促進區域經濟社會協同發展，使合作成果惠及各方。

—— 市場主導，政府推動。充分發揮市場在資源配置中的決定性作用，更好發揮政府作用，推動各種生產和生活要素在區域內更加便捷流動和優化配置。

—— 先行先試，重點突破。支持廣東全面深化改革，探索粵港澳合作新模式，推動主要合作區域和重點領域的體制機制創新，以點帶面深化合作，充分釋放改革紅利。

—— 生態優先，綠色發展。著眼於城市群可持續發展，強化環境保護和生態修復，推動形成綠色低碳的生產生活方式和城市建設運營模式，有效提升城市群品質。

二、合作重點領域

（四）推進基礎設施互聯互通。強化內地與港澳交通聯繫，構建高效便捷的現代綜合交通運輸體系。發揮香港作為國際航運中心優勢，帶動大灣區其他城市共建世界級港口群和空港群，優化高速公路、鐵路、城市軌道交通網絡布局，推動各種運輸方式綜合銜接、一體高效。強化城市內外交通建設，便捷城際交通，共同推進包括港珠澳大橋、廣深港高鐵、粵澳新通道等區域重點項目建設，打造便捷區域內交通圈。建設穩定安全的能源和水供應體系，進一步提升信息通信網絡基礎設施水平、擴大網絡容量。

（五）進一步提升市場一體化水平。落實內地與香港、澳門《關於建立更緊密經貿關係的安排》（CEPA）及其系列協議，促進要素便捷流動，提高通關便利化水平，促進人員、貨物往來便利化，打造具有全球競爭力的營商環境。推動擴大內地與港澳企業相互投資。鼓勵港澳人員赴粵投資及創業就業，為港澳居民發展提供更多機遇，並為港澳居民在內地生活提供更加便利條件。

（六）打造國際科技創新中心。統籌利用全球科技創新資源，完善創新合作體制機制，優化跨區域合作創新發展模式，構建國際化、開放型區域創新體系，不斷提高科研成果轉化水平和效率，加快形成以創新為主要引領和支撐的經濟體系和發展模式。

（七）構建協同發展現代產業體系。充分發揮大灣區不同城市產業優勢，推進產業協同發展，完善產業發展格局，加快向全球價值鏈高端邁進。培育戰略性新興產業集群，建設產業合作發展平台，構建高端引領、協同發展、特色突出、綠色低碳的開放型、創新型產業體系。

（八）共建宜居宜業宜遊的優質生活圈。以改善民生為重點，提高社會管理和公共服務能力和水平，增加優質公共服務和生產生活產品供給，打造國際化教育高地，完善就業創業服務體系，加強人文交流、促進文化繁榮發展，推進區域旅遊發展，支持澳門打造旅遊教育培訓基地，共建健康灣區，完善生態建設和環境保護合作機制，建設綠色低碳灣區。

（九）培育國際合作新優勢。充分發揮港澳地區獨特優勢，深化與“一帶一路”沿線國家在基礎設施互聯互通、經貿、金融、生態環保及人文交流領域的合作，攜手打造推進“一帶一路”建設的重要支撐區。支持粵港澳共同開展國際產能合作和聯手“走出去”，進一步完善對外開放平台，更好發揮歸僑僑眷紐帶作用，推動大灣區在國家高水平參與國際合作中發揮示範帶頭作用。

（十）支持重大合作平台建設。推進深圳前海、廣州南沙、珠海橫琴等重大粵港澳合作平台開發建設，充分發揮其在進一步深化改革、擴大開放、促進合作中的試驗示範和引領帶動作用，並複製推廣成功經驗。推進港澳青年創業就業基地建設。支持港深創新及科技園、江門大廣海灣經濟區、中山粵澳全面合作示範區等合作平台建設。發揮合作平台示範作用，拓展港澳中小微企業發展空間。

三、體制機制安排

（十一）完善協調機制。編制《粵港澳大灣區城市群發展規劃》，推進規劃落地實施。四方每年定期召開磋商會議，協調解決大灣區發展中的重大問題和合作事項。

（十二）健全實施機制。四方每年提出推進粵港澳大灣區建設年度重點工作，由國家發展和改革委員會徵求廣東省人民政府和香港、澳門特別行政區政府以及國家有關部門意見達成一致後，共同推動落實。廣東省人民政府和香港、澳門特別行政區政府共同建立推進粵港澳大灣區發展日常工作機制，更好發揮廣東省發展和改革委員會、香港特別行政區政府政制及內地事務局、澳門特別行政區政府行政長官辦公室在合作中的聯絡協調作用，推動規劃深入實施。

（十三）擴大公眾參與。強化粵港澳合作諮詢渠道，吸納內地及港澳各界代表和專家參與，研究探討各領域合作發展策略、方式及問題。發揮粵港澳地區行業協會、智庫等機構的作用，支持工商企業界、勞工界、專業服務界、學術界等社會各界深化合作交流，共同參與大灣區建設。加強粵港澳大灣區的宣傳推介。

四、其他

本協議自四方代表正式簽署之日起生效，有效期五年。經四方協商同意，可對本協議進行修正和展期。

本協議以中文書就，一式四份。

本協議於 2017 年 7 月 1 日在香港簽署。

國家發展和改革委員會主任　　廣東省人民政府省長

香港特別行政區行政長官　　澳門特別行政區行政長官

2.《粵港澳大灣區發展規劃綱要》

中共中央 國務院 印發

2019 年 2 月 18 日

目錄

第四節　強化水資源安全保障

第六章　構建具有國際競爭力的現代產業體系

第一節　加快發展先進製造業

第二節　培育壯大戰略性新興產業

第三節　加快發展現代服務業

第四節　大力發展海洋經濟

第七章　推進生態文明建設

第一節　打造生態防護屏障

第二節　加強環境保護和治理

第三節　創新綠色低碳發展模式

第八章　建設宜居宜業宜遊的優質生活圈

第一節　打造教育和人才高地

第二節　共建人文灣區

第三節　構築休閒灣區

第四節　拓展就業創業空間

第五節　塑造健康灣區

第六節　促進社會保障和社會治理合作

第九章　緊密合作共同參與“一帶一路”建設

第一節　打造具有全球競爭力的營商環境

第二節　提升市場一體化水平

第三節　攜手擴大對外開放

第十章　共建粵港澳合作發展平台

第一節　優化提升深圳前海深港現代服務業合作區功能

第二節　打造廣州南沙粵港澳全面合作示範區

第三節　推進珠海橫琴粵港澳深度合作示範

第四節　發展特色合作平台

第十一章　規劃實施

第一節　加強組織領導

第二節　推動重點工作

第三節　防範化解風險

第四節　擴大社會參與

前言

粵港澳大灣區包括香港特別行政區、澳門特別行政區和廣東省廣州市、深圳市、珠海市、佛山市、惠州市、東莞市、中山市、江門市、肇慶市（以下稱珠三角九市），總面積 5.6 萬平方公里，2017 年末總人口約 7000 萬人，是我國開放程度最高、經濟活力最強的區域之一，在國家發展大局中具有重要戰略地位。建設粵港澳大灣區，既是新時代推動形成全面開放新格局的新嘗試，也是推動“一國兩制”事業發展的新實踐。為全面貫徹黨的十九大精神，全面準確貫徹“一國兩制”方針，充分發揮粵港澳綜合優勢，深化內地與港澳合作，進一步提升粵港澳大灣區在國家經濟發展和對外開放中的支撐引領作用，支持香港、澳門融入國家發展大局，增進香港、澳門同胞福祉，保持香港、澳門長期繁榮穩定，讓港澳同胞同祖國人民共擔民族復興的歷史責任、共享祖國繁榮富強的偉大榮光，編制本規劃。

本規劃是指導粵港澳大灣區當前和今後一個時期合作發展的綱領性文件。規劃近期至 2022 年，遠期展望到 2035 年。

第一章　規劃背景

改革開放以來，特別是香港、澳門回歸祖國後，粵港澳合作不斷深化實化，粵港澳大灣區經濟實力、區域競爭力顯著增強，已具備建成國際一流灣區和世界級城市群的基礎條件。

第一節　發展基礎

區位優勢明顯。粵港澳大灣區地處我國沿海開放前沿，以泛珠三角區域為廣闊發展腹地，在“一帶一路”建設中具有重要地位。交通條件便利，擁有香港國際航運中心和吞吐量位居世界前列的廣州、深圳等重要港口，以及香港、廣州、深圳等具有國際影響力的航空樞紐，便捷高效的現代綜合交通運輸體系正在加速形成。

經濟實力雄厚。經濟發展水平全國領先，產業體系完備，集群優勢明顯，經濟互補性強，香港、澳門服務業高度發達，珠三角九市已初步形成以戰略性新興產業為先導、先進製造業和現代服務業為主體的產業結構，2017 年大灣區經濟總量約 10 萬億元。

創新要素集聚。創新驅動發展戰略深入實施，廣東全面創新改革試驗穩步推進，國家自主創新示範區加快建設。粵港澳三地科技研發、轉化能力突出，擁有一批在全國乃至全球具有重要影響力的高校、科研院所、高新技術企業和國家大科學工程，創新要素吸引力強，具備建設國際科技創新中心的良好基礎。

國際化水平領先。香港作為國際金融、航運、貿易中心和國際航空樞紐，擁有高度國際化、法治化的營商環境以及遍布全球的商業網絡，是全球最自由經濟體之一。澳門作為世界旅遊休閒中心和中國與葡語國家商貿合作服務平台的作用不斷強化，多元文化交流的功能日益彰顯。珠三角九市是內地外向度最高的經濟區域和對外開放的重要窗口，在全國加快構建開放型經濟新體制中具有重要地位和作用。

合作基礎良好。香港、澳門與珠三角九市文化同源、人緣相親、民俗相近、優勢互補。近年來，粵港澳合作不斷深化，基礎設施、投資貿易、金融服務、科技教育、休閒旅遊、生態環保、社會服務等領域合作成效顯著，已經形成了多層次、全方位的合作格局。

第二節　機遇挑戰

當前，世界多極化、經濟全球化、社會信息化、文化多樣化深入發展，全球治理體系和國際秩序變革加速推進，各國相互聯繫和依存日益加深，和平發展大勢不可逆轉，新一輪科技革命和產業變革蓄勢待發，“一帶一路”建設深入推進，為提升粵港澳大灣區國際競爭力、更高水平參與國際合作和競爭拓展了新空間。在新發展理念引領下，我國深入推進供給側結構性改革，推動經濟發展質量變革、效率變革、動力變革，為大灣區轉型發展、創新發展注入了新活力。全面深化改革取得重大突破，國家治理體系和治理能力現代化水平明顯提高，為創新大灣區合作發展體制機制、破解合作發展中的突出問題提供了新契機。

同時，粵港澳大灣區發展也面臨諸多挑戰。當前，世界經濟不確定不穩定因素增多，保護主義傾向抬頭，大灣區經濟運行仍存在產能過剩、供給與需求結構不平衡不匹配等突出矛盾和問題，經濟增長內生動力有待增強。在“一國兩制”下，粵港澳社會制度不同，法律制度不同，分屬不同關稅區域，市場互聯互通水平有待進一步提升，生產要素高效便捷流動的良好局面尚未形成。大灣區內部發展差距依然較大，協同性、包容性有待加強，部分地區和領域還存在同質化競爭和資源錯配現象。香港經濟增長缺乏持續穩固支撐，澳門經濟結構相對單一、發展資源有限，珠三角九市市場經濟體制有待完善。區域發展空間面臨瓶頸制約，資源能源約束趨緊，生態環境壓力日益增大，人口紅利逐步減退。

第三節　重大意義

打造粵港澳大灣區，建設世界級城市群，有利於豐富"一國兩制"實踐內涵，進一步密切內地與港澳交流合作，為港澳經濟社會發展以及港澳同胞到內地發展提供更多機會，保持港澳長期繁榮穩定；有利於貫徹落實新發展理念，深入推進供給側結構性改革，加快培育發展新動能、實現創新驅動發展，為我國經濟創新力和競爭力不斷增強提供支撐；有利於進一步深化改革、擴大開放，建立與國際接軌的開放型經濟新體制，建設高水平參與國際經濟合作新平台；有利於推進"一帶一路"建設，通過區域雙向開放，構築絲綢之路經濟帶和 21 世紀海上絲綢之路對接融匯的重要支撐區。

第二章　總體要求

第一節　指導思想

深入貫徹習近平新時代中國特色社會主義思想和黨的十九大精神，統籌推進"五位一體"總體布局和協調推進"四個全面"戰略布局，全面準確貫徹"一國兩制"、"港人治港"、"澳人治澳"、高度自治的方針，嚴格依照憲法和基本法辦事，堅持新發展理念，充分認識和利用"一國兩制"制度優勢、港澳獨特優勢和廣東改革開放先行先試優勢，解放思想、大膽探索，不斷深化粵港澳互利合作，進一步建立互利共贏的區域合作關係，推動區域經濟協同發展，為港澳發展注入新動能，為全國推進供給側結構性改革、實施創新驅動發展戰略、構建開放型經濟新體制提供支撐，建設富有活力和國際競爭力的一流灣區和世界級城市群，打造高質量發展的典範。

第二節　基本原則

創新驅動，改革引領。實施創新驅動發展戰略，完善區域協同創新體系，集聚國際創新資源，建設具有國際競爭力的創新發展區域。全面深化改革，推動重點領域和關鍵環節改革取得新突破，釋放改革紅利，促進各類要素在大灣區便捷流動和優化配置。

協調發展，統籌兼顧。實施區域協調發展戰略，充分發揮各地區比較優勢，加強政策協調和規劃銜接，優化區域功能布局，推動區域城鄉協調發展，不斷增強發展的整體性。

綠色發展，保護生態。大力推進生態文明建設，樹立綠色發展理念，堅持節約資源和保護環境的基本國策，實行最嚴格的生態環境保護制度，堅持最嚴格的耕地保護制度和最嚴格的節約用地制度，推動形成綠色低碳的生產生活方式和城市建設運營模式，為居民提供良好生態環境，促進大灣區可持續發展。

開放合作，互利共贏。以"一帶一路"建設為重點，構建開放型經濟新體制，打造高水平開放平台，對接高標準貿易投資規則，加快培育國際合作和競爭新優勢。充分發揮港澳獨特優勢，創新完善各領域開放合作體制機制，深化內地與港澳互利合作。

共享發展，改善民生。堅持以人民為中心的發展思想，讓改革發展成果更多更公平惠及全體人民。提高保障和改善民生水平，加大優質公共產品和服務供給，不斷促進社會公平正義，使大灣區居民獲得感、幸福感、安全感更加充實、更有保障、更可持續。

"一國兩制"，依法辦事。把堅持"一國"原則和尊重"兩制"差異有機結合起來，堅守"一國"之本，善用"兩制"之利。把維護中央的全面管治權和保障特別行政區的高度自治權有機結合起來，尊崇法治，嚴格依照憲法和基本法辦事。把國家所需和港澳所長有機結合起來，充分發揮市場化機制的作用，促進粵港澳優勢互補，實現共同發展。

第三節　戰略定位

充滿活力的世界級城市群。依托香港、澳門作為自由開放經濟體和廣東作為改革開放排頭兵的優勢，繼續深化改革、擴大開放，在構建經濟高質量發展的體制機制方面走在全國前列、發揮示範引領作用，加快制度創新和先行先試，建設現代化經濟體系，更好融入全球市場體系，建成世界新興產業、先進製造業和現代服務業基地，建設世界級城市群。

具有全球影響力的國際科技創新中心。瞄準世界科技和產業發展前沿，加強創新平台建設，大力發展新技術、新產業、新業態、新模式，加快形成以創新為主要動力和支撐的經濟體系；扎實推進全面創新改革試驗，充分發揮粵港澳科技研發與產業創新優勢，破除影響創新要素自由流動的瓶頸和制約，進一步激發各類創新主體活力，建成全球科技創新高地和新興產業重要策源地。

“一帶一路”建設的重要支撐。更好發揮港澳在國家對外開放中的功能和作用，提高珠三角九市開放型經濟發展水平，促進國際國內兩個市場、兩種資源有效對接，在更高層次參與國際經濟合作和競爭，建設具有重要影響力的國際交通物流樞紐和國際文化交往中心。

內地與港澳深度合作示範區。依托粵港澳良好合作基礎，充分發揮深圳前海、廣州南沙、珠海橫琴等重大合作平台作用，探索協調協同發展新模式，深化珠三角九市與港澳全面務實合作，促進人員、物資、資金、信息便捷有序流動，為粵港澳發展提供新動能，為內地與港澳更緊密合作提供示範。

宜居宜業宜遊的優質生活圈。堅持以人民為中心的發展思想，踐行生態文明理念，充分利用現代信息技術，實現城市群智能管理，優先發展民生工程，提高大灣區民眾生活便利水平，提升居民生活質量，為港澳居民在內地學習、就業、創業、生活提供更加便利的條件，加強多元文化交流融合，建設生態安全、環境優美、社會安定、文化繁榮的美麗灣區。

第四節　發展目標

到 2022 年，粵港澳大灣區綜合實力顯著增強，粵港澳合作更加深入廣泛，區域內生發展動力進一步提升，發展活力充沛、創新能力突出、產業結構優化、要素流動順暢、生態環境優美的國際一流灣區和世界級城市群框架基本形成。

——區域發展更加協調，分工合理、功能互補、錯位發展的城市群發展格局基本確立；

——協同創新環境更加優化，創新要素加快集聚，新興技術原創能力和科技成果轉化能力顯著提升；

——供給側結構性改革進一步深化，傳統產業加快轉型升級，新興產業和製造業核心競爭力不斷提升，數字經濟迅速增長，金融等現代服務業加快發展；

——交通、能源、信息、水利等基礎設施支撐保障能力進一步增強，城市發展及運營能力進一步提升；

——綠色智慧節能低碳的生產生活方式和城市建設運營模式初步確立，居民生活更加便利、更加幸福；

——開放型經濟新體制加快構建，粵港澳市場互聯互通水平進一步提升，各類資源要素流動更加便捷高效，文化交流活動更加活躍。

到 2035 年，大灣區形成以創新為主要支撐的經濟體系和發展模式，經濟實力、科技實力大幅躍升，國際競爭力、影響力進一步增強；大灣區內市場高水平互聯互通基本實現，各類資源要素高效便捷流動；區域發展協調性顯著增強，對周邊地區的引領帶動能力進一步提升；人民生活更加富裕；社會文明程度達到新高度，文化軟實力顯著增強，中華文化影響更加廣泛深入，多元文化進一步交流融合；資源節約集約利用水平顯著提高，生態環境得到有效保護，宜居宜業宜遊的國際一流灣區全面建成。

第三章　空間布局

堅持極點帶動、軸帶支撐、輻射周邊，推動大中小城市合理分工、功能互補，進一步提高區域發展協調性，促進城鄉融合發展，構建結構科學、集約高效的大灣區發展格局。

第一節　構建極點帶動、軸帶支撐網絡化空間格局

極點帶動。發揮香港—深圳、廣州—佛山、澳門—珠海強強聯合的引領帶動作用，深化港深、澳珠合作，加快廣佛同城化建設，提升整體實力和全球影響力，引領粵港澳大灣區深度參與國際合作。

軸帶支撐。依托以高速鐵路、城際鐵路和高等級公路為主體的快速交通網絡與港口群和機場群，構建區域經濟發展軸帶，形成主要城市間高效連接的網絡化空間格局。更好發揮港珠澳大橋作用，加快建設深（圳）中（山）通道、深（圳）茂（名）鐵路等重要交通設施，提高珠江西岸地區發展水平，促進東西兩岸協同發展。

第二節　完善城市群和城鎮發展體系

優化提升中心城市。以香港、澳門、廣州、深圳四大中心城市作為區域發展的核心引擎，繼續發揮比較優勢做優做強，增強對周邊區域發展的輻射帶動作用。

——香港。鞏固和提升國際金融、航運、貿易中心和國際航空樞紐地位，強化全球離岸人民幣業務樞紐地位、國際資產管理中心及風險管理中心功能，推動金融、商貿、物流、專業服務等向高端高增值方向發展，大力發展創新及科技事業，培育新興產業，建設亞太區國際法律及爭議解決服務中心，打造更具競爭力的國際大都會。

——澳門。建設世界旅遊休閒中心、中國與葡語國家商貿合作服務平台，促進經濟適度多元發展，打造以中華文化為主流、多元文化共存的交流合作基地。

——廣州。充分發揮國家中心城市和綜合性門戶城市引領作用，全面增強國際商貿中心、綜合交通樞紐功能，培育提升科技教育文化中心功能，著力建設國際大都市。

——深圳。發揮作為經濟特區、全國性經濟中心城市和國家創新型城市的引領作用，加快建成現代化國際化城市，努力成為具有世界影響力的創新創意之都。

建設重要節點城市。支持珠海、佛山、惠州、東莞、中山、江門、肇慶等城市充分發揮自身優勢，深化改革創新，增強城市綜合實力，形成特色鮮明、功能互補、具有競爭力的重要節點城市。增強發展的協調性，強化與中心城市的互動合作，帶動周邊特色城鎮發展，共同提升城市群發展質量。

發展特色城鎮。充分發揮珠三角九市特色城鎮數量多、體量大的優勢，培育一批具有特色優勢的魅力城鎮，完善市政基礎設施和公共服務設施，發展特色產業，傳承傳統文化，形成優化區域發展格局的重要支撐。建設智慧小鎮，開展智能技術應用試驗，推動體制機制創新，探索未來城市發展模式。加快推進特大鎮行政管理體制改革，在降低行政成本和提升行政效率的基礎上不斷拓展特大鎮功能。

促進城鄉融合發展。建立健全城鄉融合發展體制機制和政策體系，推動珠三角九市城鄉一體化發展，全面提高城鎮化發展質量和水平，建設具有嶺南特色的宜居城鄉。加強分類指導，合理劃定功能分區，優化空間布局，促進城鄉集約發展。提高城鄉基礎設施一體化水平，因地制宜推進城市更新，改造城中村、合併小型村，加強配套設施建設，改善城鄉人居環境。

第三節　輻射帶動泛珠三角區域發展

發揮粵港澳大灣區輻射引領作用，統籌珠三角九市與粵東西北地區生產力布局，帶動周邊地區加快發展。構建以粵港澳大灣區為龍頭，以珠江—西江經濟帶為腹地，帶動中南、西南地區發展，輻射東南亞、南亞的重要經濟支撐帶。完善大灣區至泛珠三角區域其他省區的交通網絡，深化區域合作，有序發展“飛地經濟”，促進泛珠三角區域要素流動和產業轉移，形成梯度發展、分工合理、優勢互補的產業協作體系。依托沿海鐵路、高等級公路和重要港口，實現粵港澳大灣區與海峽西岸城市群和北部灣城市群聯動發展。依托高速鐵路、幹線鐵路和高速公路等交通通道，深化大灣區與中南地區和長江中游地區的合作交流，加強大灣區對西南地區的輻射帶動作用。

第四章　建設國際科技創新中心

深入實施創新驅動發展戰略，深化粵港澳創新合作，構建開放型融合發展的區域協同創新共同體，集聚國際創新資源，優化創新制度和政策環境，著力提升科技成果轉化能力，建設全球科技創新高地和新興產業重要策源地。

第一節　構建開放型區域協同創新共同體

加強科技創新合作。更好發揮內地與香港、澳門科技合作委員會的作用，推動香港、澳門融入國家創新體系、發揮更重要作用。充分發揮粵港澳科技和產業優勢，積極吸引和對接全球創新資源，建設開放互通、布局合理的區域創新體系。推進“廣州—深圳—香港—澳門”科技創新走廊建設，探索有利於人才、資本、信息、技術等創新要素跨境流動和區域融通的政策舉措，共建粵港澳大灣區大數據中心和國際化創新平台。加快國家自主創新示範區與國家雙創示範基地、眾創空間建設，支持其與香港、澳門建立創新創業交流機制，共享創新創業資源，共同完善創新創業生態，為港澳青年創新創業提供更多機遇和更好條件。鼓勵粵港澳企業和科研機構參與國際科技創新合作，共同舉辦科技創新活動，支持企業到海外設立研發機構和創新孵化基地，鼓勵境內外投資者在粵港澳設立研發機構和創新平台。支持依托深圳國家基因庫發起設立“一帶一路”生命科技促進聯盟。鼓勵其他地區的高校、科研機構和企業參與大灣區科技創新活動。

加強創新基礎能力建設。支持重大科技基礎設施、重要科研機構和重大創新平台在大灣區布局建設。向港澳有序開放國家在廣東建設布局的重大科研基礎設施和大型科研儀器。支持粵港澳有關機構積極參與國家科技計劃（專項、基金等）。加強應用基礎研究，拓展實施國家重大科技項目。支持將粵港澳深化創新體制機制改革的相關舉措納入全面創新改革試驗。

加強產學研深度融合。建立以企業為主體、市場為導向、產學研深度融合的技術創新體系，支持粵港澳企業、高校、科研院所共建高水平的協同創新平台，推動科技成果轉化。實施粵港澳科技創新合作發展計劃和粵港聯合創新資助計劃，支持設立粵港澳產學研創新聯盟。

第二節　打造高水平科技創新載體和平台

加快推進大灣區重大科技基礎設施、交叉研究平台和前沿學科建設，著力提升基礎研究水平。優化創新資源配置，建設培育一批產業技術創新平台、製造業創新中心和企業技術中心。推進國家自主創新示範區建設，有序開展國家高新區擴容，將高新區建設成為區域創新的重要節點和產業高端化發展的重要基地。推動珠三角九市軍民融合創新發展，支持創建軍民融合創新示範區。支持港深創新及科技園、中新廣州知識城、南沙慶盛科技創新產業基地、橫琴粵澳合作中醫藥科技產業園等重大創新載體建設。支持香港物流及供應鏈管理應用技術、紡織及成衣、資訊及通信技術、汽車零部件、納米及先進材料等五大研發中心以及香港科學園、香港數碼港建設。支持澳門中醫藥科技產業發展平台建設。推進香港、澳門國家重點實驗室夥伴實驗室建設。

第三節　優化區域創新環境

深化區域創新體制機制改革。研究實施促進粵港澳大灣區出入境、工作、居住、物流等更加便利化的政策措施，鼓勵科技和學術人才交往交流。允許香港、澳門符合條件的高校、科研機構申請內地科技項目，並按規定在內地及港澳使用相關資金。支持粵港澳設立聯合創新專項資金，就重大科研項目開展合作，允許相關資金在大灣區跨境使用。研究制定專門辦法，對科研合作項目需要的醫療數據和血液等生物樣品跨境在大灣區內限定的高校、科研機構和實驗室使用進行優化管理，促進臨床醫學研究發展。香港、澳門在廣東設立的研發機構按照與內地研發機構同等待遇原則，享受國家和廣東省各項支持創新的政策，鼓勵和支持其參與廣東科技計劃。開展知識產權證券化試點。

促進科技成果轉化。創新機制、完善環境，將粵港澳大灣區建設成為具有國際競爭力的科技成果轉化基地。支持粵港澳在創業孵化、科技金融、成果轉化、國際技術轉讓、科技服務業等領域開展深度合作，共建國家級科技成果孵化基地和粵港澳青年創業就業基地等成果轉化平台。在珠三角九市建設一批面向港澳的科技企業孵化器，為港澳高校、科研機構的先進技術成果轉移轉化提供便利條件。支持珠三角九市建設國家科技成果轉移轉化示範區。充分發揮香港、澳門、深圳、廣州等資本市場和金融服務功能，合作構建多元化、國際化、跨區域的科技創新投融資體系。大力拓展直接融資渠道，依托區域性股權交易市場，建設科技創新金融支持平台。支持香港私募基金參與大灣區創新型科技企業融資，允許符合條件的創新型科技企業進入香港上市集資平台，將香港發展成為大灣區高新技術產業融資中心。

強化知識產權保護和運用。依托粵港、粵澳及泛珠三角區域知識產權合作機制，全面加強粵港澳大灣區在知識產權保護、專業人才培養等領域的合作。強化知識產權行政執法和司法保護，更好發揮廣州知識產權法院等機構作用，加強電子商務、進出口等重點領域和環節的知識產權執法。加強在知識產權創造、運用、保護和貿易方面的國際合作，建立完善知識產權案件跨境協作機制。依托現有交易場所，開展知識產權交易，促進知識產權的合理有效流通。開展知識產權保護規範化市場培育和“正版正貨”承諾活動。發揮知識產權服務業集聚發展區的輻射作用，促進高端知識產權服務與區域產業融合發展，推動通過非訴訟爭議解決方式（包括仲裁、調解、協商等）處理知識產權糾紛。充分發揮香港在知識產權保護及相關專業服務等方面具有的優勢，支持香港成為區域知識產權貿易中心。不斷豐富、發展和完善有利於激勵創新的知識產權保護制度。建立大灣區知識產權信息交換機制和信息共享平台。

第五章　加快基礎設施互聯互通

加強基礎設施建設，暢通對外聯繫通道，提升內部聯通水平，推動形成布局合理、功能完善、銜接順暢、運作高效的基礎設施網絡，為粵港澳大灣區經濟社會發展提供有力支撐。

第一節　構建現代化的綜合交通運輸體系

提升珠三角港口群國際競爭力。鞏固提升香港國際航運中心地位，支持香港發展船舶管理及租賃、船舶融資、海事保險、海事法律及爭議解決等高端航運服務業，並為內地和澳門企業提供服務。增強廣州、深圳國際航運綜合服務功能，進一步提升港口、航道等基礎設施服務能力，與香港形成優勢互補、互惠共贏的港口、航運、物流和配套服務體系，增強港口群整體國際競爭力。以沿海主要港口為重點，完善內河航道與疏港鐵路、公路等集疏運網絡。

建設世界級機場群。鞏固提升香港國際航空樞紐地位，強化航空管理培訓中心功能，提升廣州和深圳機場國際樞紐競爭力，增強澳門、珠海等機場功能，推進大灣區機場錯位發展和良性互動。支持香港機場第三跑道建設和澳門機場改擴建，實施廣州、深圳等機場改擴建，開展廣州新機場前期研究工作，研究建設一批支線機場和通用機場。進一步擴大大灣區的境內外航空網絡，積極推動開展多式聯運代碼共享。依托香港金融和物流優勢，發展高增值貨運、飛機租賃和航空融資業務等。支持澳門機場發展區域公務機業務。加強空域協調和空管協作，優化調整空域結構，提高空域資源使用效率，提升空管保障能力。深化低空空域管理改革，加快通用航空發展，穩步發展跨境直升機服務，建設深圳、珠海通用航空產業綜合示範區。推進廣州、深圳臨空經濟區發展。

暢通對外綜合運輸通道。完善大灣區經粵東西北至周邊省區的綜合運輸通道。推進贛州至深圳、廣州至汕尾、深圳至茂名、岑溪至羅定等鐵路項目建設，適時開展廣州經茂名、湛江至海安鐵路和柳州至肇慶鐵路等區域性通道項目前期工作，研究廣州至清遠鐵路進一步延伸的可行性。有序推進沈海高速（G15）和京港澳高速（G4）等國家高速公路交通繁忙路段擴容改造。加快構建以廣州、深圳為樞紐，高速公路、高速鐵路和快速鐵路等廣東出省通道為骨幹，連接泛珠三角區域和東盟國家的陸路國際大通道。

構築大灣區快速交通網絡。以連通內地與港澳以及珠江口東西兩岸為重點，構建以高速鐵路、城際鐵路和高等級公路為主體的城際快速交通網絡，力爭實現大灣區主要城市間 1 小時通達。編制粵港澳大灣區城際（鐵路）建設規劃，完善大灣區鐵路骨幹網絡，加快城際鐵路建設，有序規劃珠三角主要城市的城市軌道交通項目。加快深中通道、虎門二橋過江通道建設。創新通關模式，更好發揮廣深港高速鐵路、港珠澳大橋作用。推進蓮塘 / 香園圍口岸、粵澳新通道（青茂口岸）、横琴口岸（探索澳門蓮花口岸搬遷）、廣深港高速鐵路西九龍站等新口岸項目的規劃建設。加強港澳與內地的交通聯繫，推進城市軌道交通等各種運輸方式的有效對接，構建安全便捷換乘換裝體系，提升粵港澳口岸通關能力和通關便利化水平，促進人員、物資高效便捷流動。

提升客貨運輸服務水平。按照零距離換乘、無縫化銜接目標，完善重大交通設施布局，積極推進幹線鐵路、城際鐵路、市域（郊）鐵路等引入機場，提升機場集疏運能力。加快廣州—深圳國際性綜合交通樞紐建設。推進大灣區城際客運公交化運營，推廣“一票式”聯程和“一卡通”服務。構建現代貨運物流體系，加快發展鐵水、公鐵、空鐵、江河海聯運和“一單制”聯運服務。加快智能交通系統建設，推進物聯網、雲計算、大數據等信息技術在交通運輸領域的創新集成應用。

第二節　優化提升信息基礎設施

構建新一代信息基礎設施。推進粵港澳網間互聯寬帶擴容，全面布局基於互聯網協議第六版（IPv6）的下一代互聯網，推進骨幹網、城域網、接入網、互聯網數據中心和支撐系統的 IPv6 升級改造。加快互聯網國際出入口帶寬擴容，全面提升流量轉接能力。推動珠三角無線寬帶城市群建設，實現免費高速無線局域網在大灣區熱點區域和重點交通線路全覆蓋。實現城市固定互聯網寬帶全部光纖接入。建設超高清互動數字家庭網絡。

建成智慧城市群。推進新型智慧城市試點示範和珠三角國家大數據綜合試驗區建設，加強粵港澳智慧城市合作，探索建立統一標準，開放數據端口，建設互通的公共應用平台，建設全面覆蓋、泛在互聯的智能感知網絡以及智慧城市時空信息雲平台、空間信息服務平台等信息基礎設施，大力發展智慧交通、智慧能源、智慧市政、智慧社區。推進電子簽名證書互認工作，推廣電子簽名互認證書在公共服務、金融、商貿等領域應用。共同推動大灣區電子支付系統互聯互通。增強通信企業服務能力，多措並舉實現通信資費合理下降，推動降低粵港澳手機長途和漫遊費，並積極開展取消粵港澳手機長途和漫遊費的可行性研究，為智慧城市建設提供基礎支撐。

提升網絡安全保障水平。加強通信網絡、重要信息系統和數據資源保護，增強信息基礎設施可靠性，提高信息安全保障水平。積極推動先進技術在香港、澳門、廣州、深圳等城市使用，促進保密通信技術在政府部門、金融機構等應用。建立健全網絡與信息安全信息通報預警機制，加強實時監測、通報預警、應急處置工作，構建網絡安全綜合防禦體系。

第三節　建設能源安全保障體系

優化能源供應結構。大力推進能源供給側結構性改革，優化粵港澳大灣區能源結構和布局，建設清潔、低碳、安全、高效的能源供給體系。大力發展綠色低碳能源，加快天然氣和可再生能源利用，有序開發風能資源，因地制宜發展太陽能光伏發電、生物質能，安全高效發展核電，大力推進煤炭清潔高效利用，控制煤炭消費總量，不斷提高清潔能源比重。

強化能源儲運體系。加強周邊區域向大灣區以及大灣區城市間送電通道等主幹電網建設，完善城鎮輸配電網絡，提高電網輸電能力和抗風險能力。加快推進珠三角大型石油儲備基地建設，統籌推進新建液化天然氣（LNG）接收站和擴大已建 LNG 接收站儲轉能力，依托國家骨幹天然氣管線布局建設配套支線，擴大油氣管道覆蓋面，提高油氣儲備和供應能力。推進廣州、珠海等國家煤炭儲備基地建設，建成煤炭接收與中轉儲備梯級系統。研究完善廣東對香港、澳門輸電網絡、供氣管道，確保香港、澳門能源供應安全和穩定。

第四節　強化水資源安全保障

完善水利基礎設施。堅持節水優先，大力推進雨洪資源利用等節約水、涵養水的工程建設。實施最嚴格水資源管理制度，加快制定珠江水量調度條例，嚴格珠江水資源統一調度管理。加快推進珠三角水資源配置工程和對澳門第四供水管道建設，加強飲用水水源地和備用水源安全保障達標建設及環境風險防控工程建設，保障珠三角以及港澳供水安全。加強粵港澳水科技、水資源合作交流。

完善水利防災減災體系。加強海堤達標加固、珠江幹支流河道崩岸治理等重點工程建設，著力完善防汛防颱風綜合防災減災體系。加強珠江河口綜合治理與保護，推進珠江三角洲河湖系統治理。強化城市內部排水系統和蓄水能力建設，建設和完善澳門、珠海、中山等防洪（潮）排澇體系，有效解決城市內澇問題。推進病險水庫和病險水閘除險加固，全面消除安全隱患。加強珠江河口水文水資源監測，共同建設災害監測預警、聯防聯控和應急調度系統，提高防洪防潮減災應急能力。

第六章　構建具有國際競爭力的現代產業體系

深化供給側結構性改革，著力培育發展新產業、新業態、新模式，支持傳統產業改造升級，加快發展先進製造業和現代服務業，瞄準國際先進標準提高產業發展水平，促進產業優勢互補、緊密協作、聯動發展，培育若干世界級產業集群。

第一節　加快發展先進製造業

增強製造業核心競爭力。圍繞加快建設製造強國，完善珠三角製造業創新發展生態體系。推動互聯網、大數據、人工智能和實體經濟深度融合，大力推進製造業轉型升級和優化發展，加強產業分工協作，促進產業鏈上下游深度合作，建設具有國際競爭力的先進製造業基地。

優化製造業布局。提升國家新型工業化產業示範基地發展水平，以珠海、佛山為龍頭建設珠江西岸先進裝備製造產業帶，以深圳、東莞為核心在珠江東岸打造具有全球影響力和競爭力的電子信息等世界級先進製造業產業集群。發揮香港、澳門、廣州、深圳創新研發能力強、運營總部密集以及珠海、佛山、惠州、東莞、中山、江門、肇慶等地產業鏈齊全的優勢，加強大灣區產業對接，提高協作發展水平。支持東莞等市推動傳統產業轉型升級，支持佛山深入開展製造業轉型升級綜合改革試點。支持香港在優勢領域探索"再工業化"。

加快製造業結構調整。推動製造業智能化發展，以機器人及其關鍵零部件、高速高精加工裝備和智能成套裝備為重點，大力發展智能製造裝備和產品，培育一批具有系統集成能力、智能裝備開發能力和關鍵部件研發生產能力的智能製造骨幹企業。支持裝備製造、汽車、石化、家用電器、電子信息等優勢產業做強做精，推動製造業從加工生產環節向研發、設計、品牌、營銷、再製造等環節延伸。加快製造業綠色改造升級，重點推進傳統製造業綠色改造、開發綠色產品，打造綠色供應鏈。大力發展再製造產業。

第二節　培育壯大戰略性新興產業

依托香港、澳門、廣州、深圳等中心城市的科研資源優勢和高新技術產業基礎，充分發揮國家級新區、國家自主創新示範區、國家高新區等高端要素集聚平台作用，聯合打造一批產業鏈條完善、輻射帶動力強、具有國際競爭力的戰略性新興產業集群，增強經濟發展新動能。推動新一代信息技術、生物技術、高端裝備製造、新材料等發展壯大為新支柱產業，在新型顯示、新一代通信技術、5G 和移動互聯網、蛋白類等生物醫藥、高端醫學診療設備、基因檢測、現代中藥、智能機器人、3D 打印、北斗衛星應用等重點領域培育一批重大產業項目。圍繞信息消費、新型健康技術、海洋工程裝備、高技術服務業、高性能集成電路等重點領域及其關鍵環節，實施一批戰略性新興產業重大工程。培育壯大新能源、節能環保、新能源汽車等產業，形成以節能環保技術研發和總部基地為核心的產業集聚帶。發揮龍頭企業帶動作用，積極發展數字經濟和共享經濟，促進經濟轉型升級和社會發展。促進地區間動漫遊戲、網絡文化、數字文化裝備、數字藝術展示等數字創意產業合作，推動數字創意在會展、電子商務、醫療衛生、教育服務、旅遊休閒等領域應用。

第三節　加快發展現代服務業

建設國際金融樞紐。發揮香港在金融領域的引領帶動作用，鞏固和提升香港國際金融中心地位，打造服務"一帶一路"建設的投融資平台。支持廣州完善現代金融服務體系，建設區域性私募股權交易市場，建設產權、大宗商品區域交易中心，提升國際化水平。支持深圳依規發展以深圳證券交易所為核心的資本市場，加快推進金融開放創新。支持澳門打造中國—葡語國家金融服務平台，建立出口信用保險制度，建設成為葡語國家人民幣清算中心，發揮中葡基金總部落戶澳門的優勢，承接中國與葡語國家金融合作服務。研究探索建設澳門—珠海跨境金融合作示範區。

大力發展特色金融產業。支持香港打造大灣區綠色金融中心，建設國際認可的綠色債券認證機構。支持廣州建設綠色金融改革創新試驗區，研究設立以碳排放為首個品種的創新型期貨交易所。支持澳門發展租賃等特色金融業務，探索與鄰近地區錯位發展，研究在澳門建立以人民幣計價結算的證券市場、綠色金融平台、中葡金融服務平台。支持深圳建設保險創新發展試驗區，推進深港金融市場互聯互通和深澳特色金融合作，開展科技金融試點，加強金融科技載體建設。支持珠海等市發揮各自優勢，發展特色金融服務業。在符合法律法規及監管要求的前提下，支持粵港澳保險機構合作開發創新型跨境機動車保險和跨境醫療保險產品，為跨境保險客戶提供便利化承保、查勘、理賠等服務。

有序推進金融市場互聯互通。逐步擴大大灣區內人民幣跨境使用規模和範圍。大灣區內的銀行機構可按照相關規定開展跨境人民幣拆借、人民幣即遠期外匯交易業務以及與人民幣相關衍生品業務、理財產品交叉代理銷售業務。大灣區內的企業可按規定跨境發行人民幣債券。擴大香港與內地居民和機構進行跨境投資的空間，穩步擴大兩地居民投資對方金融產品的渠道。在依法合規前提下，有序推動大灣區內基金、保險等金融產品跨境交易，不斷豐富投資產品類別和投資渠道，建立資金和產品互通機制。支持香港機構投資者按規定在大灣區募集人民幣資金投資香港資本市場，參與投資境內私募股權投資基金和創業投資基金。支持香港開發更多離岸人民幣、大宗商品及其他風險管理工具。支持內地與香港、澳門保險機構開展跨境人民幣再保險業務。不斷完善"滬港通"、"深港通"和"債券通"。支持符合條件的港澳銀行、保險機構在深圳前海、廣州南沙、珠海橫琴設立經營機構。建立粵港澳大灣區金融監管協調溝通機制，加強跨境金融機構監管和資金流動監測分析合作。完善粵港澳反洗錢、反恐怖融資、反逃稅監管合作和信息交流機制。建立和完善系統性風險預警、防範和化解體系，共同維護金融系統安全。

構建現代服務業體系。聚焦服務業重點領域和發展短板，促進商務服務、流通服務等生產性服務業向專業化和價值鏈高端延伸發展，健康服務、家庭服務等生活性服務業向精細和高品質轉變，以航運物流、旅遊服務、文化創意、人力資源服務、會議展覽及其他專業服務等為重點，構建錯位發展、優勢互補、協作配套的現代服務業體系。推進粵港澳物流合作發展，大力發展第三方物流和冷鏈物流，提高供應鏈管理水平，建設國際物流樞紐。支持澳門加快建設葡語國家食品集散中心。推動粵港澳深化工業設計合作，促進工業設計成果產業化。深化粵港澳文化創意產業合作，有序推進市場開放。充分發揮香港影視人才優勢，推動粵港澳影視合作，加強電影投資合作和人才交流，支持香港成為電影電視博覽樞紐。鞏固提升香港作為國際高端會議展覽及採購中心的地位，支持澳門培育一批具有國際影響力的會議展覽品牌。深化落實內地與香港、澳門關於建立更緊密經貿關係的安排（CEPA）對港澳服務業開放措施，鼓勵粵港澳共建專業服務機構，促進會計審計、法律及爭議解決服務、管理諮詢、檢驗檢測認證、知識產權、建築及相關工程等專業服務發展。支持大灣區企業使用香港的檢驗檢測認證等服務。

第四節　大力發展海洋經濟

堅持陸海統籌、科學開發，加強粵港澳合作，拓展藍色經濟空間，共同建設現代海洋產業基地。強化海洋觀測、監測、預報和防災減災能力，提升海洋資源開發利用水平。優化海洋開發空間布局，與海洋功能區劃、土地利用總體規劃相銜接，科學統籌海岸帶（含海島地區）、近海海域、深海海域利用。構建現代海洋產業體系，優化提升海洋漁業、海洋交通運輸、海洋船舶等傳統優勢產業，培育壯大海洋生物醫藥、海洋工程裝備製造、海水綜合利用等新興產業，集中集約發展臨海石化、能源等產業，加快發展港口物流、濱海旅遊、海洋信息服務等海洋服務業，加強海洋科技創新平台建設，促進海洋科技創新和成果高效轉化。支持香港發揮海洋經濟基礎領域創新研究優勢。在保障珠江河口水域泄洪納潮安全的前提下，支持澳門科學編制實施海域中長期發展規劃，進一步發展海上旅遊、海洋科技、海洋生物等產業。支持深圳建設全球海洋中心城市。支持粵港澳通過加強金融合作推進海洋經濟發展，探索在境內外發行企業海洋開發債券，鼓勵產業（股權）投資基金投資海洋綜合開發企業和項目，依托香港高增值海運和金融服務的優勢，發展海上保險、再保險及船舶金融等特色金融業。

第七章　推進生態文明建設

牢固樹立和踐行綠水青山就是金山銀山的理念，像對待生命一樣對待生態環境，實行最嚴格的生態環境保護制度。堅持節約優先、保護優先、自然恢復為主的方針，以建設美麗灣區為引領，著力提升生態環境質量，形成節約資源和保護環境的空間格局、產業結構、生產方式、生活方式，實現綠色低碳循環發展，使大灣區天更藍、山更綠、水更清、環境更優美。

第一節　打造生態防護屏障

實施重要生態系統保護和修復重大工程，構建生態廊道和生物多樣性保護網絡，提升生態系統質量和穩定性。劃定並嚴守生態保護紅線，強化自然生態空間用途管制。加強珠三角周邊山地、丘陵及森林生態系統保護，建設北部連綿山體森林生態屏障。加強海岸線保護與管控，強化岸線資源保護和自然屬性維護，建立健全海岸線動態監測機制。強化近岸海域生態系統保護與修復，開展水生生物增殖放流，推進重要海洋自然保護區及水產種質資源保護區建設與管理。推進“藍色海灣”整治行動、保護沿海紅樹林，建設沿海生態帶。加強粵港澳生態環境保護合作，共同改善生態環境系統。加強濕地保護修復，全面保護區域內國際和國家重要濕地，開展濱海濕地跨境聯合保護。

第二節　加強環境保護和治理

開展珠江河口區域水資源、水環境及涉水項目管理合作，重點整治珠江東西兩岸污染，規範入河（海）排污口設置，強化陸源污染排放項目、涉水項目和岸線、灘塗管理。加強海洋資源環境保護，更加重視以海定陸，加快建立入海污染物總量控制制度和海洋環境實時在線監控系統。實施東江、西江及珠三角河網區污染物排放總量控制，保障水功能區水質達標。加強東江、西江、北江等重要江河水環境保護和水生生物資源養護，強化深圳河等重污染河流系統治理，推進城市黑臭水體環境綜合整治，貫通珠江三角洲水網，構建全區域綠色生態水網。強化區域大氣污染聯防聯控，實施更嚴格的清潔航運政策，實施多污染物協同減排，統籌防治臭氧和細顆粒物（PM2.5）污染。實施珠三角九市空氣質量達標管理。加強危險廢物區域協同處理處置能力建設，強化跨境轉移監管，提升固體廢物無害化、減量化、資源化水平。開展粵港澳土壤治理修復技術交流與合作，積極推進受污染土壤的治理與修復示範，強化受污染耕地和污染地塊安全利用，防控農業面源污染，保障農產品質量和人居環境安全。建立環境污染“黑名單”制度，健全環保信用評價、信息強制性披露、嚴懲重罰等制度。著力解決人民群眾關心的環境保護歷史遺留問題。

第三節　創新綠色低碳發展模式

挖掘溫室氣體減排潛力，採取積極措施，主動適應氣候變化。加強低碳發展及節能環保技術的交流合作，進一步推廣清潔生產技術。推進低碳試點示範，實施近零碳排放區示範工程，加快低碳技術研發。推動大灣區開展綠色低碳發展評價，力爭碳排放早日達峰，建設綠色發展示範區。推動製造業智能化綠色化發展，採用先進適用節能低碳環保技術改造提升傳統產業，加快構建綠色產業體系。推進能源生產和消費革命，構建清潔低碳、安全高效的能源體系。推進資源全面節約和循環利用，實施國家節水行動，降低能耗、物耗，實現生產系統和生活系統循環鏈接。實行生產者責任延伸制度，推動生產企業切實落實廢棄產品回收責任。培育發展新興服務業態，加快節能環保與大數據、互聯網、物聯網的融合。廣泛開展綠色生活行動，推動居民在衣食住行遊等方面加快向綠色低碳、文明健康的方式轉變。加強城市綠道、森林濕地步道等公共慢行系統建設，鼓勵低碳出行。推廣碳普惠制試點經驗，推動粵港澳碳標簽互認機制研究與應用示範。

第八章　建設宜居宜業宜遊的優質生活圈

堅持以人民為中心的發展思想，積極拓展粵港澳大灣區在教育、文化、旅遊、社會保障等領域的合作，共同打造公共服務優質、宜居宜業宜遊的優質生活圈。

第一節　打造教育和人才高地

推動教育合作發展。支持粵港澳高校合作辦學，鼓勵聯合共建優勢學科、實驗室和研究中心。充分發揮粵港澳高校聯盟的作用，鼓勵三地高校探索開展相互承認特定課程學分、實施更靈活的交換生安排、科研成果分享轉化等方面的合作交流。支持大灣區建設國際教育示範區，引進世界知名大學和特色學院，推進世界一流大學和一流學科建設。鼓勵港澳青年到內地學校就讀，對持港澳居民來往內地通行證在內地就讀的學生，實行與內地學生相同的交通、旅遊門票等優惠政策。推進粵港澳職業教育在招生就業、培養培訓、師生交流、技能競賽等方面的合作，創新內地與港澳合作辦學方式，支持各類職業教育實訓基地交流合作，共建一批特色職業教育園區。支持澳門建設中葡雙語人才培訓基地，發揮澳門旅遊教育培訓和旅遊發展經驗優勢，建設粵港澳大灣區旅遊教育培訓基地。加強基礎教育交流合作，鼓勵粵港澳三地中小學校結為“姊妹學校”，在廣東建設港澳子弟學校或設立港澳兒童班並提供寄宿服務。研究探索三地幼兒園締結“姊妹園”。研究開放港澳中小學教師、幼兒教師到廣東考取教師資格並任教。加強學校建設，擴大學位供給，進一步完善跨區域就業人員隨遷子女就學政策，推動實現平等接受學前教育、義務教育和高中階段教育，確保符合條件的隨遷子女順利在流入地參加高考。研究賦予在珠三角九市工作生活並符合條件的港澳居民子女與內地居民同等接受義務教育和高中階段教育的權利。支持各級各類教育人才培訓交流。

建設人才高地。支持珠三角九市借鑑港澳吸引國際高端人才的經驗和做法，創造更具吸引力的引進人才環境，實行更積極、更開放、更有效的人才引進政策，加快建設粵港澳人才合作示範區。在技術移民等方面先行先試，開展外籍創新人才創辦科技型企業享受國民待遇試點。支持大灣區建立國家級人力資源服務產業園。建立緊缺人才清單制度，定期發布緊缺人才需求，拓寬國際人才招攬渠道。完善外籍高層次人才認定標準，暢通人才申請永久居留的市場化渠道，為外籍高層次人才在華工作、生活提供更多便利。完善國際化人才培養模式，加強人才國際交流合作，推進職業資格國際互認。完善人才激勵機制，健全人才雙向流動機制，為人才跨地區、跨行業、跨體制流動提供便利條件，充分激發人才活力。支持澳門加大創新型人才和專業服務人才引進力度，進一步優化提升人才結構。探索採用法定機構或聘任制等形式，大力引進高層次、國際化人才參與大灣區的建設和管理。

第二節　共建人文灣區

塑造灣區人文精神。堅定文化自信，共同推進中華優秀傳統文化傳承發展，發揮粵港澳地域相近、文脈相親的優勢，聯合開展跨界重大文化遺產保護，合作舉辦各類文化遺產展覽、展演活動，保護、宣傳、利用好灣區內的文物古跡、世界文化遺產和非物質文化遺產，支持弘揚以粵劇、龍舟、武術、醒獅等為代表的嶺南文化，彰顯獨特文化魅力。增強大灣區文化軟實力，進一步提升居民文化素養與社會文明程度，共同塑造和豐富灣區人文精神內涵。吸收中華優秀傳統文化精華，大力弘揚廉潔修身、勤勉盡責的廉潔文化，形成崇廉尚潔的良好社會氛圍，共同維護向善向上的清風正氣，構建親清新型政商關係，推動廉潔化風成俗。

共同推動文化繁榮發展。完善大灣區內公共文化服務體系和文化創意產業體系，培育文化人才，打造文化精品，繁榮文化市場，豐富居民文化生活。推進大灣區新聞出版廣播影視產業發展；加強國家音樂產業基地建設，推動音樂產業發展。加強大灣區藝術院團、演藝學校及文博機構交流，支持博物館合作策展，便利藝術院團在大灣區內跨境演出。支持新建香港故宮文化博物館、西九文化區戲曲中心等重點文化項目，增強香港中西合璧的城市文化魅力。支持香港通過國際影視展、香港書展和設計營商周等具有國際影響力的活動，匯聚創意人才，鞏固創意之都地位。支持深圳引進世界高端創意設計資源，大力發展時尚文化產業。支持香港、澳門、廣州、佛山（順德）弘揚特色飲食文化，共建世界美食之都。共同推進大灣區體育事業和體育產業發展，聯合打造一批國際性、區域性品牌賽事。推進馬匹運動及相關產業發展，加強香港與內地在馬匹、飼草飼料、獸藥、生物製品等進出境檢驗檢疫和通關等方面的合作。

加強粵港澳青少年交流。支持"粵港澳青年文化之旅"、香港"青年內地交流資助計劃"和澳門"千人計劃"等重點項目實施，促進大灣區青少年交流合作。在大灣區為青年人提供創業、就業、實習和志願工作等機會，推動青年人交往交流、交心交融，支持港澳青年融入國家、參與國家建設。強化內地和港澳青少年的愛國教育，加強憲法和基本法、國家歷史、民族文化的教育宣傳。開展青少年研學旅遊合作，共建一批研學旅遊示範基地。鼓勵舉辦大灣區青年高峰論壇。

推動中外文化交流互鑑。發揮大灣區中西文化長期交匯共存等綜合優勢，促進中華文化與其他文化的交流合作，創新人文交流方式，豐富文化交流內容，提高文化交流水平。支持廣州建設嶺南文化中心和對外文化交流門戶，擴大嶺南文化的影響力和輻射力。支持中山深度挖掘和弘揚孫中山文化資源。支持江門建設華僑華人文化交流合作重要平台。支持澳門發揮東西方多元文化長期交融共存的特色，加快發展文化產業和文化旅遊，建設中國與葡語國家文化交流中心。鼓勵香港發揮中西方文化交流平台作用，弘揚中華優秀傳統文化。

第三節　構築休閒灣區

推進大灣區旅遊發展，依托大灣區特色優勢及香港國際航運中心的地位，構建文化歷史、休閒度假、養生保健、郵輪遊艇等多元旅遊產品體系，豐富粵港澳旅遊精品路線，開發高鐵"一程多站"旅遊產品，建設粵港澳大灣區世界級旅遊目的地。優化珠三角地區"144 小時過境免簽"政策，便利外國人在大灣區旅遊觀光。支持香港成為國際城市旅遊樞紐及"一程多站"示範核心區，建設多元旅遊平台。支持澳門建設世界旅遊休閒中心，在澳門成立大灣區城市旅遊合作聯盟，推進粵港澳共享區域旅遊資源，構建大灣區旅遊品牌，研發具有創意的旅遊產品，共同拓展旅遊客源市場，推動旅遊休閒提質升級。有序推動香港、廣州、深圳國際郵輪港建設，進一步增加國際班輪航線，探索研究簡化郵輪、遊艇及旅客出入境手續。逐步簡化及放寬內地郵輪旅客的證件安排，研究探索內地郵輪旅客以過境方式赴港參與全部郵輪航程。推動粵港澳遊艇自由行有效實施，加快完善軟硬件設施，共同開發高端旅遊項目。探索在合適區域建設國際遊艇旅遊自由港。支持澳門與鄰近城市探索發展國際遊艇旅遊，合作開發跨境旅遊產品，發展面向國際的郵輪市場。支持珠三角城市建設國家全域旅遊示範區。促進濱海旅遊業高品質發展，加快"海洋—海島—海岸"旅遊立體開發，完善濱海旅遊基礎設施與公共服務體系。探索以旅遊等服務業為主體功能的無居民海島整島開發方式。建設貫通潮州到湛江並連接港澳的濱海景觀公路，推動形成連通港澳的濱海旅遊發展軸線，建設一批濱海特色風情小鎮。探索開通澳門與鄰近城市、島嶼的旅遊路線，探索開通香港—深圳—惠州—汕尾海上旅遊航線。

第四節　拓展就業創業空間

完善區域公共就業服務體系，建設公共就業綜合服務平台，完善有利於港澳居民特別是內地學校畢業的港澳學生在珠三角九市就業生活的政策措施，擴寬港澳居民就業創業空間。鼓勵港澳居民中的中國公民依法擔任內地國有企事業單位職務，研究推進港澳居民中的中國公民依法報考內地公務員工作。在深圳前海、廣州南沙、珠海橫琴建立港澳創業就業試驗區，試點允許取得建築及相關工程諮詢等港澳相應資質的企業和專業人士為內地市場主體直接提供服務，並逐步推出更多試點項目及開放措施。支持港澳青年和中小微企業在內地發展，將符合條件的港澳創業者納入當地創業補貼扶持範圍，積極推進深港青年創新創業基地、前海深港青年夢工場、南沙粵港澳（國際）青年創新工場、中山粵港澳青年創新創業合作平台、中國（江門、增城）"僑夢苑"華僑華人創新產業聚集區、東莞松山湖（生態園）港澳青年創新創業基地、惠州仲愷港澳青年創業基地等港澳青年創業就業基地建設。實施"粵港暑期實習計劃"、"粵澳暑期實習計劃"和"澳門青年到深圳實習及就業項目"，鼓勵港澳青年到廣東省實習就業。支持香港通過"青年發展基金"等幫助香港青年在大灣區創業就業。支持澳門建設中國與葡語國家青年創新創業交流中心。支持舉辦粵港、粵澳勞動監察合作會議和執法培訓班。

第五節　塑造健康灣區

密切醫療衛生合作。推動優質醫療衛生資源緊密合作，支持港澳醫療衛生服務提供主體在珠三角九市按規定以獨資、合資或合作等方式設置醫療機構，發展區域醫療聯合體和區域性醫療中心。支持中山推進生物醫療科技創新。深化中醫藥領域合作，支持澳門、香港分別發揮中藥質量研究國家重點實驗室夥伴實驗室和香港特別行政區政府中藥檢測中心優勢，與內地科研機構共同建立國際認可的中醫藥產品質量標準，推進中醫藥標準化、國際化。支持粵澳合作中醫藥科技產業園開展中醫藥產品海外註冊公共服務平台建設，發展健康產業，提供優質醫療保健服務，推動中醫藥海外發展。加強醫療衛生人才聯合培養和交流，開展傳染病聯合會診，鼓勵港澳醫務人員到珠三角九市開展學術交流和私人執業醫務人員短期執業。研究開展非急重病人跨境陸路轉運服務，探索在指定公立醫院開展跨境轉診合作試點。完善緊急醫療救援聯動機制。推進健康城市、健康村鎮建設。

加強食品食用農產品安全合作。完善港澳與內地間的食品原產地可追溯制度，提高大灣區食品安全監管信息化水平。加強粵港澳食品安全合作，提升區域食品安全保障水平，建立健全食品安全信息通報案件查處和食品安全事故應急聯動機制，建立食品安全風險交流與信息發布制度。保障內地供港澳食品安全，支持港澳參與廣東出口食品農產品質量安全示範區和“信譽農場”建設，高水平打造惠州粵港澳綠色農產品生產供應基地、肇慶（懷集）綠色農副產品集散基地。

第六節　促進社會保障和社會治理合作

推進社會保障合作。探索推進在廣東工作和生活的港澳居民在教育、醫療、養老、住房、交通等民生方面享有與內地居民同等的待遇。加強跨境公共服務和社會保障的銜接，探索澳門社會保險在大灣區內跨境使用，提高香港長者社會保障措施的可攜性。研究建立粵港澳跨境社會救助信息系統，開展社會福利和慈善事業合作。鼓勵港澳與內地社會福利界加強合作，推進社會工作領域職業資格互認，加強粵港澳社工的專業培訓交流。深化養老服務合作，支持港澳投資者在珠三角九市按規定以獨資、合資或合作等方式興辦養老等社會服務機構，為港澳居民在廣東養老創造便利條件。推進醫養結合，建設一批區域性健康養老示範基地。

深化社會治理合作。深入推進依法行政，加強大灣區廉政機制協同，打造優質高效廉潔政府，提升政府服務效率和群眾獲得感。在珠三角九市港澳居民比較集中的城鄉社區，有針對性地拓展社區綜合服務功能，為港澳居民提供及時、高效、便捷的社會服務。嚴格依照憲法和基本法辦事，在尊重各自管轄權的基礎上，加強粵港澳司法協助。建立社會治安治理聯動機制，強化矛盾糾紛排查預警和案件應急處置合作，聯合打擊偷渡行為，更大力度打擊跨境犯罪活動，統籌應對傳統和非傳統安全威脅。完善突發事件應急處置機制，建立粵港澳大灣區應急協調平台，聯合制定事故災難、自然災害、公共衛生事件、公共安全事件等重大突發事件應急預案，不定期開展應急演練，提高應急合作能力。

第九章　緊密合作共同參與"一帶一路"建設

深化粵港澳合作，進一步優化珠三角九市投資和營商環境，提升大灣區市場一體化水平，全面對接國際高標準市場規則體系，加快構建開放型經濟新體制，形成全方位開放格局，共創國際經濟貿易合作新優勢，為"一帶一路"建設提供有力支撐。

第一節　打造具有全球競爭力的營商環境

發揮香港、澳門的開放平台與示範作用，支持珠三角九市加快建立與國際高標準投資和貿易規則相適應的制度規則，發揮市場在資源配置中的決定性作用，減少行政干預，加強市場綜合監管，形成穩定、公平、透明、可預期的一流營商環境。加快轉變政府職能，深化"放管服"改革，完善對外資實行准入前國民待遇加負面清單管理模式，深化商事制度改革，加強事中事後監管。加強粵港澳司法交流與協作，推動建立共商、共建、共享的多元化糾紛解決機制，為粵港澳大灣區建設提供優質、高效、便捷的司法服務和保障，著力打造法治化營商環境。完善國際商事糾紛解決機制，建設國際仲裁中心，支持粵港澳仲裁及調解機構交流合作，為粵港澳經濟貿易提供仲裁及調解服務。創新"互聯網＋政務服務"模式，加快清理整合分散、獨立的政務信息系統，打破"信息孤島"，提高行政服務效率。探索把具備條件的行業服務管理職能適當交由社會組織承擔，建立健全行業協會法人治理結構。充分發揮行業協會商會在制定技術標準、規範行業秩序、開拓國際市場、應對貿易摩擦等方面的積極作用。加快珠三角九市社會信用體系建設，借鑑港澳信用建設經驗成果，探索依法對區域內企業聯動實施信用激勵和失信懲戒措施。

第二節　提升市場一體化水平

推進投資便利化。落實內地與香港、澳門 CEPA 系列協議，推動對港澳在金融、教育、法律及爭議解決、航運、物流、鐵路運輸、電信、中醫藥、建築及相關工程等領域實施特別開放措施，研究進一步取消或放寬對港澳投資者的資質要求、持股比例、行業准入等限制，在廣東為港澳投資者和相關從業人員提供一站式服務，更好落實 CEPA 框架下對港澳開放措施。提升投資便利化水平。在 CEPA 框架下研究推出進一步開放措施，使港澳專業人士與企業在內地更多領域從業投資營商享受國民待遇。

推動貿易自由化。加快國際貿易單一窗口建設，推進口岸監管部門間信息互換、監管互認、執法互助。研究優化相關管理措施，進一步便利港澳企業拓展內地市場。支持廣州南沙建設全球進出口商品質量溯源中心。加快推進市場採購貿易方式試點。落實內地與香港、澳門 CEPA 服務貿易協議，進一步減少限制條件，不斷提升內地與港澳服務貿易自由化水平。有序推進制定與國際接軌的服務業標準化體系，促進粵港澳在與服務貿易相關的人才培養、資格互認、標準制定等方面加強合作。擴大內地與港澳專業資格互認範圍，拓展"一試三證"（一次考試可獲得國家職業資格認證、港澳認證及國際認證）範圍，推動內地與港澳人員跨境便利執業。

促進人員貨物往來便利化。通過電子化、信息化等手段，不斷提高港澳居民來往內地通行證使用便利化水平。研究為符合條件的珠三角九市人員赴港澳開展商務、科研、專業服務等提供更加便利的簽注安排。統籌研究外國人在粵港澳大灣區內的便利通行政策和優化管理措施。加強內地與港澳口岸部門協作，擴展和完善口岸功能，依法推動在粵港澳口岸實施更便利的通關模式，研究在條件允許的情況下主要陸路口岸增加旅客出入境自助查驗通道，進一步便利港澳與內地居民往來。研究制定港澳與內地車輛通行政策和配套交通管理措施，促進交通物流發展。進一步完善澳門單牌機動車便利進出橫琴的政策措施，研究擴大澳門單牌機動車在內地行駛範圍；研究制定香港單牌機動車進入內地行駛的政策措施；完善粵港、粵澳兩地牌機動車管理政策措施，允許兩地牌機動車通過多個口岸出入境。

第三節　攜手擴大對外開放

打造"一帶一路"建設重要支撐區。支持粵港澳加強合作，共同參與"一帶一路"建設，深化與相關國家和地區基礎設施互聯互通、經貿合作及人文交流。簽署實施支持香港、澳門全面參與和助力“一帶一路”建設安排，建立長效協調機制，推動落實重點任務。強化香港全球離岸人民幣業務樞紐地位，支持澳門以適當方式與絲路基金、中拉產能合作投資基金、中非產能合作基金和亞洲基礎設施投資銀行（以下簡稱亞投行）開展合作。支持香港成為解決“一帶一路”建設項目投資和商業爭議的服務中心。支持香港、澳門舉辦與“一帶一路”建設主題相關的各類論壇或博覽會，打造港澳共同參與“一帶一路”建設的重要平台。

全面參與國際經濟合作。依托港澳的海外商業網絡和海外運營經驗優勢，推動大灣區企業聯手走出去，在國際產能合作中發揮重要引領作用。積極引導華僑華人參與大灣區建設，更好發揮華僑華人、歸僑僑眷以及港澳居民的紐帶作用，增進與相關國家和地區的人文交流。加強與世界主要經濟體聯繫，吸引發達國家先進製造業、現代服務業和戰略性新興產業投資，吸引跨國公司總部和國際組織總部落戶大灣區。加快引進國際先進技術、管理經驗和高素質人才，支持跨國公司在大灣區內設立全球研發中心、實驗室和開放式創新平台，提升大灣區對全球資源的配置能力。加強粵港澳港口國際合作，與相關國家和地區共建港口產業園區，建設區域性港口聯盟。充分發揮港澳在國家對外開放中的特殊地位與作用，支持香港、澳門依法以“中國香港”、“中國澳門”名義或者其他適當形式，對外簽署自由貿易協定和參加有關國際組織，支持香港在亞投行運作中發揮積極作用，支持澳門在符合條件的情況下加入亞投行，支持絲路基金及相關金融機構在香港、澳門設立分支機構。

攜手開拓國際市場。充分發揮港澳對外貿易聯繫廣泛的作用，探索粵港澳共同拓展國際發展空間新模式。鼓勵粵港澳三地企業合作開展綠地投資、實施跨國兼併收購和共建產業園區，支持港澳企業與境外經貿合作區對接，共同開拓國際市場，帶動大灣區產品、設備、技術、標準、檢驗檢測認證和管理服務等走出去。發揮港澳在財務、設計、法律及爭議解決、管理諮詢、項目策劃、人才培訓、海運服務、建築及相關工程等方面國際化專業服務優勢，擴展和優化國際服務網絡，為企業提供諮詢和信息支持。發揮香港國際金融中心作用，為內地企業走出去提供投融資和諮詢等服務。支持內地企業在香港設立資本運作中心及企業財資中心，開展融資、財務管理等業務，提升風險管控水平。支持香港與佛山開展離岸貿易合作。支持搭建“一帶一路”共用項目庫。加強內地與港澳駐海外機構的信息交流，聯合開展投資貿易環境推介和項目服務，助力三地聯合開展引進來和走出去工作。發揮澳門與葡語國家的聯繫優勢，依托中國與葡語國家商貿合作服務平台，辦好中國—葡語國家經貿合作論壇（澳門），更好發揮中葡合作發展基金作用，為內地和香港企業與葡語國家之間的貿易投資、產業及區域合作、人文及科技交流等活動提供金融、法律、信息等專業服務，聯手開拓葡語國家和其他地區市場。

第十章　共建粵港澳合作發展平台

加快推進深圳前海、廣州南沙、珠海橫琴等重大平台開發建設，充分發揮其在進一步深化改革、擴大開放、促進合作中的試驗示範作用，拓展港澳發展空間，推動公共服務合作共享，引領帶動粵港澳全面合作。

第一節　優化提升深圳前海深港現代服務業合作區功能

強化前海合作發展引擎作用。適時修編前海深港現代服務業合作區總體發展規劃，研究進一步擴展前海發展空間，並在新增範圍內實施前海有關支持政策。聯動香港構建開放型、創新型產業體系，加快邁向全球價值鏈高端。推進金融開放創新，拓展離岸賬戶（OSA）功能，借鑑上海自貿試驗區自由貿易賬戶體系（FTA），積極探索資本項目可兑換的有效路徑。支持香港交易所前海聯合交易中心建成服務境內外客戶的大宗商品現貨交易平台，探索服務實體經濟的新模式。加強深港綠色金融和金融科技合作。建設跨境經貿合作網絡服務平台，助力企業走出去開拓國際市場。建設新型國際貿易中心，發展離岸貿易，打造貨權交割地。建設國際高端航運服務中心，發展航運金融等現代航運服務業。建設離岸創新創業平台，允許科技企業區內註冊、國際經營。支持在有條件的海關特殊監管區域開展保稅研發業務。建設國際文化創意基地，探索深港文化創意合作新模式。

加強法律事務合作。合理運用經濟特區立法權，加快構建適應開放型經濟發展的法律體系，加強深港司法合作交流。加快法律服務業發展，鼓勵支持法律服務機構為“一帶一路”建設和內地企業走出去提供服務，深化粵港澳合夥聯營律師事務所試點，研究港澳律師在珠三角九市執業資質和業務範圍問題，構建多元化爭議解決機制，聯動香港打造國際法律服務中心和國際商事爭議解決中心。實行嚴格的知識產權保護，強化知識產權行政保護，更好發揮知識產權法庭作用。

建設國際化城市新中心。支持在深圳前海設立口岸，研究加強與香港基礎設施高效聯通。擴大香港工程建設模式實施範圍，推出更多對香港建築及相關工程業界的開放措施。借鑑香港經驗提升城市建設和營運管理水平，建設國際一流的森林城市，突出水城共融城市特色，打造可持續發展的綠色智慧生態城區。引進境內外高端教育、醫療資源，提供國際化高品質社會服務。支持國際金融機構在深圳前海設立分支機構。

第二節　打造廣州南沙粵港澳全面合作示範區

攜手港澳建設高水平對外開放門戶。充分發揮國家級新區和自貿試驗區優勢，加強與港澳全面合作，加快建設大灣區國際航運、金融和科技創新功能的承載區，成為高水平對外開放門戶。合理統籌解決廣州南沙新增建設用地規模，調整優化城市布局和空間結構，強化與周邊地區在城市規劃、綜合交通、公共服務設施等方面的一體化銜接，構建"半小時交通圈"。支持廣州南沙與港澳合作建設中國企業走出去綜合服務基地和國際交流平台，建設我國南方重要的對外開放窗口。

共建創新發展示範區。強化粵港澳聯合科技創新，共同將廣州南沙打造為華南科技創新成果轉化高地，積極布局新一代信息技術、人工智能、生命健康、海洋科技、新材料等科技前沿領域，培育發展平台經濟、共享經濟、體驗經濟等新業態。支持粵港澳三地按共建共享原則，在廣州南沙規劃建設粵港產業深度合作園，探索建設粵澳合作葡語國家產業園，合作推進園區規劃、建設、開發等重大事宜。在內地管轄權和法律框架下，營造高標準的國際化市場化法治化營商環境，提供與港澳相銜接的公共服務和社會管理環境，為港澳產業轉型升級、居民就業生活提供新空間。

建設金融服務重要平台。強化金融服務實體經濟的本源，著力發展航運金融、科技金融、飛機船舶租賃等特色金融。支持與港澳金融機構合作，按規定共同發展離岸金融業務，探索建設國際航運保險等創新型保險要素交易平台。研究探索在廣東自貿試驗區內設立粵港澳大灣區國際商業銀行，服務大灣區建設發展。探索建立與粵港澳大灣區發展相適應的賬戶管理體系，在跨境資金管理、人民幣跨境使用、資本項目可兌換等方面先行先試，促進跨境貿易、投融資結算便利化。

打造優質生活圈。高標準推進廣州南沙城市規劃建設，強化生態核心競爭力，彰顯嶺南文化、水鄉文化和海洋文化特色，建設國際化城市。積極探索有利於人才發展的政策和機制，加快創建國際化人才特區。提升社會服務水平，為區內居民提供更加便利的條件。

第三節　推進珠海橫琴粵港澳深度合作示範

建設粵港澳深度合作示範區。配合澳門建設世界旅遊休閒中心，高水平建設珠海橫琴國際休閒旅遊島，統籌研究旅客往來橫琴和澳門的便利措施，允許澳門旅遊從業人員到橫琴提供相關服務。支持橫琴與珠海保稅區、洪灣片區聯動發展，建設粵港澳物流園。加快推進橫琴澳門青年創業谷和粵澳合作產業園等重大合作項目建設，研究建設粵澳信息港。支持粵澳合作中醫藥科技產業園發展，探索加強與國家中醫藥現代化科技產業創新聯盟的合作，在符合相關法律法規前提下，為園區內的企業新藥研發、審批等提供指導。探索符合條件的港澳和外籍醫務人員直接在橫琴執業。

加強民生合作。支持珠海和澳門在橫琴合作建設集養老、居住、教育、醫療等功能於一體的綜合民生項目，探索澳門醫療體系及社會保險直接適用並延伸覆蓋至該項目。在符合橫琴城市規劃建設基本要求的基礎上，探索實行澳門的規劃及工程監管機制，由澳門專業人士和企業參與民生項目開發和管理。研究設立為澳門居民在橫琴治病就醫提供保障的醫療基金。研究在橫琴設立澳門子弟學校。

加強對外開放合作。支持橫琴與澳門聯手打造中拉經貿合作平台，搭建內地與"一帶一路"相關國家和地區的國際貿易通道，推動跨境交付、境外消費、自然人移動、商業存在等服務貿易模式創新。支持橫琴為澳門發展跨境電商產業提供支撐，推動葡語國家產品經澳門更加便捷進入內地市場。研究將外國人簽證居留證件簽發權限下放至橫琴。

第四節　發展特色合作平台

支持珠三角九市發揮各自優勢，與港澳共建各類合作園區，拓展經濟合作空間，實現互利共贏。支持落馬洲河套港深創新及科技園和毗鄰的深方科創園區建設，共同打造科技創新合作區，建立有利於科技產業創新的國際化營商環境，實現創新要素便捷有效流動。支持江門與港澳合作建設大廣海灣經濟區，拓展在金融、旅遊、文化創意、電子商務、海洋經濟、職業教育、生命健康等領域合作。加快江門銀湖灣濱海地區開發，形成國際節能環保產業集聚地以及面向港澳居民和世界華僑華人的引資引智創業創新平台。推進澳門和中山在經濟、社會、文化等方面深度合作，拓展澳門經濟適度多元發展新空間。支持東莞與香港合作開發建設東莞濱海灣地區，集聚高端製造業總部、發展現代服務業，建設戰略性新興產業研發基地。支持佛山南海推動粵港澳高端服務合作，搭建粵港澳市場互聯、人才信息技術等經濟要素互通的橋樑。

第十一章　規劃實施

第一節　加強組織領導

加強對規劃實施的統籌指導，設立粵港澳大灣區建設領導小組，研究解決大灣區建設中政策實施、項目安排、體制機制創新、平台建設等方面的重大問題。廣東省政府和香港、澳門特別行政區政府要加強溝通協商，穩步落實《深化粵港澳合作推進大灣區建設框架協議》與本規劃確定的目標和任務。鼓勵大灣區城市間開展多種形式的合作交流，共同推進大灣區建設。

第二節　推動重點工作

中央有關部門要結合自身職能，抓緊制定支持大灣區發展的具體政策和措施，與廣東省政府和香港、澳門特別行政區政府加強溝通，堅持用法治化市場化方式協調解決大灣區合作發展中的問題。廣東省政府和香港、澳門特別行政區政府要在相互尊重的基礎上，積極協調配合，共同編制科技創新、基礎設施、產業發展、生態環境保護等領域的專項規劃或實施方案並推動落實。國家發展改革委要會同國務院港澳辦等有關部門對本規劃實施情況進行跟蹤分析評估，根據新情況新問題研究提出規劃調整建議，重大問題及時向黨中央、國務院報告。

第三節　防範化解風險

做好防範化解重大風險工作，重點防控金融風險。強化屬地金融風險管理責任，做好重點領域風險防範和處置，堅決打擊違法違規金融活動，加強薄弱環節監管制度建設，守住不發生系統性金融風險的底線。廣東省要嚴格落實預算法有關規定，強化地方政府債務限額管理，有效規範政府舉債融資；加大財政約束力度，有效抑制不具有還款能力的項目建設；加大督促問責力度，堅決制止違法違規融資擔保行為。

第四節　擴大社會參與

支持內地與港澳智庫加強合作，為大灣區發展提供智力支持。建立行政諮詢體系，邀請粵港澳專業人士為大灣區發展提供意見建議。支持粵港澳三地按照市場化原則，探索成立聯合投資開發機構和發展基金，共同參與大灣區建設。支持粵港澳工商企業界、勞工界、專業服務界、學術界等建立聯繫機制，加強交流與合作。擴大大灣區建設中的公眾參與，暢通公眾意見反饋渠道，支持各類市場主體共同參與大灣區建設發展。

策劃編輯　蘇健偉
責任編輯　蘇健偉
書籍設計　a_kun

書　名　粵港澳大灣區法制建設：合作與創新
主　編　朱國斌　鄧　凱
出　版　三聯書店（香港）有限公司
香港北角英皇道 499 號北角工業大廈 20 樓
Joint Publishing (H.K.) Co., Ltd.
20/F., North Point Industrial Building,
499 King's Road, North Point, Hong Kong
香港發行　香港聯合書刊物流有限公司
香港新界荃灣德士古道 220-248 號 16 樓
印　刷　美雅印刷製本有限公司
香港九龍觀塘榮業街 6 號 4 樓 A 室
版　次　2022 年 7 月香港第一版第一次印刷
規　格　16 開（170 × 240mm）328 面
國際書號　ISBN 978-962-04-5047-1